오재인

도시와 유비쿼터스 융합

傅 英 社

경인년, 은경이의 해를 맞이하여…

* 책머리에

'신대륙'하면 우리는 흔히 미국처럼 눈에 보이는 신대륙을 상상한다. 하지만 뉴 밀레니엄 시대의 신대륙이란 다양한 유비쿼터스 서비스와 기술이 융복합된 도시인 u-City를 의미한다. 관련 기술도 중요하지만 서비스 제공과 수용도가 더 절실하다는 점에서, 본서에서는 '유비쿼터스 융합 도시'라는 의미에서 u-City를 사용하기로 한다.

이와 같이 u-City를 바라보는 시각의 근본적인 전환이 요구됨에 따라, 본서는 "차별성"과 "독창성"을 갖추도록 노력하였다.

첫째, 시각 전환에 걸맞게 u-City 이슈들을 엄선하고, 내용이나 목차도 기존의 틀에서 벗어나 차별화하였다. 예컨대 u-City도 도시의 한 형태이므로 역사적 관점에서 도시발전사를 다섯 단계로 새로이 구분하고, 디지털 공간에서 융합의 역사를 네 단계로 제시하며, 이러한 구분에 따라 u-City를 정의하고, 대표적인 u-City 서비스들에 대한 시나리오를 개발하였다.

둘째, 다양한 모형이나 프레임워크를 새로이 개발하고 적용하는 등 독창성을 제고하였다. 예를 들면 u-City 구성요소들간 상호관계를 명쾌히 설명하기 위해 가치사슬 모형을 활용하고, 새로운 u-서비스 분류체계인 The uC-Matrix를 개발하며, 불확실한 u-City 방향성을 가시화하기 위해 시나리오 경영기법을 적용하였다.

이상 차별성과 독창성이라는 목적을 효과적으로 달성하기 위해, 본서는 여덟 개의 장으로 구성되어 있다.

Ⅰ. 유비쿼터스 융합 도시: u-City가 활성화되기 위해서는 관련 서비스의 제공과 도시민의 수용도가 중요하다는 점에서, 본서는 '유비쿼터스 융합 도시'라는 의미로 u-City를 사용한다. 역사적 관점에서 u-City를 이해하기 위해 도시의 발전역사를 기존의 네 단계가 아닌 다섯 단계로 분류하고, 디지털 공간에서 융합의 역사를 기술하며, 글로벌 관련 동향도 살펴본다.

Ⅱ. 글로벌 u-City: 전 세계적으로 u-City라는 명칭이 통일되어 있지는 않지만, 도처에서 다양한 목적을 가지고 유사한 사업이 추진되고 있다. 여기에서는 글로벌 u-City를 선도하는 유럽, 아시아, 북미 등지를 중심으로 기술한다.

Ⅲ. 우리나라 u-City: 우리나라에서는 수도권 신도시 및 일부 기존도시를 중심으로 u-City가 추진되었으며 혁신도시, 기업도시 등으로 확산될 전망이다. 따라서 신도시, 기존도시, 테스트베드, 시범도시로 나누어 u-City를 서술한다.

Ⅳ. u-City 개요: u-City는 새로운 분야인 만큼 그 정의도 각양각색이다. 기존의 다양한 정의를 바탕으로 새로운 정의를 제시하고 일반도시와의 차이점을 분석한다. 법령을 중심으로 u-City 구성요소를 기술하고, 이들 상호관계를 가치사슬 모형을 활용해 독창적으로 설명한다. 나아가 u-City 비전을 살펴보고, 글로벌 사회에서 u-City 활성화 전략을 분석한다.

Ⅴ. u-City 서비스: u-City 서비스에 대한 다양한 정의를 고찰하고, 서비스 범위와 목록을 정리한다. 효율적인 서비스 구현을 위해서는 인근 지방자치단체, 중앙정부, 공공기관, 민간부문 등과의 통합연계가 필수적이므로 이에 대한 선진 동향과 도시통합운영센터를 기술한다.

Ⅵ. 새로운 서비스 분류: 여타 서비스에 비해 u-서비스가 차별화되는 이유는 가치사슬, 공간, 성공요인 등이 상이하기 때문이다. 기존의 분류체계로는 새로운 서비스가 등장할 때마다 수정해야 하고 잠재력 있는 서비스를 선제적으로 발굴하기 힘들다는 점에서, 새로운 분류체계인 The uC-Matrix를 선보인다.

Ⅶ. 시나리오 개발 방법론: u-City의 성공적인 구현을 위해서는 다양한 서비스들이 필요하나, 기존에는 기술 중심으로 접근하여 복잡 다원적인 u-City 환경을 반영하지 못하였다. 불확실한 u-City 방향성을 효과적으로 가시화하기 위해 시나리오 경영기법을 활용하고, 그 타당성을 살펴보기 위한 예시로 'u-수질 모니터링 서비스'에 적용하였다.

Ⅷ. 서비스 시나리오: 다양한 u-City 서비스를 제대로 이해하기 위해서는 그 정의뿐만 아니라 서비스 프로세스를 이벤트별로 파악하고, 단계별로 실행전략을 도출하며, 주체별로 장단기 실행전략을 제시하고, 연계방안이 도출되어야 한다. 여기에서는 여덟 개의 u-City 서비스에 대한 시나리오를 개발하였다.

본서는 저자가 몸담고 있는 학교와 기업이나 공공부문에서의 관련 강의안이 기본 골격을 이루었다. 나아가 수강생들과 실무자들의 예리한 질문과 의견개진에 의해 본서는 다듬어졌으므로, 이름을 거론할 수 없을 정도로 많은 이들의 공헌이 절대적이었다고 할 수 있다. 나아가 독자들의 허심탄회한 의견도 기대해 본다.

초안 일부를 정리해 준 양한주 조교, 이준수 조교에게 깊이 감사한다. 그리고 책을 집필한다는 것은 인내가 요구되는 만큼, 진도를 착실히 체크해 주면서 저자를 끊임없이 격려해 준 박영사의 안종만 회장님 그리고 이구만 부장님, 마찬옥 부장님, 김양형 위원님의 노고에 감사를 표한다. 효율적인 집필을 위해 여러모로 배려해 주신 에스넷 윤상화 대표님께도 감사드린다.

"少年易老學難成"으로 저자의 등불이셨던 선친께서 기뻐하실 것 같아 무엇보다도 뿌듯하다. 그리고 저자가 현재와 같은 자리매김을 하도록 절대적인 영향을 주신 친가 및 처가 부모님, 불평을 하면서도 묵묵히 이해하고 성원해 준 미혜, 해정, 은경, 민석의 도움이 없었더라면 본서의 출판은 불가능했을 것이다. 본 연구는 2006년도 단국대학교 대학연구비로 지원되었다.

2010년 2월

죽전캠퍼스에서 맑은 공기로 심호흡하며

저자 오 재 인

* 차 례

V. u-City 서비스

VI. 새로운 서비스 분류

VII. 시나리오 개발 방법론

VIII. 서비스 시나리오

• 부 록

도시와 유비쿼터스 융합

I 유비쿼터스 융합 도시

"원더걸스 동영상이 내 손 타고 이동… '인체 통신시대' 연다"

데이터, 전기 신호로 전환… 사람 몸을 타고 흐르게… 국내팀 신기술 개발 2015년 200조 원대 시장. TV 모니터에 나온 원더걸스의 '노바디' 뮤직 비디오를 노트북에 옮겨 달라는 부탁을 받았다. TV 모니터와 노트북을 양손으로 붙잡자 노트북에서는 화려한 노바디 뮤직 비디오가 흘러 나왔다.

이른바 인체 통신기술이다. 사람이 디지털 장치의 부속품이 되어 디지털 신호를 전달하는 매개체 역할을 한다. 이처럼 사람이 IT의 일부가 되는 시대가 다가오고 있다.

인체를 디지털기기의 연결 케이블로

고등학교 동창들이 등산 가서 오랜만에 사진을 찍었다. 지금까지는 사진을 전달하려면 이메일 주소를 모아야 한다. 앞으로는 그럴 필요가 없다. 카메라와 친구들의 휴대폰을 양손으로 잡기만 해도 사진이 전달된다. 인체 통신기술 덕분이다. 인체 통신은 사람 몸에 전기가 흐를 수 있다는 원리에서 출발했다. 데이터가 전기 신호로 전환돼 사람 몸을 타고 흐르는 것이다. 인체 통신이 상용화되면 컴퓨터와 프린터 단자를 이어주는 케이블이 필요 없다. 컴퓨터와 프린터를 손으로 이어주기만 하면 된다. 인체 통신은 신체를 케이블로 변신시킨다.

인체 통신기술이 상용화되면 버스 정류장에서 목적지에 적합한 버스 노선을 휴대폰에 다운로드 받아 확인할 수 있다. 벽 하나를 가득 메운 버스 노선표를 눈 빠져라 쳐다볼 일이 없어진다. 영화 매표소 풍경도 달라진다. 보고 싶은 영화의 샘플을 인체 통신으로 휴대폰이나 PMP 등 휴대용 디지털기기에 내려받아 감상할 수 있다. 영화를 결정하면 자신의 금융 정보를 담은 전자제품과 매표소를 두 손으로 연결해 결제한다.

인체가 디지털기기를 이어주는 케이블로 진화하는 것이다. ETRI는 2012년에 72조원대의 세계 인체 통신기술시장이 열릴 것으로 전망한다. 이후 시장은 폭발적으로 팽창해 2015년에는 200조원대로 늘어난다.

주치의와 집사 역할을 수행하는 디지털 지니

ETRI에서는 디지털 지니(Genie)도 연구중이다. 지니는 알라딘의 요술램프에 나오는 요정 이름이다. 디지털 지니는 사람의 위치 정보와 체온, 맥박수 같은 신체 정보를 유·무선의 초고속 통신망을 활용해 취합하고 이를 필요한 기관에 전달하는 시스템을 말한다. 디지털 지니만 있으면 환자 보호와 진단 시스템이 획기적으로 바뀐다.

환자의 맥박수, 체온 등의 의료 정보를 의사가 지속적으로 확인할 필요가 없어진다. 신체 정보를 중앙 컴퓨터에서 모니터링하면서 위험 신호가 발생하면 의료진에 알려준다. 퇴원 후에도 혈당지수 · 맥박 등의 수치도 모두 실시간으로 병원으로 전송된다. 필요한 경우에만 통원 치료하고 나머지는 지금보다 더 안전하게 환자의 증세를 감시하는 데에도 디지털 지니가 사용된다.

디지털 지니는 보이지 않는 집사 역할도 한다. 예컨대 퇴근을 해서 집에 들어가면 디지털 지니는 가정용 로봇을 현관에 대기시킨다. 계절에 맞는 냉 · 난방 온도를 집에 맞춰 놓고 조명까지 미리 켜놓는 것은 기본. 로봇으로부터 "주인님 오늘 하루도 수고하셨어요"라는 소리를 들으면서 방으로 이동해 옷을 갈아입고 거실로 나오면 디지털 지니는 TV를 켜고 사용자가 즐겨 보는 채널을 보여 준다.

수백 개의 IPTV 채널이 쏟아내는 정보의 홍수 속에 이를 선별해 주는 능력도 디지털 지니에는 중요한 기능이다. ETRI는 유비쿼터스 · 홈 네트워크 등을 모두 집대성한 기술이 디지털 지니라며 초고속 유 · 무선 통신이 얼마나 융합되는지가 디지털 지니 구현의 선결 과제하고 한다.

마케팅 혁명 가져오는 PLL

디지털 지니의 보완재적 성격의 기술이 PLL(퍼스널라이프로그: personal life log)이다. PLL은 개인의 일거수일투족을 모두 기록하는 기술이다. 일종의 디지털 일기인 셈이다. 일기가 하루를 회상하면서 사람이 의도적으로 기록한다면 PLL은 의도하지 않은 상태에서 하루 동안 언제, 어디서, 무엇을 보고, 들었는지를 모두 기록한다. 목걸이 같은 장신구에 초소형 카메라, 녹음기를 부착하고 GPS에 기반을 둔 위치 정보를 조합하면 PLL이 구현된다.

이렇게 온종일 있었던 일을 기록하면 디지털 지니의 능력을 배가시키는 데 사용된다. 예컨대 요일에 따라 퇴근시간이 어느 정도로 달라지는지를 예측할 수 있다. 보험사원 같은 영업사원은 종일 만났던 고객의 정보를 일일이 손으로 적을 필요가 없다.

치매 노인의 기억력 제고에도 PLL이 활용된다. 우리나라는 급속도로 고령사회로 접어들고 있다. 노인들의 PLL을 의료진이 같이 보면서 질문을 통해 기억력을 높이는 것이다. 의료진이 "할머니 오늘 점심으로 식당에서 뭘 주문하셨는지 기억나세요"하면 할머니는 당시 장면을 회상하면서 기억력이 좋아진다.

PLL은 마케팅의 혁신을 일으킬 것으로 기대된다. 나이키는 2006년부터 아이팟나노와 결합한 운동화를 판매하고 있다. 사용자의 운동량을 측정해 보다 운동효과가 높은 운동화 디자인에 활용한다. PLL이 되면 사람이 목적지마다 어떤 속도로 얼마나 걷는지 혹은 얼마 간격으로 쉬는지를 별도의 장치 없이 분석이 가능해진다.

자료원: 조선일보(2010. 1. 1) 재구성.

유비쿼터스 신대륙에서의 융합 도시인 u-City가 활성화되기 위해서는 모바일이나 유비쿼터스 IT와 같은 기술적인 측면도 중요하지만 각종 서비스 제공과 이에 대한 도시민의 수용도가 훨씬 중요하다는 점에서, 본 서에서는 '유비쿼터스 융합 도시'라는 의미에서 u-City를 사용한다. 이러한 u-City를 이해하기 위해 유비쿼터스, 융합, 도시 등 각 단어를 살펴본다.

또한 역사적인 관점에서 u-City를 이해하기 위해 도시의 발전 역사를 분석해 본다. 기존에 도시 발달사는 고대, 중세, 근대, 현대 등 네 단계로 분류되어 왔다. 뉴밀레니엄을 맞이하여 유비쿼터스 융합 도시인 u-City가 본격적으로 등장하였다는 점에서, 본 서에서는 고대 도시, 중세 도시, 근대 도시, 현대 도시, 뉴밀레니엄 도시 등 다섯 단계로 구분하기로 한다.

유비쿼터스 융합 도시인 u-City는 컴퓨터가 처음 발명된 이후부터 진화를 거듭한 결과라고 할 수 있으므로, 디지털 공간에서 융합의 역사를 네 단계로 분류하고 단계별로 그 특징을 기술한다. u-City의 기반이 되는 유비쿼터스 융합은 국가 경쟁력을 좌우할 것이라는 전망에 따라, 관련된 글로벌 동향도 살펴본다.

1. 도시와 유비쿼터스 융합

뉴밀레니엄 신대륙에서의 유비쿼터스 융합 도시인 u-City(ubiquitous city: 유비쿼터스 시티)가 활성화되기 위해서는 모바일이나 유비쿼터스 IT와 같은 기술적인 측면도 중요하지만 각종 서비스 제공과 이에 대한 도시민의 수용도가 훨씬 중요하다. 따라서 본 서에서는 유비쿼터스 IT 융합 도시에서, IT는 빼고 융합은 포함시킨 "유비쿼터스 융합 도시"라는 용어를 사용하기로 한다. 이러한 u-City를 이해하기 위해서는 유비쿼터스, 융합, 도시 등 각 단어에 대해 이해가 선행되어야 하므로 여기에서는 이들 각각을 살펴보기로 한다.

윌리암 미첼(William J. Mitchel)은 1998년에 저술한 「비트의 도시」(*City of Bit*)에서 미래의 도시는 인터넷상에서 구축될 것이라고 예견하였다. 오늘날 주변에 광범위하게 포설된 광케이블을 기반으로 해서 미래 도시가 구축될 것으로 예측했던 것이다. 이러한 예측은 어느 정도 적중한 것은 사실이지만, 실제로 훨씬 더 빠른 속도로 그리고 인터넷보다 훨씬 진화된 유비쿼터스 융합 도시, 즉 u-City로 발전되고 있는 것이다.

개 요

뉴밀레니엄을 맞이하여 도시를 건설할 때, 광케이블에만 국한되지 않고 모바일이나 유비쿼터스 서비스와 기술 등이 활용되고 있다. 따라서 오프라인 도시라는 공간에 유비쿼터스 서비스와 유비쿼터스 IT가 융합(convergence)되었을 때 u-City라고 할 수 있다(〈그림 I-1〉 참조). 통상 "유비쿼터스 IT 도시"라는 용어가 사용되지만 이는 유비쿼터스 IT가 오프라인 도시에 접목된 것이라는 의미가 강하므로, 본 서에서는 위 용어에서 IT만을 빼고 융합을 추가해서 "유비쿼터스 융합 도시"라고 부르기로 한다.

u-City가 활성화되기 위해서는 모바일이나 유비쿼터스 IT와 같은 기술적인 측면도 중요하지만 행정, 교통, 복지, 환경, 방범・방재, 교육, 문화관광, 물류 등 각종 서비스 제공과 이에 대한 도시민의 수용도가 훨씬 중요하기 때문이다. 따라서 u-City를 이해하기 위해서는 유비쿼터스, 융합, 도시 등 각 단어에 대해 이해가 선행되어야 한다.

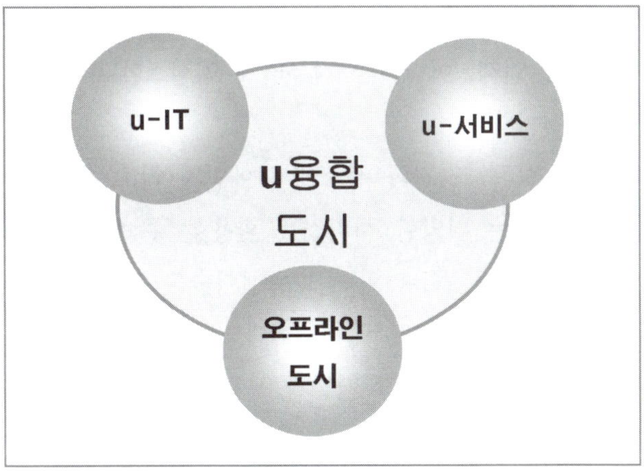

그림 I-1 유비쿼터스 융합 도시

유비쿼터스

유비쿼터스라는 용어가 처음 등장한 것은 1974년 네덜란드의 한 세미나에서 MIT의 니콜라스 네그로폰테 교수에 의해서 였다고 한다. 우리는 유비쿼터스적이고 분산된 형태의 컴퓨터를 경험하게 될 것인데 컴퓨터가 장난감, 아이스박스, 자전거 등 가정 내 모든 물건과 공간에 존재하게 될 것이라고 주장했다.

유비쿼터스는 라틴어의 Ubique에서 기원하는데 어디에서든지(everywhere)의 의미로서, 보편적으로 존재, 즉 편재(遍在)한다는 것을 뜻한다. 하지만 네그로폰테가 유비쿼터스라는 용어를 처음 사용하였을 때에는 단순히 비전에 그쳤을 뿐, 정보통신기술과 현실적으로 접목해서 구체적인 서비스가 구현된 수준은 아니었다.

그 후 정보통신기술과 접목해서 유비쿼터스 컴퓨팅(Ubiquitous Computing)이라는 용어를 1988년 제록스의 파르크(PARC) 기술담당임원(CTO)인 마크 와이저(Mark Weiser: 1952-1999)가 사용하기 시작하였다. 현업에서는 유비쿼터스 네트워크, 유비쿼터스 정보기술, 퍼베이시브(Pervasive) 컴퓨팅, 노매딕(Nomadic) 컴퓨팅 등과 같은 용어도 통상 유비쿼터스 컴퓨팅과 혼용되어 사용되고 있다.

마크 와이저의 기여라고 한다면, 유비쿼터스라는 개념을 컴퓨팅과 본격적으로 접목시켰다는 점이다. 달리 표현하면 제 3 의, 과거와는 전혀 다른 컴퓨팅 물결로서 네트워크 기반의 확장형 환경에서 수백 대의 많은 컴퓨터가 한 사람을 위해 존재하는, 즉 언제, 어디서나 컴퓨터에 엑세스할 수 있는 시대가 열릴 것으로 예견했다는 것이다.

유비쿼터스는 시공, 즉 시간과 장소에 구애받지 않고 언제, 어디서나 정보통신망에 접속하여 원하는 다양한 서비스를 활용할 수 있는 환경을 의미한다. 그리고 여러 기기나 사물에 컴퓨터와 정보통신기술을 통합하여 언제, 어디서나 사용자와 커뮤니케이션할 수 있도록 지원한다. 즉, 사물과 사람이 대화할 수 있는 환경으로 유비쿼터스 네트워킹 기술과 관련 서비스를 전제로 구현되는 것이다.

융 합

융합(convergence)은 사전적으로 여러 기술이나 성능이 하나로 합쳐지는 것을 의미한다. 예컨대 방송이 통신과 접목된 DMB서비스가 상용화되면서 휴대전화나 차량용 리시버에서 방송을 시청할 수 있는 시대가 열렸다. 이처럼 음성, 데이터, 영상 등 다양한 종류의 매체가 단말기나 네트워크의 기종과 관계없이 융합되어 새로운 서비스를 만들어 내는 시대에 우리는 살고 있는 것이다.

나아가 디지털 융합은 디지털 서비스와 기기들이 정보통신기술에 융합된 현상을 뜻하게 된다. 원하는 여러 기능들을 복합적으로 쓸 수 있게 만든 제품을 의미하기도 하는데, 그 반대되는 개념은 디버전스(divergence)로서 전문적으로 사용하는 기능을 강조하는 제품을 의미한다. 융합제품의 예로는 통화기능은 물론이고 인터넷, 이메일, 디지털 카메라, MP3, 방송, 금융 등 갖가지 기능까지 갖춘 스마트폰, 휴대전화, 와이브로(Wibro)와 같은 유무선 결합제품 등을 들 수 있다.

서베이 결과에 의하면, 우리는 사회 곳곳에 스며든 유비쿼터스 서비스를 피부로 느끼지 못할 뿐 과반수가 유비쿼터스라는 단어를 인지하고 있고 향후 잠재력도 매우 긍정적으로 평가하고 있다고 한다. 예컨대 교통카드, 하이패스(HiPass) 등 유비쿼터스 기술을 응용한 서비스들에 대해 일반 도시민들은 유비쿼터스 서비스라고 인식만 못할 뿐, 매우 편리하고 안전하게 잘 사용하고 있다는 것이다.

이러한 융합이 유비쿼터스 수준으로 승화되면, 우리가 살고 있는 현재의 도시 모습도 향후에는 마빈(Marvin)이나 토플러(Toffler) 등 미래학자들이 예상한 가상도시나 전자 홈이 실현될 것으로 보인다. 또한 McLuhan(1967)이 제시했던 비전인 "지구촌"(global village)이 사이버상으로도 구현될 수 있을 것으로 기대된다. 예를 들면 가정, 직장, 운송, 공공부문, 환경 등 도시 전체가 유비쿼터스 융합의 대표적 장인 u-City 사업을 통해 국내외적으로 더욱 활성화될 것으로 예상된다.

도 시

도시와 관련해서 전 세계 어디를 가나 공통점은 인구 절반 이상이 도시라는 공간에서 살고 있다는 점이다. 이와 같이 "유비쿼터스 융합 도시"에 대비되는 용어인, 오프라인 도시는 많은 인구가 집중된 장소라는 데에는 이견이 없을 것이다. 하지만 도시의 사회적 성격이 시대흐름에 따라 진화되는 것은 당연하다.

이렇듯 인류역사 통시대적으로 도시를 정의하기는 불가능한 실정이다. 하지만 시대에 구애받지 않고 농촌과 대조되는 존재라는 의미에서 비농민의 집중지가 도시라고 말할 수는 있다. 사회학적으로 도시는 많은 사람들이 일상생활을 가정이라는 좁은 경계에서 벗어나 도시라는 공간에서 사는 공동체를 의미하고, 행정학적으로는 행정구역 중의 하나가 도시이다.

오늘날 도시를 정의할 때 인구수, 인구밀도, 주거의 밀집, 직업구성비 등을 사용한다. 그러나 이러한 기준도 국가별로 상이하여 전 세계적으로 통일된 기준은 부재한 실정이다. 우리나라에서는 통상 시부(市部)를 도시라고 하고 군부(郡部)를 농촌으로 규정한다. 전 세계적으로 보면 통상 정해진 인구수를 기준으로 정의하는 경우가 많다. 예를 들면 미국은 인구 2,500명, 프랑스는 2,000명, 일본에서는 50,000명 이상이 한 지역에 밀집해 거주하는 곳을 도시라고 규정하고 있다.

현대는 도시의 시대라고 말할 정도로 도시인구가 급격히 증가 일로에 있을 뿐더러, 설령 도시에 거주하고 있지 않더라도 도시의 영향권을 벗어나서 살 수는 없게 된 시대가 되었다. 반면 기원전 3000년 경에는 세계 인구 대비, 도시인구는 거의 제로에 가까웠다고 한다. 하지만 서기 100년에는 1% 미만 수준이었던 도시인구가 1800년에는 5%로 그리고 1965년에는 2/3로 급격하게 증가한다. 더구나 도시인구 비율은 지속적으로 증가 일로에 있다. 이와 같은 급격한 도시화는 산업혁명으로 인한 본격적인 공업화와 근대국가의 대두에서 기인한 것이다.

2. 인류와 도시

도시의 발달사를 보면 기존에는 고대, 중세, 근대, 현대 등 네 단계로 분류되어 왔다. 뉴밀레니엄을 맞이하여 유비쿼터스 융합 도시인 u-City가 본격적으로 등장하였다는 점에서, 본 서에서는 도시의 발달사를 고대, 중세, 근대, 현대, 뉴밀레니엄 등 다섯 단계로 구분하고자 한다. 각 단계별 도시의 역할이나 기능을 분석한 다음 인류 역사상 최초의 도시가 발생한 지역에서의 도시들과 그 기능을 살펴보자.

도시 발달사

도시와 유비쿼터스 융합으로 이루어진 u-City 이전에도 도시는 존재했었고 발전을 거듭하여 왔다. 도시의 생성, 성장, 발달, 쇠퇴 등 도시의 발달사를 본 서에서는 고대 도시, 중세 도시, 근대 도시, 현대 도시, 뉴밀레니엄 도시 등 다섯 단계로 구분해 보자. 이러한 도시는 역사적으로 발전하면서 그 역할이나 기능 또한 진화를 거듭하였다. 각 시대별 도시와 그 역할을 분석해 보면 〈그림 I-2〉와 같다.

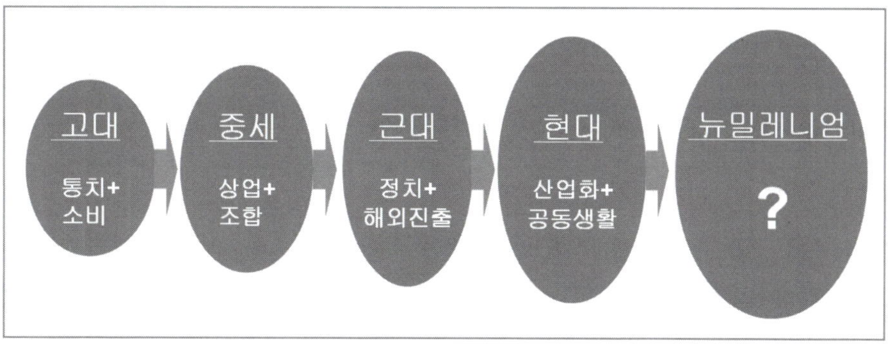

그림 I-2 도시 역할의 진화

인류 역사상 도시가 생성된 배경에는 농경문화가 존재한다. 수렵 등 일정한 거주지가 없이 이동생활하던 인류가 농경문화로 인해 정착하게 되고, 그 생산력도 급증하였기 때문이다. 동시에 이를 운송하고 보관하며 포장하는 등 물류도 발달해 수많은 인구를 수용할 수 있는 도시가 탄생하게 된 것이다. 고대 도시의 발생은 인류가 정착생활로 농업 생산력이 증대됨에 따라, 그 잉여생산물로 인해서 지배자가 탄생하게 된 데에도 기인한다. 즉 지배계급이 거주하며 도시를 통치하고 방위하며 종교적 의식을 거행하는 수단으로서 도시가 탄생하게 된 것이다.

인류 역사상 최초의 도시는 티그리스강, 유프라테스강, 나일강 등의 유역에서 나타났는데 기원전 3500년 경으로 추산된다. 이렇게 형성된 초창기 고대 도시는 성벽으로 둘러싸이고 규모가 작아, 인구밀도는 높고 정치적으로는 주변 지방들과 통합되어 있었다. 도시 인구수는 유럽의 고대 도시인 아테네가 약 4-14만 명, 예루살렘은 약 3만 명, 카르타고는 30만 명 이하였을 것으로 추산된다. 고대 도시의 주요 역할은 지배층이 농민이나 노예 등 피지배층을 지배하기 위한 정치 무대임과 동시에 이들로부터 거둔 농산물 등을 소비하는 장소이기도 했다.

그 후 서양에서 암흑시대라 불리는 중세에는 외적의 침입과 수많은 전쟁을 겪으면서 태반의 도시가 파괴되거나 역사적으로 자취를 감추게 된다. 잦은 전쟁을 겪으면서 무역도 활발하지 못하고 농업경제가 한계를 보이고 봉건적 사회조직이 출현하자, 도시집중은 제자리 걸음을 하게 되었다. 다만 일부 지중해 항구들은 동방 무역의 기점으로 도시가 형성되더니, 그 후 10세기 경에 이르러 무역이 활발해짐에 따라 도시화는 다시 재개되고 해를 거듭할수록 급격히 진행되었다. 16세기 초 무렵 유럽의 도시인구가 10만 명 이상이었는데, 오늘날 서울에 해당되는 한성부의 인구는 10만 명을 넘어서 유럽의 파리에 견줄 정도였다고 한다.

중세 유럽의 도시는 화폐경제의 발달과 함께 성장한 상공업자들의 집단거주지 성격을 가지게 된 점이 큰 특징이다. 고대 도시의 시민을 정치인(home politicus)이라고 부른 데 반해, 중세 도시민은 경제인(home economicus)이라고 부르는 이유도 여기에 있다.

유럽의 중세 도시는 그 성격에 따라 크게 남구 도시와 북구 도시로 구분된다. 남구 도시는 지중해를 중심으로 하는 고대 상업의 전통이 있기 때문에 십자군을 계기로 11세기와 12세기 무렵의 상업 르네상스 시대에 북이탈리아를 중심으로 급속히 번창하였다. 도시를 지배한 것은 상업적 이익을 독점하려는 농촌출신의 봉건 영주였으며, 지배자가 상업활동의 주도권을 쥐고 있었다는 점에서 그 성격을 가늠할 수 있을 것이다.

반면 북구 도시에서는 11세기 무렵 농업생산의 발전과 더불어 잉여생산물을 축적하게 됨에 따라 자연스럽게 상공업이 발달하게 되었다. 상인이나 수공업자는 먼 거리까지 상업활동을 하기 위해 도시의 옛터, 성채, 교회 소재지, 교통의 요지 등에 정주하기 시작하였다. 나아가 수공업이 원격지 상업진출의 원동력이었으므로 수공업 생산혁명을 주도하였다.

경제활동이 더욱 활발해지자 어느 도시에서나 조합이 융성하였다. 생업의 수단을 가지고 있던 도시주민 중 직인, 상인, 자유업자가 각각 동업자들끼리 조합을 만들어 가입을 강제하였다. 이렇게 결성된 조합은 그 수도 매우 많아 대장장이, 구둣방, 재목상, 빵집, 여인숙 등 모두가 그들의 조합을 만들었다고 한다. 이와 같은 조합들은 피렌체에서는 소조합이라고 불렀다. 그 외에도 판사나 공증인 조합, 약재상이나 향료상 조합, 원격지 상인 조합, 환전상 조합 등과 같이 대조합도 존재하였다.

이와 같은 조합은 프랑스나 게르만 국가에서는 길드, 에스파냐에서는 그레미오스라고 불리었는데 중세 후기 전 유럽에 널리 보급되었다. 그리고 경우에 따라서는 중요한 정치적 역할도 수행하고, 봉건세력에 대항하여 내부에서 권력을 직접 장악하기도 했다. 그러나 길드의 본질은 경제적인 성격에 있었으므로 제품의 가격을 규제하고, 임금을 결정하며, 품질수준을 결정하고, 제조법의 비밀을 감시하며, 새로운 사람이 길드에 참여하는 것 등은 규율에 따라 엄격하게 통제했다고 한다.

근대 도시는 중상주의에 따른 상공업 발전과 유럽국가를 중심으로 무역의 급성장으로 자본이 축적되고 신항로와 신대륙 발견으로 강력한 통일국가가 등장하면서 자연스럽게 탄생하게 되었다. 절대왕정의 발달로 국가의 통제가 강화되어 도시의 자치적 요소가 약해진 반면, 왕권강화에 따라 정치 중심지인 수도의 발달이 두드러진 시기이다.

역사적으로 근대에는 중상주의 정책에 따라 해외진출의 발판이 된 도시들은 발전을 거듭하게 되지만, 중세의 중심이었던 한자동맹 도시들은 쇠퇴하기 시작한다. 해외식민지 개척을 위해 대서양을 면하고 있는 에스파냐의 마드리드, 포르투갈의 리스본, 네덜란드의 암스테르담 등 항구 도시가 번성하게 되었다. 이러한 도시들은 경제 중심지로서의 역할도 수행하게 됨은 물론이다.

유럽의 주도권이 영국, 프랑스로 이동한 17세기 후반에는 런던과 파리가 정치 및 경제의 중심지로 등장한다. 특히 런던은 해양운송의 발달로 급속히 팽창하여 18세기에는 인구 100만 명에 달하는 대도시였다고 한다. 상대적으로 통일은 늦었지만, 독일의 경우 빈과 베를린을 중심으로 도시가 발달한다.

현대 도시는 영국에서 시작된 산업혁명의 결과물이라고 할 수 있다. 즉 산업혁명으로 대량생산이 가능해짐에 따라 가내공업은 공장으로 이관되고 상품경제의 발달로 자본주의적인 색채를 띤 현대 도시가 출현하게 된 것이다. 산업혁명 이후 이촌향도로 인한 도시인구의 급격한 증가로 수많은 도시들이 탄생하게 되었다.

산업혁명의 본거지였던 영국은 다른 나라들보다 현격한 도시화 현상을 보였던 것은 당연한 귀결일 것이다. 그 결과 19세기 이후 도시인구는 급격히 팽창해서 100만 명 이상의 인구를 가진 도시가 미국에 92개, 유럽에 224개, 기타 지역에 248개 등 모두 합쳐 564개에 이르렀다고 한다. 도시는 발전을 거듭하여 인구 500만 명이 넘는 거대도시까지 등장하게 된다.

이렇듯 현대 도시는 19세기 이후에 급격히 성장하고 팽창하게 되었는데 시장, 정치, 종교, 교육 등의 중심지라기보다는 제조업을 중심으로 하는 산업형 도시로서 공업화와 밀접한 관련이 있었던 것이다. 인접지역까지 흡수해서 대도시화하는 경향으로 인해 그 규모는 크고 인구밀도도 자연스럽게 높아지게 되었다.

따라서 현대 도시는 그 기능이 고도로 분화되고 이질적으로 변모하였다. 거주하는 도시민들의 인간관계는 이해관계에 의해 좌우되는 등, 현대 고유의 독특한 생활양식이나 도시성(urbanism)을 갖게 되고 도시민의 사회적 성격도 급변하게 되었다. 도시는 인구집중도 심화되어 커다란 유기체로서 활동하게 되었다.

산업화로 인해 도시의 인구밀도가 높아짐에 따라 도로, 공원, 상하수도, 전기, 통신, 소방, 방범·방재 등 다양한 시설과 기구가 설치된다. 갈수록 토지가 희소가치를 더해 감에 따라 도시의 각종 기능을 효율적으로 배치하기 위해서 도시계획의 필요성이 대두되었음은 물론이다. 현대 거대도시의 특징은 이렇게 역사상으로 나타난 여러 가지 요소를 포함하고 있다. 예컨대 정치, 경제, 문화, 교육, 관광, 군사 등 각종 기능을 종합적으로 구비하여 복합적인 도시형태를 띠고 있는 것이다.

현대의 도시는 이해관계가 복잡 다양하고 이질적인 인구가 밀집해 공동생활을 하기 때문에 빈곤, 교통, 범죄, 공해, 주택문제 등 다양한 도시문제들을 해결해야 할 과업도 동시에 떠안게 되었다. 도시 내에 많은 기능들이 지리적으로 분산되어 있을 뿐만 아니라 각 도시 자체가 특정한 하나의 기능을 중심으로 분화되어 왔다. 그럼에 따라 도시는 새로운 형태의 공업도시, 행정도시, 오락도시, 교육도시, 관광도시 등 다양한 형태로 선택과 집중되었고 이러한 현상은 더욱 심화 일로에 있다.

이상과 같은 현대 도시의 특징으로 인해 다양한 문제점도 발생하게 되었다. 예컨대 농촌과 도시의 격차 심화, 도시의 대중사회화, 과잉도시화(over-urbanization)와 도농간 불균형, 도시민의 정치적 무관심과 가시성(visibility) 등으로 현대 도시는 역동적이고 편리한 만큼 동시에 몸살을 앓고 있는 것이다. 따라서 현대의 도시는 산업화를 거쳐 팽창하였지만 동시에 그 이면에는 갖가지 문제점을 내포하게 되었다.

그 이후 뉴밀레니엄을 맞이하여 도시의 역할은 어떻게 진화되었을까? 사람들은 네트워킹을 활발하게 하고 양질의 문화를 접하기 위해 도시로 집결하고 그 결과 시너지효과로 인한 도시민의 경쟁력이 제고됨은 물론이다. 즉 뉴밀레니엄 도시의 역할은 삶의 질 향상과 경쟁력 제고라고 할 수 있다. 나아가 인터넷이나 유비쿼터스 기술이 널리 보급되고 젊은 세대를 중심으로 생활화가 되면서 이러한 역할은 더욱 탄력을 받게 되었다.

이런 도시는 우리나라 등 일부 국가에서는 20세기 종료 무렵부터 등장하였지만 대부분 국가에서는 뉴밀레니엄 들어서 본격화되었다는 점에서, 본 서에서는 "뉴밀레니엄 도시"라고 부르기로 한다. 산업화 사회를 거쳐 지식정보화 시대가 도래하고 도시민들이 지방자치단체장을 선출함에 따라 갈수록 편리, 안전, 건강, 쾌적 등과 같이 더 좋은 삶의 질을 제공하는 도시에서 사람들은 살기를 원하게 된 것이다.

신대륙의 의미가 지난 20세기까지는 미국 등 눈에 보이는 영토를 의미했다면, 뉴밀레니엄 유비쿼터스 융합 시대에는 인터넷이나 유비쿼터스 기술을 통해 구현되는 사이버 대륙이라고 할 수 있다. 이러한 유비쿼터스 신대륙에서는 원하는 서비스를 언제, 어디서나 사용할 수 있게 됨에 따라 편리하고 안전한 삶을 영위할 수 있게 된 것이다.

나아가 유비쿼터스 서비스, 유비쿼터스 칩, 유비쿼터스 네트워크, 유비쿼터스 단말기 등 관련 산업에 대한 파급효과도 지대하여 뉴밀레니엄 시대의 블루오션이라고 부르기에 전혀 손색이 없을 것이다. 더구나 우리나라는 DMB에 이어 WiBro 등의 서비스로 유비쿼터스 신대륙 개척의 선구자로서 전 세계의 주목을 받고 있다. 또한 뉴밀레니엄 도시에 새로운 변화를 가져오고 있는 핵심요소는 유비쿼터스 융합으로, 이러한 u-City가 우리나라를 중심으로 활발하게 건설되고 있다.

우리나라에서 u-City의 건설이 활발한 이유는 무엇일까? 먼저 인구의 90%에 육박하는 도시인구가 말해 주듯 짧은 기간의 급격한 도시화를 들 수 있다. 이에 따라 주거, 교통, 환경, 교육, 방범 등 여러 가지 도시문제 또한 중요한 이슈로 대두되었다. 이러한 문제들을 해결하기 위한 방안 중 하나로 유비쿼터스 융합을 활용하기 위한 노력 또한 꾸준히 지속되어 왔다. 한편으로는 세계 최고 수준의 인터넷과 유비쿼터스 기술, 그 이용인구 비율 등 우리나라의 디지털 환경이 u-City 건설을 촉진하는 계기도 되었다.

뉴밀레니엄 지식정보화 시대를 맞이하여 창조도시라는 개념도 등장한다. 이는 찰스 랜드리(Charles Landry)가 1980년 후반에 "창조도시: 도시계획자를 위한 도구"(The Creative City: A Toolkit for Urban Innovators)에서 제시한 개념으로, 도시계획시 새로운 패러다임으로 전 세계적인 각광을 받고 있다. 도시민들이 창의성을 십분 발휘할 수 있는 환경을 갖춘 도시를 의미하는데, 주거환경이 도시민의 창의성을 북돋아 주기 위해 유연, 혁신 등의 조건을 갖춘 것이다.

도시의 기원

인류 역사상 최초로 도시가 발생한 지역으로 고대 오리엔트 제국인 메소포타미아 지역에 해당되는 티그리스강과 유프라테스강 유역, 이집트의 나일강 유역, 인도의 인더스강 유역, 중국의 황하강 유역, 멕시코 고원의 마야문명과 페루 고원의 잉카문명 등을 들 수 있다(〈그림 I-3〉 참조). 이들 고대 도시들을 각각 살펴보자.

먼저 메소포타미아는 고대 그리스어로 "강들의 사이"를 의미한다. 기원전 4세기 후반 알렉산더 대왕 이래 역사, 지리학, 고고학적인 명칭으로 사용되기 시작했다. 메소포타미아는 지리적으로 현재의 이라크에 해당되는 유프라테스강과 티그리스강의 주변 지역을 의미한다.

두 개의 강이 가져다주는 천혜의 비옥한 토지로 인하여 기원전 약 6000년이나 되는, 구석기 시대부터 인간이 정착주거하기 시작한 이래 점차 고대문명의 발상지 중 하나가 되었다(〈그림 I-4〉 참조). 이렇듯 개방적인 지리조건으로

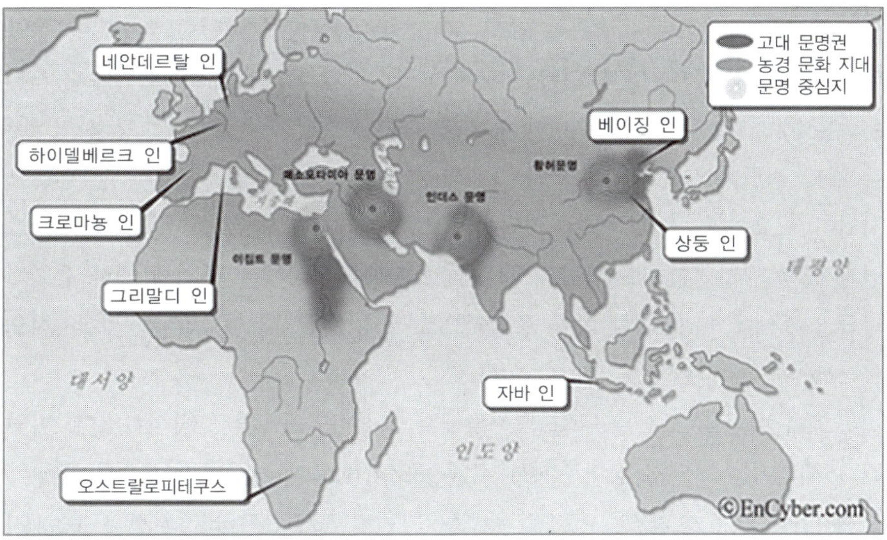

자료원: 100.naver.com/100.nhn?docid=61529

그림 I-3 문명의 발생

자료원: blog.naver.com/gynam67?Redirect=Log&logNo=35353549

그림 I-4 메소포타미아 문명

인해 메소포타미아 문명은 외부와의 교류가 활발하여 정치적·문화적 색채도 복잡성을 띠게 되었다.

폐쇄적인 이집트 문명과는 달리 두 강 유역은 항상 이민족의 침입이 잦았다. 따라서 국가의 흥망과 민족의 교체가 극심하였기 때문에 이 지역에 전개된 문화는 개방적·능동적일 수밖에 없었다. 티그리스강과 유프라테스강 사이에서 두 강의 범람이 불규칙적일 뿐만 아니라 매우 빈번해서 치수와 관개 등 대규모 사업이 필요하였으므로, 많은 사람들이 모여 여러 도시국가를 형성하였다. 그 결과 교역과 상업활동도 활발해져서, 메소포타미아 문명은 주위에 대한 문화적 파급과 후대에 미친 영향 등을 종합적으로 고려해 볼 때 그 의미가 세계사적으로 보면 매우 지대하다고 할 수 있다.

고대 이집트 문명은 나일강 하류에서 번성하였다. 최고 전성기였던, 기원전 15세기에는 나일강 삼각주에서 제벨 바르카(Jebel Barkal)까지 세력을 뻗쳤다고 한다(〈그림 I-5〉 참조). 이집트 왕조는 기원전 3200년부터 기원전 343년까지 약 3천 년간 지속되었다가, 알렉산더 대왕의 침입으로 역사에서 사라지게 된다. 이집트는 나일강을 중심으로 원조 수로국가로서 관개산업에 크게 의존하는 고

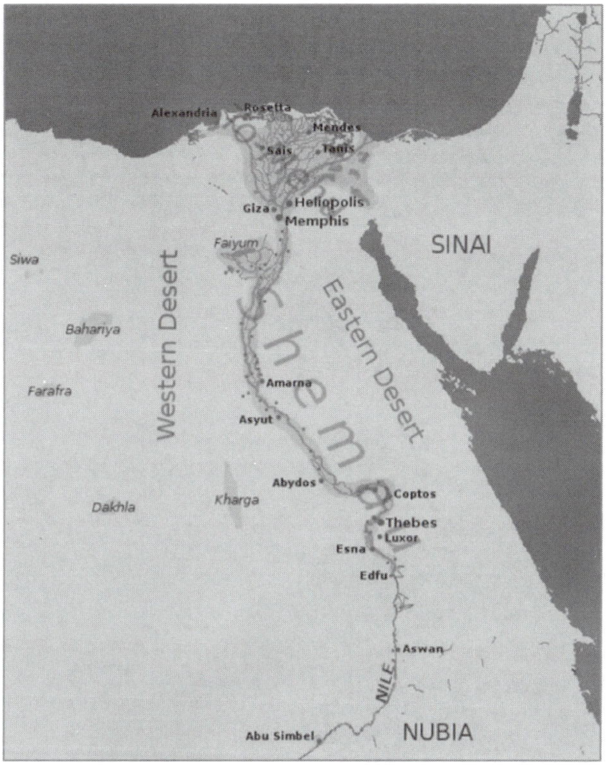

자료원: ko.wikipedia.org/wiki

그림 I-5 이집트 문명

대문명이었다.

우리 모두가 기억하는 고대 이집트 프톨레마이오스 왕조의 여왕으로 클레오파트라(B.C.69－B.C.30)가 있다. 로마 카이사르의 원조로 잃었던 왕위를 회복하였지만 악티움 해전에서 옥타비아누스에게 패하자 자살했다고 한다. 프랑스의 수학자이자 철학자인 파스칼은 클레오파트라의 코가 1cm만 낮았어도 세계 역사는 달라졌을 것이라고 한 바 있다.

인더스 문명은 인더스강과 현재의 파키스탄 및 북서쪽 인도에 걸쳐 있는 가가 하크라(Ghaggar-Hakra)강 사이에 존재하였다(〈그림 I-6〉 참조). 존속 기간은 개략적으로 기원전 3300년부터 기원전 1700년까지인데 특히 기원전 2600년부터 기원전 1900년 경까지 흥하였다고 한다. 처음 발굴된 유적지가 하라파에 있었기 때문에 가장 융성했던 시기를 하라파 문명이라고도 부른다. 기원전 1500년

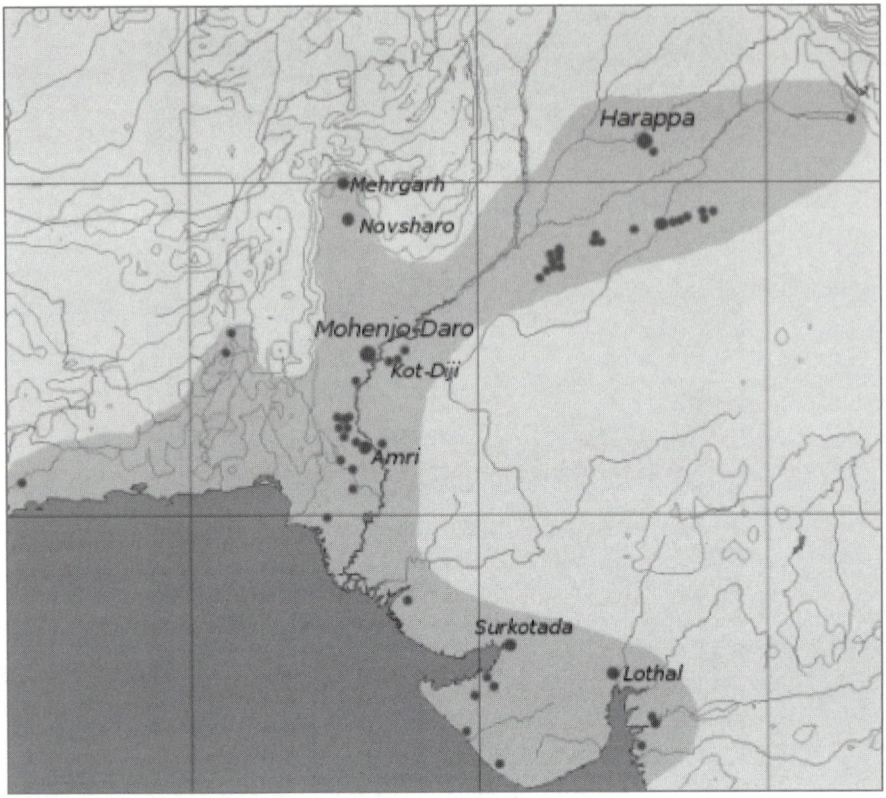

자료원: ko.wikipedia.org/wiki

그림 I-6 인더스 문명

경부터 인더스강의 범람, 삼림파괴 등으로 쇠퇴하게 되고 20세기 들어 1920년대에 발굴되기 시작하였는데 지금까지도 계속되고 있다.

인더스 문명은 메소포타미아 지역과 교류가 활발하였기 때문에 메소포타미아 지역에서도 인장 등 인더스의 유물이 발견되었다. 인더스 문명은 인더스 가가 하크라 문명, 인더스 사라스바티(Sarasvati) 문명이라고 불리기도 한다. 후자가 언어학적 그리고 지리학적으로 적절한 명칭인가에 대해서는 논란이 여전하지만, 가가 하크라강을 리그 베다에 나온 사라바스티강으로 판정하는 입장에서 그렇게 부른다고 한다.

인더스 문명의 주요 유적지로는 죽음의 언덕을 의미하는 모헨조다로를 들 수 있다(〈그림 I-7〉 참조). 현재 파키스탄의 인더스강 서안 신드 지방의 라카르나

자료원: ko.wikipedia.org/wiki

그림 I-7 모헨조다로 유적

지구에 위치하는데, 철저한 도시계획에 따라 건설된 도시이다. 모헨조다로 유적은 하라파(Harappa) 유적과 함께 인더스 문명권에서 가장 규모가 큰 유적지이기도 하다.

황하 문명은 중국의 황하강 중하류 유역에서 성립한 옛 문명을 총칭한다. 문명의 성립을 통상 국가, 청동기, 문자 등을 의미한다면, 황하 문명의 성립기는 오리엔트나 인도보다 늦은 B.C. 2000년 경이라 할 수 있다. 과거에는 세계 4대 문명 중 하나로 꼽혔지만 장강 문명, 홍산 문화 등 다양한 문명이 중국 각 지역에서 발견되었기 때문에 오늘날에는 세계 4대 문명 중 하나를 황하 문명이라고 부르지 않고 "황하 및 장강 문명"이라 일컫는다(〈그림 I-8〉 참조).

신석기 시대의 양사오 문화와 룽산 문화를 거쳐 은나라, 주나라의 청동기 문명으로 발전을 거듭하였다. 장강 문명은 현재 중국의 장강 유역에서 일어난 고대문명을 총칭하며, 황하 문명과 함께 중국의 대표 문명으로 자리매김하였다. 장강 문명의 시기는 기원 전 14000년 경부터 기원 전 1000년 경으로 추측되며 그 이후 초나라, 오나라, 월나라 등과 같은 국가들로 발전하게 된다.

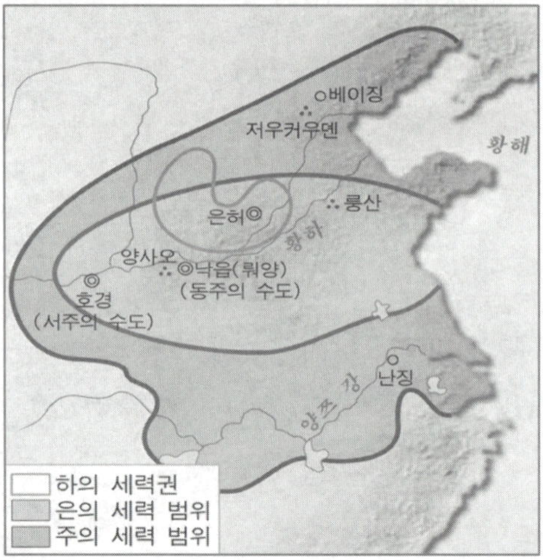

자료원: cafe.naver.com/zangbogo77/28

그림 I-8 황하 및 장강 문명

마야(Maya) 문명은 현재의 멕시코 남동부, 과테말라, 유카탄 반도 등을 중심으로 번성하였다. 약 2000년 전에 케추아족이 세운 고대문명으로 알려져 있다. 300년경부터 900년경까지가 마야 문명의 황금기였으나(〈그림 I-9〉 참조),

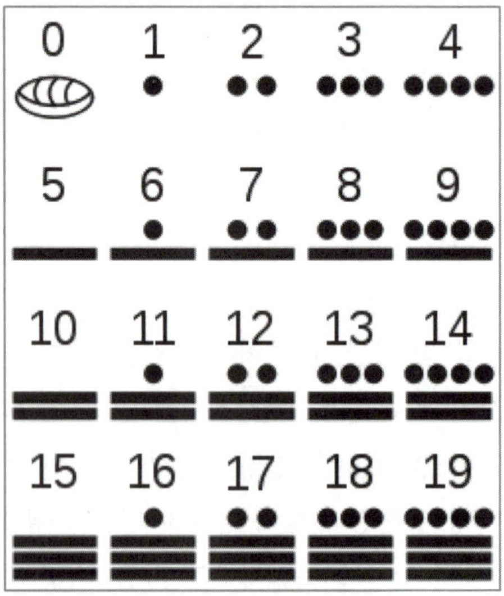

자료원: ko.wikipedia.org/wiki

그림 I-9 마야의 숫자체계

자료원: 100.naver.com/100.nhn?docid=59137

그림 I-10 잃어버린 도시 맞추픽추

10세기에 이민족의 침략으로 멸망한다. 그 이후 일부 마야 유민들이 유카탄 반도로 이동하여 아스텍 문명을 세운다.

잉카 문명은 케추아어로 타완티 수유(Tawanti Suyu)로서 네 개 지역 연합을 의미한다. 즉 네 개의 수유로 나뉘었고, 잉카 신화에 따르면 각 수유의 모서리는 "세계의 배꼽"(Qusqu)에 서로 맞닿아 이곳에 수도 쿠스코가 건설되었다고 한다(〈그림 I-10〉 참조). 제국의 공식언어는 케추아어였으나 몇백 개가 넘는 지역 언어도 공용되었다. 잉카 지도부는 그들의 신을 숭배하도록 장려했는데, 그 중 최고신은 태양신 인티였다.

잉카 문명은 1438년부터 1533년에 걸쳐 융성하였으며 현재의 페루에 주로 위치하고 있었다. 위 기간 동안 잉카인들은 점령, 평화적인 합방 등으로 안데스 산맥을 주축으로 하는 남아메리카 서부의 주요 영토를 제국의 일부로 편입한 바 있다. 하지만 1533년 사파 잉카라 불리는 마지막 황제 아타왈파는 점령자 프란시스코 피사로의 명령에 의해 살해당함에 따라 잉카 제국은 막을 내리고 에스파냐의 지배가 시작되었다.

3. 공간 진화와 동향

유비쿼터스 신대륙에서의 융합 도시인 u-City는 컴퓨터가 처음 발명된 이후부터 진화를 거듭한 결과라고 할 수 있으므로, 디지털 공간에서 융합의 역사를 네 단계로 분류하고 단계별로 그 특징을 기술한다. u-City의 기반이 되는 유비쿼터스 융합은 국가경쟁력을 좌우할 것이라는 전망에 따라, 관련된 글로벌 동향도 살펴본다.

공간의 유비쿼터스화

유비쿼터스 융합된 도시가 u-City이고, 유비쿼터스 신대륙에서의 융합은 컴퓨터가 처음 발명된 이후부터 진화를 거듭한 결과라고 할 수 있다. 디지털 공간을 중심으로 그 융합과정을 살펴보면 디지털화 정도, 적용범위, 컴퓨팅 환경의 성숙도 등에 따라 네 단계로 구분할 수 있다. 여기에서는 융합의 역사를 네 단계로 분류한 다음, 각 단계의 특징을 기술해 보자.

〈그림 I-11〉과 같이 디지털 혁명은 중앙집중 공간(Centralized Space)에서 시작하여 데디케이티드, 즉 전용공간(Dedicated Space)과 인터넷 공간(Internet Space)을 거쳐, 유비쿼터스 공간(u-Space)으로 발전될 것으로 예상된다.

첫 번째인 중앙집중 공간에서는 덤 터미널(dumb terminal)이 하나의 메인프레임을 공유하기 위해 시분할 방식을 택하는 중앙집중형이었다. 따라서 배치 프로세스(batch process) 중심이며 물리적 공간 위주로 형성되어 있다. 오늘날 컴

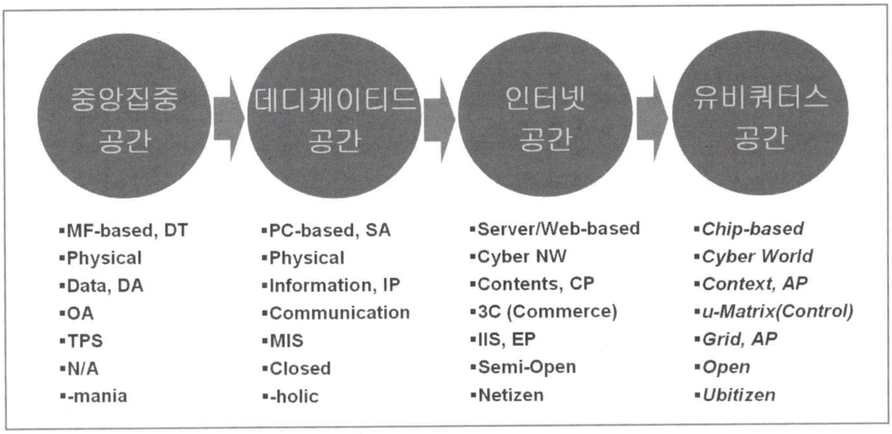

그림 I-11 **디지털 공간의 진화**

퓨터의 시초는 1946년에 펜실베니어대학 엔지니어였던 모쉬리(Mauchly)와 에커트(Eckert)가 개발한 ENIAC(Electronic Numerical Integrator and Calculator)이다.

이를 토대로 레밍턴랜드(Remington Rand)는 최초로 가장 광범위하게 보급된 컴퓨터인 UNIVAC I을 개발하게 된다. 이들은 초당 2,000개 연산도 채 못할 정도로 오늘날에 비하면 그 성능이 매우 한정되었다. 또한 단일 사용자가 요구한 단일 과업에만 초점이 맞춰져서, 메인프레임(mainframe)이라고 불렀었다. 오늘날까지도 메인프레임이라는 용어는 사용되지만, 이상의 원래 의미와는 달리, 주로 대기업에서 사용하는 대용량의 중앙집중형 컴퓨터라는 의미로 통용된다.

디지털 융합의 두 번째 단계는 데디케이티드 공간이다. 이전 단계인 중앙집중 공간에서의 불편했던 컴퓨터간 데이터를 교환하기 위해 발전된 공간으로서, 나 홀로 작동이 가능한 PC는 기본이었다. 이 단계에서도 이전 단계인 중앙집중 공간과 마찬가지로 물리적인 공간 위주였다.

세 번째 단계는 인터넷 공간이다. 1990년대 들어 웹 브라우저의 등장으로 인터넷이 급속히 보급됨에 따라 휴대폰, PDA, 노트북 등 이동 가능한 컴퓨터만 있으면 언제, 어디서나, 누구하고든지 접속이 가능한 인터넷 공간에 진입할 수 있다. 이 단계의 특징은 웹 기반이며 인터넷을 연결하기 위해 유선이나 무선 네트워크가 필수적이라는 점이다. 그리고 인터넷을 통하여 이 세상의 모든 컴퓨터가 연결 가능하므로, 이 단계부터 본격적으로 사이버 공간으로 진입하게 되고, 디지털 융합도 가속화된다.

네 번째 단계는 유비쿼터스 공간이다. 모든 사물에 칩이 내장되면 인터넷의 영향권 밖에 있는 사물들에 대한 컨텍스트(context)도 수집, 공유, 활용할 수 있게 된다. 이러한 공간을 컴퓨팅 혁명의 종착역인 유비쿼터스 공간이라고 할 수 있다. 이는 기본적으로 칩 기반이며 인터넷 공간보다 진일보하여, 사물까지도 사이버화된 세계이다. 즉 유비쿼터스 공간은 이전 단계인 인터넷 공간과 마찬가지로 사이버 세계이지만 그 범위가 컵, 승용차, 카트, 용기, 교량 등 어디에서든지(Everywhere)로 확장된 개념인 것이다.

컴퓨팅 혁명의 단계별로 네트워크상에서 중요한 역할을 하는 내용도 변천하고 있다. 중앙집중 공간인 첫 번째 단계에서는 데이터가 기본이며, 데디케이티드 공간인 두 번째 단계에서는 정보가 근간이 된다. 하지만 인터넷 공간인 세 번째 단계에서는 컨텐츠가, 그리고 유비쿼터스 공간인 네 번째 단계에서는 컨텍스트의 조합인 애플리케이션이 해당 공간을 활성화시키는 데 결정적인 역할을 하게 될 것이다.

그 내용이 진화함에 따라 단계별로 관련 직업도 변천하여 첫 번째 단계에서는 데이터를 관리하는 데이터 관리자, 두 번째 단계에서는 정보제공자(IP), 세 번째 단계에서는 컨텐츠제공자(CP), 네 번째 단계에서는 애플리케이션 제공자(AP)의 역할이 급부상하게 되었다.

컴퓨팅 혁명의 단계에 따라 중요한 역할을 하는 내용물도 변천을 거듭하였고, 수행 가능한 업무범위도 확대되었다. 예컨대 중앙집중 공간에서는 사무자동화(OA)가 컴퓨팅의 주목적이었다면, 데디케이티드 공간에서는 커뮤니케이션이 중요해진다. 인터넷 공간에서는 커머스(commerce), 컨텐츠(contents), 커뮤니티(community)로 지칭되는 3C가 구현되어야 하며, 유비쿼터스 공간에서는 개인정보 보호, 보안 등 컨트롤을 비롯한 다양한 애플리케이션, 즉 서비스가 핵심적인 역할을 하고 있다.

각 공간과 관련된 시스템 명칭도 변경되어 왔다. 즉 첫 번째 단계에서는 컴퓨터를 사용하는 목적이 주로 단순 데이터 처리였으므로 거래처리시스템(TPS)이라고 불렀고, 두 번째 단계에서는 온라인 커뮤니케이션을 통한 의사결정이 중요시되자 경영정보시스템(MIS)이라는 개념이 등장하게 된다. 세 번째 단계에서는 정보의 통합이 강조됨에 따라 전사적 자원관리(ERP: Enterprise Information Systems)처럼 통합정보시스템(IIS: Integrated Information Systems)이 필요하고 기업 포탈(EP: Enterprise Portal)이 중요시되었다. 마지막으로 네 번째 단계에서는 클라우드 컴퓨팅(Cloud Computing)이나 그리드 컴퓨팅(Grid Computing)과 상승작용을 하게 될 것이다.

프로토콜이나 네트워크 등 각종 표준을 기준으로 컴퓨팅 역사를 분석해 보면, 첫 번째 단계에서는 이종 컴퓨터간에 커뮤니케이션은 이슈가 아니었으므로 개방(Open), 폐쇄(Closed) 등은 논의의 대상도 아니었다. 하지만 두 번째 단계에 접어들면서 컴퓨터간 연결의 편의를 위해 개방은 필요하나, 여전히 폐쇄적인 단계였다고 할 수 있다. 세 번째 단계에서는 개방에 대한 요구가 중요한 이슈로 등장하였으나, 완전히 개방되었다고는 할 수 없다(semi-open). 네 번째 단계에서는 프로토콜이나 네트워크뿐만 아니라 칩 등 모든 표준이 완전히 개방되어야 진정한 유비쿼터스 공간이 구현될 수 있다.

하지만 컴퓨터를 사용하는 시간이나 빈도가 증가함에 따라 그 부작용도 만만치 않게 되었다. 그래서 중앙집중 공간에서는 컴퓨터광을 매니어라고 불렀고, 데디케이티드 공간에서는 무엇에 미친 사람, 즉 홀릭(-holic)이라는 단어가 애용되었다. 인터넷 공간에서는 네트워크상에서 에티켓이 필요하다는 의미에서 네티즌이라는 단어가 등장했으며, 유비쿼터스 공간에서는 더욱 중요해진 개인정보 보호나 보안이 준수되어야 다른 사람들의 행복도 보장된다는 점에서 "유비티즌(ubitizen)" 캠페인이 필요할 것으로 예상된다.

글로벌 동향

u-City의 기반이 되는 유비쿼터스 융합은 그 시장이 급성장하고 향후 글로벌 사회에서 각국의 경쟁력을 좌우할 것이라는 전망이 우세하다. 따라서 글로벌 선진국들은 이에 대한 투자를 이미 활발하게 진행하고 있다.

미국은 매년 20억 달러 이상의 예산을 IT관련 연구개발에 투자하고 있다. 나아가 IT 융합을 위한 나노 기술의 중요성을 인식해, 나노 이니셔티브를 추진하고 매년 약 15억 달러의 예산을 투입하고 있다. 2002년 국립과학재단(NSF:

National Science Foundation)을 중심으로 NT, BT, IT, CS(Cognitive Science)를 융합하는 "NBIC 전략"도 수립한 바 있다.

NBIC 보고서는 주목할 만한 성장을 하고 있는 이상 분야들이 융합될 경우 기술적 · 경제적 · 사회적으로 막대한 파급효과를 창출할 것으로 기대한다. 2006년 국가경쟁력 이니셔티브를 통해 생명공학 분야, 우주 분야, 에너지 분야 등에 집중 투자한다는 계획도 발표하였다.

EU도 IT 기반 융합기술에 대한 다양한 연구를 진행해 왔다. 미국의 NBIC 전략 연구에 자극을 받아 2004년에 IPTS(Institute for Prospective Technological Studies)의 과학기술예측단(Science and Technology Foresight Unit) 주도로 유럽 지식사회 건설을 위한 융합 IT 발전전략을 연구하였다.

즉 융합 IT를 활용한 삶의 질 향상; 융합 IT에 대한 윤리적 · 법적 · 사회적 이슈; 융합 IT의 경제적 효과; 융합 IT와 자연사회문화계 등 4개 부문을 중심으로 연구를 진행했다. 나아가 2013년까지 추진되는 EU 연구개발 프로젝트인 "제7차 프레임워크 프로그램(2007-2013)"을 통해, 융합 IT 기술개발을 확대하고 학제간 연구개발에 116.2억 유로를 투자할 계획이다.

일본은 IT 융합을 통해 국가경쟁력 제고 및 사회문제 해결을 위해 노력해 왔다. 2004년 경제산업성을 중심으로 단기간 실용화가 가능한 기술 위주의 개발전략인 "Focus 21"을 수립한 바 있다. 즉 일본이 강한 제조기술 기반의 IT, BT, NT, ET 융합기술에 대한 발전계획으로 30개 세부 프로젝트를 기획하여 융합 IT의 상용화도 병행하고 있다.

또한 총무성은 산하에 ICT 성장력간담회를 구성하고 IT 기반의 융합을 통한 국가경쟁력 강화를 위한 전략을 수립하기에 이른다. 그 결과 "xICT 비전: 모든 산업 · 지역과 ICT의 심화된 융합을 위해"라는 제목의 보고서를 발표하였다. 동 보고서 비전으로 제시된 xICT의 x는 산업에 ICT를 곱한다는 뜻이다. 즉 의료xICT=u-Hospital, 주택xICT=u-Home, 환경xICT=u-Eco 등 IT 기반의 융합을 의미하는 것이다.

우리나라도 자동차, 조선, 의료, 국방, 건설 등 5대 주력산업을 선정하고 IT를 접목하여 고부가가치화를 실현한다는 목표를 설정했다. 그리하여 2012년까지 IT 융합기술을 개발하기 위해 총 1조원을 투자할 계획이다.

예컨대 자동차 산업은 첨단 IT 신기술을 기반으로 센서 및 전장 장치들의 유기적인 상호작용을 가능하게 하여 안전과 편의성, 친환경 운전 환경을 제공해 산업의 경쟁력을 제고하고자 하는 것이다. IT를 기반으로 조선 산업 분야에 필요한 설계기술, 생산기술, 첨단 운항기술을 융합해 조선, 해양 산업의 고부가가치를 창출하고 IT, NT, BT 융합을 통해 창출되는 고부가 바이오 메디컬 산업도 육성할 계획이다.

Ⅱ 글로벌 u-City

"통신 업계의 화두 '그린 IT'"

몇 년 전 캐나다 환경 과학자가 베링해의 녹아내리는 빙하에 홀로 서있던 북극곰 사진을 공개하면서 북극곰이 바다에 갇힌 원인이 바로 지구 온난화 현상 때문이라고 밝힌 적이 있다. 해안가에서 멀리 떠내려오게 된 북극곰들이 매우 위험한 상황에 맞닥뜨리게 된 것이다. 이 과학자는 지구 온난화에 대한 어떤 조치가 취해지지 않는다면 결국 우리 인간들이 똑같은 상황에 처하게 될 것이라고 했다.

기후변화 국제위원회인 IPCC는 지난해 지구 온난화에 대한 따끔한 경고를 했다. 위원회는 지난 100년 간 지구의 평균 표면 온도가 섭씨 0.74도였으며, 2010년까지 약 1.1~6.4도 정도 올라갈 것이라고 밝혔다. 이렇듯 지구온난화는 이제 더 이상 논쟁이 필요한 사안이 아니다. 오늘날 환경이나 기후가 악화된 것은 결국 우리 인간의 모든 활동이 만들어낸 결과이기 때문에 이를 참아내는 것 또한 우리 인간의 몫이다. 환경문제들로 인해 급속한 발전을 거듭하고 있는 무선 네트워크 기술은 보다 많은 사회적 책임을 지게 될 것이다.

특히 에너지 소비와 이산화탄소 방출문제에 있어 통신업계의 역할은 매우 중요하다. 게다가 환경학자들은 전 세계에 흩어져 있는 수많은 기지국들이 남극의 빙하가 녹는 주요한 원인이라고 주장한다. 이러한 모든 것들이 환경을 악화시키고 온실효과를 증대시키고 있는 것이다.

그러한 측면에서 전 세계 이동통신 업계가 행동에 나선 것은 매우 다행스런 일이다. 2007년 말 차이나모바일은 15개 장비 제공업체들과 협력해 그린 액션 플랜(Green Action Plan)을 시작했고 보다폰은 2010년까지 이산화탄소 배출량을 50%까지 절감하겠다고 발표했다. 한국의 무선통신 사업자들 역시 그린 IT에 대한 구체적인 계획을 발표하기 시작했다. 지난 달 KT가 연내 2,000억원을 그린 IT에 투자하겠다고 발표했으며 SK텔레콤 역시 그린 IT를 주요 경영 화두로 내세우며 친환경 경영을 펼치겠다고 밝혔다.

판야오화웨이코리아 역시 이러한 그린 IT에 일찍 눈을 뜨고 대규모 연구개발 투자를 통해 그린 기지국을 개발하고 구현해 왔다. 현재 화웨이의 그린 기지국을 통해 구현된 네트워크는 현재 전 세계 100여 곳이 넘으며 17만 톤의 이산화탄소 배출을 감소시켰다.

사실 환경수준을 높이는 일들은 긍정적인 사회적 효과를 낳을 뿐 아니라 기업들에게 실질적으로 경제적 혜택도 가져다 준다. '포터의 가설'에 따르면 환경수준을 높이는 일은 기업의 이윤을 떨어뜨리지 않을 뿐 아니라 기술혁신과 이윤증가라는 혜택을 가져다준다.

통신사업자들은 이동통신 시스템 전력의 80%를 차지하는 기지국을 에너지 소비가 작거나 대체 에너지를 활용한 그린 기지국으로 구축함으로써 이산화탄소 방출을 직접적으로 줄이고 전력 비용 역시 절약할 수 있게 된다. 또한 ABI컨설팅의 보고서에 따르면 에너지 비용지출이 기업의 총소유비용(TCO) 중에서 가장 조절하기 어려운 비용으로 조사되고 있다.

물론 통신사업자들에게 초기 투자비용과 실질적인 효율성에 대한 부담이 큰 것은 사실이지만 이산화탄소 배출규제에 대한 세계적인 움직임이 강화되는 측면에서 그린 모바일 네트워크는 더 이상 미룰 수 없는 화두이자 관심을 가질 수밖에 없는 문제다.

오스카상을 수상한 다큐멘터리 영화 '불편한 진실'에서 미국의 전 부통령 앨 고어는 우리 각자가 지구 온난화를 만든 장본인이지만 이를 변화시킬 수 있는 선택권 또한 가지고 있다고 지적한다. 해결책은 바로 우리에게 있다. 해결하고자 하는 의지와 결심을 갖는 것이 중요하다. 이제 우리 통신업계가 앞장서서 지구를 보호하기 위해 함께 노력을 해야 할 때다.

자료원: 디지털타임즈(2009. 10. 29) 재구성.

뉴밀레니엄 신대륙인 u-City에 대한 명칭은 글로벌 사회에서 통일되어 있지 않지만, 전 세계 도처에서 다양한 목적을 가지고 추진되고 있다. 여기에서는 글로벌 u-City를 선도하는 대표적인 유럽 지역, 아시아 지역, 북미 지역 등 각각에 대해 살펴본다.

먼저 유럽 지역에서는 지중해의 정보통신기술 및 미디어 산업의 허브를 목표로 하는 몰타의 SmartCity, 다양한 서비스와 인프라를 제공하는 그리스의 e-Trikala, 예술과 디자인의 혁신적인 커뮤니티 공간인 헬싱키의 아라비안란타, 디지털 기업을 위한 공간을 조성하는 더블린의 디지털허브, 문화적 다양성과 오랜 역사를 지닌 스페인의 자라고자, 미디어와 창조산업을 통해 변혁을 견인하는 영국의 MediaCity:UK를 기술한다.

아시아 지역의 u-City로는 다양한 유비쿼터스 실증 실험을 진행하고 있는 도쿄 긴자와 도시 재생을 꾀하는 오사카의 Ubiquitous City, 광대역 정보통신 인프라 등을 갖춘 Taipei CyberCity와 그 연장선인 M-Taipei 프로젝트, 싱가포르의 Business Park 개발의 일환인 One-North와 무선 네트워크 구축사업인 Wireless@SG 계획을 설명한다.

마지막으로 북미 지역에서의 u-City 사례로는 도시민들에게 저렴하고 편리한 인터넷 서비스를 제공하기 위한 미국의 무선 네트워크, 미디어 산업의 중심지 역할을 하는 실리콘 앨리, 첨단기술을 이용한 노인보호 주택 단지인 Oatfield Estates 등을 살펴보기로 한다.

1. 유　럽

유럽은 여러 도시에서 다양하게 u-City가 추진되고 있다. 여기에서는 지중해의 정보통신기술 및 미디어 산업의 허브를 목표로 하는 몰타의 SmartCity, 정보통신기술을 융합하여 다양한 서비스와 인프라를 제공하는 그리스의 e-Trikala, 예술과 디자인의 혁신적인 커뮤니티 공간인 헬싱키의 아라비안란타, 디지털 기업을 위한 공간을 조성하는 더블린의 디지털허브, 문화적 다양성과 오랜 역사를 지닌 스페인의 자라고자, 미디어와 창조산업을 통해 변혁을 견인하는 영국의 MediaCity:UK 등과 같은 u-City를 중심으로 기술한다.

1.1 몰타의 SmartCity

몰타의 정식명칭은 몰타공화국(Republic of Malta)으로 이탈리아의 시칠리아 섬으로부터 남쪽으로 90km의 지중해 중앙에 위치하고 있다(〈그림 II-1〉참조). 몰타를 주요 섬으로 하여 고초(Gozo), 코미노(Comino) 등과 같은 섬들로 구성되어 있으며 지중해에서 그 유례를 찾아볼 수 없을 만큼 고고학적 유적이 풍부한 곳이다. 예컨대 선사시대의 무덤인 하이포게엄(Hypogeum), 신석기시대 사원, 바로크풍의 수도 발레타(Valletta) 등이 UNESCO의 세계문화 유산으로 지정되어 있다.

SmartCity는 원래 테콤(TECOM) 인베스트먼트와 삼마 두바이라는 회사가 설립한 합작투자회사의 이름이다. 이는 테콤 인베스트먼트가 보유한 지식 클러스터에 대한 전문지식과 삼마 두바이의 부동산 개발경험을 결합한 것이다. 테콤 인베스트먼트는 두바이 미디어 시티(DMC)와 두바이 인터넷 시티(DIC), 지식 마을(KV) 등의 지주회사이며, 삼마 두바이는 국영 투자회사인 '두바이 홀딩스'의 산하 개발업체이다.

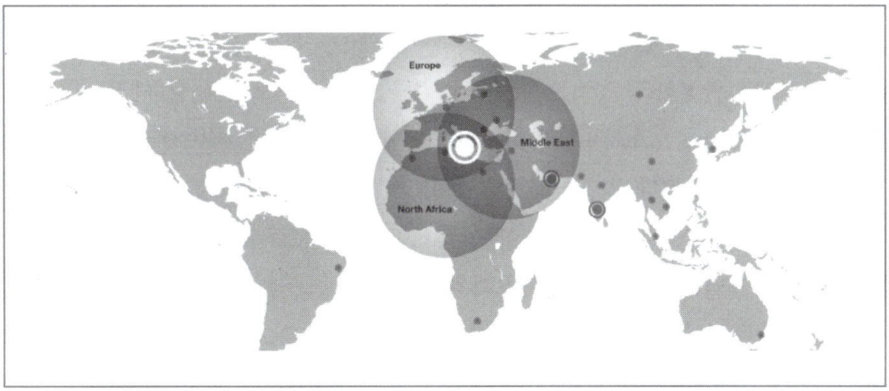

자료원: www.smartcity.ae/malta/location.html

그림 II-1 SmartCity Malta의 위치

자료원: www.smartcity.ae/malta/why-smart-city.html

그림 II-2 SmartCity Malta 조감도

따라서 몰타가 추진하고 있는 SmartCity Malta는 두바이의 SmartCity와 몰타 정부가 공동으로 시행하는 도시개발 사업이다. SmartCity Malta는 정보통신기술을 중심으로 하는 지식기반 산업도시를 지향하고 있으며 지중해의 정보통신기술 및 미디어 산업의 허브를 구축한다는 목표를 가지고 있다. 〈그림 II-2〉는 SmartCity Malta의 조감도이다.

SmartCity Malta의 사업규모는 약 3,000억원으로 356,222m^{2}의 면적에 건설된다. 추진경과를 살펴보면 2007년 3월에 몰타 정부 승인을 획득했고, 2007년 10월에는 부지 조성공사를 시작했다. 그 후 2008년 7월에는 사무실 공간 8% 조성을 완료하고 첫 임대를 시작했다. 2015년에는 정보통신기술 및 미디어 비즈니스 파크를 완성하고 2021년에는 상업지구, 주거지구도 완성할 예정이다.

또한 SmartCity Malta는 두바이 Internet City와 유사한 서비스 및 인프라가 구축될 것으로 예상된다. SmartCity는 '기회들의 네트워크(Network of Opportunities)'라는 컨셉을 가지고, 자생이 가능한 지식기반의 산업도시 건설을 지향한다. 단순한 부동산 개발이 아닌 세계 곳곳의 정보통신기술과 관련 비즈니스를 결합하여 새로운 인터넷 시티(DIC)와 두바이 미디어 시티(DMC)를 세워 네트워크화한다는 야심찬 계획이다(〈그림 II-3〉 참조).

두바이의 Internet City와 Media City를 바탕으로 한 SmartCity 모델이 몰타,

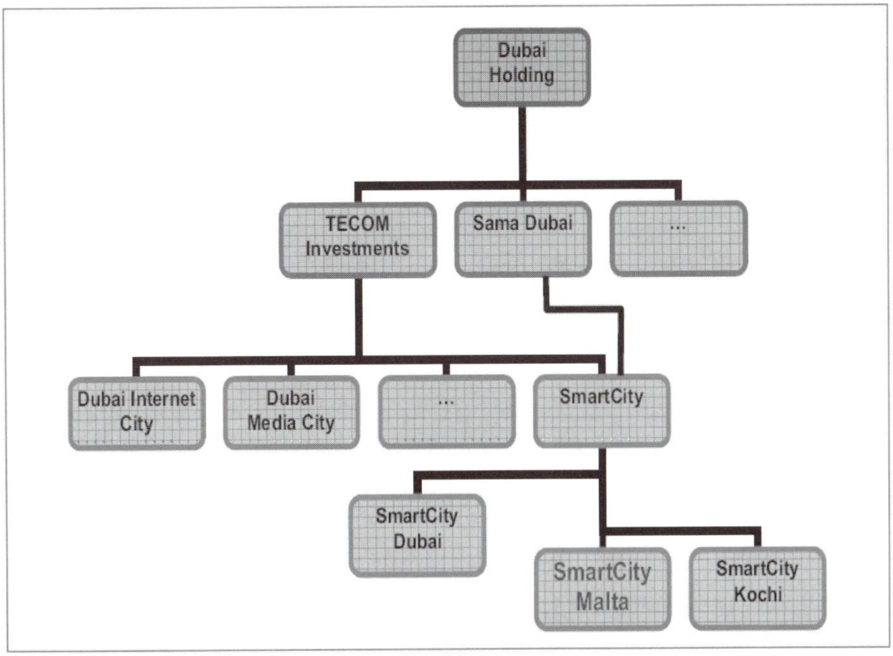

자료원: 한국정보화진흥원, 2008.

그림 II-3 SmartCity 추진 구조

인도 Koich 등지에서 적용되고 있다. 이를 통해 지식기반 기업의 활동을 지원하기 위한 FreeZone4, OneStop Shop5 서비스를 구축하고 IP Telephony, Gigabit 네트워크 등의 정보통신 인프라를 기본으로 제공할 예정이다. 예컨대 FreeZone은 100% Tax Free, 100% 외국인 소유, 무관세가 가능하고 자본이나 이익의 본국 송환도 자유롭고 무역장벽이나 할당 등도 없다.

One Stop Shop은 간소한 기업설립 절차, 명확한 기업관련 법률체계, 24시간 비자 서비스, 신속한 이민절차를 통한 지식 노동자의 신속한 이용 등도 가능하다. SmartCity는 세계 각지에서 20여 개의 지식 클러스터 개발대상 지역을 찾고 있는 것으로 알려져 있다. 사우디아라비아는 글로벌 투자유치와 도시운영비 절약을 위하여 IT 인프라를 갖춘 6곳의 스마트시티를 건설할 계획이다.

우리나라 제주도 또한 2009년에 SmartCity@Jeju 유치를 위한 TF팀을 구성하였고, 이러한 세 번째 SmartCity 건설프로젝트에는 제주를 포함하여 중국, 파키스탄, 유럽 지역 등 전 세계의 6개 도시가 유치전을 벌이고 있다. 이를 통해

SmartCity는 세계적인 Global SmartCity Network를 구현한다는 목표를 세우고 있다.

1.2 그리스의 e-Trikala

그리스는 지역별로 문화적·사회적·지리적 특성이 상이하기 때문에 다양한 요구사항을 해결하고 특유의 통합적인 Digital City로 발전시키려는 계획을 추진하고 있다. 트리칼라(Trikala)시는 그리스 테살리아 지방 농업·목축업의 중심지로서 트리칼라주의 주도로 중형 규모의 도시이다. 트리칼라에 정보통신기술을 융합하여 다양한 서비스와 인프라를 도시민들에게 제공하기 위한 프로젝트가 바로 e-Trikala로서, 그리스 정보사회프레임워크 프로그램(Greek Information Society Framework Program)의 지원을 받아 2004년 10월부터 진행되었다.

지난 2006년에 1단계 사업을 완료하고 2단계 사업이 진행중이며 사업비는 약 4조 6,000억원에 달한다. 이를 통해 공공업무 처리과정을 단순화하고, 통신비를 절감시켜 도시민들의 삶의 질을 향상시키며, 첨단 IT 기술을 활용하여 도시민이 정책수립 과정에 참여할 수 있도록 하는 것을 목표로 하고 있다. 우리나라에서 지방자치단체별로 지역정보화 촉진기본계획을 수립하고, 이를 바탕으로 지역별 특성을 반영한 정보화 사업을 추진하고 있는 것과 유사한 개념으로 볼 수도 있다.

한편 e-Trikala는 효율적 사업추진을 위해 디지털시티 참조모형(Digital City Reference Model)을 제시하고 있다. 이는 백오피스 레이어(Back Office Layer), 인프라(Infrastructure), 응용 레이어(Application Layer), 최종사용자 레이어(End-User Layer) 등 4가지 계층으로 이루어져 있다.

먼저, 백오피스 레이어는 정보나 서비스를 생성하여 최종 사용자에게 제공하거나 공공서비스를 수행하는 조직이나 기관에서 이용하고, 인프라는 디지털시티 운영에 필요한 광케이블, 무선네트워크, 단말기, OS 등 하드웨어와 소프트웨어이다. 응용 레이어는 도시민들에게 제공되는 애플리케이션이나 디지털 형태의 서비스이고 최종사용자 레이어는 도시민, 도시민 조직, 기업, 정부 당국 등이다.

자료원: www.e-trikala.gr/en/node/62

그림 II-4 e-Trikala MAN 구축도

나아가 e-Trikala 프로젝트의 주요 인프라 및 서비스 내용은 다음과 같다. 먼저 MAN(Metropolitan Area Network)은 30km에 달하는 광케이블로 Trikala 지역의 40개 주요 건물을 연결하여 고속의 광대역 네트워크 서비스를 제공한다(〈그림 II-4〉참조).

둘째, 무료 광대역 무선랜 서비스는 e-Trikala의 8개 지역을 중심으로 무선랜 HotSpot을 구축하여 자유로운 무선 인터넷 접속서비스를 제공한다. 이를 위해 현재는 15개의 노드가 운영되고 있으며 향후 21개로 증가될 예정이다(〈그림 II-5〉참조).

셋째, e-Healthcare는 노인, 만성질환자, 거동이 불편한 도시민을 대상으로 상시 원격지원 서비스를 제공한다. 이를 위해 가정 내 영상전화를 설치하고 Tele-Care 센터를 통해 서비스를 제공한다. 또한 GPS가 내장된 단말기를 휴대하여 외부에서 이동중에도 사용자의 건강상태와 현재 위치를 확인할 수 있다(〈그림 II-6〉참조).

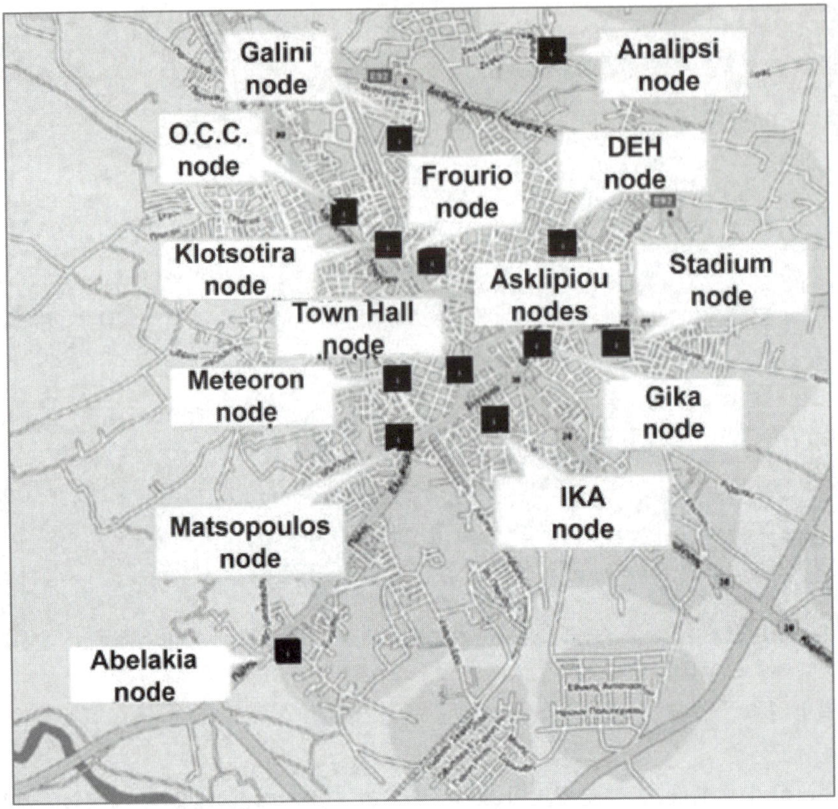

자료원: www.e-trikala.gr/en/node/66

▍그림 Ⅱ-5 무선랜 제공을 위한 Node 설치 현황

넷째, Intelligent Transport Service는 ITS와 BIS(Bus Information System), Smart Parking, 즉 u-Parking 서비스가 결합된 복합 서비스 모델이다. 대중교통을 이용하는 도시민에게 대중교통의 도착과 출발정보를 실시간으로 제공하며, 공영 주차장의 공간정보, 버스의 다음 정류장까지의 남은 시간 정보 등을 정확하게 제공한다.

기타 기획중인 서비스로는 Urban tele-work Centre, Metropolitan ERP System, Digital broadcast system for cultural events, Distance learning courses to the unemployed, Electronic marketplace for local enterprise 등이 있다.

이상과 같이 e-Trikala 프로젝트는 규모는 작지만 지역적 특색이 강한 그리스 중소도시의 성격을 반영하고 있다. 즉 서비스를 이용하는 도시민들이 원하

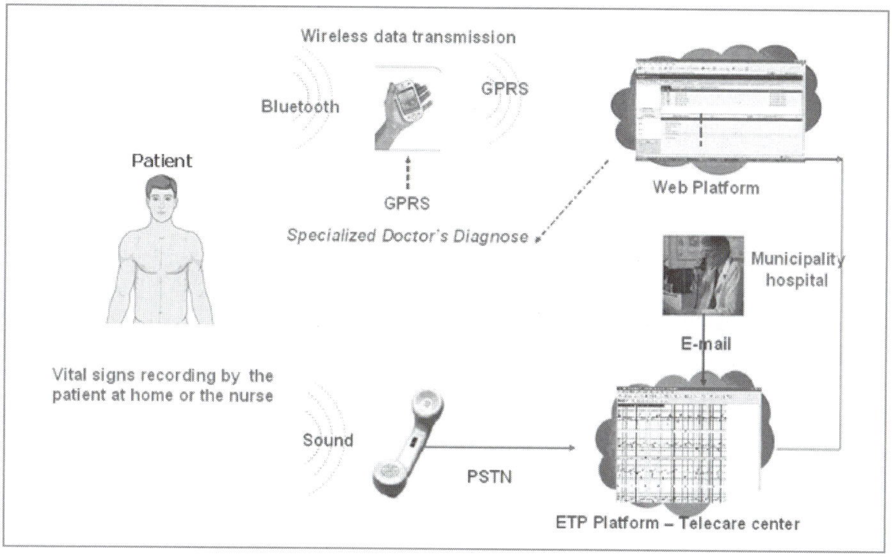

자료원: www.e-trikala.gr/en/node/6

그림 II-6 e-Healthcare 개념도

는 서비스를 제안하고, 이를 수용하여 개발, 제공, 평가 등을 함으로써 도시민 중심의 디지털시티 구축이 가능하게 된 것이다. 또한 구도심을 중심으로 한 인프라 구축, 서비스 제공 등에 중점을 두고 있다.

1.3 핀란드의 아라비안란타

핀란드는 2010년까지 IT, 디자인, 문화 도시의 완성을 목표로 2000년부터 헬싱키 최초의 공장지대인 아라비안란타(Arabianranta)를 재개발하였다(〈그림 II-7〉 참조). 총 1조 9천억원의 비용을 투자할 예정으로 12,000명의 거주자와 9,000개의 일자리, 그리고 6,000명의 학생들이 거주하는 도시의 건설을 목표로 한다. 특히 지역의 네트워크 서비스 센터를 건설하여 도시 전역에 약 500개의 주요 건물과 가정을 연결하는 1Gbps의 광케이블 네트워크도 구상하고 있다.

아라비안란타 개발의 핵심은 버추얼 빌리지(Virtual Village) 계획으로 공적인 공간과 사적인 공간의 접목을 위해 추진되었다. 예술과 디자인으로 유명한 헬싱키의 아라비안란타 지역을 혁신적인 커뮤니티 공간으로 활용하도록 한다는

자료원: www.arabianranta.fi/

그림 Ⅱ-7 아라비안란타의 전경

것으로, 기업과 도시민들이 기술과 서비스를 효과적으로 이용함으로써 정보화 사회를 촉진하는 것을 목적으로 하고 있다.

버추얼 빌리지 계획은 1997년 핀란드시의회에서 처음 결정된 사항으로, 아라비안란타 내에 거주지, 교육기관, 사무실 등 모든 공간에 광섬유 네트워크를 설치하자는 계획에서 출발하였다. 이후 2000년에는 주거단지의 네트워크화를 위한 계획이, 2001년에는 헬싱키 버츄얼 빌리지에 대한 포털프로젝트가 수립되었고, 2002년에는 최초로 서비스가 개시되었다.

개발주체는 중앙정부, 시, 대학, 지주, 개발사업자 등이 투자한 헬싱키 예술디자인 주식회사로 지역 특색에 따른 디자인을 강조하고 있다. 버추얼 빌리지는 핵심 엔진인 Teamware Pl@za를 중심으로 공공서비스(Public Service), 등록사용자 서비스(Services for Registered Users), 거주민 서비스(Services for Residents), 기업 서비스(Services for Companies) 등을 제공하고 있다.

먼저, 공공서비스는 교육기관, 버스정류장 등 공공기관 지도 정보, 공사 진행사항 정보, 지역 기업의 연락처를 포함한 카테고리 정보, 온라인 잡지의 새로운 뉴스, 이벤트 정보 등을 제공한다. 둘째, 등록사용자를 위한 서비스는 직업알선, 온라인 잡지와 관련된 이슈에 대한 토론참석 기능 등을 제공한다.

자료원: www.arabianranta.fi/

그림 II-8 Virtual Village 포털

셋째, 거주민을 위한 서비스는 아파트 건설회사 그룹 내의 멤버십 서비스, 아파트 건설회사 각각의 포털 내 홈페이지 구축, 간단한 회의부터 일반용도의 토지 보유량까지의 건설회사 내부정보 열람 서비스 등을 제공한다(〈그림 II-8〉 참조). 넷째, 기업대상 서비스는 중소기업에 홈페이지 아웃소싱 서비스를 제공하는 것이다. 기타 디지털 케이블 TV와 IP-TV, 노키아 Mobile TV와 같은 서비스도 계획하고 있다.

한편 아라비안란타에서 제공되는 LAN 서비스는 지역 네트워크 서비스 기업인 Arabia Service를 통해 제공되며 지역 주민들이 이를 소유한다는 특징이 있다. 이는 Areal Network Center를 중심으로 도시의 LAN 및 WAN과 연결되며 Data, Voice, Multimedia, Wireless LAN, Information Security 서비스 등을 제공한다.

아라비안란타는 2004년부터는 Aralis Library, Information Centre 지역에서

자료원: 한국정보화진흥원, 2008.

그림 II-9 조감도와 광케이블 현황

공공 무선랜 접속 서비스를 제공하고 있다. 〈그림 II-9〉는 Arabianranta의 조감도 및 광케이블 구축현황을 보여주고 있다.

아라비안란타는 핀란드의 산업 클러스터 가운데 "Art and Design" 클러스터에 속한다(〈그림 II-10〉 참조). Percent for Art Program을 통하여 리모델링이나 신축 건물은 총 공사비의 2%를 예술분야에 사용하도록 하고 있다. 또한 University of Art & Design Helsinki, Helsinki Polytechnic Stadia, Pop & Jazz Conservatory, Arcada Nova, Helsinki City College of Technology 등 5개의 IT, 멀티미디어, 음악, 사진, 디자인 관련 대학들은 IT를 기반으로 하는 미디어, 디자인 등 첨단분야의 인력을 육성하고 있다. 연구결과는 지역 업체에 제공되어 관련 제품 및 서비스를 개발하도록 지원한다.

뿐만 아니라 핀란드의 디자인 역량을 정보통신기술과 결합하여, 모든 도시 구성원들이 가상 네트워크상의 도시정보에 무선통신으로 자유롭게 접근할 수

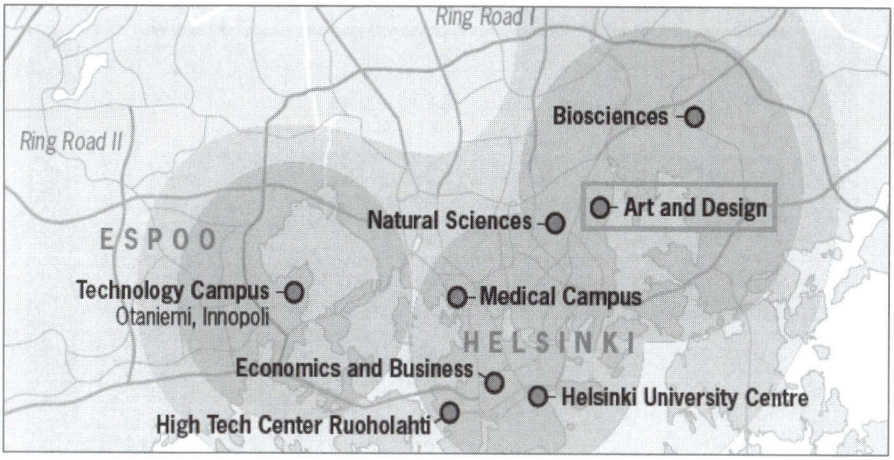

자료원: 한국정보화진흥원, 2008.

그림 II-10 헬싱키 Science & Technology Corridor

있도록 한다는 계획을 세워 이를 실험적으로 진행하고 있다.

아라비안란타가 진행중인 파일럿 프로젝트 중 e/m-Participation 프로젝트는 정보통신기술을 이용하여 도시민의 의견수렴과 정책결정 과정의 참여를 유도한다. e-Participation 파일럿 프로젝트와 Digital Bulletin Board Service도 병행해 추진중이다. 그리고 헬싱키 Living Lab은 u-City를 지향하는 아라비안란타의 효율적 구축을 위해 헬싱키 미술대와 연계하여 삶의 질을 높일 수 있는 다양한 첨단 시스템, 기술의 연구 및 개발을 추진하고 있다.

이상과 같이 아라비안란타 프로젝트의 특징은 기술적 차별성보다는 Art and Design 분야의 차별화, IT와 예술의 결합을 추구하고 있다는 점이다. 또한 IT 기술을 활용한 도시민 커뮤니티 형성으로, 정책의 의사결정 및 도시민 요구사항을 충실히 반영할 수 있는 방법도 제공한다.

1.4 더블린의 디지털 허브

아일랜드는 디지털 허브 개발청(Digital Hub Development Agency)을 주축으로 2000년부터 수도 더블린에 디지털 기업을 위한 공간을 조성하고 있다. 더블린 지역에 2012년까지 디지털 콘텐츠와 IT기업에 초점을 맞춘 정보통신산업의 허

자료원: www.thedigitalhub.com

그림 II–11 디지털 허브 홈페이지

브를 구축한다는 계획으로, 〈그림 II-11〉은 디지털 허브의 홈페이지 모습을 보여준다.

디지털 허브 구축은 2012년까지 총 3단계로 진행되는데, 준비단계(2002~2003)에서는 개발계획 수립 및 정보통신 인프라의 구축이 그 주요 내용이었다. 1단계(2004~2005)에서는 디지털 미디어 기업 클러스터를 형성하며, 학습 프로그램과 커뮤니티를 생성하고, 지역 내 광대역 정보통신 인프라 구축 및 네트워크 운영센터를 건립하는 것이다. 나아가 2단계(2006~2012)는 디지털 미디어 기업 클러스터 확산단계로 최고의 디지털 미디어 제품과 서비스를 생산할 수 있는 환경을 제공하고, 디지털 허브 학습 프로그램의 광범위한 확산도 추진한다. 디지털 허브는 〈그림 II-12〉와 같이 구성되어 있다.

디지털 허브는 인프라로 광섬유망(Fiber Optic Ring)과 네트워크 운영센터를 통해 더블린시의 MAN과 각 프로젝트를 연결하는 3.5km의 광섬유망을 구축하

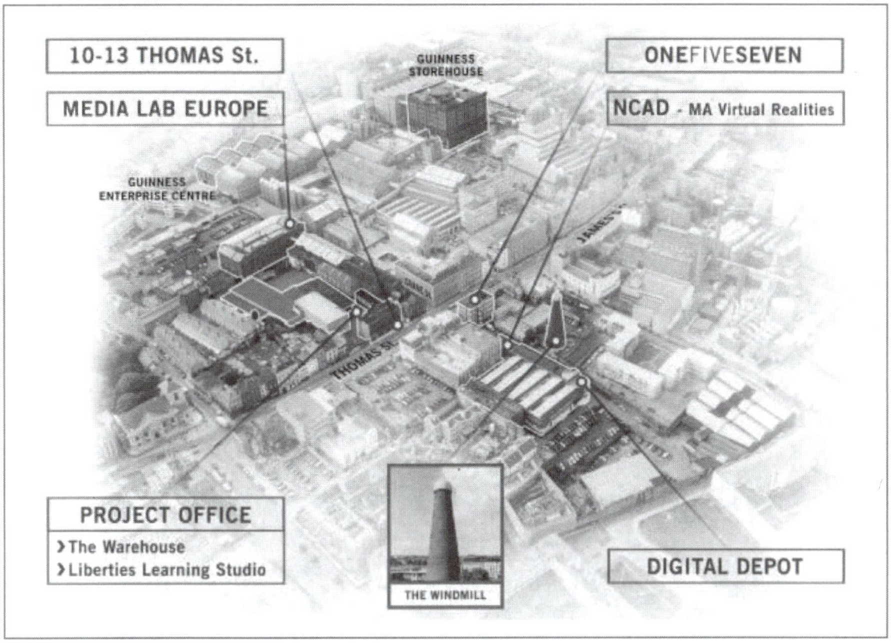

자료원: www.cibenix.com/images/general/digital_hub_map.jpg

그림 II-12 디지털 허브 구성도

며 이를 통해 4Gbps 이상의 광대역 네트워크를 제공한다. 또한 주요 서비스로 VoIP 서비스, 컨퍼런스 콜, 보이스 메일, Video Conference 및 Presentation 설비, 광케이블 기반의 인터넷 접속 서비스(FTTx) 등을 들 수 있다.

결국 디지털허브의 특징은 디지털 미디어 및 소프트웨어 관련 기업을 집적한 클러스터를 형성하고 이들을 위한 학습 프로그램과 커뮤니티를 제공하여 경쟁력을 강화한다는 점이다. 우리나라 DMC와 유사한 측면을 가지고 있다. 또 기존 구도심의 개발을 통한 정보통신기술 클러스터의 형성으로 도시의 재생과 경제의 발전이라는 두 마리 토끼를 쫓고 있다는 특징을 가지고 있다.

1.5 스페인의 자라고자

스페인은 다른 국가와는 달리 신도시 개발계획이 아닌, 구도심 개발을 위한 u-City 건설에 박차를 가하고 있다. 스페인의 자라고자(Zaragoza)는 스페인 북

자료원: www.in-spain.net/provinces/sub/sub2/zaragoza.htm

그림 Ⅱ-13 자라고자 시의 전경

동부 아라곤에 위치한 자라고자 주의 주도이다. 면적이 17,274km^2, 인구는 2003년 현재 약 88만 명, 인구밀도는 50.95/km^{2}로 스페인에서 6번째로 큰 도시다(〈그림 II-13〉참조). 총 292개의 자치구로 구성되어 있으며 자치구의 절반 이상이 인구 300명 이하의 소규모 마을들로 구성되어 있다.

자라고자는 자동차, 물류산업 중심의 공업도시지만 컨퍼런스, 무역박람회, 국제회의를 위한 최적의 중심지로 주목을 받고 있다. 물과 지속가능한 개발을 주제로 하는 Expo 2008을 개최하기도 했고, 2천년 이상의 역사를 간직한 고도로서 풍부한 역사적·예술적 유산을 소유하고 있다. 이베리아인, 로마인, 무어

인, 유대인, 기독교인 등의 영향을 받은 자라고자는 문화적 다양성과 오랜 역사를 통해 문화와 예술의 중심지가 되었다.

유럽의 선도적인 지식도시로 자리매김하기 위한 노력으로 디지털 경제를 바탕으로 City of the Knowledge 계획을 추진하고 있으며 고속철도의 개통과 2008 Expo 개최에 맞추어 구도심을 개발하는 Milla Digital 사업을 추진했다. 자라고자의 City of the Knowledge 계획과 Milla Digital에 대해 살펴보자.

City of the Knowledge

유럽의 선도적 지식도시로 자리매김하기 위한 자라고자의 City of the Knowledge 계획이 추구하는 목표는 다음과 같다. 먼저 경제성장을 가속화하며 숙련된 고급 근로자를 양성할 수 있는 혁신적인 기업을 설립하는 것이다. 정보통신기술을 활용하여 더욱 효과적인 공공서비스를 제공하고 모든 도시민, 단체, 기업 등이 언제, 어디서든 자유롭게 통신 네트워크를 활용할 수 있도록 한다. 정보기술을 활용하여 도시의 기능을 강화하며 경제적 기회를 창출할 수 있는 새로운 도시계획을 수립한다. 마지막으로 자라고자를 국제적 도시로 변화시키기 위해 혁신과 새로운 기술변화에 능동적으로 대응한다.

이상과 같은 목표를 달성하기 위해 총 4개 분야의 프로그램을 추진한다.

먼저, Zaragoza Connect는 모든 도시민이 정보서비스와 인터넷을 이용할 수 있도록 하는 각종 수단을 제공한다. 세부적으로는 도시민을 위한 무선 인트라넷 서비스, 모든 가정의 광대역 인터넷 서비스, 핫스팟을 통한 무선 인터넷(Wi-Fi) 서비스 등을 제공한다. 이를 통해 도시민들에게 이메일 서비스를 제공하며 도시민과 비영리 단체를 위한 호스팅 서비스도 제공할 계획이다. 이와 별도로 ISP의 네트워크 확장과 새로운 정보통신기술인 Wi-Fi, UMTS, IPv6, Gallieo, 즉 GPS, PLC 등에 대한 대규모 시험도 지원할 계획이다.

둘째, Digital Zaragoza는 기술 분야의 기업 투자기회를 창출하고 혁신을 확산시킬 수 있는 도시 모델 개발을 위해 각종 수단을 제공한다. 이를 통해 Milla Digital과 Free Software 센터 건립을 추진할 계획이다. 이는 기술기반 기업을 유인할 수 있는 매력적인 프로그램을 실시하여 기술기반 기업을 위한 인큐베이팅 역할을 수행할 것이다. 또한 소프트웨어 비즈니스 기업가를 위한 무료 관리 프로그램도 개발해 나갈 예정이다.

셋째, Open Zaragoza는 완전한 전자정부의 구현으로 사회의 투명성을 증대시키고 모든 사회적 이해당사자를 참여시킬 수 있는 기술적 환경을 제공한다.

넷째, Zaragoza Network는 도시의 발전과 각 프로젝트의 결과를 극대화시키기 위해 타도시, 기관, 조직간의 상호협력 메커니즘을 구현한다. 즉 Telecities와 다른 국내외 도시들의 네트워크 통합, Digital Cities 국제학술대회, 자라고자 대학교와의 협력, 인터넷 사용자협회와의 협력, 자라고자 기술포럼회의, 기술적 토론 등을 위한 웹 플랫폼을 의미한다.

이를 통한 구체적 액션 아이템은 Electronic Administration, Milla Digital, Citizens Wireless Intranet, Free Software, Saragosa City of Knowledge Foundation 등이 있다. 그 중 Milla Digiatal에 대해 좀더 자세히 기술한다.

Milla Digital

Milla Digital은 자라고자의 고속철도 도입으로 인한 신역사인 Delicias Ststion 건설과 더불어 El Portillo 주변 도심을 재개발하는 사업이다(〈그림 II-14〉 참조). El Portillo Station과 새로 건설되는 Delicas Station 사이의 약 100만m^2 부지에 주택 3,616호, 공공시설 231,793m^2, 공원과 녹지 339,051m^2, 오피스 및 상업용지 243,660m^2를 제공한다는 계획이다.

Milla Digital 사업의 목적은 자라고자의 비전인 21세기 혁신과 지식의 도시(City of Innovation and Knowledge)를 구체화하기 위한 일환이다. 이를 위해 Milla 도시민과 기업에게 높은 수준의 도시개발과 정보통신 인프라를 제공할 계획으로 Milla Digital의 구체적 목표는 다음과 같다.

- 혁신과 창조를 위한 도시기반의 조성
- 새로운 기업유치: 4,000~5,000개의 고급 일자리 창출
- 대규모 생활 실험장(Living Lab)으로서의 역할
- 모든 도시민의 기술, 문화 등에 대한 정보를 쉽게 접근할 수 있도록 함.
- 가장 활력 있는 중규모 유럽도시의 하나로서 자라고자의 확고한 위상 정립

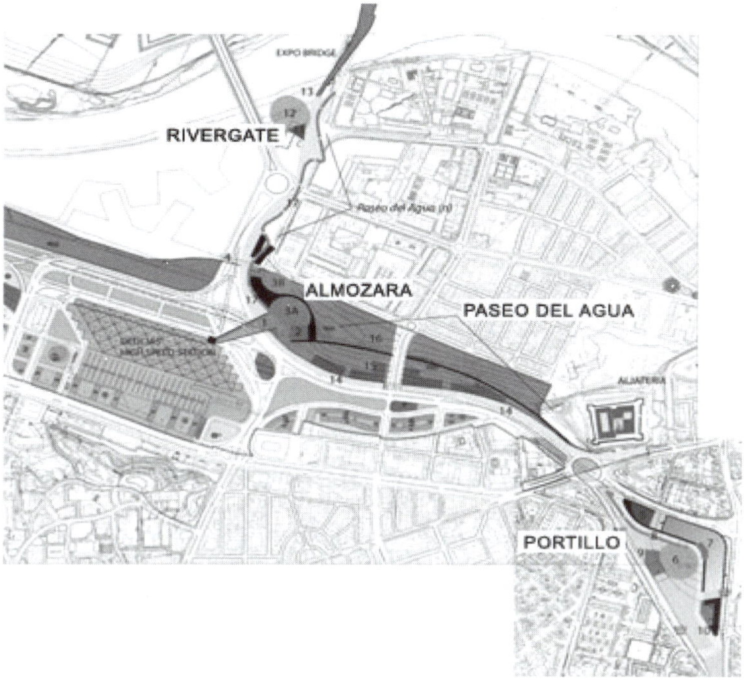

자료원: www.milladigital.es/ingles/06_disenoUrb.php

그림 II-14 Milla Digital 계획도

혁신적인 정보 서비스를 제공하기 위해 최고 수준의 정보통신 인프라를 제공한다는 계획을 세웠는데 Milla Digital 인프라 구축계획을 살펴보면, 먼저 10Gbps 수준의 백본 네트워크 구축이다. 메트로 이더넷과 WiFi Mesh 네트워크를 이용하여 유무선 자가망을 구성할 계획으로 총 연장 60km의 광케이블과 3개의 데이터 센터가 구축된다.

둘째, 모든 가정에 광케이블을 연결하여 FTTH 서비스를 제공할 계획이다. 이를 통해 모든 거주자에게 100Mbps 접속속도를 제공하며, 기업체에는 직원당 최소 50Mbps 접속속도를 제공한다.

셋째, 모든 가정에 홈네트워크의 일종인 Domotics을 구현하여 침입경고 및 방지 서비스, 에너지 제어 서비스, 멀티미디어 서비스 등을 제공한다.

넷째, 공공장소에 Intelligent Urban Furniture, 멀티미디어 키오스크, 첨단 디스플레이 기기 등을 설치하고, 모든 빌딩에 지능형 감시, 에너지 절약, 빌딩

정보관리 등의 기능을 구현한다.

이상 인프라를 통해 Milla Digital은 도시공간의 디지털 요소와 물리적 공간을 긴밀히 결합하여 다양한 디지털 미디어 서비스를 제공할 예정이다. 디지털 요소와 결합되는 물리적 공간의 범위는 Portillo 지역의 남쪽으로부터 Delicas Station까지로 Expo 2008 구역과 Bridge Pavilion으로 연결된다.

물리적 공간과 연계되는 디지털 요소에는 다음과 같이 Digital Infrastructure, Ambient Technology, Digital Public Place가 있다. 먼저 Digital Infrastructure는 Intelligent Street and Building Light, Digital Street Furniture (Coffee Table, Bus Stop, Information Sign) 등으로 구성된다.

그리고 Ambient Technology는 Milla Digital에 무선 인터넷 접속 서비스를 제공하고, 양방향 미디어 서비스를 제공한다. 또한 주요 핵심 위치에서 모바일 단말기 기반의 위치기반 서비스를 제공하는데, 〈그림 II-15〉는 Milla Digital의 무선랜 서비스 제공 지역을 나타낸다.

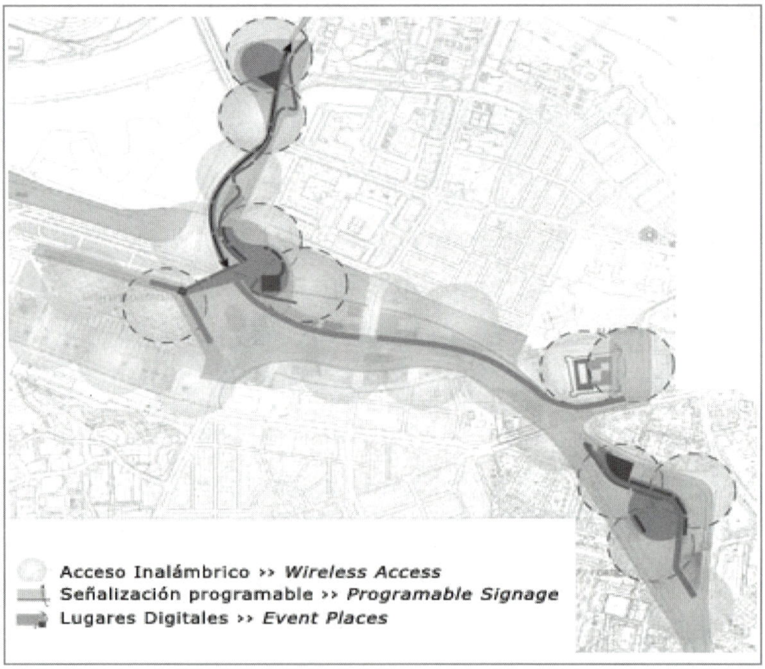

자료원: www.milladigital.es/ingles/03_espacioDigital.php

그림 II-15 Milla Digital의 무선랜 서비스 제공 지역

Digital Public Place는 사용자와 공간이 상호작용하는 지역으로 Water Wall, Digital Bus Stop, Memory Paving, Urban Pixels(LED Lighting), Digital Facades and Displays, Digital Awnings, Smart Parking, Sonic Forest 등의 서비스를 제공한다. 〈그림 II-16〉은 Memory Paving 서비스를 예시로 보여준다.

이상과 같이 자라고자는 Zaragoza City of the Knowledge를 추진함에 있어 Milla Digital을 통한 도시와 IT의 결합, 공간과 정보기술의 상호 융합 등을 시도하고 있다는 특징을 가지고 있다.

자료원: www.milladigital.es/ingles/05_redTeleco.php

그림 II-16 Memory Paving

1.6 영국의 MediaCity:UK

영국의 항구도시 샐퍼드(Salford)는 한때 영국 제조업의 중심지였으며 전통적으로 많은 대학들이 집중되어 혁신과 창조의 잠재력을 지니고 있는 것으로 평가된다. 이곳 맨체스터의 Salford Quays에 건설되고 있는 MediaCity:UK는 새로운 미디어 산업도시로 변모하며, 미디어와 창조산업을 통해 영국의 새로운 변혁을 견인하고 있다. 샐퍼드 지역의 200에이커의 미개발지를 활용하여 세계적인 미디어 허브를 건설하기 위한 사업으로 BBC의 이전도 예정되어 있다.

MediaCity:UK는 Central Salford Urban Regeneration Company와 Peel Holdings, Salford City Council 등이 공동으로 추진하고 있고 초기 투자비용이 약 1조원, 최종 비용은 약 2조원으로 예상된다. 2011년에 1단계 사업(Phase I)이 완료되며 공간 구조는 상업지구(535,000ft2), 방송 스튜디오(224,400ft2), 후반 제작 시설(40,000ft2), 206개 침실 규모의 호텔, 370가구 규모의 아파트 건설 등이 포함된다. 〈그림 II-17〉은 MediaCity:UK의 조감도를 보여준다.

자료원: www.e-architect.co.uk/manchester/salford_bsf_schools.htm

그림 II-17 MediaCity:UK 조감도

또한 영국의 미디어 시티는 디지털 기술을 중심으로 방송, 콘텐츠, 출판, TV, 영화, 통신산업을 하나로 연계하여 시너지 효과를 극대화하기 위한 도시개념이다. 공공장소를 중심으로 도시 전체에 Wi-Fi 네트워크를 구축함으로써 세계적인 미디어 허브를 구축한다는 것이 그 목표다.

전 세계적으로 미디어 시티를 지향하는 도시에는 이상의 MediaCity:UK뿐만 아니라 우리나라 상암동의 DMC, 헬싱키의 Arabianranta, 스페인 자라고자의 Milla Digital, 뉴욕의 MIT, 싱가포르의 One-North, 덴마크 코펜하겐의 Crossroads, 브라질의 Sipens 등 다양하다.

2. 아 시 아

글로벌 사회에서 아시아의 u-City 사례로는 다양한 유비쿼터스 실증 실험을 진행하고 있는 도쿄 긴자와 도시 재생을 꾀하는 오사카의 Ubiquitous City, 광대역 정보통신 인프라 등을 갖춘 Taipei CyberCity와 그 연장선인 M-Taipei 프로젝트, 싱가포르의 Business Park 개발 프로젝트의 일환인 One-North와 무선 네트워크 구축사업인 Wireless@SG 계획 등을 기술한다.

2.1 일　　본

일본의 u-City 사례로는 유비쿼터스 사회를 실현하기 위해 다양한 실증 실험을 진행하고 있는 도쿄의 긴자와 도시 재생을 통한 지역경제의 활성화를 꾀하고 있는 오사카 Ubiquitous City 등을 살펴보자.

긴　　자

도쿄의 긴자 지역은 최첨단 패션과 전통이 함께하는 지역으로 세계 일류 브랜드 숍, 백화점 및 오랜 전통의 상점들이 밀집해 있다. 일본 최대의 쇼핑지구인

긴자를 중심으로 언제, 어디서나, 누구라도 필요한 정보에 접속할 수 있는 유비쿼터스 사회를 실현하기 위해 다양한 실증 실험을 진행하고 있다. 예컨대 RFID 태그, 마커, 모바일 단말기 및 정밀한 위치정보기술 등이 다양하게 활용된다.

일본의 뛰어난 정보통신기술을 바탕으로 정보통신 인프라 정비와 동시에 향후 국제 표준화를 목표로 하는 '자율 이동 지원 프로젝트'의 일원으로 추진되고 있다. 〈그림 II-18〉의 '도쿄 유비쿼터스 계획' 홈페이지에서 보듯이, 모든 정보는 한글로도 지원되는 등 외국인에게 편한 인터페이스를 제공한다.

자율이동지원 프로젝트란 어떤 사람이라도 언제, 어디서든지, 누구의 손을 빌리지 않고 이동할 수 있는 것을 의미하며 국토교통성과 YRP(Yokosuka Research Park) 유비쿼터스 네트워킹 연구소가 발표한 개념이다. 목적지까지의 이동수단이나 경로정보의 사전제공, 긴급상황 등 이동중 정보지원, 주변 표지나 안내정보, 목적지 시설관련 정보 등이 제공된다.

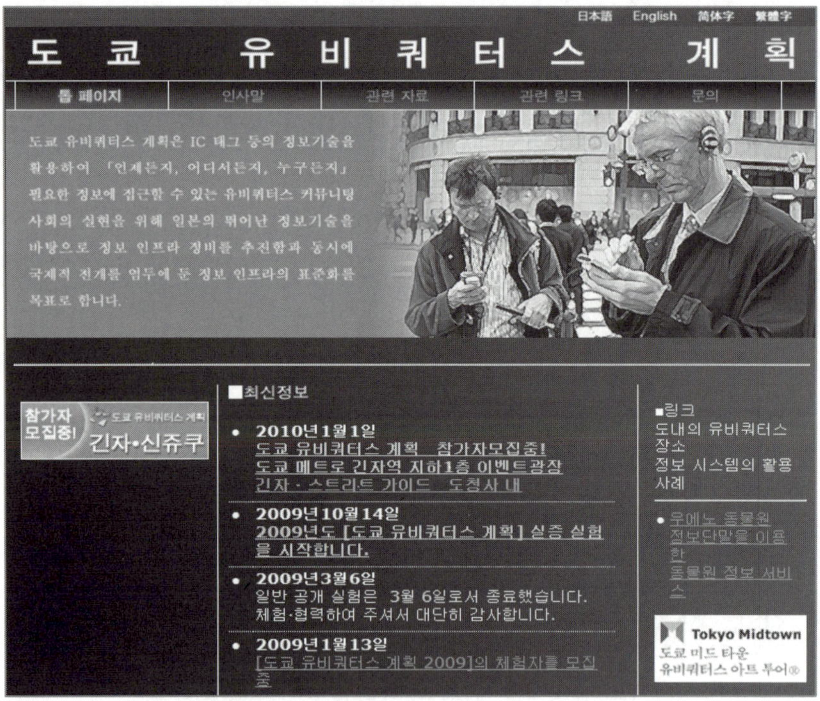

자료원: www.tokyo-ubinavi.jp/index_ko.html

그림 II-18 도쿄의 유비쿼터스 계획 홈페이지

표 II-1 자율이동지원 프로젝트 실증 실험

장 소	실증 실험명	기 간
아오모리현	유키 네비게이션 아오모리프로젝트	2007년 1~2월
도쿄	도쿄 유비쿼터스 계획/긴자	2006년 12월~
시즈오카시	시즈오카 오모이야리 네비게이션 실증 실험	2006년 11월
나라현	나라 자율이동지원 프로젝트	2006년 10~11월
사카이시(오사카부)	사카이시 자율이동지원 프로젝트	2007년 2월
와카야마현	쿠마 구도로 네비게이션 프로젝트	2006년 11월
고베시	자율이동지원 프로젝트(고베)	2007년 1~2월
쿠마모토현	쿠마모토 안심이동 네비게이션 프로젝트	2007년 2월

자료원: 정보화진흥원, 2008.

이를 위해 2004년 9월 고베에서 프리 실증 실험을 시작으로 다수의 실증 실험이 진행되고 있다. 그 후 2006년부터 실증 실험이 도쿄, 나라, 아오모리, 시즈오카, 사카이, 와카야마, 고베, 쿠마, 모토 등 전국적으로 확산되었다(〈표 II-1〉참조).

예컨대 도시민의 자율이동을 지원하기 위해, 긴자에서는 〈그림 II-19〉와 같이 약 1만 개의 RFID 태그를 설치하였다. 나아가 UC(Ubiquitous Communicator)

자료원: www.t-engine.org/tokyo-ubiquitous/index_ko.html

그림 II-19 자율이동지원 실험

및 바코드 리더 내장 휴대폰 등을 활용하여 이용자에게 지역안내(Local Navigation), 지역정보(Local Information) 등을 제공한다. 사업주체는 도쿄도(Tokyo Metropolitan Government), 국토교통성(Ministry of Land, Infrastructure and Transport), 전긴자협회(Cooperation Ginza Association)이며 사업규모는 약 97억원이다.

자율이동지원 프로젝트의 주요 서비스 내용을 보면 전용 휴대단말기(UC: Ubiquitous Communicator)를 이용한 체험이다. 이는 서비스 지역 내에 설치된 RFID 태그와 무선 마커로부터 각종 정보를 취득할 수 있는 휴대 단말기를 이용하여 해당 지역의 쇼핑정보, 관광정보 등을 전달받아 긴자 내 각종 시설이나 상점을 이용할 수 있도록 한다. 〈그림 II-20〉과 같이 휴대 단말기에는 다양한 형태가 있다.

먼저 무선 마커와 RFID 태그에는 uID 센터의 RFID 코드 일종인 ucode가 내장되어 사물이나 위치를 식별할 수 있게 하였다. uID센터에서는 실세계의 여러 물건 장소에 유일한 ID를 할당하며, 이를 통해 해당 물건 및 장소에 관련한

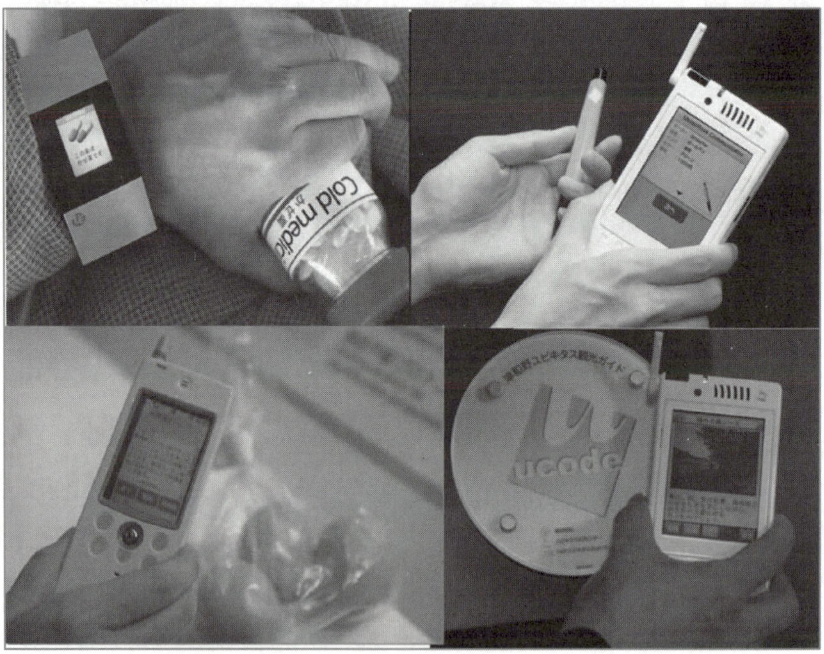

자료원: www.u-tokyo.ac.jp/coe/pic_list28_02e.html

그림 II-20 다양한 휴대 단말기

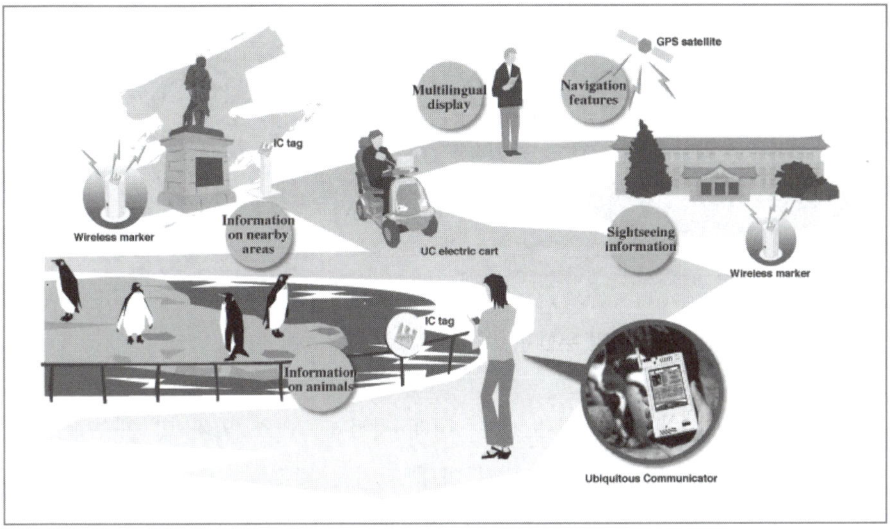

자료원: www.tokyo-ubinavi.jp/en/ueno.html

그림 II-21 RFID를 이용한 사물과 위치 식별

정보를 제공한다. 여기서 할당되는 개별 ID를 'ucode'라고 하며, 이것에 내장된 바코드나 RFID 태그 등을 'ucode 태그' 라고 한다.

〈그림 II-21〉과 같이 위 태그를 물건이나 장소에 부착함으로써, 각각의 물건이나 장소를 고유하게 식별할 수 있다. 긴자 지역에는 곳곳에 무선랜 AP가 설치되어 휴대 단말기를 이용하여 인터넷에 접속할 수 있도록 하고 있다. 이용자는 필요한 콘텐츠를 다운로드받을 수도 있다.

둘째, QR(Quick Response)코드 탑재 단말기를 이용한 체험이다. 서비스 지역 내에 〈그림 II-22〉와 같이 무선마커와 2차원 바코드인 QR코드를 설치하며, 카메라가 내장된 휴대폰으로 QR코드를 스캔하여 관련 서비스를 이용할 수 있다.

셋째, 자율이동지원 프로젝트에서는 다음과 같은 다양한 콘텐츠를 제공한다.

- 편의시설 정보: 인근지역 화장실, 은행 위치 등의 약도 · 전화번호 안내
- 쇼핑정보: 인사말, 역사, 매장안내, 판매품목, 세이 안내 등 인근지역 매장정보
- 관광정보: 유적지 안내 등
- 재난경보: 재난발생시 긴급대피 및 대피장소 안내

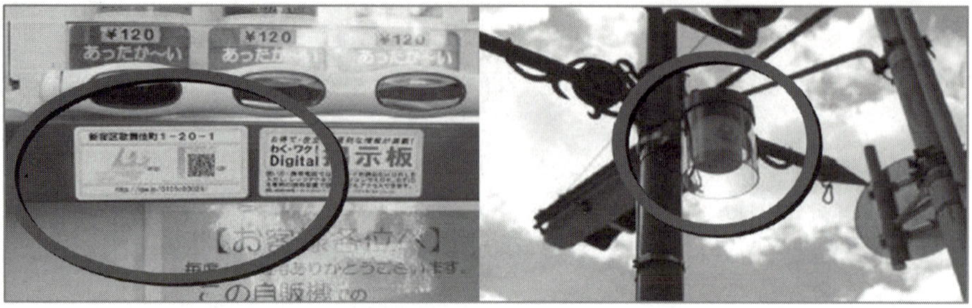

자료원: 정보화진흥원, 2008.

그림 II-22 QR Code(왼쪽) 및 무선마커(오른쪽)

- 교통정보: 지하철·버스 노선도, 현재 지하철·버스 위치 및 환승방법
- 보행자 길 안내: 목적지까지 길 안내 서비스 제공
- 장애자·노약자 정보: 실명·색약자 대상으로 RFID 리더기가 내장된 지팡이 및 UC를 이용한 길 안내 서비스 제공

결국 도쿄의 u-City 계획은 우리나라에서 추진되는 대규모 u-City사업보다는 소규모 지역을 대상으로 하는, u-Town 사업과 유사하다. 일반 이용자를 대상으로 상용서비스 수준의 서비스를 제공하기보다는 한정된 사용자를 대상으로 한다는 점, 제한된 상황에서 서비스를 제공하는 실증 실험 사업이라는 점 등에서 우리나라의 도시 재생사업과도 유사하다고 할 수 있다.

또한 우리나라의 Mobile RFID 서비스와 유사하지만, Passive RFID뿐만 아니라 마커(일종의 Active RFID)를 이용한 위치 기반 서비스 등을 추가로 제공하고 있다. 구축된 인프라를 업계 실험을 위한 테스트베드로도 제공하고 있어, 민간기업과의 협력제휴 아래 유비쿼터스 기술의 실용화와 상용화 실현을 위하여 긴자지역을 테스트 베드로도 활용하고 있는 것이다. 이러한 긴자 실험의 결과는 향후 u-City 사업의 핵심요소로 활용될 수 있을 것으로 기대된다.

오 사 카

오사카(Osaka) 지역은 대규모 정보가전업체와 통신사업자, 소프트웨어 업체 등 IT 관련 기업이 집적되어 있다. 주변의 간사지 지역에는 IT관련 세계적 대학과 연구기관이 입지하고 있어 유비쿼터스관련 잠재력이 큰 도시로 평가된다. 나아가 정보통신기술 분야 종사자 수도 일본의 다른 도시들보다 월등히 많다.

이러한 배경에서 오사카는 도시의 재생을 통한 지역경제의 활성화를 꾀하고자 '오사카시 도시 재생프로그램'과 'IT비즈니스 모델지구 추진계획'의 일환으로, 오사카 Ubiquitous City 프로젝트를 추진하고 있다. 동 프로그램은 다음과 같은 3대 영역으로 구성되어 있다.

먼저, 지적 비즈니스 창조기능의 강화(Strengthen the City's functions in creating knowledge-based businesses) 영역이다. 둘째, 보다 많은 방문객을 유치하고 문화활동을 향상하기 위한 기능의 강화(enhance the City's functions in attracting many more visitors to Osaka and developing cultural activities) 영역이다. 셋째, 매력넘치는 오사카 만들기(Create an attractive Osaka) 영역이다. 도시 재생프로그램 추진으로, 지역경제의 활성화에 있어서 IT관련 산업을 촉진하고 집적하는 것을 핵심방안으로 한다.

또한 동 프로그램의 목적은 언제, 어디서나, 누구라도, 무엇이든 네트워크에 접속할 수 있는 환경을 구축함으로써 사람, 도시, 기업을 긴밀하게 연결하여 새로운 비즈니스를 창조하는 오사카 u-City 건설에 있다. 구체적으로 지역을 생활터전으로 하고 있는 도시민과 노동자들에게 쾌적한 환경을 제공하고, 국내외 관광객들이 즐길 수 있는 도시를 실현하며, 오사카를 신사업 창출 도시로 널리 홍보하여 국내외 기업의 진출과 집적실현도 지원하는 것이다.

유비쿼터스 네트워크를 활용한 실증실험이 추진되고 있는데, 그 주요 내용으로 먼저, 신뢰할 수 있는 지역정보의 유통을 촉진하여 생활지원, 관광지원, 비즈니스 지원 등 3대 영역에서 도시민과 기업의 자발적 참여, 지역정보 발굴, 정보창출 등이 가능하도록 지원하는 것을 들 수 있다.

둘째, IT를 축으로 하는 기업간이나 산학간 협력을 활성화하기 위해 오사카시 도심부를 실증 실험 필드로 하여 정보가전업체, 통신사업자, IT관련 중소기업에 의한 기업간 협동 및 대학・연구기관의 산학협동을 적극적으로 추진한다. 이를 위해 민관 협력에 의한 유비쿼터스 네트워크 기반을 정비하고 있다.

셋째, Urban Center를 중심으로 새로운 개발지구에서 u-City를 추진하고 있다. 오사카역 북부지구를 중심으로 하여 도시조성 기본계획과 설계 단계에서부터 적극적으로 IT를 활용한 도시조성을 추진함으로써 선진적인 유비쿼터스 환경을 실현한다는 전략이다.

또한 기업, 도시민, 민간단체, 지방자치단체가 공동으로 도시과제를 해결하기 위해 오사카시의 도심부를 테스트베드로 활용하여 다양한 실증 실험을 실시하였다. 2003년에는 GPS가 내장된 모바일폰을 이용하여 보행자 길 안내 서비스, 2004년에는 외국인 관광객을 위한 이동형 자동언어 번역 시스템 테스트, 2005년에는 IC카드를 이용한 통합 IC카드 서비스 등 길거리 터미널, 어린이 등하교 모니터링 서비스 등이다.

결국 오사카의 Ubiquitous City 사업은 도시 재생사업의 역할을 수행함으로써 u-City를 도시재생을 위한 중요한 축으로 인식하고 있다. u-City 사업과 도시산업과의 연계도 고려하여 추진되고 있다. IT산업의 비중이 높은 오사카의 지역적 특성을 살려 u-City를 산업진흥의 전략요소로 인식하여 u-City를 통한 IT산업 비즈니스를 활성화하고, 지역산업 및 관광산업 등의 활성화도 도모하고 있다.

2.2 타 이 완

타이페이(Taipei)는 타이완의 문화, 비즈니스, 정치의 중심으로 약 262만 명 인구에 92만 호의 가구가 살고 있다. 여기에서는 광대역 정보통신 인프라, 가상교육, 전자정부 등을 갖추게된 계기가 된 Taipei CyberCity와 동 연장선상에서 추진된 M-Taipei 프로젝트를 살펴보자.

Taipei CyberCity

동 사업은 1999년에서 2002년 동안 진행된 Taipei CyberCity 1차년도 사업(Phase I)과 2003년에서 2006년까지 진행된 2차년도 사업(Phase Ⅱ) 등 2차례 걸쳐 추진되었다. 1차년도 사업은 1999~2002년에 걸쳐 4년간 추진되었으며 총 사업규모는 20억원 가량이다. 4대 핵심목표와 5대 사업으로 구성되어 있다.

구체적으로 4대 핵심목표는 정보통신 인프라의 구축, 교육의 개선, 행정절차의 개선, 대국민 서비스의 개선이다. 또한 5대 사업은 정보통신 인프라의 구축, 가상교육의 확산, 전자정부의 구축, 공공서비스의 자동화, 도시민 생활을 위한 웹사이트 구축이다.

Taipei CyberCity의 2차년도 사업인 Taipei CyberCity Follow-Up Plan은 2003년에서 2006년까지 4년간 추진되었으며, Phase I 사업의 연장선상에서 Taipei를 국제적인 인터넷 도시로 변화시킨다는 것이 주내용이다. 구축된 정보통신 인프라를 활용하여 Taipei를 디지털 도시, 모바일 도시로 변화시키기 위하여 Bridging Digital Divide, e-Living, IT Education, e-Business, e-Government, Wireless Broadband Infrastructure 등 6대 추진내용으로 구성되어 있다.

M-Taipei 프로젝트

M-Taipei(Wireless Taipei) 프로젝트는 Taipei CyberCity Phase II 사업과 연계되어 도시 전체에 무선 네트워크를 구축하고 무선 기반의 서비스를 제공하기 위한 모바일 타이완(Mobile Taiwan) 프로젝트의 일환으로 추진되고 있다. 동 프로젝트는 6,000km에 달하는 광대역 케이블과 모바일 인터넷 및 무선 인터넷을 구축하여, 국가 전역을 균일(Seamless)하게 연결한다는 계획이다.

자료원: www.cahk.hk/Event/115/images/M-Taipei%20Initiative.pdf

그림 II-23 주요 거점에 설치된 AP

또한 M-Taipei 프로젝트는 타이완이 추진하고 있는 국가발전전략인 The Ten New Major Construction Projects 8 중 하나인데, 타이페이 전체를 IP 기반의 Wi-Fi 네트워크로 구축하여 언제, 어디서나 도시민들이 네트워크에 접속하여 필요한 서비스를 받을 수 있도록 하는 u-City 구축을 목적으로 한다. 2006년까지 약 134km^{2}에 걸쳐 무선랜 네트워크를 구축하였고 WiMAX 서비스도 도입할 계획이다(〈그림 II-23〉 참조).

M-Taipei에서 제공하는 주요 서비스 내용을 보면 먼저 P. Walker 서비스, Taipei Easy Call 서비스가 있다. 전자는 무선랜을 통한 PSP 음악, 동영상, 게임 등을 다운로드 서비스이고 후자는 무선랜을 이용한 Skype VoIP 서비스를 일컫는다(〈그림 II-24〉 참조).

둘째, WiFi 기반의 공공 서비스가 있다. 이를 위해 버스 정보제공을 위한 Taipei e-Bus 서비스를 2005년에 구현하였다. 동년에 Wireless Campus도 구축하여 1만여 개의 무선 AP를 초·중등학교에 설치함으로써 자유로운 인터넷 접속 서비스를 제공하고, RFID 기반의 학생관리, VoIP 서비스, 모바일 러닝 서비스 등을 제공한다.

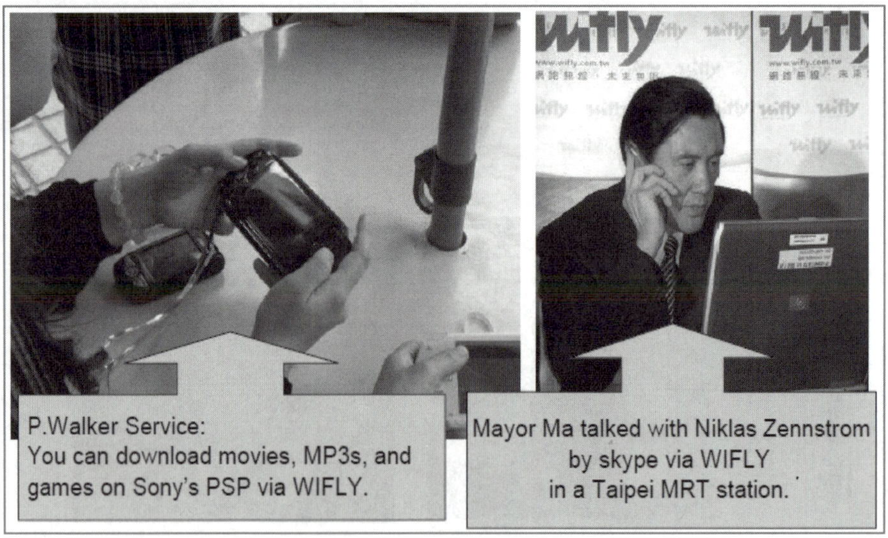

자료원: www.cahk.hk/Event/115/images/M-Taipei%20Initiative.pdf

그림 II-24 P. Walker 서비스(왼쪽), Taipei Easy Call 서비스(오른쪽)

뿐만 아니라 타이페이 관련 문화관광 정보를 제공하는 Culture Express; 주차, 버스, 택시, 교통상황 정보를 제공하는 Advanced ITS; 의료정보를 제공하는 M-Medicine; 앰뷸런스 정보를 제공하는 M-Ambulance; e-환경 검사시스템인 e-Environmental Inspection System; 캠퍼스 VoIP 시스템 사업인 Campus VoIP System 등도 공공 서비스로 제공한다. 예컨대 〈그림 II-25〉는 Advanced ITS의 구현 사례를 보여준다.

셋째, 기타 u-Service로 EasyCard Program이 있다. 이는 비접촉식 IC카드를 이용하여 주차, 지하철, 버스, 택시, 학생 신분증, 도서대출 등의 다용도로 사용되는 통합 RFID 카드 서비스이다. 또한 공공정보 키오스크, 실시간 교통정보 네트워크, 주차 지원시스템 등도 제공한다.

M-Taipei가 성공적이라고 평가받는 이유는 먼저 공공부문과 민간부문간 긴밀한 파트너십을 구축하였기 때문이다. 네트워크 구축단계에서부터 시정부의 강력한 의지를 표명함으로써 민간업체는 서비스 운영에 대한 불확실성을 해소하였고, 시장확대에 적극적으로 나설 수 있었다.

예컨대 민간이 고속도로, 다리, 지하터널, 도로 가로등, 교통 시설물, 학교 등 시소유의 시설에 무선장비인 AP를 설치할 수 있도록 허가할 정도로 적극적 지원이 있었다. 또한 네트워크 효과(Network Effects)의 극대화를 추구하였다. 이

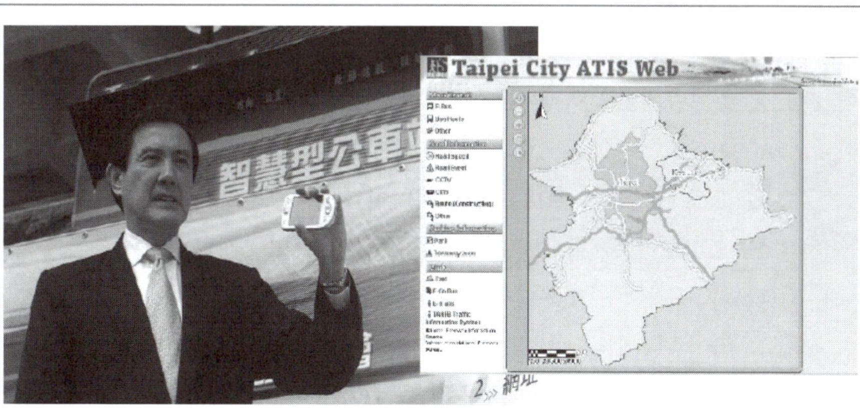

자료원: www.cahk.hk/Event/115/images/M-Taipei%20Initiative.pdf

그림 II-25 M-Taipei의 ITS

를 통해 무선 서비스와 타정보통신 서비스를 번들 형태로 제공하여 그 파급효과를 극대화하였다.

결국 타이페이의 CyberCity 프로젝트의 특징은 다양한 도시 정보화 유형 중 특히 정보의 엑세스를 원활하게 하기 위한 인프라 구축, 이 인프라를 활용한 서비스 제공 등에 중점을 두고 있다는 점이다.

2.3 싱가포르

싱가포르는 아시아 물류유통의 중심지로서, 많은 다국적 기업의 아시아태평양, 즉 아태 본사 및 IT기업이 상주하고 있다. 여기에서는 싱가포르의 Business Park 개발 프로젝트의 일환인 One-North와 싱가포르 전 지역에 무선 WiFi 네트워크 구축을 목적으로 하는 Wireless@SG 계획을 살펴보고자 한다.

One-North

One-North는 〈그림 II-26〉과 같이 지리적으로 적도에서 북쪽으로 1도 정도 떨어져 있으며 싱가포르를 상징하는 이름이다. One-North 프로젝트는 고부가가치의 첨단산업 등의 육성을 통해 세계적인 바이오 및 미디어 산업, 정보통신기술 분야를 대표하는 Science Hub로 발돋움하는 것을 목표로 하고 있다.

One-North는 싱가포르 중심부 2,000,000m^2 면적에서 개발되고 있는 신도시 프로젝트로 총 3단계로 나누어 2001년부터 2020까지 단계적으로 추진된다. 1단계는 2001~2010년, 2단계는 2008~2015년, 3단계는 2012~2020년으로 계획되어 있다. 그 중 Fusionpolis는 정보통신과 미디어 관련 기업이나 연구소; 주거시설; 클럽하우스, 오디토리움, 전시관 등 지원시설; 문화 및 상업시설 등으로 구성되는데, 새로운 기술의 테스트베드로 활용될 예정이다.

One-North 주변에는 싱가포르 국립대학(NUS), 국립대학병원(NUH), Singapore Polytechnic, Science Park 등 연구 및 교육을 위한 배후시설들이 풍부하게 갖추어져 있다. One-North의 역할은 배후 시설들간 교류 및 연계를 통해 산업화와 국제화를 담당하면서, 높은 수준의 주거환경을 제공하여 연구 핵심인력을

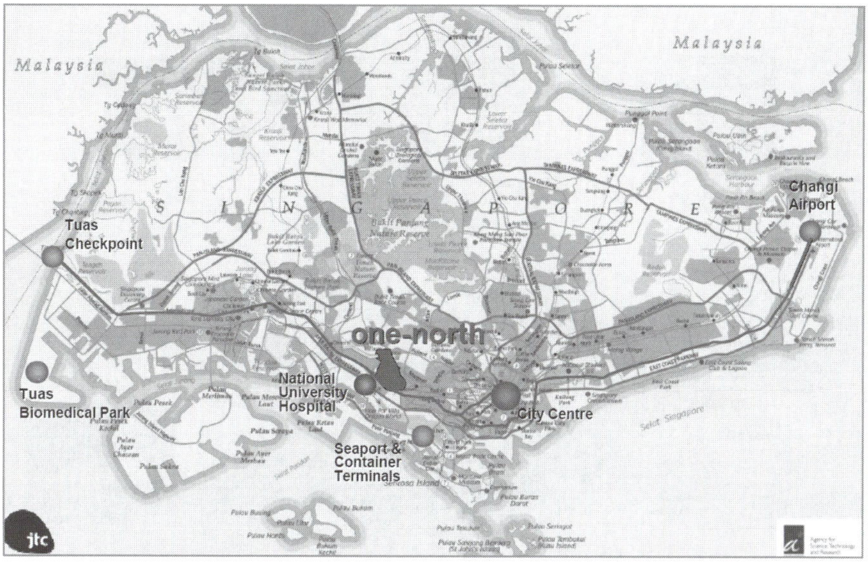

자료원: 정보화진흥원, 2008.

▌그림 II-26 싱가포르에서 One-North의 위치

유치하는 것이다.

One-North는 공간적으로는 200헥타르 지역에 6개의 Xchange를 거점공간으로 설정하여 각각의 Xchange에 주요 기능을 부여하고 있다. 주요 Xchange로는 Square Xchange(재정 및 업무지원 거점), Life Xchange(Biopolis를 포함한 Biomedical 거점), Central Xchange(Fusionpolis를 포함하는 정보통신기술 거점), Vista Xchange(미술관, 관광지, 지원도시 등 문화거점) 등이 있다. 나아가 추후 개발될 거점공간으로 위치만 결정된 2개의 Future Xchange가 있다(〈그림 II-27〉 참조).

One-North의 관문이자 비즈니스 허브인 Vista Xchange에는 비즈니스 호텔, 엔터테인먼트 센터, 회의 및 전시시설, 주거시설 등이 들어설 예정이다. 또한 인텔리전트 시스템을 갖춘 새로운 교통수단의 출발점으로 Biopolis와 Fusionpolis를 연결할 계획이다. Biopolis는 생물의학 도시라는 컨셉을 가지고 기후 대응형 디자인과 첨단 IT시스템을 접목시켰다. 이를 위해 태양광을 전환하는 PV Cells를 건물 외부에 적용하고 건물 외부에 설치한 루버나 스크린으로 직사광을 차단함으로써 건물 전체의 에너지 부하를 줄이고 있다. 중앙 관제식 시스템을 적용하여 에너지 절감도 추구하고 있다.

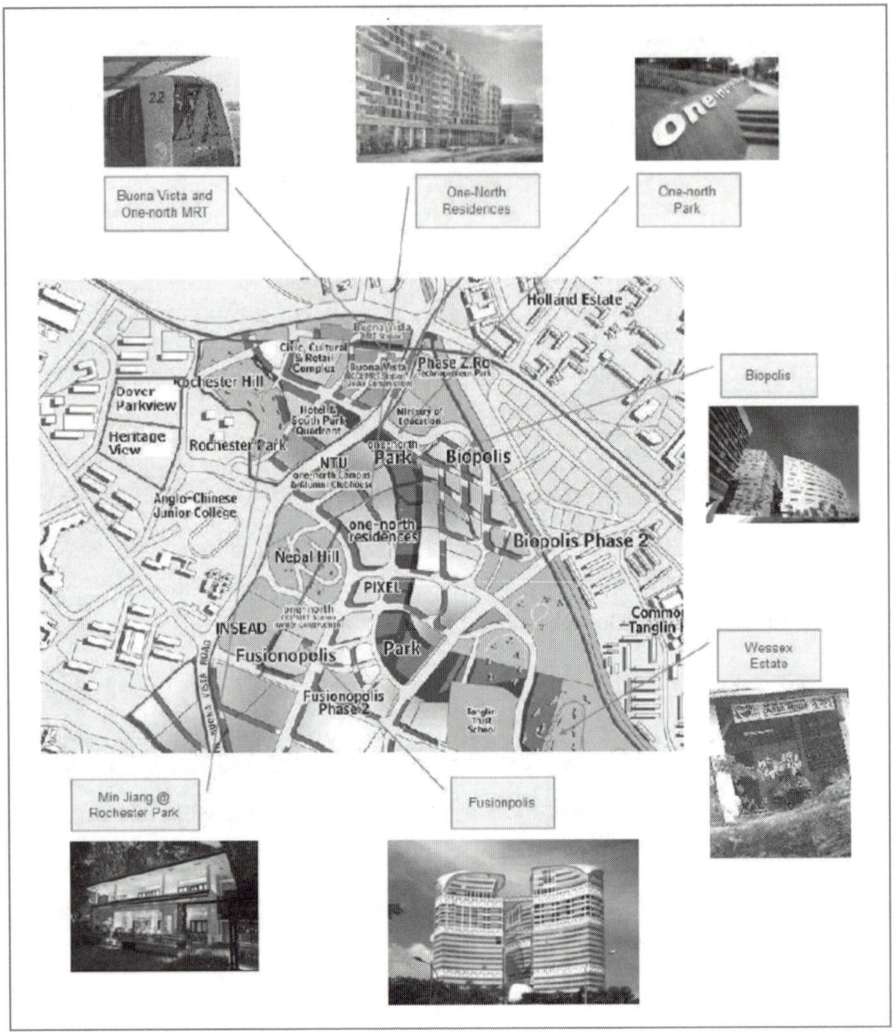

자료원: www.onenorth.biz/ONLocation.htm

▌그림 II-27 One-North 구성도

One-North 프로젝트의 기술 인프라 구축상황과 제공될 서비스를 보면 먼저 광대역 통신망, 무선망 확충의 1단계 계획은 완료된 상황이다. 그리고 Bandwidth on Demand(BoD)로 원하는 만큼의 대역폭을 선택하여 사용하도록 하고 있으며, 영상회의(Video Conference), IP telephony를 통해 기업간 원활한 커뮤니케이션 환경을 제공한다.

나아가 DRS(Disaster Recovery System)를 통해 재난에 의해 영향받은 정보 시스템을 수리, 교체 등 복구를 수행한다. Biopolis는 입주기업을 대상으로 ICT-Utility-On-Tap 서비스를 제공하는데, 웹 기반의 전용 포털을 통해 다양한 정보통신기술 서비스를 기업이 원하는 형태로 선택하여 언제, 어디서든 제공받을 수 있는 서비스를 의미한다.

Wireless@SG

Wireless@SG는 누구나 자유롭게 인터넷에 접속할 수 있도록 싱가포르 전역에 공중 무선랜(Public Wi-FI) 네트워크를 구축하는 프로젝트이다. 이는 싱가포르가 커뮤니케이션 분야에서 글로벌 국가로의 도약을 위해 2006년에 발표한 "iN2015(Intelligent Nation 2015)"의 일환으로 추진되고 있다. 이 프로젝트는 싱가포르 정보통신개발청(IDA: Infocomm Development Authority)과 3개 무선 네트워크 사업자(iCELL, QMax, SingTel)를 중심으로 3개 지역으로 나누어 추진되며, 총 730억원에 달하는 사업비 중에서 IDA가 30%를 부담하고 있다.

Wireless@SG의 주요 추진내용를 보면, 먼저 무선 네트워크 구축을 위해 싱가포르 전역을 북쪽, 동쪽, 서쪽 등 3개 지역으로 나누어 3개 사업자가 사업을 수행하고 있다. 2006년에는 900개의 핫스팟을 설치하였으며 2007년까지 5,000개로 확장하였다. 〈그림 II-28〉은 무선랜 네트워크 구축지역을 나타내고 있다.

그리고 싱가포르 전 지역에 무선 네트워크가 장착된 컴퓨터를 이용하여 24시간 인터넷 접속이 가능토록 하였다. 초당 512kbps 속도로 인터넷 무료접속 서비스를 국민뿐만 아니라 방문객에게도 제공하며, 프리미엄 서비스(1Mbps)는 월 10.59 싱가포르 달러에 이용이 가능하다.

Wireless@SG의 주요 서비스는 무선결제기기인 Electronic Transfers Singapore를 위한 네트워크; 무선 웹 카메라 서비스, 위치기반 기술과 개인정보를 활용한 스트리밍 및 광고 서비스(eConcierge); 모바일 TV 서비스(BBTV), VoIP 서비스(mio Mobile), My Homepage, MAPS(위치기반 정보를 이용하여 개인에게 최적화된 서비스) 제공 등 기본적인 인터넷 접속 서비스에 중점을 두고 있다.

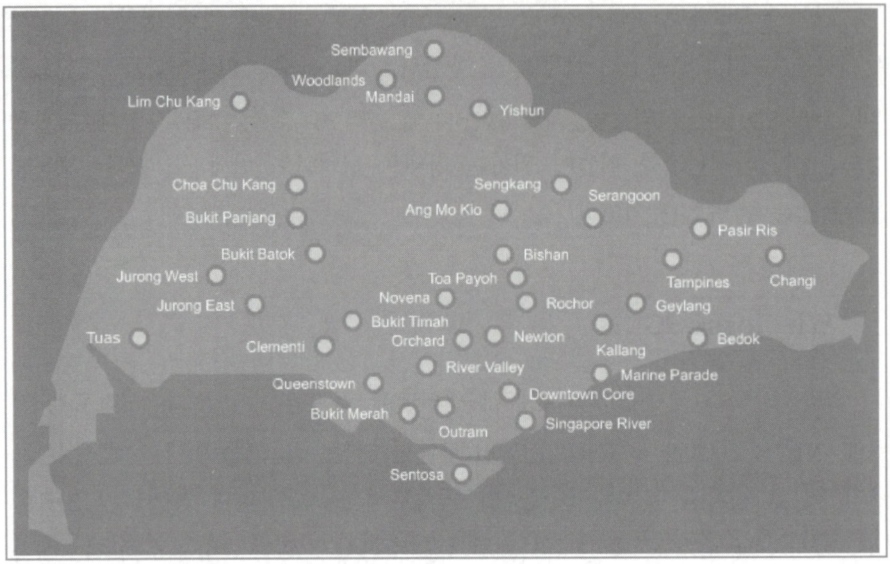

자료원: www.infocomm123.sg/wireless_at_sg

그림 II-28 Wireless@SG의 무선랜 네트워크

3. 북　　미

마지막으로, 북미 지역에 대한 u-City 사례로는 도시민들에게 저렴하고 편리한 인터넷 서비스를 제공하기 위한 미국의 무선 네트워크, 미디어 산업의 중심지 역할을 하는 실리콘 앨리, 첨단기술을 이용한 노인보호 주택단지인 Oatfield Estates를 살펴보기로 한다.

미국의 무선 네트워크

미국은 지방정부 주도로 시 전체를 무선 인터넷망인 Wi-Fi를 구축하는 프로젝트를 추진하고 있다(〈그림 II-29〉참조). 다른 국가와는 달리 민간기업이 아닌 시정부가 직접 서비스를 제공하고 있는 것이다. 이 사업은 2004년까지만 해도 일부 도시에서만 시범적으로 추진되었지만 2005년에는 200개 도시로 늘어났다.

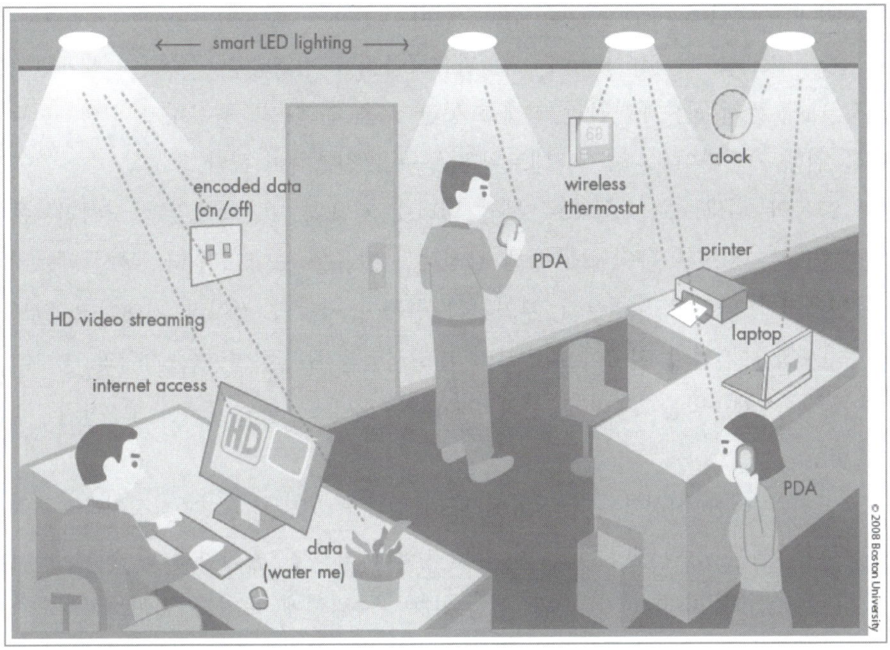

자료원: www.cellular-news.com/story/33993.php

그림 Ⅱ-29 미국의 Wi-Fi 개념도

또한 초기에는 인구 수만 명 이하의 중소도시들이 대부분이었으나 최근에는 필라델피아, 샌프란시스코, 뉴욕 등 대도시가 본격적으로 나서기 시작하면서 무선 인터넷망의 설치 지역은 급속도로 넓어지고 있는 추세이다.

이렇게 많은 도시들이 무선 네트워크 구축사업을 강력하게 추진하는 이유는 도시의 정보 격차를 해소하여 도시민들에게 저렴하고 편리한 인터넷 서비스를 제공하기 위해서이다. 나아가 사용자 기반의 정보 인프라 구축으로, 관련업계의 활성화를 통한 지역경제 활성화도 꾀하고 있다.

도시 전역을 무선 네트워크로 커버하게 되면 경찰관은 차 안에서 범죄현장의 동영상을 전송받거나, 환자를 태운 구급차와 병원을 실시간 연결하는 서비스가 가능해지는 등 향후 다양한 유비쿼터스 애플리케이션 개발 및 응용이 실질적으로 가능해질 것으로 기대된다. 뉴욕의 Lower Manhattan에서는 도시의 유비쿼터스화를 목표로 하여, 맨해튼 문화심의회는 대학연구팀 등과 함께 스펙트로폴리스(Spectropolis) 프로젝트를 수행하였다. 동 프로젝트는 모바일, 미디어

예술이 어우러진 도시구현을 목적으로 한다.

City College of San Francisco는 메트로폴리탄 지역망을 구축하여 샌프란시스코 내에 존재하는 대학과의 연계를 통한 교육 컨텐츠를 공유하고 있다. 시는 이를 위해 기가바이트 속도의 네트워크 구축을 진행하여 왔다.

그동안 비싼 통신요금으로 무선 인터넷 사용에 미온적이었던 도시민들은 이상과 같은 시정부 움직임에 대해 긍정적인 반응을 보이고 있다. 무선 네트워크 인프라가 다각적인 활용과 부가가치 창출이 가능할 것이라 기대하고 있으며, 대표적 IT기업인 인텔이 시정부와 컨소시엄을 구성하여 기술지원과 공사비 할인혜택을 제공받음으로써 도시의 와이파이 열풍이 주된 트렌드로 자리잡게 되었다.

반면 이러한 시정부의 움직임에 대해 반대도 만만치 않은 실정이다. 특히 통신사업자들은 강력 반발하고 있는데, 미국 대표적인 통신업체 중 하나인 버라이즌은 필라델피아 시가 속한 펜실베니아 주의회에 로비를 벌여, 시정부가 통신서비스를 할 수 없도록 규정하는 법안을 통과시키도록 한 뒤 이의 적용을 놓고 시정부와 협상을 벌이기도 하였다.

실리콘 앨리

뉴욕 맨해튼에 위치하고 있는 실리콘 앨리에는 약 4,900여 개의 인터넷 컨텐츠, 뉴 미디어 전문 벤처기업들이 모여 있으며, 그 종사자 수는 6만여 명에 이르고 있다. 뉴욕시는 맨해튼, 브루클린, 브롱크스, 퀸즈, 스테이튼아일랜드 등 5개의 보로(Borough)로 구성되어 있다. 실리콘 앨리는 뉴욕시를 비롯하여 뉴욕주, 커네티컷주, 펜실베니아주, 보스톤 등을 연결하는 광역뉴욕지역(Greater New York) 미디어 산업의 중심지 역할을 하고 있다.

뉴욕은 e비즈니스와 e마케팅으로 불리는 21세기 최첨단 사업이 활발한 도시이다. 그 이유는 광고, 출판, 방송과 같은 기존의 컨텐츠 산업이 밀집되어, 온-오프라인의 결합형태를 띠고 있기 때문이다. 고도의 프로그래밍 기술이 요구되는 서비스, SI(System Integration), 웹 컨텐츠, 웹 디자인, 인터넷 광고 등과 같이 인터넷을 새로운 미디어로 보는 업체들의 집합체이기도 하다.

뉴욕 메트로폴리탄 내부의 단순 컴퓨터산업 집적지였던 실리콘 앨리가 멀티미디어 컨텐츠 산업의 중심지로 발돋움하게 된 것은 인터넷이 1993년부터 급속히 대중화되었기 때문이다. 1993년 말 디자이너, 프로그래머 등의 교류의 장으로 설계된 "사이버 살롱"을 시작으로, 1994년에는 비영리단체인 뉴욕뉴미디어협회(NYNMA)가 결성되어 본격적으로 실리콘 앨리를 홍보하게 되었다.

실리콘 앨리에서 제공하는 주요 서비스는 먼저 무선 웹 포털 형식을 통해 비상대피루트 및 대피시설에 대한 정보 등을 제공하는 것이다. 그리고 플러그앤고(Plug'n go) 프로그램으로 이 지역의 10여 개의 건물을 원격통신 및 인터넷 시설이 완비된 빌딩으로 리모델링하였다. 이는 저렴한 임대료, 고품질의 통신 인프라 제공, 뉴미디어 기업에 필요한 공간제공으로 ITD에 컨텐츠 기업을 집적시키기 위한 프로그램이다.

나아가 네트워크 환경과 연계된 교육지원은 교과과정에서 창업론, Entrepreneurship 관련 교과를 수강하는 기술창업교실을 제공한다. 그리하여 Networking을 활용한 활성화로 산학연 프로그램도 구현하였다.

뉴욕의 도시 관리방안을 보면, 먼저 뉴욕 ITC(Information Technology Center: 정보기술센터)는 뉴미디어 산업을 지속적으로 지원하여 왔다. 즉 ITC는 고도의 통신인프라를 갖춘 소프트웨어 산업의 커뮤니티센터 기능을 수행한 것이다. 그리고 ITD(Information Technology District) 구축으로 다운타운 전체를 소프트웨어 산업의 집적지역으로 형성됨에 따라, 뉴욕 도심개발을 위한 동맹이 결성되었고 시행주체로 되어 있다.

이러한 실리콘 앨리의 추진전략은 실리콘 앨리의 성장환경은 민간과 정부의 정책과 전략; 산업지원 인센티브; 정부와 민간이 공동으로 참여한 "더낮은 맨해튼 재활성화 계획(Lower Manhattan Revitalization Plan)"; 새로이 입지하는 기업이나 부동산 업자에 대하여 제공하는 제산세 특별감면, 업무용지 임차세 감지, 전기요금 우대, 벤처 투자자금 지원 등의 인센티브; "Emerging Industry Fund" 설립으로 인터넷, 뉴미디어, 통신, 바이오 테크놀러지 기업 등에 10만에서 15만 달러 투자 등으로 요약할 수 있다.

또한 실리콘 앨리의 특징은 먼저 뉴욕시가 기존의 문화예술 및 고급 인적자원이 풍부하고, 네트워크 환경과 연계된 교육지원이 지대했다는 점이다. 나아가 뉴미디어 산업의 고객이 될 수 있는 다른 산업들이 군집하여 거대한 고객 리스트를 확보하고, 기존의 문화예술 산업을 벤처 비즈니스로 확대해 나갔다는 점이다. 출판과 광고업체들의 고객이 여전히 존재하고 금융업계가 뉴미디어 산업에 재정 지원하는 것도 주요한 특징이다.

Oatfield Estates

Oatfield Estates는 2000년 10월 오리건주 포틀랜드 인근에 위치한 Milwaukie의 Elite-Care사 대표인 Bill Reed와 아내인 Lydia Lundberg가 함께 컴퓨터, 네트워킹 등 첨단기술을 이용하여 노인들의 안전 등을 모니터링할 수 있는 노인보호 주택단지를 건설한 것이 그 효시이다. 주택 내부에는 공동식당, 정적 휴식공간, 동적 휴식공간 등이 있으며 주변 경관이 우수하다는 평가를 받고 있다.

2001년 말 1차 아파트 건립 이후 프로젝트가 중단된 상태인데, 당초 120개의 아파트를 건립키로 하였으나 2001년 말 1차로 60개를 건립하고 2004년 6월에는 50여 명의 입주자를 모집하였다. 단지는 10개의 주택동으로 계획되어 있는 주택단지로, 1개의 주택동당 12명의 입주자를 위한 침실, 공유공간, 부엌으로 계획되었으며 비용은 매월 단독세대는 $3,600 그리고 부부세대는 $4,000로 책정되었다.

아파트는 침실, 거실, 화장실로 구분되고 세대 출입문 옆에 컴퓨터가 설치되어 있다. 세대 내의 냉난방은 중앙공급식으로 벽에 설치된 덕트를 거쳐 최종적으로 그릴을 통해 따뜻한 공기가 공급되고 각 공간의 상부는 개방되어 에너지가 절약된다. 주택 내부에는 독서, TV 시청과 같은 정적인 활동과 게임 등과 같은 동적인 활동을 위해 1층 반지하층에 각각의 공용공간과 외부에서의 텃밭 가꾸기, 산책, 독서 등과 같은 활동을 위해 텃밭, 산책길, 연못, 벤치 등도 설치하였다.

서비스 제공을 위해 중앙 데이터베이스로 정보를 전달할 수 있도록, 높은 대역의 광섬유 시스템(high-bandwidth fiber optic system)도 구축하였다. 구체적으로 Oatfield Estates에서 제공하는 주요 서비스는 다음과 같다.

- 실금 조명(Incontinence): 실금 증상이 있는 거주자를 위해 용변을 보아야 될 시간을 미리 알려주도록 프로그래밍화
- 건강체크 시스템(electronic panel): 욕실 뒷벽에 맥박, 체온, 탈수상태 탐지
- 위치추적 뱃지: 위치탐지장치+문을 여는 전자열쇠(electronic room key)+비상시 도움을 요청(help button)
- IR & RF 수신기(infrared motion sensor): 적외선 동작센서로서 노인이 불을 껐는지, 침대에 있는지, 침대에서 떨어졌는지 등을 감지하는 센서
- 베드 센서(bed sensor): 수면중인 노인의 건강상태를 탐지하기 위해 얼마나 뒤척이는지를 무게를 통해 감지하는 센서
- 터치스크린(touch-screen computer station): 이메일과 웹 서핑을 위한 터치스크린 컴퓨터를 각 방에 설치하고, 거주자 자신의 의료정보를 살펴보고 이 정보를 가족들이 볼 수 있게 웹에 올리는 기능
- 변기뚜껑: 화장실 사용시 맥박이나 체온 및 호흡에 대한 자료수집
- 음료수: 마시기 위해 사용하는 컵에 감지기를 부착하여, 음료수를 마시는 시간과 양에 대한 자료수집
- 스마트 스토브 시스템(Smart stove system): 허가를 받지 않은 사람이 스토브를 사용하면 스토브의 불이 꺼지는 시스템

또한 관리방안으로 Oatfield Estates는 먼저, 전체 주택을 관리하는 주택관리 프로그램(Household Management & Programs)을 제공한다. 이는 예산을 항목에 따라 균형 있게 사용하는 프로그램(Individual Budget, Resource Sharing)으로 주택 내부와 외부에서의 다양한 활동을 지원한다. 주요 내용은 건강과 교육 프로그램, 세대간의 교류를 위한 프로그램(Intergenerational Programming), 외출 프로그램, Volunteering 등이 있다.

Elite사가 자체 개발한 CARE(Creating Autonomy-Risk Equilibrium) 시스템은 실내에서는 적외선 장비를 그리고 실외에서는 라디오 주파수 장비를 각각 사용하여 입주자에 대한 정보를 수집, 저장, 송신할 수 있다. 실내 환경을 각 입주자에게 알맞게 조정·유지하고 건강관련 정보를 주치의에게 전송할 수 있다.

또한 상주 간호사는 간호보조원 및 가족에 대한 재정적인 지원과 기타 복

지혜택을 제공한다. 이를 통해 입주자와 간호보조원들과 가족간에 친근한 관계가 형성된다. 3개 동의 아파트는 간호보조원 등 직원들을 위해 배정되어, 공동생활로 항시 서비스 지원체제를 유지하고, 이를 위해 입주자들은 신용카드 크기의 적외선 태그를 항시 착용하고 있다.

Ⅲ 우리나라 u-City

"경주 관광 'u-쾌해졌다'…서비스 구축완료"

신라 천년고도인 경주의 'u-쾌한 문화공간 서비스' 구축이 완료돼 문화관광이 더욱 편리해졌다. 경주시에 따르면 용역을 의뢰해 진행해 온 문화관광에 유비쿼터스 기술을 접목한 'u-쾌한 문화공간 서비스' 구축작업이 최근 마무리됐다.

이 사업은 행정안전부의 u-City구축 기반조성 공모에 선정돼 국비 4억 3천만원, 도비 3억 7천만원, 시비 2억 7천만원, 경주세계문화엑스포 1억원 등 모두 11억 7천만원의 예산으로 진행됐다.

이 서비스의 주요 내용은 첨성대 별빛체험, 경주세계문화엑스포공원 u-관람도우미, u-쉼터 및 감성공간, u-자전거 임대 등이다. 첨성대 옆에는 대형 터치스크린 2대를 설치해 첨성대에 대한 자세한 설명과 별자리 간접 체험의 기회를 제공한다.

관람객은 3차원 입체 스크린을 통해 첨성대 안에 들어간 느낌을 받으며 첨성대의 축조과정, 내외부 구조, 기능 등과 관련한 설명을 4개 국어를 통해 들을 수 있다. 또 관광객은 경주엑스포공원에서 휴대용 단말기를 통해 각 시설과 운영 프로그램, 먹거리 정보를 얻을 수 있고 공원 내에서는 내비게이션으로도 활용가능하다.

동부사적지구에는 u-쉼터를 설치해 관광객이 유적지 위치를 한눈에 보고 간단한 스크린 터치를 통해 유적지 정보를 알 수 있게 했다. 이와 함께 날씨에 어울리는 음악을 들려주고 적절한 조명이 켜지는 감성형 쉼터도 조성했다.

특히 휴대용 리더기를 통해 자전거 대여와 반납을 장소에 구애받지 않고 자유롭게 할 수 있는 서비스도 조만간 선보일 예정이다. 이 밖에도 유적지 주변 산책로에 CCTV를 설치해 실시간 모니터링으로 도시민과 관광객의 안전을 확보했으며 신라 궁중 연못인 안압지에는 녹조 등 수질오염 자동측정망을 운영해 효율적인 수질관리가 가능해졌다.

경주시는 "자전거 대여 및 반납서비스는 조만간 구축을 완료해 서비스할 계획"이라며 "앞으로 운영과정에서 도시민과 관광객의 의견을 수렴해 서비스를 더욱 개선해 나가겠다"고 말했다.

자료원: 중앙일보(2010. 1. 31) 재구성.

뉴밀레니엄 유비쿼터스 융합시대를 맞이하여 여러 지방자치단체에서 u-City를 추진하고 있다. 대표적인 u-City와 제공되는 서비스 및 인프라를 살펴보면 〈그림 Ⅲ-1〉과 같다. 수도권 신도시 및 일부 기존도시를 중심으로 u-City 기획 및 설계가 추진되었으며 향후에는 혁신도시, 기업도시 등으로 확대될 전망이다. 여기에서는 국내 u-City 추진 사례를 신도시, 기존도시, 테스트베드, 시범도시로 나누어 기술하고자 한다.

먼저 신도시는 대도시 근교에 계획적으로 개발한 새 주택지를 의미하는데, 우리나라에서는 신도시 실시계획이 승인된 후 u-City를 추진하는 사례가 많다. u-신도시 사례로 친환경 생태도시 건설을 목표로 하는 화성 동탄, 뉴밀레니엄 새로운 도시 패러다임을 제시한 파주 운정, 첨단기술을 기반으로 혁신의 토대를 구축하는 광교, 새로운 미래 주거모델의 전형을 제시하는 성남 판교 등에

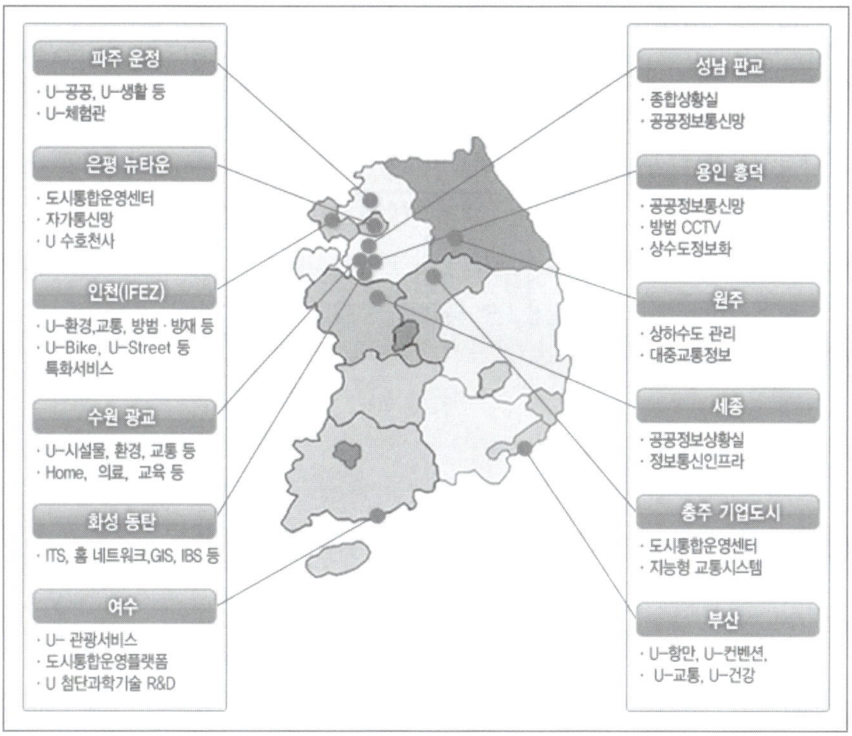

자료원: territory.mltm.go.kr/USR/WPGE0201/m_24097/DTL.jsp

그림 Ⅲ-1 국내 u-City 추진 현황

대해 살펴보자.

기존도시는 사람들이 살아 왔으며 다양한 형태의 인프라가 이미 구축되어 있는 도시를 뜻한다. u-기존도시의 특징은 유비쿼터스 정보기술을 활용하여 기존 도시의 특색에 맞게 구축하는 것이다. 여기에서는 유비쿼터스 기반의 비즈니스 도시라는 비전의 u-서울, 최첨단 선도도시를 목표로 하는 u-부산, 국내외 정책변화에 따라 유비쿼터스 환경에 대응하기 위한 u-제주를 기술한다.

u-City 테스트베드 사업은 기술적 성숙도, 지방자치단체 수요 등을 고려한 서비스를 구축한 다음 현장 적용시 발생할 수 있는 기술적·제도적 문제점 등을 미연에 도출하고 서비스 모델의 표준을 개발한다. u-테스트베드 사례로 u-서울 구현의 일환으로 추진된 U-청계천, 관광과 IT기술의 융합으로 안전한 관광 찾아오는 관광을 표방하는 U-해운대, U-시설물 중심으로 융복합 서비스 모델을 제공하는 U-컨벤션센터, 울산 에코폴리스의 핵심사업으로 세계적인 생태학습을 지향하는 u태화강에 대해 설명한다.

마지막으로 u-시범도시는 성공모델이 될 최적조건을 갖춘 지역을 대상으로 정부에서 필요한 행정, 재정, 기술 등을 지원하기 위해 지정된 u-City를 의미한다. 국토해양부는 부산광역시, 인천광역시자유구역청(IFEZ), 서울마포구를 u-시범도시로 선정하였다. 여기에서는 첨단 u-방재 등 도시안전을 구현하는 u-부산, 물류유통 국제사업 휴양사업 관광을 지향하는 u-송도, 기초자치단체 최초로 CCTV 관제센터와 재난상황실을 한 곳으로 통합한 u-마포 등과 같은 u-시범도시에 대해 서술한다.

1. u-신도시

신도시란 대도시의 근교에 계획적으로 개발된 새 주택지를 의미하는데, 우리나라에서는 신도시 실시계획이 승인된 이후 u-City를 추진하는 사례가 많다. 여기에서는 친환경 생태도시 건설을 목표로 하는 화성 동탄, 뉴밀레니엄 새로운 도시 패러다임을 마련하는 파주 운정, 첨단기술을 위한 혁신기반을 구축하는 광교, 새로운 미래 주거모델의 전형을 제시하는 성남 판교를 기술한다.

1.1 화성 동탄

신도시 개발에 u-City 개념을 도입하기 위하여 2005년 2월, 화성 동탄 u-City 구축 계획안이 확정되었다. 그 후 2006년 5월에 '화성 동탄 u-City센터'를 시범단지 입주 시기에 맞추어 준공함으로써 u-City 구축 사업을 본격적으로 시작하였다. 친환경적인 서비스를 제공하는 화성 동탄 u-City 사업은 화성시 동탄면 영천리, 청계리, 중리, 오산리, 방교리 등지에 면적 2,190만 4,000m^2 규모로 구축되며 2015년까지 사업을 완료할 예정이다(〈그림 Ⅲ-2〉참조).

도시설계 초기단계부터 첨단정보기술과 인프라를 구축하고 도시 정보화를 통해 체계적으로 도시를 관리함으로써 주민의 안전과 복지를 향상시키고자 하였다. 기존도시보다 10-30배 빠른 통신 네트워크 속도 및 양질의 정보서비스를 제공하여 언제, 어디서나 실시간으로 정보가 교류되는 미래형 u-City 구축을 목표로 한다. 이렇게 고도의 정보통신 인프라 구축으로 복합적 기능의 공공서비

자료원: www.udongtan.or.kr/cyber/cyb11_view.aspx

그림 Ⅲ-2 동탄 u-City 조감도

스를 제공하고 공공정보 상황실을 통해 온·오프라인 동시에 도시기능이 운영되어, 안전하고 즐거운 생활이 보장되는 친환경 생태도시 건설을 목표로 한다.

최근 들어 환경을 파괴하는 탄소배출 에너지원을 최소화하는 '저탄소 녹색성장'에 주력함에 따라, 건강은 물론 주거지의 유지 관리비 등 에너지를 절약할 수 있는 친환경 주택이 들어설 예정이다. 또한 인위적인 화석연료 사용을 줄이고 자연에너지 사용 확대를 위해 태양열 에너지 주택인 '패시브 하우스' 시범단지도 조성할 계획이다.

동탄 u-City의 서비스 구현을 위한 인프라는 <그림 Ⅲ-3>과 같다. 공공정보 통신망은 u-City 구축을 위한 기초 인프라로서 관련 시설물과 유연한 연동을 구현한다. 이는 광케이블을 기반으로 높은 통신 속도를 보장하며, 공공서비스 연계를 위한 전용회선의 임대비용을 절감할 수 있을 것으로 기대된다.

그리고 공공정보 상황실은 화성 동탄 u-City의 핵심 허브 역할을 한다. 이는 관제 및 운영을 통합적으로 수행하여 u-City 운영의 효율을 극대화하며 상황관제, 시설물 종합관리, 3차원 지리정보, 인터넷생활정보, 통합관제플랫폼 등과 같은 역할도 수행한다. 화성 동탄 신도시의 중심 상업용지에 지하 3층, 지하 1층 규모로 연면적 3,432m^{2}에 건립될 예정이다.

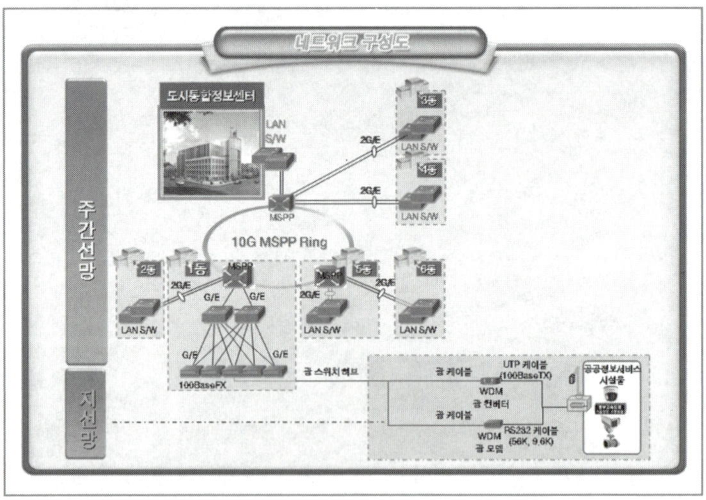

자료원: 유시티지원법연구 최종보고서, 2007.

그림 Ⅲ-3 화성 동탄 u-City 네트워크

u-City 서비스 구현에 있어서는 기술성숙도와 복잡도 등 사업환경 분석, 주민과 관계자 등 요구사항 분석 등을 통해 화성 동탄 u-City의 전략방향에 부합하는 공공정보 서비스를 도출하려고 노력한다. 화성 동탄 u-City에서 제공하는 서비스로, 먼저 공공지역방범 서비스는 화성·동탄 디지털도시 내에 CCTV를 설치하여 치안, 방범을 사전에 예방 및 감시하여 동탄 신도시 입주민들이 안심하고 거주할 수 있는 환경을 제공한다.

교통정보제공 서비스는 도로상의 교통상황을 수집·가공·처리하여 한국도로공사, 건설기술연구원 등 외부기관과 연계한다. 이를 통해 돌발상황, 혼잡상황, 소통정보, 주변도로 교통상황 등 제반 교통정보를 도로전광표지(VMS)와 웹으로 공급한다. 상수도 누수관리 서비스는 화성 동탄 지구에 공급되는 상수관로상의 유수율 향상과 누수발생 지점의 관리를 통해 상시 풍부한 수돗물을 안정적으로 공급하고자 하는 서비스이다(〈그림 Ⅲ-4〉 참조).

미디어 보드는 화성 동탄의 IT 인프라를 활용하여 시장정보, 교통정보, 각

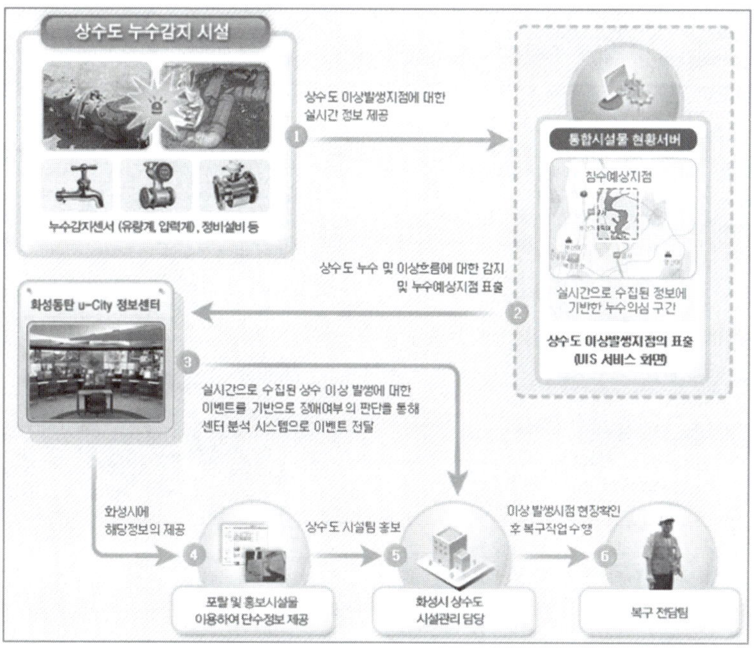

자료원: www.udongtan.or.kr/usvc/ser04_view.aspx

그림 Ⅲ-4 상수도 누수관리 서비스

종 생활정보 등 다양한 컨텐츠를 도시민들에게 실시간, 영상으로 제공하는 서비스이다. 동탄 지구를 방문하는 모든 사람들에게 u-City를 체험할 수 있도록 하고 부가적인 지방자치단체 운영비 보조도 가능하다.

u플래카드는 화성 동탄의 IT 인프라를 이용하여 디지털 도시 정책과 도시 미관에 적합하도록 기존의 현수막을 LED전광판으로 대체한 서비스이다. 이를 통해 지역주민 광고뿐만 아니라 지정정보, 긴급정보 등을 제공할 수 있다(〈그림 Ⅲ-5〉 참조).

그리고 u-Parking 서비스라는 영상 인식카메라를 이용한 번호인식기술로 공용주차장의 입출차 관리, 주차차량 유도 정보제공, 주차차량의 위치확인, 실시간 주차가능 위치정보, 주차가능 면수정보 등을 제공하여 주차 이용자의 편의성을 제고하기 위한 서비스이다.

마지막으로 BIS는 대중교통 이용자에게 승차예정인 버스의 도착 예정정보를 개인휴대 단말 등과 같은 매체를 통해 제공하여, 대중교통 이용을 활성화하

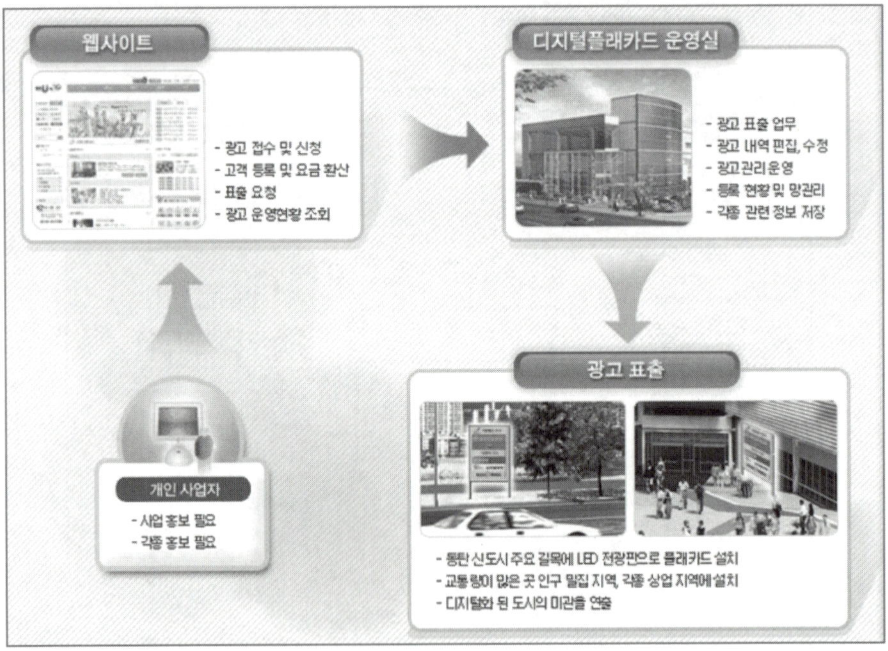

자료원: www.udongtan.or.kr/usvc/ser06_view.aspx

그림 Ⅲ-5 u플래카드 서비스

고 심리적인 대기시간을 감소시킨다(〈그림 Ⅲ-6〉 참조). 이를 통해 공공분야 서비스의 질적 향상을 가져다 줄 것으로 기대된다.

한편 화성 동탄 u-City는 공공정보 상황실을 중심으로 화성시, 유관기관 등의 참여를 통해 운영된다. 운영조직은 화성시를 주체로 서비스 지원, 기술지원, 시설관리 파트로 구성되어 있다. 화성시가 운영주체로서 공공정보 상황실을 운영하고 공공정보 서비스 운영감독, 유관기관 업무협조 등을 지원한다.

그 세부 내용을 보면 화성시는 상수도사업소와 하수처리장을 함께 관리하여 급수관리, 원격밸브 개폐권한을 보유하고 하수처리장은 화성 동탄지구 하수관거를 정비하는 역할을 수행한다. 또한 화성경찰서와 화성소방서는 공공지역 방범모니터링과 교통신호제어, 긴급상황 등에 대응하는 것이다.

그리고 공공정보 상황실은 서비스, 기술지원, 시설관리 역할을 수행하고 서

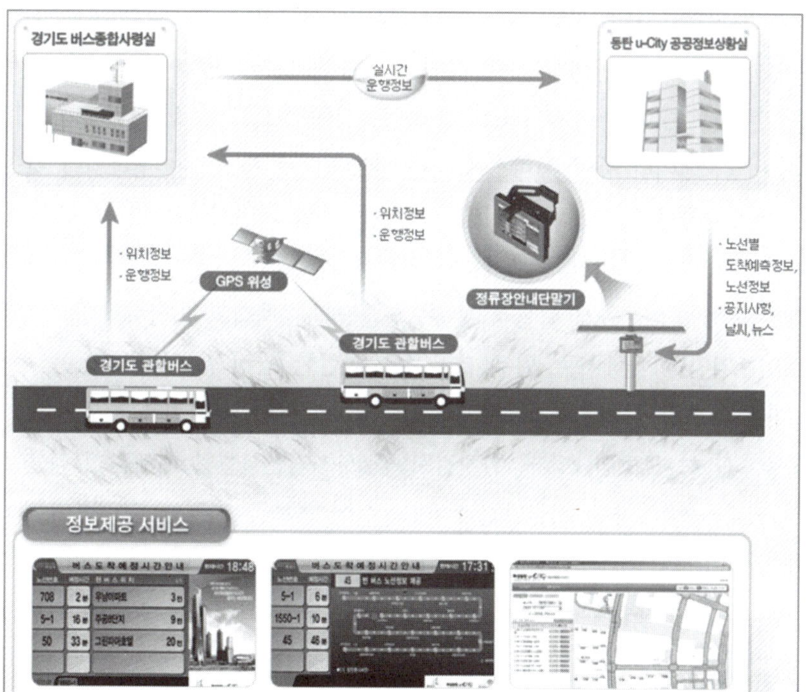

자료원: www.udongtan.or.kr/usvc/ser08_view.aspx

그림 Ⅲ-6 BIS

비스지원은 교통정보제공, 상하수도관로 모니터링, 포털 및 디지털 컨텐츠 관리 기능을 수행한다. 기술지원은 네트워크 성능관리, 시스템 성능관리, 시스템 보안 관리, 장애 백업 변경을 관리한다. 나아가 시설관리는 시설물 고장조치, 유지보수 업체관리, 통신선로 관리, 단순장애 처리 역할 등과 같은 역할을 수행한다.

1.2 파주 운정

경기도 파주시 교하읍 일원에 위치하고 있는 파주 운정 신도시는 9,407,766m^2의 면적에 42,000호의 주택이 건설되고 121,000명의 인구를 수용하는 규모로 2009년에 완공되었다. 파주 운정 신도시는 21세기 새로운 도시 패러다임을 마련하고 최첨단 도시건설을 목표로 최고 수준의 IT기술을 접목하고 있다. 나아가 친환경, 문화체험 등을 제고시켜 남북교류의 거점이 될 수 있도록 서북부의 거점도시로 개발한다는 계획이다.

또한 광대역 기반의 유무선 통합망을 통해 언제, 어디서나 원하는 정보를 얻을 수 있도록 하는 것을 u-City 구현의 기본방향으로 설정하고 있다. 기존의 음성, 방송, 데이터 등이 서비스에 따라 개별적으로 통신망이 구축되던 것을 융합된 BcN 통합망으로 구현해 미래형 유무선 융합 기반시설을 구축하고자 한다. 나아가 도시민을 고려한 정보이용의 편리성을 강조하고자 대용량 양방향 서비스를 구축하여 외부환경에 관계없는 통신환경을 구축하고자 한다.

입주기업을 위해서는 업무 효율성을 감안한 안정적, 신뢰성 있는 통신환경, 이동이 가능한 업무환경, 선택과 집중이 가능한 업무환경을 지원한다. 지역특성을 고려하여 방범, 방재, 환경감시 등 도시기반시설의 체계적 관리를 도모하고 있다. 또한 향후 기술발전과 u-City서비스 제공 환경을 고려하여 WLAN, WiBro, WCDMA 등 무선 인프라도 구축되어야 할 것으로 보인다.

파주 운정 지구의 통신관로는 FTTH 및 MSPP 등 광통신 기반의 가입자 액세스 방식에 능동적으로 대처할 수 있는 구조를 채택하여 도로의 이중 굴착을 방지하고자 하며 우회루트 등을 고려하여 구축하고 있다(〈그림 Ⅲ-7〉 참조). 또한 u-City 기반시설을 통해 파주 운정 지구 거주민뿐만 아니라 파주 도시민도 다양한 u-City 서비스를 향유할 수 있도록 지원한다.

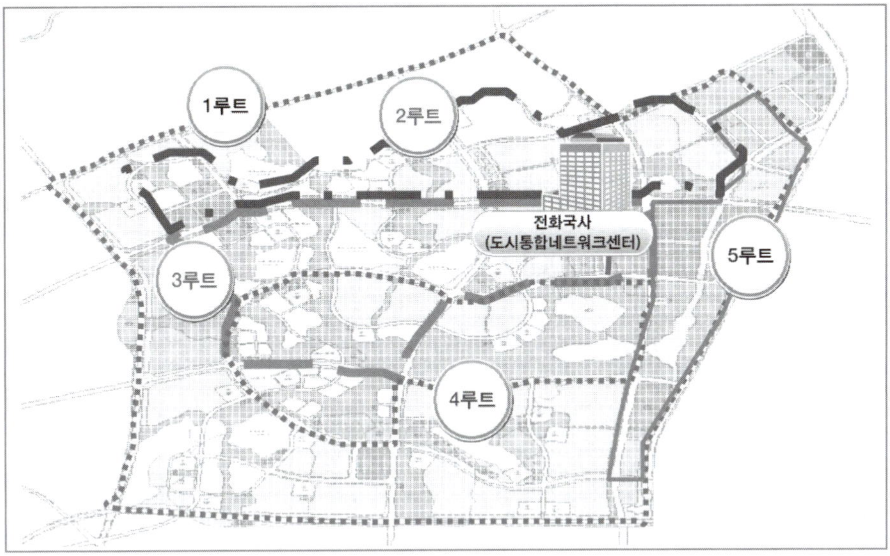

자료원: 파주 운정 u-City 구축사업 정보화전략계획 수립 보고서, 2006.

그림 Ⅲ-7 파주 운정 u-City 통신관로도

파주 운정 u-City 계획의 컨셉은 '세계 일류 최첨단의 살고 싶은, 가보고 싶은 u-City'이다. 이를 위해 구축되는 정보기술 계획의 기본방향은 크게 6가지이다.

첫째, BcN, Wibro, 이동통신망, FTTX 등 유무선 정보통신망을 구축하고 IT 키오스크, CCTV시스템, 전광판 설치 및 공공정보 서비스를 제공한다. 향후 USN 구축을 고려해 유선망 구축 등을 통한 도시 전역에서 인터넷 서비스를 제공한다.

둘째, 환경오염 및 재해감지시스템, 지하 공동구 관리, 에너지 관리시스템 서비스 등을 제공하여 안전, 건강한 도시생활을 지향한다. 또한 ITS, BIS, GPS, GIS, LBS 등과 같은 기술을 활용하여 길 안내, 교통사고 처리, 주차안내, 자동통과, 자동요금 지불, 긴급구난, 차량항법, 충돌방지 · 사고경고, 원격차량 진단, 업무처리, 엔터테인먼트 등과 같은 기능도 수행한다.

셋째, 가스밸브, 난방, 조명 등 원격제어, 원격검침, 일반가정의 시큐리티, 노인구급, 인터넷 TV 셋탑박스, 차량출입, 재택근무, 노인케어 등 홈네트워크 서비스를 제공한다. 멀티미디어룸, 원격검진 등 첨단공동시설과 통합광역관리를 시범 적용하고 홈네트워크와 연계되는 업무, 상가, 학교, 병원, 문화시설에 정보

시스템을 구축하여 다양한 서비스를 제공한다.

넷째, IT 복지도시 구현을 위한 음성안내, 경보음 발생 등 장애인 이동지원시스템; 동작감지센서, 고정 구급키패드나 이동형 개인구급장치 등 노인구급시스템; 노인케어센터; e-러닝, 원격견학, 첨단공동시설, 학교 IT시스템 등 저소득층 지원시스템과 같은 다양한 시스템을 구축한다.

다섯째, 첨단 IT기업 유치를 위해서 업무, 상가, 학교, 병원, 문화시설에 적합한 구내망 및 도시네트워크를 구축하고 IT, 미디어업체, 관련시설, IT대학 및 연구소, IT 문화시설별 인프라 및 시스템 등의 인프라를 구축한다. 각 시설물을 유지관리하고 컨텐츠를 제공하며 이에 대한 운영방안도 제공한다.

여섯째, 도시통합네트워크센터의 규모, 장비계획, 운영계획 등을 수립하고 원격모니터링, 원격자동제어시스템, RFID, IPv6, USN 등 대응방안도 제시한다. 그럼으로써 도시를 통합적이고 유기적으로 관리하게 된다.

한편, 파주 교하 신도시에 2007년 10월부터 u-City를 실제 체험할 수 있는 유비파크가 개관되어 운영되고 있다(〈그림 Ⅲ-8〉 참조). 입장하려면 RFID 방식인 유비카드를 발급받아서 유비쿼터스 기술이 실현되는 신도시의 모습을 실제와

자료원: www.ubi-park.co.kr

그림 Ⅲ-8 파주 유비파크 조감도

자료원: www.ubi-park.co.kr

그림 Ⅲ-9 유비파크의 각종 체험시설

같이 체험할 수 있도록 지원한다.

또한 건설된 이후의 신도시 거래를 재현한 'G&G Street', 미래형 유비쿼터스 주택을 소개하고 있는 'u-HOUSE' 등을 포함한 u-City에서의 생활을 체험하고 상상할 수 있는 공간도 제공한다(〈그림 Ⅲ-9〉 참조).

파주 운정 u-City에서 제공되는 서비스는 교통, 환경 및 물순환, 방범·방재, 보건복지, 카드, 도시관리, 유무선 포털 등과 같은 부문에서 단기적으로 83개, 중장기적으로 11개로 총 94개를 계획하고 있다.

첫째, 교통부문은 교통류관리서비스, 돌발상황 관리서비스, 자동단속서비스를 포함하여 13개의 서비스를 구현하여 교통정보를 수집·분석하고 다양한 매체를 통하여 제공하는 교통정보체계를 구축하고자 한다.

둘째, 환경 및 물순환 부문은 환경모니터링 서비스, 환경 예·경보 서비스, 하천 모니터링 서비스, 물순환 정책지원 서비스 등 13개의 서비스를 구현하여 종합환경체계를 구축하고자 한다.

셋째, 방범·방재 부문은 영상감시 서비스, 비상호출 서비스, 기상정보수집 서비스, 지진정보수집 서비스 등 총 8개의 서비스를 구현함으로써 증가하는 인구에 따른 방범 및 재난관리의 한계를 극복하고자 지원한다.

넷째, 보건복지 부문은 홈케어 서비스, 독거노인 응급콜 서비스를 비롯한 총 10개의 서비스를 구현하여 노인과 장애인을 위한 사회복지시설, 의료진 및 의료기관을 이용한 치료 및 투약, 그 외 응급서비스에 따른 정원 예산인력의 효율성을 극대화한다.

다섯째, 카드 부문은 교통카드 서비스, 아파트 출입관리 서비스, 공인인증서 서비스 등 10개의 서비스를 구현하여 파주 운정 u-City 도시민의 편의향상과 차별화된 서비스를 제공한다.

여섯째, 관리 부문은 지하시설물위치추적 서비스, 도시시설물정보관리 서비스, 도시기준점발급 서비스 등 9개의 서비스를 구현하여 급속한 인구유입과 많은 시설물 구축에 따른 도시시설물 관리 체계의 문제점에 효과적으로 대응하고자 한다.

파주 운정 u-City를 운영하기 위한 도시통합운영센터는 2가지 안이 있는데 이들 각각의 장단점을 살펴보자.

먼저 1안은 민간위탁 운영하는 안으로 BTL, BOT 등이 적합할 것이다. 제한적 수익모델과 대상 시설이 제도적으로 명시되어 있어야 함을 물론이다. 도시통합운영센터의 경우 현재 수익모델이 명확하지 않고 BTL 대상 시설도 명시되어 있지 않아, 운영비용을 확보하는 것이 주 현안이다.

반면 2안은 외주 활용안으로 시설공단과 민간업체를 활용하는 방안이다. 운영조직의 간소화와 수익모델 발굴강화 전략이 수반되어야 가능한 안으로, 파주 운정 정보화전략에 의하면 도시통합운영센터의 효율적인 운영을 위해 시설관리공단과 민간 외주 활용방식을 절충할 것을 권고하고 있는 상황이다. 지방자치단체가 직영 개념으로 관리·통제해야 하고, 시스템 유지보수 부문에서는 전문성을 확보하며 관리 운영비가 절감되는 아웃소싱이 장려되고 있다.

1.3 광교 신도시

경기지방공사는 2006년 3월 광교 신도시 USP(Ubiquitous Strategy Planning) 수립을 위한 착수보고회를 시작으로, 광교 신도시 건설을 본격적으로 시작하였다. 나노 특화 Fab센터, 경기 바이오센터 등을 유치하여 나노, 바이오, 정보통신 등 첨단기술 발전을 위한 혁신기반을 구축하고 있으며 연구지원 서비스를 제공하는 첨단 R&D와 컨벤션 센터, 도심공항버스터미널 등 종합 비즈니스 서비스도 제공할 계획이다.

이를 통해 거주민의 편익증대, 공공편익 증대, 민간사업의 활성화를 통한 도시경쟁력 확보와 지속가능성 제고를 목표로 하고 있다. 나아가 쾌적한 주거공간의 조성을 위하여 광교산 녹지축 및 원천 저수지, 신대 저수지 등 보전녹지 지역의 자연환경을 배경으로 체험형 첨단 레저 서비스도 제공한다(〈그림 Ⅲ-10〉 참조).

자료원: 한국경제, 2009.

그림 Ⅲ-10 광교 u-City 서비스

광교 신도시는 수원과 기흥에 위치한 삼성전자의 첨단 IT 연구단지와 경희대, 아주대, 경기대 등 고급인력을 기초로 한 탄탄한 지식 인프라를 보유하고 있다. 또한 수원시와 용인시의 인근도시를 연계 지원하는 차세대 u-Government의 선진화된 광역행정 모델을 선보일 수 있는 유리한 입지도 가지고 있다.

이러한 광교 u-City는 기존의 u-신도시 개발방식과는 달리 진행되고 있다. 지금까지는 신도시개발 실시계획을 확정한 후 ISP를 수행하여 u-City 전략을 수립하는 형태였다. 이러한 순차적 방식의 문제는 도시건설과 IT를 분리함으로 인해 상호 연계성이 결여되어 시너지 효과를 기대하기 어려웠다. 이에 ISP의 단점을 극복하기 위하여 USP 방식으로 사업을 추진하여, 실시계획 승인시 u-City 계획을 반영하는 등과 같이 사업을 진행하고 있다.

광교의 u-City 서비스는 운영방식에 따라 센터통합운영, 지방자치단체 연계운영, 개별운영 등 3가지 범주로 나눌 수 있다. 먼저 센터통합운영 서비스에는 u-시설물관리, u-환경, u-의료, u-포털, u-도시관리가 있다. 그리고 지방자치단체 연계운영 서비스는 u-방범·방재, u-교통이 있으며 개별운영 서비스는 u-교육, u-민원행정 등이 포함된다.

기타 서비스로 보행자 안전지원, 광교산 환경정보 제공이 있다. 전자는 횡단보도의 보행자를 자동으로 감지하여 보행자 유무를 판단하고 신호제어시스템에 보행자 점유율을 전송하여, 경우에 따라 신호변경을 요청하는 서비스이다. 후자는 광교산의 환경정보를 제공하여 삶의 질 향상에 기여할 수 있는 서비스로서 기존의 단순 기상정보 제공 외에 음이온 정보 및 활동지수 정보를 제공한다. 그리고 하천과 실개천의 수질 및 수위, 산책로 모니터링 정보 등을 통하여 여가활동 계획에 도움을 줄 것으로 기대된다.

1.4 성남 판교

성남의 판교 u-City는 성남시의 지역발전과 친환경적 도시환경 조성을 목표로 성남시내 구도심과 판교 신도시의 연계를 고려하여 추진한다. 그리하여 판교 u-City를 대한민국 대표 신도시로 구축하여 새로운 미래 주거모델의 전형을 제시한다는 계획이다. 판교 u-City의 특징은 일부 산업에 특화된 모습이 아

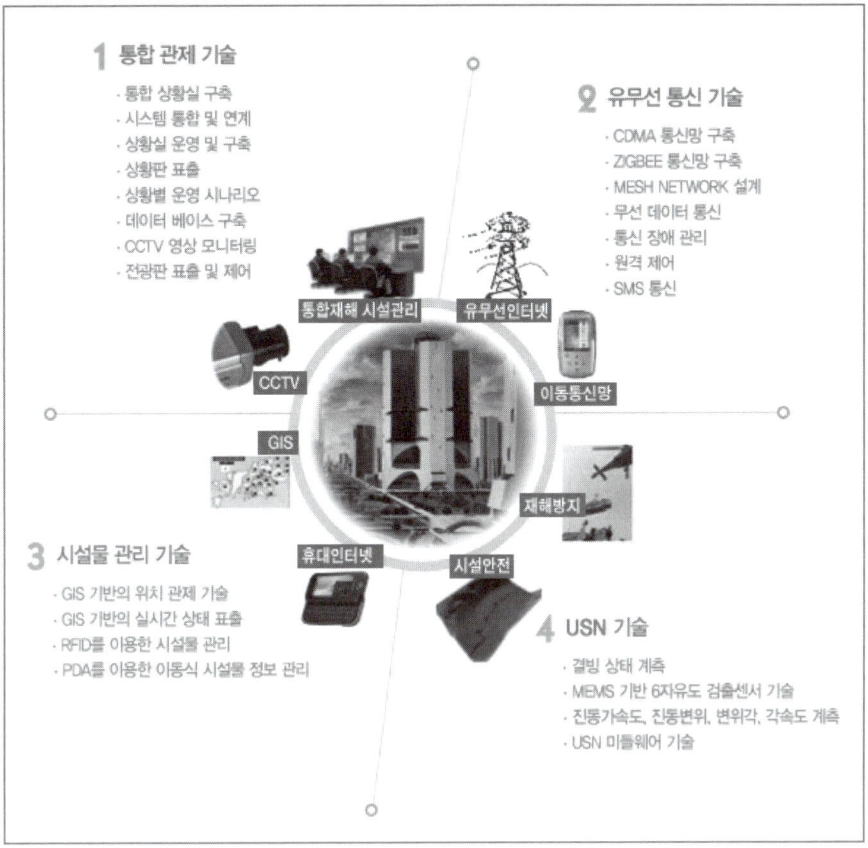

자료원: www.dntds.com/product/03.asp

그림 Ⅲ-11 판교 u-City 구성 개념도

닌, 기본적으로 도시민의 삶의 질 향상과 자연 친화적인 환경조성에 중점을 두고 있다는 점이다. 판교 u-City의 구성 개념도는 〈그림 Ⅲ-11〉과 같다.

먼저 공원과 녹지 등을 통하여 친환경적 도시 조성을 위한 정보화 기반을 마련한다. 나아가 교통, 교육, 의료 등과 같이 삶의 질 향상에 직결되는 부문의 편익을 극대화하기 위해 도시기반 시설 및 안전분야의 서비스를 적극적으로 개발하고 있다.

제공되는 서비스는 포털교육 서비스, 시설물 서비스, 교통 서비스, 안전 서비스, 환경 서비스, 통신인프라, 종합정보센터 등 총 7개 분야에 걸쳐 15개 서비스로 계획되어 있다. 판교 u-City에서 제공하는 독특한 서비스로 원격교육 서비스,

유무선 포털서비스, 미디어보드 서비스, 재난재해예방 서비스 등을 들 수 있다.

먼저 원격교육 서비스는 판교 신도시 거주민을 대상으로 평생교육을 지원한다. 실시간으로 원격 양방향 화상시스템 기반교육을 지원하고 컨텐츠 기반의 원격교육, 강좌개설, 학습계획관리 등이 가능하며 교육기능 이외에 주민 커뮤니티를 지원한다. 또한 현장 화면을 실시간으로 전달하여 현장감을 살리면서도 교육장 방문이 어려운 거주자의 자기계발 지원이 가능하다. 향후 학생교육, 원격반상회 등 여러 분야로의 확대 응용도 가능할 것으로 기대된다.

유무선 포털서비스는 지역의 교통, 환경, 생활안전, 교육에 대한 정보와 문화행사, 지역행사 정보, 지역 커뮤니티 서비스 등을 제공한다. 인터넷, IPTV, DCATV, 모바일, 미디어보드, 키오스크 등 다양한 매체를 통하여 정보 서비스를 제공함으로써 접근성을 용이하게 한다.

미디어보드 서비스는 유동인구와 경제활동 인구가 많은 지역에 대형 스크린을 설치하여 다양한 u-City 정보와 관리기능을 제공한다. 도시민들에게 실시간 교통소통, 생활안전, 환경기상 등의 정보를 제공할 수 있고 관리자는 실시간 운영 모니터링, 표출물 신청 및 승인, 스케줄 관리가 가능하다. 특히 야간운전에 방해가 되지 않도록 자동 밝기 조절 시스템을 채택한 것이 특징이다.

재난재해예방 서비스는 안전한 도시구현을 위해 2km 내의 모든 사물에 대한 열을 감지하는 열화상 카메라를 설치하여 무인산불감시, 3km 이내의 사물을 인지할 수 있는 고배율 카메라를 이용한 감시 서비스를 지원한다. 기존의 산불감시와는 달리 열화상 카메라와 고배율 카메라의 적용으로 무인원격 서비스를 제공할 수 있다. 주민들이 무상으로 혜택을 받을 수 있도록 공공네트워크 및 종합상황실, 광대역 유무선 통신망 등 최첨단 정보통신 인프라도 구축한다.

2. u-기존 도시

기존도시는 이전에도 사람들이 살아 왔으며 다양한 형태의 인프라가 이미 구축되어 있는 도시를 뜻한다. u-기존도시의 특징은 유비쿼터스 정보기술을 활용하여 기존 도시의 특색에 맞게 구축하는 것이다. 여기에서는 "유비쿼터스 기반의 비즈니스 도시" 비전을 가진 u-서울, 최첨단 선도도시를 목표로 유비쿼터스 게이트웨이 역할을 지향하는 u-부산, 국내외 정책변화에 따라 유비쿼터스 환경에 대응하기 위한 u-제주를 기술한다.

2.1 u-서울

서울시는 2015년 완성을 목표로 u-서울 마스터플랜을 수립하여 추진하고 있다. u-서울 추진은 3단계에 걸쳐 8,000억원의 예산을 투입할 예정이다. u-서울의 비전은 "유비쿼터스 기반의 비즈니스 도시"로 u-뉴타운, u-청계천, u-Library, u-TOPIS 등 4가지 선도사업을 중심으로 추진되고 있다(〈그림 Ⅲ-12〉 참조).

먼저 u-뉴타운은 최고의 유비쿼터스 주거공간을 구현하는 것이다. 뉴타운 개발을 계기로 u-서울의 도시통합운영센터를 설치하고 공공서비스의 효율적 제공방안을 마련한다는 계획이다. 도시통합운영센터는 u-City 서비스 제공의 핵심

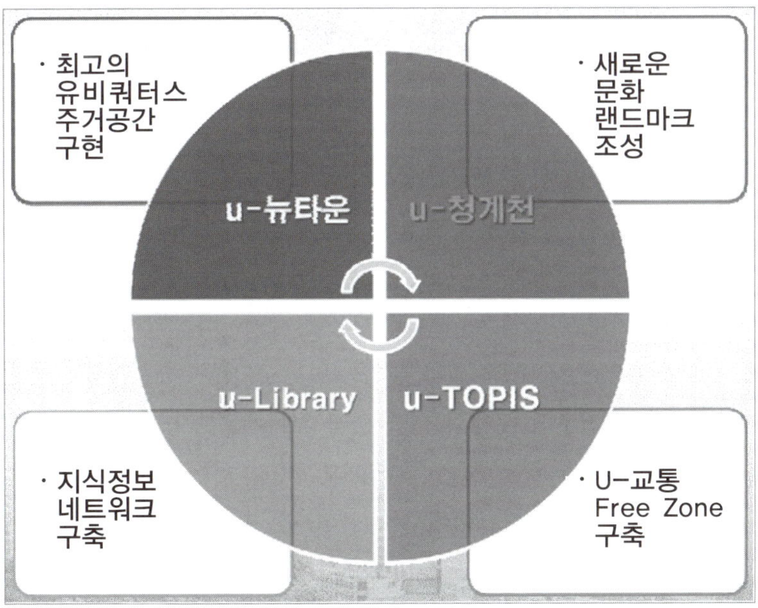

자료원: ucity.seoul.go.kr

그림 Ⅲ-12 4대 선도사업

시설로서 이용자 중심의 서비스 제공을 위한 운영기관이라고 규정한다. 도시통합운영센터를 통해 u-City 서비스 자원을 통합하여 중복투자로 인한 낭비를 방지하고 효율성을 증대할 수 있을 것이다.

나아가 도시정보의 통합관리로 사고발생시 체계적인 대응이 가능해진다. u-서울의 원활한 운영을 위한 도시통합운영센터는 도시 방범, 재난 등에 대한 통합관제를 통해 안전한 도시 구현, 거주민 대상의 교통, 행정, 주변상가의 정보연계 등의 역할을 수행한다. 뿐만 아니라 도시의 주요 시설물에 대한 운영과 관리도 담당하며 향후 u-서울의 행정서비스를 통합할 수 있는 기반을 마련하기 위한 시설이다.

u-청계천은 서울시의 새로운 문화 랜드마크를 조성하는 것이다. 열린 유비쿼터스 공간에서 청계천과 그 주변 재개발지역에 영상 랜드마크 시설을 구축하는 것이 그 목표이다. u-청계천을 통해 서울 도시민과 관광객에게 다양한 영상 컨텐츠를 제공하여, 첨단도시로서 서울의 이미지를 제고하려는 계획이다.

나아가 u-Library는 지식정보 네트워크 구축을 목표로 한다. 공공 및 해외 도서관 등과 네트워크를 구축하고 정보에 대한 접근 채널을 다양화하여, 지식과 정보의 활용도를 제고하려는 것이다. 또한 첨단 도서관 기반의 인프라 도입으로, 도서관 서비스의 품질을 제고하려는 선도사업이기도 하다.

u-TOPIS는 u-교통 Free Zone 구축에 관한 것이다. 인터넷 무선환경을 조성한 Free Zone에서는 PDA, 휴대폰 등의 디바이스를 통해 TOPIS의 통합교통정보 활용의 현장 접근성을 강화하고, 다양한 교통수단간 연계정보를 제공하여 도시민의 편의를 증진시킬 계획이다. 교통정보 외에도 주변 생활정보, 시정소개 및 홍보 등 풍부한 서비스 컨텐츠도 함께 제공할 예정이다. TOPIS 홈페이지는 서울시의 주요 축별 소통상황, 대중교통 노선별 소통상황, CCTV 영상정보, 주요 정체구간 등의 교통정보에 대해 실시한 현장정보 제공도 병행한다.

한편 u-서울의 서비스 모델은 〈그림 Ⅲ-13〉과 같이 복지, 문화, 환경, 교통, 비즈니스, 행정 등 6대 분야에서 제공된다. 먼저 u-Care는 공간의 제약이 없는 이용자 중심의 Health-Care, 자연스러운 사회활동을 지원하는 Citizen in need- care, 신뢰하고 안심할 수 있는 보육 서비스인 Child-Care, 건강하고 생산적인 노인복지 네트워크를 구축하기 위한 Silver-Care를 연계한다.

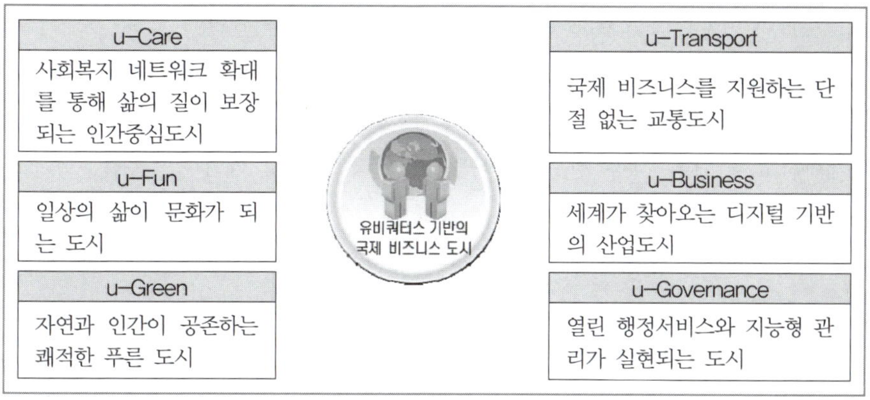

자료원: ucity.seoul.go.kr/

그림 Ⅲ-13 u-서울의 서비스 모델

이를 통해 도시민이 다각적인 복지혜택을 누릴 수 있도록 u-Care 서비스를 실현하는 것이 목표다. 서울 의료원을 중심으로 시립의료기관 및 민간의료기관 간의 네트워크 구축으로 의료 취약계층이 공간의 제약 없이 원격지에서도 고품질의 의료 서비스를 제공받을 수 있도록 한다는 계획이다. 서울시의 u-헬스케어 서비스는 〈그림 Ⅲ-14〉와 같다.

자료원: uhc.seoul.go.kr/

그림 Ⅲ-14 u-헬스케어 서비스

그리고 u-Fun은 문화공간에 유비쿼터스 기술을 적용하여 문화 및 예술정보에 대한 도시민의 접근성을 증대하고 문화공간을 고도화하는 것이다. 이를 위해 u-Sports, u-Tour, u-Art, u-Leisure, u-Library 서비스의 분야별 정보를 통합 체계화하고 관련된 각종 정보를 제공하며 원격조회 및 예약 등 통합문화 서비스를 제공한다.

u-Green은 환경정보 관제를 통해 쾌적한 환경을 조성하고 자연과 호흡하는 생태체험 공간을 실현한다. 이를 위하여 대기, 수질, 폐기물, 생활환경 등의 생활환경 정보를 통합관리하고 도시민에게 생태체험 공간을 제공하며 자연과 인간이 공존하는 쾌적한 도시의 조성을 목표로 하고 있다. 차량이나 굴뚝의 공해배출을 감시하는 대기관리 서비스 및 수질관리, 폐기물 관리, 공원 지능화로 설비를 통합관리하고 센싱 기술을 이용한 공원생태를 관리하는 u-공원관리 등과 같은 서비스를 제공할 계획이다.

또한 u-Transport는 거시적으로 동북아 주요 인접도시와 연결, 광역교통체계의 강화, 첨단 도로교통 관리 및 통합교통정보 제공 등이 가능하도록 국제적 수준의 교통체계를 구축한다. 이를 통해 국제 비즈니스 중심도시로서의 위상 구현을 지원하고자 한다. 미시적으로는 서울시 교통정보의 수집, 분석, 가공, 전달기능을 고도화하여 도시민이 빠르고 편리하게 이동할 수 있도록 지원한다. 동시에 현장 중심의 실시간 도로, 교통정보를 제공할 수 있는 u-Transport 체계도 구현한다.

u-Business는 다양한 주체의 경제활동을 지원하고, 외국인에게 생활과 경제활동의 편의를 제공하여 글로벌 비즈니스 지원을 그 목표로 한다. 이를 위해 유비쿼터스 산업 인큐베이션 Zone 서비스, 재래시장 활성화 지원 서비스, 외국인 u-Guide 서비스, One Pass Card 서비스도 제공할 계획이다. 상암 DMC, 마곡 R&D시티, 공릉동 NIT 미래기술산업단지, 세운상가 전략적 재개발 지역 중 일부에 유비쿼터스 산업 인큐베이터 Zone을 조성하였다. 이곳에 지능형 로봇 산업, USN 기반의 다양한 서비스 산업 등을 주요 산업으로 선정하여 기술과 산업의 활성화 기반을 마련하고 외국계 기업의 활발한 참여를 유도하는 활동을 중점 추진할 예정이다.

u-Governance는 다양한 디지털 단말기를 통해 시간과 장소에 제약이 없는

행정서비스 체계를 마련하고 지능화된 시설물 관리, 사전 대응적인 방범·방재 등 지능형 안전 서비스를 제공하는 것이다. 도시민과 기업에게는 시간과 장소에 제약 없는 무인발급, 현장 민원접수, u-Voting 등 행정서비스도 제공된다. 행정 내부에서는 단절 없는 행정체계를 지원하며 세부적으로는 Zero-Stop 공동 정보 이용체계 등 시공간상 제약 없는 근무환경 구축을 목표로 하고 있다.

2.2 U-부산

부산시는 유비쿼터스 기술을 도시전반에 융합하여 국제경쟁력을 향상시키고 도시민 삶의 질을 향상시키기 위해 부산 u-City 프로젝트를 추진하고 있다. 2005년에 "멈춤없는 '흐름'과 막힘없는 '연결'"이라는 비전을 가지고 전국 최초로 USP를 수립하였다. 이를 통해 남부 경제권 중추도시, 동북아 문화·과학 중심도시, 세계자유 거점도시가 되는 것이 목표이다. U-부산은 사람, 물품, 자본, 정보가 막힘없이 흐르는 최첨단 선도도시를 목표로 유비쿼터스 게이트웨이로서의 역할을 지향하고 있다.

2005년 수립된 USP의 주요내용은 도시의 경쟁력을 키우기 위한 u-Port, u-관광·컨벤션 그리고 도시민 삶의 질 향상을 위한 u-Traffic, u-Health 등 총 4대 전략사업으로 추진되고 있다. 부산의 u-City 계획은 USP상 크게 3단계로 나뉘어진다. 1단계는 항만, 교통, 관광, 헬스분야의 u-서비스를 추진하는 것이다. 이후 도시안전을 위한 u-방재분야까지 5개 분야의 사업이 이 기간 중에 진행되었다.

2008년부터 2010년까지 추진되는 2단계 사업에는 u-School 서비스를 개발하고 u-통합관제센터를 구축한다. 2010년부터 2012년까지 3단계 사업은 환경과 u-엔터테인먼트 분야의 서비스를 개발하고 u-City 사업을 고도화할 계획이고, 2012년에는 ITU-Telecom World 대회를 유치하여 u-City 부산을 세계에 보여줄 예정이다.

동 프로젝트는 항만, 교통, 관광·컨벤션, 자동차 산업 등 성장 가능성이 높고 부산 경제를 선도하는 산업분야를 주요 범위로 하고 있다. 사업비는 직접 투자 총액만 8,500~9,600억원에 이른다. 추진방식은 민간 정보통신기술 기업과 협력을 통한 공동사업의 형태를 띠고 있다.

u-Port 서비스는 '모든 항만물류 주체가 참여하는 통합 커뮤니티 기반하에 부산시의 경제 활성화에 기여하는 3-Hub Port 달성'이라는 비전을 가지고 있다. 구체적으로 정보 공유의 중심지인 Information Hub, 물동량이 집중되는 중심지인 Container Hub, 화주의 물류 업무를 전담하는 주체인 Value Added Logistics Hub이다. 이러한 비전은 역량강화, 확산, 고도화의 3단계 추진 로드맵을 통해 달성할 계획이다.

또한 항만 물류 참여자들이 필요로 하는 정보를 공유할 수 있는 통합 커뮤니티 시스템을 구축하고 ICT와 RFID, GPS, W-LAN 등 유비쿼터스 기술을 적용하여 적시에 정확한 정보를 제공한다. 시간과 비용 소모를 최소화하고 만족도 높은 최적의 항만 물류 서비스를 수행하는 것을 그 목표로 한다. 이를 위해 Port Community Portal 서비스, 연계 운송 통합 서비스, 출입 통제/보안 관리 서비스, 터미널/ 선박 내 업무 지원 서비스 등 총 11대 서비스를 선정하여 구현하고자 한다.

u-Convention은 전시회 및 국제회의가 개최되는 시설인 Venue에 유무선 정보통신 인프라를 설치하고 유비쿼터스 기술과 제품을 접목하여, 전시회 및 국제회의에 참가한 참관객에게 다양한 정보 서비스와 체험을 제공한다. 관람의 편의를 높이고 행사주최자 및 출전사의 운영효율성 제고를 목적으로 한다. u-전시컨벤션, u-관광정보, u-시티투어 등 7대 서비스를 기반으로 관광객, 참관객에게 편의를 제공하고 참관객이나 관광객의 증가로 인한 숙박업, 음식업 등 지역 관광업체의 매출증가를 목표로 하고 있다(〈그림 Ⅲ-15〉 참조).

u-Traffic은 지속적이고 안정적인 도시의 발전을 위해 도시구축에 있어 도로, 기반시설, 차량 등 기존 교통 인프라에 유무선 통신 인프라를 기반으로 전자, 제어, 컴퓨터 등 첨단 정보기술을 접목시킨다. 사회적 교통 인프라의 효율성을 극대화시키고 사용자의 안전과 생활 편의성 증진을 위한 다양한 교통정보 서비스 제공을 목표로 한다. 대중교통요금 지불 서비스, 유료도로 자동요금징수 서비스, 주차정보 서비스, 보행자 정보서비스 등 13대 서비스 구현을 통해 '시민에게 다가가는 정보와 편의를 제공하는 자율 신경형 교통 네트워크 구현'이라는 비전을 추구하며 역량강화, 확산, 고도화 등 3단계 추진 로드맵을 게시한다.

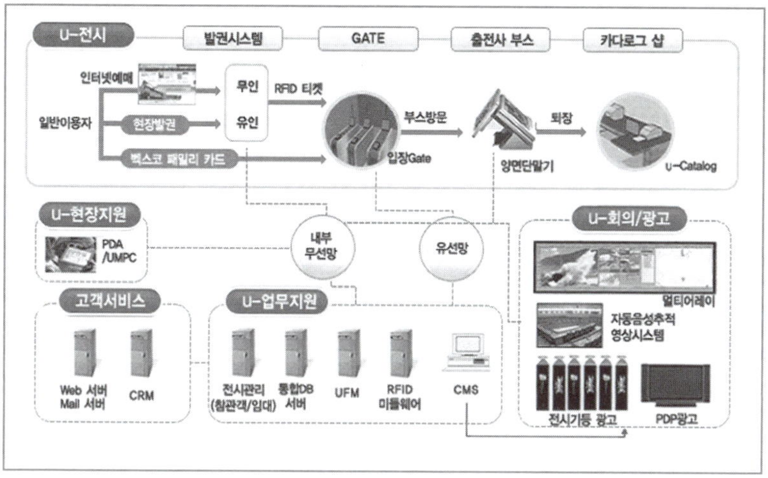

자료원: www.busan.go.kr/01_cityhall/04_project/01.jsp

그림 Ⅲ-15 u-Convention

마지막으로, u-Health 서비스는 도시민들의 건강욕구를 충족시키기 위해 다양한 인프라와 건강관련 정보를 제공한다. 또한 복지기관 요양자들에 대한 상시적인 건강 모니터링을 통해 노령화 사회에 대비한 정보 인프라를 제공하며 만성질환자들에 대한 질환상태 관리 및 댁내에서 수준 높은 의료정보를 제공한다. 건강증진 기반을 마련하고 질환 유발 사회적 비용을 감소시키며 다양한 응급상황에서 신속하고 정확하게 대처해, 환자 생존율 증대 및 도시민 안심 기반 제공을 실현한다.

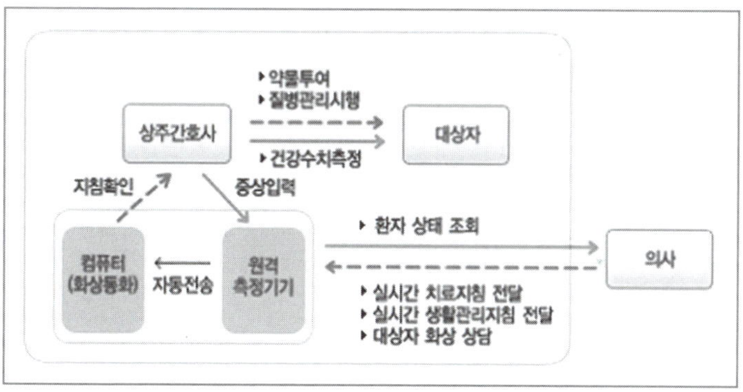

자료원: www.busan.go.kr/01_cityhall/04_project/01.jsp

그림 Ⅲ-16 u-Health

기존의 질환치료 위주의 의료서비스에서 벗어나 시공간적 제약을 극복하여 도시민의 안전하고 편리한 삶을 증대시키기 위함이 목적이다. 이를 위해 복지기관 건강 모니터링 서비스, 응급환자 인식 서비스, Non-stop 병원 서비스 등 9대 서비스를 제공하여 도시민 건강에 대한 상시성, 편의성, 접근성 증대를 통한 상호 연결된 건강증진 네트워크(Consolidated Health Promotion Network)를 구현하고자 한다.

2.3 u-제주

제주도는 인구 55만 명으로 우리나라 인구의 1%에 해당되고, 면적은 1,847km^{2}로 전국의 2%를 차지한다. 경제 구조적으로는 전체 산업 가운데 관광이 차지하는 비중이 크며 농산물의 경우 감귤이 차지하는 비중이 높다는 특징이 있다.

2004년 정보통신부에서 주관한 텔레매틱스 시범사업을 바탕으로 제주도 특별자치도법이 2006년 2월 국회를 통과하였다. 이때 "제주도 지역정보화 촉진 기본계획"을 수립하여, 2010년까지 제주 전지역을 대상으로 4개 분야 51건의 정보화 사업에 1,033억원을 투자하기로 계획하고 있다. 이 계획은 국내외 정보정책의 변화에 따라 향후 유비쿼터스 환경에 대응하기 위한 것으로 행정정보화, 산업정보화, 생활정보화, 도시기반 정보화 등 네 가지 사업을 진행중이다.

세계 정보통신 거점도시로서의 u-Jeju 구현은 융합형 첨단 IT기반으로 지역연고산업의 고도화, 다양한 첨단 시범사업의 추진을 통해 현실화되고 있다. 제주특별자치도는 2012년을 목표로 섬 전체가 유비쿼터스로 생활할 수 있는 세계 유일의 유비쿼터스 섬을 목표로 다양한 첨단기술과 융합된 유비쿼터스 사업들을 계획하고 있다. 이러한 사업들은 행정, 교통, 안전, 환경, 생활, 복지, 문화관광, 1차산업 등 총 8개 분야, 68개 단위사업으로 추진되고 있다.

예컨대 교통부문은 RFID를 활용한 주차관제 시스템, 첨단 ITS센터 구축 등이고 생활부문은 생활환경, 스마트카드, 지능형 홈, 도서관 자동화 등을 포함한다. 복지부문은 미아방지, 노약자나 시각장애인 서비스 등을, 문화관광부문은 u-Shopping, u-Ticket, u-레저 등을, 1차산업부문은 IT신기술 기반 양식지능화

시스템, u-IT 신기술 기반 양돈 HACCP 시스템 등을 포함한다. 향후 제주특별자치도의 u-Jeju구축은 이상 8분야의 다양한 사업들이 단계적으로 진행되고 상호 연계되는 네트워크 구조의 시스템으로 발전될 예정이다.

이러한 u-제주는 크게 Cool Town City와 Cool Travel City로 구분된다.

먼저 Cool Town City는 보다 편리하고 안전한 도시민의 생활증진을 목표로 1차산업과의 융합 및 의료, 교육을 중심으로 추진될 예정이다. 생활서비스분야는 크게 의료, 교육, 참여 등 6개 세부 서비스로 구성되어 있다. 의료사각지역들과 제주도 내 종합병원을 연계한 'u-Medical' 시범서비스, 건강개선을 위한 'u-Vitamin' 서비스 포털, 재난 재해로부터 도민과 관광객 보호를 위한 'u-앰블런스' 서비스, 주민자치 중심의 자기계발을 위한 'u-평생교육' 서비스, 즐거운 생활, 행복한 가정을 위한 'u-가족' 포털, 주민의 참여자치 및 제언과 의사전달 채널을 지원하는 'u-NGO' 서비스를 추진해 나갈 예정이다.

전략산업 융합 분야에서는 지역 내의 경쟁력을 갖춘 양돈, 넙치양식 등 1차산업과 연계하여 다양한 서비스를 제공한다. 예컨대 생산이력관리를 위한 'u-생산이력' 서비스, 생물종의 모니터링과 관리를 위한 'u-생물종 모니터링' 서비스, 제주의 주요 기반시설 및 환경을 모니터링하기 위한 'u-제주환경센서네트워크' 구축사업을 들 수 있다.

또한 ITS 및 텔레매틱스와 함께 도로, 교통분야의 3대 요소 중 하나인 주차문제를 해결하기 위한 노력도 병행하고 있다. RFID/USN 기술을 이용한 차고지증명제 시스템의 경우 행정자치부의 지원 아래, 2007년 2월부터 차고지 증명제도를 시행하고 첨단기술을 활용한 주차관리시스템을 시행하고 있다.

택시텔레매틱스사업도 시범적으로 추진하고 있다. 기존 사업이 관광객을 대상으로 렌터카 중심의 시스템인 길찾기와 관광지 찾기 서비스를 제공하는 반면, u-Jeju의 택시텔레매틱스는 타코미터와 연동한 요금정보시스템, 교통정보시스템, 콜센터시스템을 제공하여 상호 다른 비즈니스 영역을 갖고 있지만 원천기술은 상호 발전되는 방향으로 추진하고 있다.

한편 Cool Travel City는 제주의 관광산업을 기존 개념에서 변화시키고 있다. 디지털 코쿤족(digital cocooners)이 늘어가면서 대규모 관광형태가 개인화 중심의 탈근대관광, 반포드주의 경향으로 나타나고 있다. 특히 모바일기기와

RFID를 활용한 기술들이 관광분야에 접목이 되면서 보다 편리한 관광, 보다 풍부한 컨텐츠가 제공되고 있다.

제주도는 관광분야의 유비쿼터스화를 실현하기 위하여 4개 세부영역에 대한 유비쿼터스 전략을 수행하고 있다. Telematics 영역은 정보통신부와 같이 도내의 렌터카를 대상으로 2개 년간에 걸쳐 시스템을 구축하였다. 여행 및 교통정보, v-Shop, 엔터테인먼트, 모바일오피스, 웹포털 서비스 및 안전 서비스 등 6대 서비스를 상용화하여 운영하고 있다. 그리고 u-Museum 영역은 산업자원부의 지역혁신특성화(RIS) 사업의 일환으로 제주 돌 문화공원에서 RFID 기반으로 전시물을 안내하는 시스템이다.

그리고 u-Conference 영역에서는 제주도의 국제회의 개최실적이 전국의 3위권에 들만큼 주요산업으로 성장하였다. 제주대학교와 지역기업이 관련 요소기술개발을 마무리하고 상용화 계획에 있다. 마지막으로, u-Ticket 영역은 RIS의 일환으로 관광지 입장권을 RFID로 대체하는 시스템이다. 이는 여러 가맹 관광지 중 본인이 원하는 곳을 마음대로 골라서 입장할 수 있는 전자티켓이다(〈그림 Ⅲ-17〉참조).

제주도가 미래 유비쿼터스 환경에 대응하기 위해 수립한 지역정보화 기본계획은 디지털 행정시스템 구축, 모바일 행정처리 시스템, 지식관리 시스템, 통

자료원: jsksoft.tistory.com/4066

그림 Ⅲ-17 u-Ticket

합데이터 구축 등 13건의 행정 정보화 사업과 중소기업 지원 및 감귤산업지원 종합관리 시스템, 국제자유도시 투자 유치관 구축 등 17건의 산업정보화, 평생 교육체계와 복지정보시스템 구축 등 11건의 생활정보화, u-제주를 위한 종합위기관리 시스템과 환경종합감시 시스템 구축 등 10건의 도시기반 정보화 사업 등으로 나누어 진행된다.

Cool Travel City를 구현하기 위하여 텔레매틱스 기반의 교통과 물류 중심 시스템(u-Baggage) 및 음식점(u-Food), 숙박지(u-Pension)에서의 유비쿼터스 체계구현을 위한 장기적 계획도 수립하고 있다. 또한 u-Convention을 지원하기 위한 u-Event, u-Festival, u-Award 그리고 u-Sports를 지원하기 위한 u-Golf, u-Fishing, u-Camp, 도내 스포츠 관련시설의 예약 및 활용과 가상체험 기능을 제공하는 u-Utility 등이 있다. u-Shopping을 지원하기 위한 Silence Marketing 기반의 u-Dutyfree, u-Casino, u-Outlet, u-Cafe 등 다양한 서비스를 체계적으로 추진할 계획이다.

디지털 컨텐츠 분야에서도 제주의 독특한 문화자원을 관광과 연계하는 컨텐츠 제작지원을 수행하고 있다. 문화관광부의 지원하에 제주음식을 소재로 하는 애니메이션 제작 및 삼별초 문화원형의 디지털 복원, RIS사업을 통한 체험관광 컨텐츠의 개발 등 제주문화 원형을 기반으로 특색 있는 디지털 컨텐츠를 산업화할 예정이다.

u-제주의 기대효과로는 u-제주 테스트베드 사업을 통해 국가적으로는 매년 500만 명의 관광객에게 유비쿼터스를 직접 체험할 수 있도록 함으로써 u-코리아의 위상 및 관련 산업의 부가가치를 극대화할 수 있다는 점이다. 또한 IT, CT, BT산업과의 연계를 통한 도내 지식산업의 활성화뿐만 아니라 관광과 실버산업 그리고 제주의 독특한 문화를 유비쿼터스와 융합시켜 국제회의, 평화센터, 휴양형 IT벤처타운 등 신산업을 육성한다는 계획이다.

3. u-테스트베드

u-City에 대한 테스트베드 사업은 기술적 성숙도, 지자체 수요 등을 고려한 u-City 서비스를 구축하여 현장 적용시 발생할 수 있는 기술적·제도적 문제점 등을 미연에 도출하고 서비스 모델의 표준을 개발하기 위한 사업이다. 여기에서는 유비쿼터스 서울 구현의 일환으로 추진된 U-청계천, 관광과 IT기술의 융합으로 안전한 관광 찾아오는 관광을 실현하기 위한 U-해운대, U-시설물을 중심으로 융복합 서비스 모델을 구축하고자 시작된 U-컨벤션센터, 울산 u-에코폴리스의 핵심사업으로 세계적인 생태학습을 지향하는 u태화강에 대해 설명한다.

3.1 U-청계천

U-청계천 테스트베드는 유무선 통합망, 3D기반 GIS, 통합운영플랫폼 등 기반인프라를 기술적으로 검증하고 응용서비스 표준안을 마련하는 등 u-City 서비스의 성공적인 모델을 제시하기 위한 사업이다. 서울시의 u-City 로드맵에 적용하여 유비쿼터스 서울 구현의 일환으로 추진되었다.

U-청계천은 청계천 전 구간에 설치된 WiFi-Mesh 무선망을 기반으로 하여 지능형 양방향 미디어보드, 수중 생태동영상 등 3대 인프라와 8대 서비스를 제공하여 도시민이 직접 체험할 수 있는 첨단 유비쿼터스 서비스를 제공한다. 동 사업을 통해 유비쿼터스 정보기술을 활용한 U-서비스 테스트베드를 구축하여 USN, ZigBee 등 유비쿼터스 U-IT인프라를 운영하고 있다. u-City 서비스를 활성화하고 u-Society 구축기반을 마련한 것으로 U-청계천의 구축 개념도는 〈그림 Ⅲ-18〉과 같다.

전술한 바와 같이 u-청계천은 문화영역과 생태영역으로 나뉘어 8대 서비스를 제공한다. 먼저 문화영역에서는 쌍방향 미디어 보드, 프리보드, 정보부스, GPS, 첨단 가로등 서비스가 제공된다. 쌍방향 미디어보드는 첨단 터치기술을

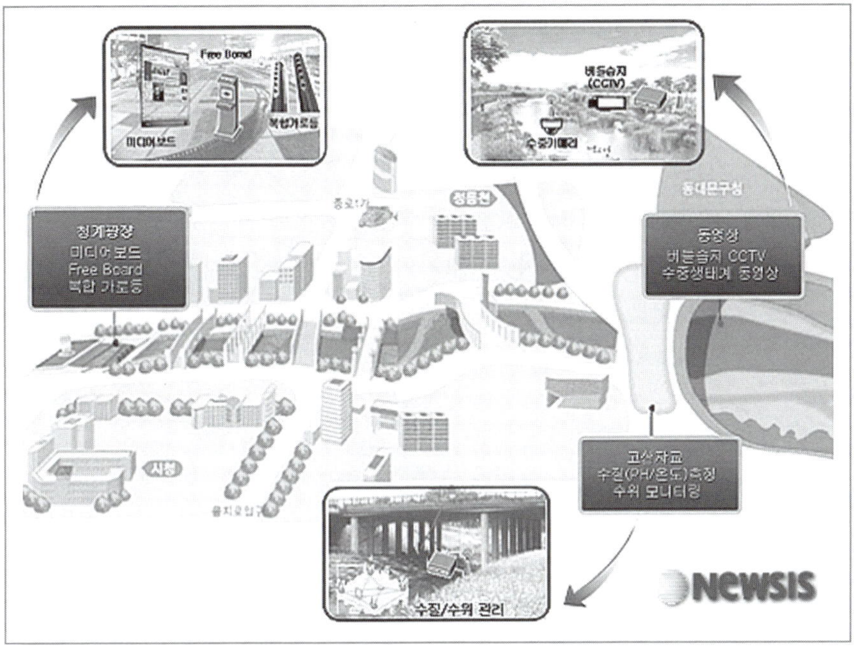

자료원: 뉴시스, 2007.

그림 Ⅲ-18 u-청계천의 개념도

활용해 재미의 요소를 가미하여 청계천의 역사, 생태, 지역 등 정보를 관광객에게 제공한다. 청계광장의 정보부스 내에 설치되고 방문객은 마치 영화에서 본 것과 같은 경험을 할 수 있다.

프리보드는 디지털 방명록 작성, UCC 제작, 디지털 낙서장 등 청계천의 방문객이 직접 참여할 수 있는 공간으로 청계광장의 정보부스 내에 있다. 정보부스는 청계천 방문객과 유비쿼터스가 만나는 물리적 공간으로 각종 정보 및 청계천과 소통할 수 있는 디지털 공간을 제공한다. GPS역사탐방은 GPS를 기반으로 관광객의 위치정보를 자동 인식하여 역사물의 정보를 전용 단말기를 통해 제공 확인하는 서비스이다. 첨단 가로등은 차세대 조명장치인 LED가 탑재되며 무선망 등 도시 인프라로서의 기능을 수행한다.

생태영역에서는 수질 수위 모니터링, 청계천 생태 네트워크 CCTV, 실시간 수중생태 동영상 서비스가 제공된다. 수질 수위 모니터링은 실시간 센서 모니터링을 통해 실시간 관리함으로써 집중호우와 수질오염으로부터 관광객의 피해를 최소화시킨다. 청계천 생태 네트워크 CCTV는 청계천 생태지역의 아름다운 생태모습을 24시간 실시간 방송해 서울 어디서나 청계천 모습을 접할 수 있게 지원한다.

나아가 기존의 유선CCTV를 무선CCTV로 전환했을 때 동일 품질 대비 비용 절감 효과를 가져올 것이라고 한다. 실시간 수중생태 동영상은 일반인은 쉽게 접할 수 없는 청계천에 서식하는 물고기의 모습과 수중생태계를 인터넷으로 실시간 제공하여 눈으로 직접 확인할 수 있도록 한다.

3.2 U-해운대

부산시는 관광산업과 IT기술의 융합을 통한 안전한 관광, 찾아오는 관광을 실현하기 위해 관광 패러다임의 변화를 추구하게 되었다. 또한 해운대 해수욕장의 경우 성수기에 빈번히 발생하는 미아 발생률을 낮추고, 환경정보에 대한 필요성이 높은 곳이다. 이러한 이유로 부산시는 해운대를 중심으로 U-해운대 테스트베드 구축사업을 계획하고 관련 기술의 현장 적용 및 경험의 축적, 표준화 등을 추진하고 있다.

U-해운대는 해수욕장 산책로 1.5km 구간에 설치된 가로등에 무선 AP, CCTV, 위치추적 센서 등을 부착하여 운영하고 있다. 이를 통해 미아방지를 위한 위치탐색 서비스를 제공하고 있다. 미아방지 서비스는 PDA 단말기로 위치파악을 하거나 경찰서에서 미아발생시 즉각적으로 확인할 수 있도록 구성하였다. 또한 서비스 이용편의를 위해 부산역에서도 해운대의 미아방지용 PDA 렌탈 서비스를 시행중이다.

나아가 향후에는 피보호자에게 Active RFID를 팔찌 형태로 제공하여 보호자가 피보호자의 위치정보 요청시 핸드폰이나 u-단말기를 통하여 위치가 표시된 지도와 문자를 전송하도록 할 계획이다. 이를 위해 해운대 해수욕장에 CCTV를 설치하여 피보호자 주변 영상정보를 녹화할 수 있도록 추진하고 있다.

뿐만 아니라 가로등에도 센서를 설치하여 온·습도 및 자외선 농도를 측정한다. 바다의 부표 센서로부터 파도의 높이, 해수온도 등과 같은 정보를 전송받아 환경정보를 전광판을 통해 제공할 계획이다. 〈그림 Ⅲ-19〉는 U-해운대의

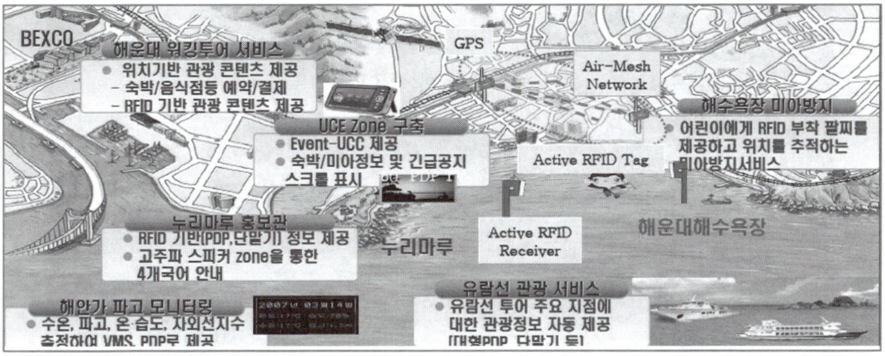

자료: www.KRnet.or.kr

그림 Ⅲ-19 U-해운대 제공 서비스

제공 서비스를 나타낸 것이다.

해운대 워킹투어 서비스를 제공하기 위해 부산시는 문화관광 포털 및 전문 컨텐츠를 구축하고 전용 단말기로 관광안내 서비스를 제공하는 U-투피아 사업도 추진중이다. 이를 위해 부산시는 관광지 전역에 쌍방향 투어부스(Digital Information Display System)를 설치하고 관광객에게 U-단말기를 대여하여 추천관광코스, 테마관광, 길 찾기 서비스 등을 제공할 예정이다.

또한 UCE존(User Created Event Zone) 서비스도 제공한다. 이는 해운대 해변에 대형 PDP를 설치해 이벤트를 원하는 도시민이 기획한 사용자 제작 컨텐츠(UCC)와 자막 등을 재생할 수 있는 공간이다. 이는 최근 급속도로 확산되고 있는 UCC를 활용하여 도시민들이 다양한 문화를 즐길 수 있는 기회를 제공하기 위함이다.

3.3 U-컨벤션센터

U-컨벤션센터 테스트베드 구축사업은 "2006 유비쿼터스 문화수도 U-광주 마스터플랜" 계획에 따라 김대중 컨벤션센터의 U-시설물을 중심으로 U-컨벤션, U-교통을 융·복합하는 서비스 모델을 구축하고자 시작되었다. 이는 광주시 등 공동컨소시엄이 광주 DJ컨벤션센터 내 USN, 3D GIS, 모바일 RFID 등의 기술을 이용하여 시설관리 및 행사안내 서비스를 구현한 것이다.

자료원: ubidus.cafe24.com/zbxe/reference_new/2646

그림 Ⅲ-20 U-컨벤션 정보의 바다

USN과 3D GIS 기술을 접목하여 DJ컨벤션센터 내에 전력선, 가스관 등 지상시설물을 실시간 통합 모니터링하고, 모바일 RFID 기반의 컨벤션 내 행사정보 및 입장권 제공 서비스, USN 및 N/W CCTV를 이용한 실시간 주차관리 서비스 등을 제공한다(〈그림 Ⅲ-20〉 참조). 서비스는 크게 U-시설물, U-컨벤션, U-교통 서비스 등으로 구성된다.

먼저 U-시설물 관리는 컨벤션센터에 RFID, USN 등 U-IT를 접목시켜 효율적인 시설물 관리를 함으로써 방문객이 안전하고 쾌적하게 시설물을 이용할 수 있는 환경을 조성하기 위한 서비스다. 또한 기존의 평면적인 도면을 바탕으로 수행되던 시설물 관리에서 벗어나 3차원 지리정보시스템(GIS)을 기반으로 화재, 침입, 파손, 온도, 습도를 감지하는 센서를 설치하고 지그비(zigbee) 무선통신 등 USN과 연계해 실시간 전달되는 시설물의 상태정보를 모니터링하는 u시설물 관리 서비스를 제공할 계획이다.

또한 긴급상황 발생시 신속하게 정확한 현장위치를 파악해 조치할 수 있도록 주요 시설물에 RFID를 부착하고, RFID 리더가 내장된 PDA인 포켓리더를 활용해 시설물 정보를 확인·점검하는 등 체계적인 관리체계를 구축할 예정이다. 특히 국내 최초로 3차원 GIS 기반에서 USN과 RFID를 이용해 시설물의 현황, 이용, 관리, 상태 등의 정보를 실시간 수집 및 활용하게 되는 u시설물 관리 서비스 모델을 구현한다는 점에서 그 의미가 크다.

둘째, U-컨벤션은 각종 전시회 개최시 RFID 입장권을 발급해 전시장 및 전시부스별 현황을 실시간 모니터링하고, 부스에 설치된 RFID 단말기를 활용하여 이벤트정보 등 쌍방향서비스를 제공한다. 관람객은 업체 및 제품설명 카탈로그를 들고 다니지 않아도 방문업체의 상세정보를 전자카탈로그나 e메일로 제공받을 수 있게 된다. 뿐만 아니라 전시업체는 방문객 정보를 실시간으로 홈페이지에서 제공받을 수 있게 된다.

전시 주최측은 향후 전시회 개최시 관람객의 동선 분석자료를 활용해 효과적으로 부스를 배치하게 된다. 관람객에게는 RFID 리더인 동글이 지원되는 휴대폰을 임대하여 전시회 정보, 전시업체 및 제품·컨텐츠의 상세정보를 제공함으로써 365일 언제, 어디서나 체험할 수 있는 유비쿼터스 전시회로 발전시킨다는 계획이다.

셋째, U-교통 서비스는 컨벤션 센터를 방문한 차량을 대상으로 주차가능 공간을 안내하는 등 지능형 주차안내 서비스를 제공한다. 기존 서비스와 달리 최초로 주차면 감지센서와 적·녹등간에 지그비 무선통신으로 USN을 구성한다. 부가서비스로 주차차량을 찾아 헤매는 일을 방지하는 IP카메라를 활용한 주차위치 안내서비스, 주차 후 핸드폰으로 차량을 등록하면 차량이동시 SMS서비스로 차량도난 등을 예방할 수 있는 안심주차 서비스 등을 제공할 예정이다. 이를 통해 u-City 기술을 유기적으로 연계해 유비쿼터스 환경의 컨벤션 센터를 구축할 계획이다.

광주광역시는 u-컨벤션 사업으로 시설물 관리의 새로운 표준모델을 제시하고 컨벤션 교통 서비스 등 부가서비스 개발로 서비스의 다양한 확장 가능성을 열어 나가고 있다. 향후 u-컨벤션 사업모델의 확산 적용으로 도시기능의 일대 혁신을 일궈 나가는 한편, '문화중심도시'로서의 장기비전을 조기 실현하기 위해, 문화와 첨단산업이 어우러진 u광주를 체계적으로 완성해 나갈 계획이다.

3.4 u태화강

울산은 자동차, 조선 등 첨단 중공업 도시로 알려져 있지만 신비한 연어가 돌아오는 태화강이 있을 정도로 생태도시이기도 하다. 1960년대부터의 시작된 산업화에 따라 죽음의 강으로 불릴 만큼 태화강은 악화됐고 그만큼 도시는 황폐해졌다. 울산에서 태화강의 의미가 남다른 이유는 황폐해진 도시를 복원하는 것이기 때문이다. 지금은 태화강을 본래의 모습으로 되돌려 생태적으로 건강한 태화강, 친숙하고 가까운 태화강, 역사와 미래가 있는 태화강으로 상당부분 복원하였다(〈그림 Ⅲ-21〉 참조).

이러한 울산시민의 '태화강 사랑'은 울산시를 대표하는 랜드마크로 복원된 태화강에 유비쿼터스 기술을 적용하기로 했다. 연어가 지속적으로 생장하는 깨끗한 생태환경을 조성하기 위해 추진된 사업이 'u태화강 프로젝트'로 발전된 것

자료원: photo.ulsan.go.kr/photoview/ViewMain.php?num=3573

그림 Ⅲ-21 울산 태화강의 전경

이다. 이 사업은 울산 u시티 비전인 '울산 u에코폴리스(u-Eco Polis)'의 성공 가능성을 평가하는 중요한 바로미터가 된다는 점에서 많은 주목을 받았다.

u태화강 사업은 울산 에코폴리스의 핵심사업으로 2014년까지 2,686억원을 투입해 태화강을 체험·학습시설 등 세계적인 생태학습의 장으로 조성하고, 태화강 생태공원 조성과 관광명소를 추진하는 것을 목표로 한다. 2007년 5월부터 시작된 u태화강 사업은 그해 12월 완료되었다. 태화강과 태화강 주위 시설물에 GIS, RFID, 센서 네트워크, 네트워크 카메라, 무선 네트워크 기술 등 유비쿼터스 기술을 적용해 다양한 유비쿼터스 융·복합 서비스 모델을 구현하였다.

이를 통해 태화강의 수질 개선, 생태계 복원, 울산시민의 휴식공간으로서 태화강에 대한 접근성·안전성 강화 등과 같은 목적을 달성하고자 하였다. u태화강 사업의 내용은 구체적으로 환경모니터링 서비스, 시설물관리 서비스, 정보제공 서비스, 실증 실험 연구 등 4가지로 구분된다.

먼저, 환경모니터링 서비스는 세부적으로 태화강 모니터링 서비스, 대기모니터링 서비스, 환경감시 및 방범 서비스로 구성된다. 태화강 모니터링 서비스는 수질, 수위, 유속 등을 측정하여 태화강의 수질을 실시간으로 모니터링하고 수질오염 발생시 오염원을 추적하여 신속히 대처할 수 있는 정보를 제공한다. 또한 수위, 유속 측정을 통해 홍수발생을 신속히 예측하고 대처할 수 있도록 한다.

대기 모니터링 서비스는 태화강 생태공원 내 미세먼지, 자외선, 풍향, 풍속 등을 측정해 기상청 정보와 함께 도시민들이 건강한 활동을 할 수 있는 오존수치, 자외선수치, 황사경보 등의 정보를 실시간으로 LED 전광판을 통해 도시민들에게 제공한다. 환경감시 및 방범 서비스는 태화강 주변에 설치된 GIS기반 네트워크 카메라를 통해 수질이나 대기오염에 대한 경보 발령시 그 오염원에 대해 영상으로 추적한다. 또한 오물 투척을 감시하고 죽순을 보호하는 등 태화강 환경감시를 통한 생태공원의 방범역할도 수행한다.

둘째, 시설물관리 서비스는 세부적으로 교량 모니터링 서비스와 RFID 주차관리 서비스로 구성된다. 교량 모니터링 서비스는 태화교에 설치되어 가속도, 변형률, 온도, 습도 등을 측정하는 교량관리 센서를 통해 실시간으로 노후교량의 진동과 손상 등을 모니터링한다. 또한 교량상태 정보를 실시간으로 제공해

안전진단과 관련된 의사결정을 지원한다. RFID 주차관리 서비스는 울산대공원 주차장에 RFID 기반 주차관리 시스템을 구축하고, 구역별 주차안내를 주차장입구 전광판과 홈페이지를 통해 제공하는 것이 핵심이다. 울산시는 테스트베드의 점검 후 u시티 공영주차장관리 서비스 분야로 확대해 나갈 계획이다.

셋째, 정보제공서비스는 태화강을 중심으로 수집된 수질이나 대기정보를 USN 기반의 시스템을 통해 u태화강 통합 모니터링 센터로 전송한다. 전송된 정보는 가공되어 해당부서는 물론 야외 홍보관의 PDP와 LED 전광판을 통해 실시간으로 도시민에게 제공된다. 또한 네트워크 카메라를 통해 생생한 태화강의 생태환경 영상을 도시민에게 제공한다.

넷째, 연어 모형을 대상으로 한 RFID 실증 실험 연구는 2003년부터 매년 태화강으로 돌아오는 연어의 회귀를 체계적으로 연구하기 위해 연어 모형물에 전자태그를 부착하여 강 깊이와 이동속도에 따른 연어의 인식률, 이동경로 측정방법 등을 실험한다. 이는 하천에서 적용할 수 있는 최적의 RFID 종류와 안테나 기술 등을 도출하고, 향후 RFID를 이용한 연어 방류 사업에 실제 적용시 중요한 자료로 활용될 예정이다.

이렇듯 울산시는 환경분야에서 u태화강 테스트베드 프로젝트를 시작으로 태화강 살리기를 중심으로 한 꾸준한 환경개선 노력을 하고 있다. 이를 바탕으로 친환경 테크노폴리스, 생태도시로서의 울산을 지향하고 있다.

4. u-시범도시

u-시범도시는 u-City 성공모델이 될 최적조건을 갖춘 지역을 대상으로 정부에서 필요한 행정, 재정, 기술 등을 지원하기 위해 지정된 도시를 의미한다. 이에 따라 2009년 4월 국토해양부는 부산광역시, 인천광역시자유구역청(IFEZ), 서울 마포구를 시범도시로 선정하였다. 여기에서는 첨단 u-방재 등 도시안전을 구현하는 u-부산, 물류유통 국제사업 휴양사업 관광을 지향하는 u-송도, 기초자치단체 최초로 CCTV 관제센터와 재난상황실을 한 곳으로 통합한 u-마포와 같

은 시범도시에 대해 기술한다.

4.1 부 산

부산시는 2005년에 국내 최초로 USP을 수립하였고, 부산발전을 위한 전략사업으로 u-City 프로젝트를 선정하여 전국 최대 규모의 초고속 자가 통신망, 무선 인터넷망, 도시공간정보시스템 등 유비쿼터스 서비스 인프라를 갖추고 있다. 나아가 방재, 헬스, 교통, 관광 컨벤션 분야 등 다양한 서비스를 구축하고 정부의 8개 공모사업을 성공적으로 추진하는 등 u-City 선도도시로서의 역할을 해 왔다.

u-시범도시로 지정된 부산시는 "첨단 U-IT기반의 도시안전 구현을 위한 U-방재 인프라 통합플랫폼 구축"사업을 추진한 바 있다. 부산지역의 풍수해 정보, 지진, 해일 예·경보, 취약지역 CCTV, 터널모니터링, 도시기반시설물 등 구축되었거나 구축 예정인 방재관련 시스템과 인프라를 통합하는 표준플랫폼과 종합관제를 위한 통합관제센터를 구축하였다.

또한 침수피해를 사전 예방하기 위해 표준플랫폼 기반으로 동래구, 북구, 해운대구의 배수펌프장 3개소에 실시간 모니터링과 원격관리시스템을 시범 설치했다. 그리하여 상습침수지역, 낙석위험지역, 해안가 등 35개소의 재난위험지역에 있는 도시민에게 휴대폰 등 개인단말기를 통해 실시간 재난·재해정보를 제공하는 U-시민 단말 서비스도 구축할 예정이다.

동 사업이 완료되면 재난재해 요소에 대한 상시모니터링 체계가 마련되어 방재관련 시스템, 유관기관간 실시간 정보가 연동된다. 신속한 재난대응과 의사결정, 재난취약성과 위험도 감소 등으로 인명 및 재산피해를 최소화할 수 있어 도시민들의 삶의 질 향상과 도시경쟁력이 강화될 것으로 기대된다.

부산시는 U-시범도시 지정을 계기로 도시민들이 체감할 수 있는 다양한 서비스를 지속 발굴한다는 계획이다. U-헬스, U-방재, U-교통, U-관광, U-항만 등 기존 서비스분야의 연계 통합과 도시통합운영센터 구축으로 대 도시민서비스를 강화하고 U-시티사업을 적극 활성화하여, 편리하고 안전하며 쾌적한 "U-시티 부산" 건설을 추진할 예정이다.

이러한 U-시범도시 사업을 통해 부산시는 'U-방재서비스'의 통합적 상황관리가 가능해질 것으로 기대한다. 나아가 각종 재난재해로 인한 피해발생을 최소화할 수 있을 것으로 보인다. 구체적으로 U-방재 플랫폼 구축시 사전 예측 및 대응으로 연간 219억원의 재난피해를 감소시키고, U-배수펌프장 원격제어 시스템 구축시 침수 전 사전배수를 통해 연간 침수면적을 285정보(1정보는 9,917.4m^2)를 감소시킬 수 있을 것으로 기대된다. U-개인 단말기 서비스의 경우는 인명피해 우려지역에 대한 사전 안내로 연간 23,700여 명의 인명피해도 미연에 예방할 수 있을 것이다.

4.2 인천 송도

인천경제자유구역청(IFEZ)은 송도, 청라, 영종 등 3개 지역으로 구성되어 있다. 총 63,328,536평, 즉 51,739에이커에 달하고 물류유통, 국제사업, 휴양사업, 관광 등을 위한 목적으로 개발되고 있는 신도시이다. IFEZ는 4개의 특화구역(Zone)으로 구성되었으며 각 구역은 특성에 맞게 비즈니스 및 생활환경을 제공할 예정이다.

특화구역에는 국제업무단지, 첨단 바이오단지, 첨단 IT 신소재산업 또는 지식정보산업단지가 있다. 먼저 국제업무단지는 총 167만 평으로 127억불을 유치하였으며, 미국의 Gale사와 포스코 건설이 합작하여 사업을 추진하였다. 단지 내 주요빌딩으로는 동북아시아 무역센터(65층), 컨벤션센터, 호텔, 오피스 빌딩이 있고 삼성동 코엑스 컨벤션 센터, 무역센터와 유사한 형태의 국제업무단지를 구현하였다.

이 구역의 특징은 개별 빌딩을 외국 유수기업의 참여하에 건설하였다는 것인데 추가적으로 61개의 빌딩이 건설 예정중에 있다. IFEZ의 주요 핵심구는 국제 비즈니스 센터, 즉 국제업무단지이다. 이는 Songdo Convencia 컨벤션 센터, North East Asia Trade Tower(NEATT), 골프선수 잭 니클라우스 골프 코스 등 NSIC에서 총 220억원의 규모로 개발중이다.

둘째, 첨단 바이오 단지는 총 6만 5천만 평으로 2003년 3월 미국의 VaxGen사와 담배인삼공사가 합작으로, 바이오 신약 생산시설 및 연구개발센터 건설을 시작하였으며 미국 FDA의 승인도 획득하였다. 잔여부지 9천 평은 바이오 신기술 보유기업을 유치하여 바이오 클러스터로 조성할 예정이다.

셋째, 첨단 IT 신소재산업 또는 지식정보산업단지는 총 80만 평에 3,455억 원 규모로 추진되고 있으며 R&D 중심의 테크노파크를 유치할 예정이다. 첨단 IT, 신소재산업 등 지식정보산업단지를 조성하여 국내외 분양이 진행중이며 이외에 '인천 타워'가 11구역 건설현장에 건축되고 있다. 이는 총 151층(610미터)으로 아시아에서 가장 높다. 전세계적으로는 818m에 이르는 부르즈칼리파(Burj Khalifa)(개장 전 명칭은 부르즈두바이였음), Russia Tower(612m) 다음으로 3번째로 높은 빌딩으로 기록될 것이다.

뿐만 아니라 IFEZ에는 u-IT 클러스터 공유기반시설이 신축되었으며 총사업비 3,717억원을 투입해 송도 11-13번지 81,275m^2(24,586평) 부지에 연면적 7,940평 규모의 RFID 종합지원센터와 USN Fab을 건립하는 공사가 진행되고 있다. 삼성물산 컨소시엄은 삼성물산 건설부문, 현대건설, 휴텍21이 시공을 맡았으며 선 엔지니어링이 CM을, 삼우 및 수영 설계사무소가 설계를 각각 담당하고 있다.

세계 굴지의 기업들이 공동으로 R&D, 생산, 비즈니스 등을 통해 시너지를 창출하여 세계적인 수준의 u-IT클러스터 조성을 목표로 하고 있다. u-IT 클러스터의 핵심 앵커시설이 될 공유기반시설은 RFID/USN 관련기업을 산업 전반적으로 지원하기 위한 종합지원센터와 USN Fab센터로 구성된다.

지상 4층 3,480평 규모의 종합지원센터는 RFID/USN 관련 실험 · 신뢰성 인증실, 시제품 조립실, 응용기술실로 구성된다. 지상 2층 3,660평 규모의 USN Fab 센터는 MEMS센서 제품생산을 위한 제조시설, 전문인력, 고객 사무실 등을 갖추게 된다. 완공과 동시에 종합지원서비스를 본격화해 MEMS 센서 제품생산을 개시한다.

향후 단계별로 국내외 유수기관과의 협력강화, 다양한 마케팅 활동 등을 통해 송도 u-IT 클러스터의 국제적인 위상을 제고해 나갈 것으로 기대된다. 이러한 IFEZ의 송도지구는 2015년에 완공 예정으로 'IFEZ u-City 종합계획'을 바탕으로 수요자 중심의 u-서비스 모델 개발 및 적용으로, 2009년도 U-시범도시 사업지구로 지정되었다.

송도지구는 건설과 IT분야의 융합을 바탕으로 새로운 개념의 미래 도시로써 계획 및 개발단계에서부터 다양한 유비쿼터스 기술을 도시공간에 반영하고 있다. 구체적으로 지능형 방범서비스를 도시통합운영센터와 연계하여 이동중에도 현장을 모니터링할 수 있도록 '지능형 상황인지 방범 서비스', 목적지 인근 주차장 정보를 휴대폰이나 전광판을 통해 알려주는 '공공주차장 통합이용 서비스' 등을 계획하고 있다.

지능형 상황인지 방범 서비스는 무선 Mesh 기반 차세대 지능형 CCTV시스템으로 송도 4공구의 일부지역을 대상으로 한다. 무선 Mesh기반 CCTV연계, 통제 웹 시스템 구축, 영상분석 및 비디오 관리·저장 시스템의 구축이 예정되어 있다. 공공주차장 통합이용 서비스는 공공주차장의 통합운영과 서비스의 제공을 목적으로 공공주차장 통합이용 서비스, 대중교통 환승정보 제공, 주차장 통합 모니터링, 사전예약 기능 등과 같은 서비스를 제공할 것이다.

인천광역시는 Wi-Fi Mesh라는 자가망을 활용하여 통신망 임대에 따른 운영비를 크게 절감할 것으로 예상하고 있다. 자족사업을 위한 민관협력법인은 향후 안정적 사업추진의 밑거름이 될 것이다. 저비용으로 운영 가능한 Wi-Fi 무선망을 통해 모바일 VoIP를 구현하고 테스트베드를 통한 도시민 체감형 서비스의 구축도 고려해 볼 수 있을 것이다. 또한 무선 Mesh 인프라와 U-디바이스를 기반으로 하여, 다양한 공공이나 민간 서비스가 저비용으로 제공될 것으로 예상된다.

4.3 마 포

서울 마포구는 2008년 11월부터 2009년 4월까지 u-City의 핵심 인프라인 BcN(Broadband convergence Network)을 구축하여 마포구 전역이 국토해양부의 'u-City 건설사업도시'로 인정되며 u-시범도시로 지정되었다(〈그림 Ⅲ-22〉 참조). 기초자치단체로는 최초로 u시티 도시관리를 위한 방범 등 CCTV 관제센터와 재난상황실을 한 곳으로 통합하여 각종 재난재해에 효과적으로 대응할 수 있는 267.26m^2(약 81평) 규모의 도시통합관제센터를 구축하는 등 시대변화에 맞는 u-City 사업을 추진해 왔다.

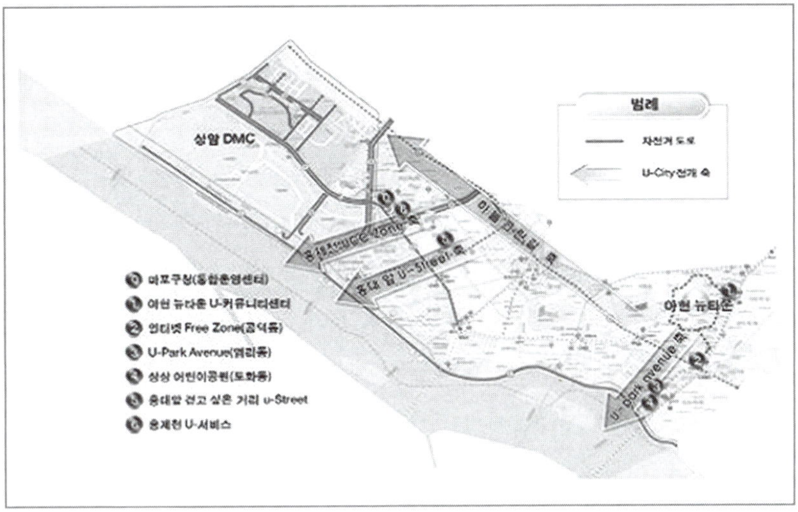

자료원: 월간유비쿼터스, 2009.

그림 Ⅲ-22 마포 u-시범도시 개념도

구민의 행정참여 확대 및 언제, 어디서나 마포구의 정보를 손쉽게 제공받을 수 있도록 하기 위한 '모바일 포털(마포 3153)서비스'와 저탄소 녹색성장시대 구현을 추진하고 있다. 예컨대 친환경 자전거 무인대여소에서는 휴대폰을 통해 인증 후 자전거를 대여하며, 반납시에는 대여시간에 따라 휴대폰으로 결제할 수 있는 '자전거 Total 서비스'를 제공한다.

구청이나 보건소를 방문하지 않고도 실시간으로 구민들의 건강상태를 체크할 수 있는 u-헬스케어 서비스를 6개 동주민센터에 구축 · 운영하는 등 피부로 느낄 수 있는 다양한 u-서비스 사업을 진행중이다. 나아가 유비쿼터스 기술을 접목한 홀로노인 보호서비스, u-생활 · 교육 정보제공, 디지털 테마거리 조성 등 22개의 u-서비스 모델을 연구 · 개발하고 있다.

주요 사업으로는 인접한 공덕동, 염리동, 도화동을 잇는 거리를 한강 수변의 자전거도로와 연계하여 u-City 공간으로 조성하는 'U-Park Avenue', 녹지공간과 레저공간을 이어 홍제천과 홍대 앞의 '걷고 싶은 거리'를 한강 르네상스와 어우러지는 문화거리로 조성하는 'U-Street' 등을 계획하고 있다.

뿐만 아니라 주민과의 소통을 위한 공간조성을 위해 U-Silver Lounge, U-헬스케어, 인터넷 플라자, U-실버컨텐츠 등 도시민들이 피부로 느낄 수 있는 생활

밀착형 복지서비스를 제공하기 위해 아현 뉴타운 U-Community Center를 계획하고 있다. 또한 공덕동 오거리에 위치한 공원에는 인터넷 Free Zone이 구축되고, 염리동 일대에는 어린이 보호 u-서비스도 제공할 계획이다.

홍제천 구간은 UCC, 양방향 라이팅, 하천 수변 조명연출 및 쉼터 공간의 무료 인터넷 제공, 자전거 길안내 및 생활정보 안내를 위한 Free Board를 구축하여 홍제천을 문화의 공간으로 변화시킨다는 계획이다. 홍대 앞 걷고 싶은 거리는 감성조명, B-Boy 거리무대, 이벤트나 축제를 활용한 문화예술 전시공간, 바닥 분수 등 걷고 보고 느끼는 즐거움을 제공하는 문화의 거리로 조성된다.

마포의 U-시범도시는 3단계의 중장기 추진전략으로 구성된다. 먼저 1단계 사업(2009년)은 U-시범도시 서비스 기반을 조성하는 것이다. 이는 표준모델을 개발하는 데 중점을 두고 추진할 예정으로 도시통합관제센터, 원격제어시스템 구축과 앞서 설명한 u-City 서비스의 1단계 조성 등 분야별 중점 추진과제를 진행하였다. 또한 지역주민의 숙원사업인 경의선 지상부지 공원화와 연계한 u-City 서비스를 발굴하여 기본계획도 수립하였다.

둘째, 2단계 사업(2010~2011년)은 u-시범도시 서비스 사업을 연차적으로 확대 적용하는 단계이다. 이는 아현 뉴타운 조성과 주변지역 확산, 홍대 앞 걷고 싶은 거리 2단계 조성, 경의선 지상화에 대해 유비쿼터스 기술을 이용한 도시재생 모델을 제시하는 것이다.

셋째, 3단계 사업(2012년~)은 u-City 사업을 실현하고 고도화하는 것이다. 마포구 전역에 u-City 서비스가 구현될 수 있도록 확대 · 적용해 나갈 예정이고, 한강 르네상스 수변공간과 연계한 u-City 서비스를 계획중이다. 마포구는 u-시범도시 사업을 통한 신 · 구도심간 격차해소 및 균형발전을 이루어, 도시민의 삶의 질과 경쟁력 향상을 이룰 것으로 기대하고 있다.

Ⅳ u-City 개요

"IT무장 '똑똑한 미래도시' 세운다"

'U시티' 5년간 4,900억 투자… 청라 · 세종市 등 52곳 건설
도시 관제센터가 아이 위치 알려주고
건강정보까지 보내 위급시 구급차 요청

2015년 송도 신도시. 심장병이 있는 한 노인이 길을 걷다 갑자기 쓰러지자 몸에 지니고 있던 심장박동 체크기가 곧바로 도시 관제센터에 비상연락을 한다. 관제센터는 가장 가까운 병원의 구급차에 출동요청을 하고 구급차가 신속하게 이동할 수 있도록 지능형 교통망이 구축돼 있는 도로의 신호체계를 작동시킨다.

이 도시에 사는 어린이는 휴대통신망에 접속할 수 있는 전자 목걸이를 하고 다닌다. 어린이가 통학로 범위를 벗어나는 순간 부모의 휴대폰으로 '경고' 문자 메시지가 전달된다.

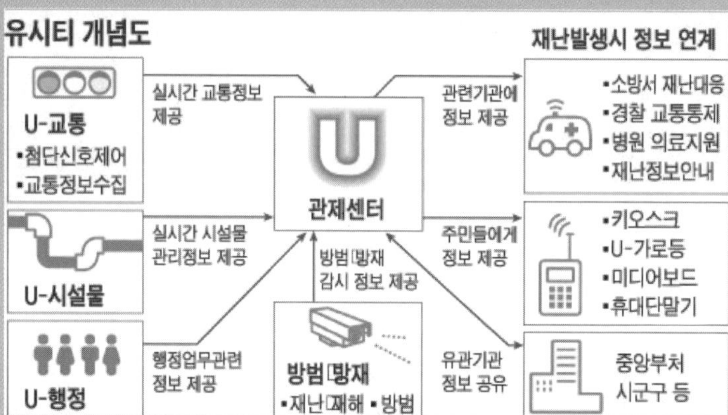

이 같은 꿈의 도시환경을 구현하는 U시티 사업이 본격화된다. U시티는 도시 어디서나 인터넷 접속이 가능한 유무선통신망과 첨단 IT 기술을 기반으로 한 미래형 첨단도시다.

세계 최고 수준의 통신망과 컴퓨팅 기능을 활용해 교통 · 방범 · 방재 등 도시의 주요 기능과 주민의 삶의 질을 한 단계 업그레이드시킨다.

정부는 도시 전체에 유비쿼터스 기술을 적용한 U시티를 활성화하기 위해 앞으로 5년간 4,900억원을 집중투자하기로 했다. U시티 계획·건설·관리 운영에 필요한 제도적 기반을 마련하고 네트워크 제어기술 등 관련 기술 국산화와 고도화를 추진하는 데 집중하고, 장기적으로 U시티 모델을 IT서비스 수출 상품으로 삼겠다는 구상이다. U시티에는 IT 제조와 건설 기술 외에도 교통량 파악 등에 필요한 각종 센서 기술과 네트워크 기술, 각종 장치 제어에 필요한 소프트웨어 기술이 망라된다.

이 때문에 부가가치가 높은 IT 종합 서비스 산업으로 육성할 수 있다.

U시티는 현재 서울 은평뉴타운, 인천 송도, 광교신도시, 안산시 등 9개 도시가 건설중이고 서울 마곡신도시와 인천 청라지구, 세종시, 대전 도안지구 등 29개 도시가 사업실시 계획중에 있다. 추진예정인 인천 영종, 성남 위례, 양산 시송 등 전국의 52개 도시가 U시티로 건설된다.

세계 최대의 통신장비업체인 시스코시스템즈가 송도 신도시에 U시티와 관련한 글로벌 R&D 센터 설립을 발표한 것을 비롯해 마이크로소프트, GE, IBM 등 세계적인 기업들도 잇따라 U시티 사업 진출을 서두르고 있다.

자료원: 조선일보(2009. 11. 3) 재구성.

유비쿼터스 서비스와 인프라가 도시에 융합 적용된 u-City는 새로운 연구대상인 만큼, 그 정의 또한 기관·기업마다 각양각색이다. 먼저 공공부문, 민간부문에서 내린 정의를 각각 살펴보고 이를 종합하여 본 서에서 사용할 정의를 내리기로 한다. 또한 뉴밀레니엄 신대륙인 u-City는 일반도시가 유비쿼터스 융합되었다는 점에서 차별될 수밖에 없으므로, 먼저 이들의 차이점을 분석해 보자.

뉴밀레니엄 신대륙인 u-City에 대한 정의가 각양각색이듯이 이를 구성하는 요소에 대한 시각도 다양하므로, 이에 대한 통일은 불가능한 실정이다. 법령을 중심으로 u-City 구성요소를 설명한 다음, 이들 상호관계에 대한 이해를 돕기 위해 가치사슬 모형을 활용해 분석한다. 마지막으로 우리나라에서 지방자치단체를 막론하고 공통적으로 표방하는 u-City 비전인 편리, 건강, 안전, 쾌적을 기술하고 글로벌 사회에서 u-City를 효과적으로 선점하기 위한 활성화 전략과 기대효과 등을 설명한다.

1. 정　의

유비쿼터스 서비스와 기술이 도시에 융합된 u-City는 뉴밀레니엄 신대륙으로 새로운 연구대상인 만큼 그 정의 또한 기관, 기업, 연구자마다 각양각색이다. 여기에서는 공공부문, 민간부문에서 내린 정의를 각각 살펴보고 이를 종합하여 본 서에서 사용할 정의를 제시한다.

공공부문

공공부문에서 u-City에 관한 정의를 보면 크게 법령상 정의와 공공기관들의 정의가 있다. 먼저 법령상 정의를 살펴보자. 유비쿼터스도시의 건설 등에 관한 법률에 의하면 u-City란 "도시의 경쟁력과 삶의 질의 향상을 위하여 유비쿼터스도시기술을 활용하여 건설된 유비쿼터스도시 기반시설 등을 통하여 언제, 어디서나 유비쿼터스도시 서비스를 제공하는 도시를 말한다"라고 정의한다.

다음으로 공공기관의 정의를 찾아보자. 국토연구원(2006)은 첨단 정보통신 인프라와 유비쿼터스 컴퓨팅에 의한 정보서비스를 도시공간에 융합하여 도시생활의 편의증대와 삶의 질 향상, 체계적 도시관리에 의한 안전보장과 시민복지 향상, 신산업창출을 통한 경제성장 등 도시의 제반기능을 혁신시킬 수 있는 21C형 한국형 신도시라고 한다.

그리고 대한주택공사(2005)는 언제, 어디서나 생활이나 비즈니스에 필요한 정보를 접하고 서로 소통할 수 있는 정보통신기술 환경을 구비한 도시를 u-City라고 부른다. 한국토지공사(2005)는 도시 전체를 체계적으로 관리・관재하는 도시정보 관재센터를 구축하고 유비쿼터스 네트워크 환경으로 설계된 최첨단 광통신 인프라를 통하여 주민들에게 교통정보제공 서비스, 생활안전 서비스, 환경・기상정보 서비스의 공공 서비스와 원격교육 등의 상용 서비스를 도시 내 언제, 어디서나 실시간으로 제공하는 안전하고 편리한 도시가 u-City라고 정의한다.

정보통신부(2006)는 유시티 인프라, 기술 및 서비스를 주거, 경제, 교통, 시설 등 다양한 도시의 구성요소에 적용하여 국민에게는 편리・안전・쾌적・건강한 삶을, 기업에게는 새로운 비즈니스 기회 및 수요를 제공해 줄 수 있는 미래형 첨단도시라고 부른다. 한국전산원(2005)에서는 도시기능과 관리의 효율화를 위해 기존 정보인프라를 혁신하고, 유비쿼터스 기술을 기간시설에 접목시켜 도시 내에 발생하는 모든 업무를 실시간으로 대처하고 정보통신 서비스를 제공하여 주민에게 편리하고 안전하며, 안락한 생활을 제공하는 신개념의 도시를 u-City로 정의한다.

그 후 행정안전부와 지식경제부의 u-IT 확산사업을 전담하고 있는 한국정보사회진흥원(2007)은 첨단 정보통신 인프라와 u-IT 기반의 첨단 서비스를 도시민에게 언제, 어디서나 실시간으로 제공하며, 도시기능의 융합・통합・최적화를 통하여 지능적이며, 스스로 혁신하는 21세기 차세대 정보화 도시로서 도시의 미래 비전을 제시하고 도시민의 삶의 질, 도시의 경쟁력 향상을 위해 도시공간에 유비쿼터스 기술이 구현되는 도시를 u-City라고 부른다.

민간부문

공공부문이 u-City를 공급자 중심으로 정책적인 의미에서 정의한다면, 민간부문은 사용자 중심으로 u-City 사업에 관심이 많다고 할 수 있다. 먼저 u-City 포럼(2005)은 첨단 정보통신 인프라와 유비쿼터스 정보 서비스를 도시공간에 융합하여 도시생활의 편의증대와 삶의 질 향상, 체계적인 도시관리에 의한 안전과 주민복지, 신산업 창출 등의 도시의 제반 기능을 혁신시킬 수 있는 21C 도시라고 정의한다.

삼성SDS는 유비쿼터스 컴퓨팅과 정보통신기술을 기반으로 도시 전반의 영역을 융합하여, 통합되고 지능적이며 스스로 혁신되는 도시를 u-City라고 부른다. 또한 LG CNS는 시민의 안전, 편리, 쾌적한 생활, 공공사회부문의 접근 용이성, 효율적 도시관리 그리고 기업의 이익이 창출되는 기업환경을 갖춘 지능화 및 고도화된 새로운 도시공간이라고 정의한다.

그리고 한국IBM은 u-City를 기존 정보화신도시의 연장선상에서 u-기술을 이용한 신서비스, 유무선 통합 인프라, 신개념 디바이스 구축이 추가되어, 지방자치단체와 서비스 제공자 주도로 도시의 경제, 산업, 시민편의 관점에서 경제적 가치를 창출하고, 생활 및 행정편의를 제공할 수 있는 지능형 신도시라고 부른다.

KT는 주거, 산업, 문화, 행정, 환경 등의 도시기능을 효율적이고 체계적으로 구현하기 위해, 도시설계의 초기 단계부터 첨단 IT 기술과 정보통신 인프라를 반영함으로써, 정보화에 따른 도시생활의 편의증대와 삶의 질 향상, 체계적인 도시관리에 의한 안전과 주민복지 등의 제반 기능을 획기적으로 향상시킬 수 있는 도시라고 정의하고 있다.

이상 다양한 공공부문과 민간부문의 u-City 정의를 종합하여, 본 서에서는 유비쿼터스 기술 등 첨단 정보기술을 기반으로 도시의 주요 시설물들을 종합관리하고 시민들은 각종 서비스를 언제, 어디서나 실시간으로 제공받을 수 있는 도시라고 정의하기로 한다.

2. 일반도시와 디지털 공간

뉴밀레니엄 신대륙인 u-City는 일반도시가 유비쿼터스 융합되었다는 점에서 차별될 수밖에 없으므로, 먼저 이들의 차이점을 살펴본다. 일반도시는 홈, 직장, 공공부문, 운송, 환경 등 다섯 가지 영역에서 유비쿼터스 서비스와 인프라가 융합 적용되었을 때 진정한 u-City라고 부를 수 있다. 따라서 이상 영역들을 중심으로 디지털 공간의 진화방향을 설명한다.

일반도시와 차이점

뉴밀레니엄 신대륙인 u-City는 유비쿼터스 서비스와 인프라가 융합되었다는

표 Ⅳ-1 일반도시와 차이점

구 분	u-City	일반도시
계발계획	• 눈에 보이지 않는 유비쿼터스 환경에 대한 마스터플랜 수립	• 눈에 보이는 도시공간에 대한 마스터플랜 수립 • 인터넷 환경 등에 대한 구상은 수익모델에 따른 민간영역
디지털 격차	• 단독주택 지역에도 일정수준 이상 인프라 구축 • 공공시설에 AP 설치로 시민들의 인터넷 접속 용이	• 수익성이 높은 공동주택 위주의 유무선망 계획 • 행정기관 중심으로 AP 설치
서비스 제공	• u-City 자체로 다양한 공공 서비스를 여러 전달매체를 통해 제공 • 고품질의 부가서비스 제공으로 새로운 IT 시장으로 성장	• 지자체가 계획하는 공공 서비스와 연계 • 민간 사업자가 계획하는 부가서비스 제공
도시 관리	• 기술발전에 대비한 유무선망 계획으로 재정비 비용절약 • 관리 효율성 증가	• 새로운 장비 설치시 재정비 비용발생

자료원: 삼성경제연구소, 2006.

점에서, 일반도시들과 차별화될 수밖에 없다. 예컨대 도시를 개발할 때 정보통신 인프라 등 기본 인프라 외에 세부적인 계획도 별도로 세워야 한다(〈표 Ⅳ-1〉 참조). 도시운영 측면에서는 정보인프라와 통합네트워크센터를 통해 도시 전체를 효율적으로 운영함으로써, 제한된 도시 자원을 효과적으로 활용할 수 있는 기반을 제공하게 된다.

또한 도시를 관리할 때 일반도시는 기술발전에 맞추어 새로운 선로를 포설해야 할 경우, 도로굴착 등 도시 및 건축물 재정비 비용이 발생할 가능성이 높다. 반면 u-City에서는 유무선망 계획에 기술발전을 반영하였기 때문에 유지관리 비용이 절약되고 교량, 도로, 가로등과 같은 도시시설에 대한 관리 효율성이 제고된다.

디지털 공간의 진화

유비쿼터스 융합과 더불어 관련 서비스들에 대한 도시민들의 공간적 범위의 확대에 대한 요구도 u-City 진화방향에 영향을 미치게 된다. 향후 유비쿼터스 인프라는 다양한 가상개인영역망(VPAN: Virtual Personal Area Network)의 형태로 전개될 것으로 보인다. 예컨대 우리나라에서 지리적으로 도시의 어느 영역

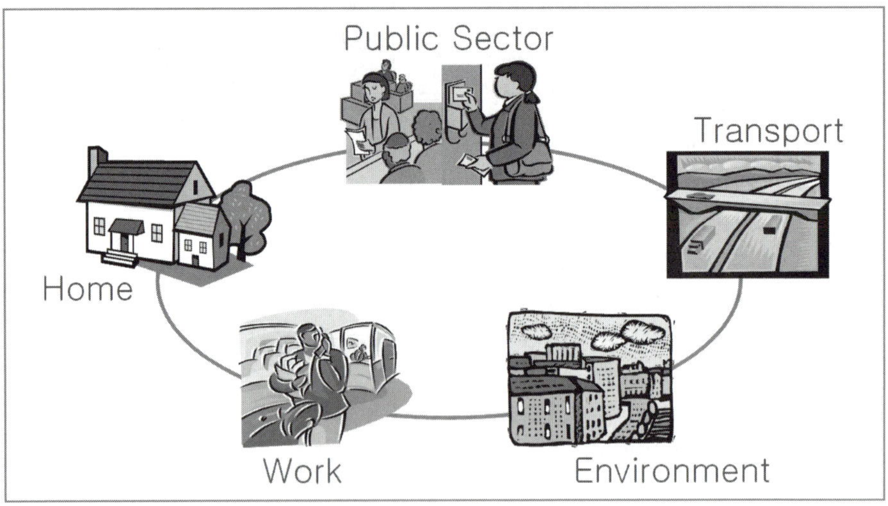

그림 Ⅳ-1 공간적 범위

까지 유비쿼터스 서비스와 인프라의 융합이 적용되어야 u-City라고 부를 수 있는지에 대한 논란은 지속되어 왔다.

그렇다면 도시의 어느 부분까지 유비쿼터스화되어야 진정한 u-City라고 할 수 있을까? 도시의 영역은 크게 홈(Home), 직장(Work), 공공부문(Public Sector), 운송(Transport), 환경(Environment) 등 다섯 가지로 구분할 수 있다(〈그림 Ⅳ-1〉 참조). 그리고 이상 모든 영역에서 유비쿼터스 서비스와 인프라가 융합 적용되었을 때 우리는 비로소 u-City라고 부를 수 있는 것이다.

이러한 u-City의 5가지 영역에서 동시 다발적으로 하루아침에 유비쿼터스화가 이루어질 수는 없다. 이상 모든 영역이 동일 시점에서 첨단수준으로 되어야 할 필요도 없다. 그렇다면 어떤 영역부터 유비쿼터스 신대륙으로 진입하여 왔고 앞으로 진입할 것인가? 도시의 역사와 도시민의 요구를 분석해 보면 공공부문, 직장, 홈, 운송, 환경 순으로 유비쿼터스화가 진행되었다고 볼 수 있다(〈그림 Ⅳ-2〉 참조).

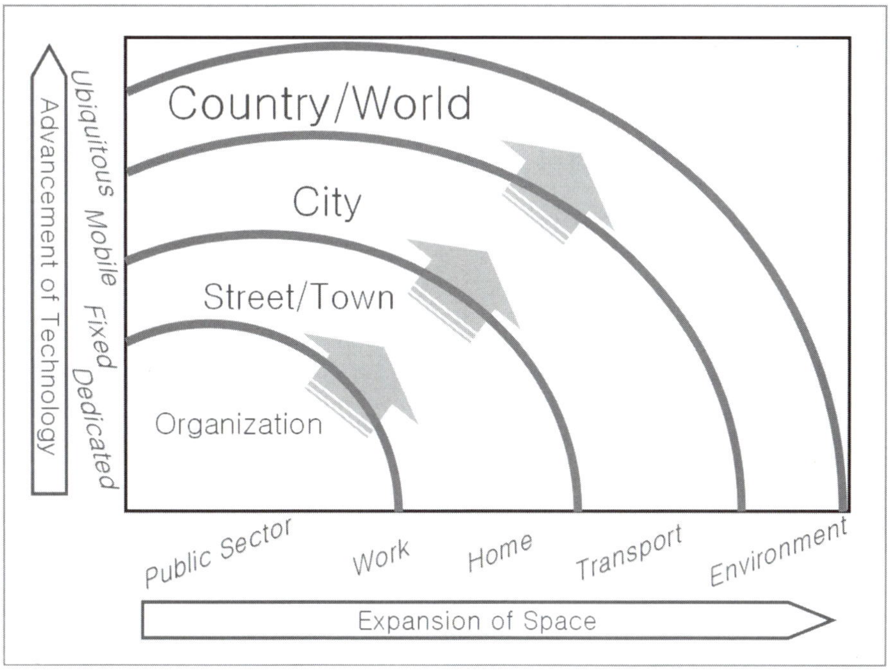

그림 Ⅳ-2 디지털 도시의 진화

그 이유는 그간 정보화 역사를 살펴보면, 필요성이나 비용 때문에 공공부문이 선도할 수밖에 없기 때문이다. 갈수록 투자에 소요되는 비용이 하락하게 되면, 그 다음 순으로 직장영역이 관심을 갖게 되는 것은 당연한 귀결일 것이다.

그리고 u-City라는 디지털 공간은 역사적으로 볼 때 유비쿼터스 기술의 진보와 공간적 범위의 확대 등 두 가지 기준을 중심으로 진화되어 왔고 앞으로도 진화될 것으로 예상된다. 먼저 디지털 공간의 첫 단계는 공간적 범위는 주로 공공부문이고, 이에 직장을 포함하여 조직(organization) 차원에서 전용선, 유선 인터넷(fixed internet) 등과 같은 기술을 중심으로 기반이 형성되었다. 그런 다음 스트리트나 타운 차원으로 디지털화가 확산된다. 이 단계에서 공간적으로는 유비쿼터스 홈으로 확산되고, 운송의 일부도 CNS나 텔레매틱스 등을 통해 구현된다. 기술수준은 무선 인터넷이 부분적으로 활용되는 정도라고 할 수 있을 것이다.

디지털 공간의 세 번째 단계는 도시 차원에서 이루어지는데, 이러한 수준의 도시부터 우리는 u-City라고 부를 수 있게 된다. 그 구현 범위는 운송을 망라하고 환경의 일부도 포함된다. 또한 기술수준은 무선 인터넷을 포함하고 유비쿼터스 기술도 상당부분 보유하고 있는 상태이다. 마지막 단계는 유비쿼터스 융합이 국가나 세계 차원 등 글로벌 사회 전반으로 확산될 것으로 예상된다. 그 구현 범위는 우리 주변의 모든 환경으로까지 미치게 될 것이고, 기술수준도 유비쿼터스 기술 전반을 포함하게 될 것으로 기대된다.

3. 구성요소

유비쿼터스 신대륙인 u-City에 대한 정의가 각양각색이듯이, u-City를 구성하는 요소에 대한 시각도 다양하여 이에 대한 통일이 불가능한 실정이다. 여기에서는 법령을 중심으로 u-City 구성요소를 크게 서비스, 기반시설, 기술 등 3가지로 나누어 기술한다. 그런 다음 이들 구성요소들간의 상호관계에 대한 이해를 돕기 위해, 본서에서는 가치사슬 모형을 활용하여 설명하였다.

개 요

모든 도시는 도시민의 거주를 가능하게 해 주는 기반시설로서 인프라가 필요한데, 이는 도시의 규모나 도시민의 요구에 맞게 구축되어야 한다. 이러한 인프라를 갖추기 위해 신도시의 경우에는 도시계획 수립 단계에서 개발계획 및 실시설계를 통해 방향을 설정하고, 실제로 대지조성 공사와 더불어 기반을 마련한다.

그러면 u-City의 구성요소를 살펴보자. 〈그림 Ⅳ-3〉과 같이 유비쿼터스 기술인 기반기술 레이어와 응용서비스 기술 레이어와 더불어, 기본적인 도시시설 인프라를 기초로 하여 다양한 u-서비스들로 이루어져 있다. 이러한 구성요소를 바탕으로, 필요한 정보수집과 관리는 u-City 통합운영센터를 중심으로 이루어지는 것이다.

예컨대 u-City 서비스에는 u-교육, u-행정, u-관광, u-방제 치안, u-교량, u-시설관리 등이 있다. 관련 기반기술 레이어에는 FTTH, WLAN, RFID, IPv6,

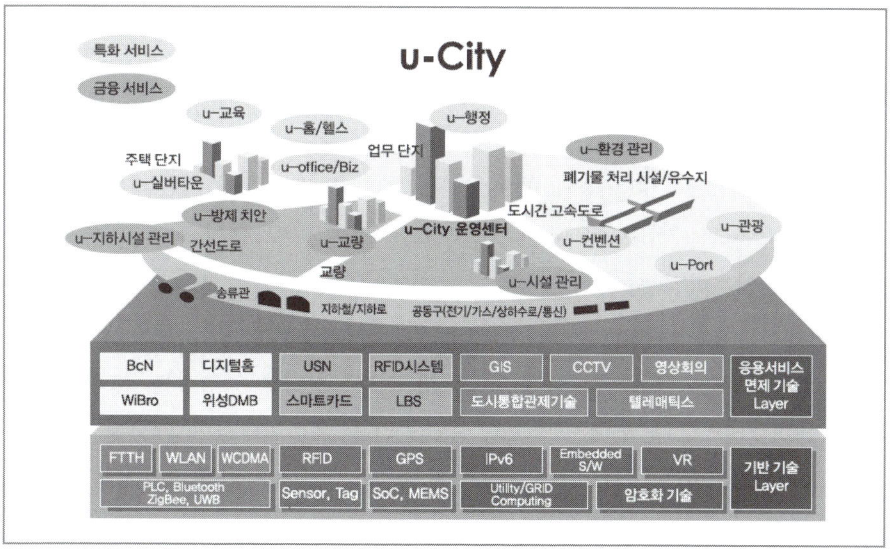

자료원: 한국전산원, 2005.

그림 Ⅳ-3 u-City 구성요소

GPS 등이 포함되고 응용서비스 기술 레이어로는 BcN, USN, GIS, CCTV, WiBro, DBM, LBS 등을 들 수 있다.

서 비 스

법령상 유비쿼터스도시 서비스란 유비쿼터스도시 기반시설 등을 통하여 행정, 교통, 복지, 환경, 방재 등 도시의 주요 기능별 정보를 수집한 후 그 정보 또는 이를 서로 연계하여 제공하는 서비스로서 대통령령으로 정하는 서비스를 의미한다.

나아가 대통령령으로 정하는 서비스는 행정, 교통, 보건·의료·복지, 환경, 방범·방재, 시설물 관리, 교육, 문화·관광·스포츠, 물류, 근로·고용, 그 밖에 도시의 경쟁력 향상 및 국민의 삶의 질 향상을 위하여 국토해양부장관이 관계 중앙행정기관의 장과 협의하여 고시하는 분야 중 어느 하나의 정보 또는 둘 이상의 정보를 연계하여 제공하는 서비스라고 규정되어 있다.

기반시설

유비쿼터스도시의 건설 등에 관한 법률 제2조 제3호에 의하면, 유비쿼터스도시 기반시설이란 다음 각 목의 어느 하나에 해당하는 시설을 의미한다.

- 「국토의 계획 및 이용에 관한 법률」 제2조 제6호에 따른 기반시설 또는 같은 조 제13호에 따른 공공시설에 건설·정보통신 융합기술을 적용하여 지능화된 시설
- 「정보화촉진기본법」 제2조 제5호의 초고속정보통신망, 같은 조 제5호의2의 광대역통합 정보통신망, 그 밖에 대통령령으로 정하는 정보통신망
- 유비쿼터스도시 서비스의 제공 등을 위한 유비쿼터스도시 통합운영센터 등 유비쿼터스도시의 관리·운영에 관한 시설로서 대통령령으로 정하는 시설

"그 밖에 대통령령으로 정하는 정보통신망"이란 동법 시행령에 따르면, 지

능화된 시설로부터 수집된 정보와 유비쿼터스도시의 관리 · 운영에 관한 시설이 제공하는 서비스를 전달하는 유비쿼터스센서망을 지칭한다. 또한 유비쿼터스도시의 관리 · 운영에 관한 시설로서 "대통령령으로 정하는 시설"이란 유비쿼터스도시 서비스를 제공하기 위한 분야별 정보시스템을 연계 · 통합하여 운영하는 유비쿼터스도시 통합운영센터와 그 밖에 이와 비슷한 시설로서 국토해양부장관이 관계 중앙행정기관의 장과 협의하여 고시하는 시설이다.

그리고 국토의 계획 및 이용에 관한 법률 시행령 제 2 조에 의하면, 다음도 u-City 기반시설에 포함된다.

- 교통시설, 공간시설, 유통 · 공급시설, 공공 · 문화체육시설, 방재시설, 보건위생시설, 환경기초시설
- 유통 · 공급시설: 유통업무설비, 수도 · 전기 · 가스 열공급설비, 방송 · 통신시설, 공동구, 시장, 유류저장 및 송유설비
- 공공문화체육시설: 학교, 운동장, 공공청사, 문화시설, 체육시설, 도서관, 연구시설, 사회복지시설, 공공직업훈련시설, 청소년수련시설

기 술

유비쿼터스도시의 건설 등에 관한 법률 제 2 조 제 4 호에 "유비쿼터스도시 기술"이란 유비쿼터스도시 기반시설을 건설하여 유비쿼터스도시 서비스를 제공하기 위한 건설 · 정보통신 융합기술과 정보통신기술이라고 규정되어 있다. 그리고 "건설 · 정보통신 융합기술"이란 국토의 계획 및 이용에 관한 법률 제 2 조 제 6 호에 따른 기반시설 또는 공공시설을 지능화하기 위하여 건설기술에 전자 · 제어 · 통신 등의 기술을 융합한 기술로서 대통령령으로 정하는 기술을 의미한다.

그리고 "대통령령으로 정하는 기술"이란 다음 각 호의 기술에 전자 · 제어 · 통신 등의 기술을 융합한 기술을 지칭한다.

- 「건설기술관리법」 제 2 조 제 2 호의 건설기술
- 「전력기술관리법」 제 2 조 제 1 호의 전력기술

자료원: http://www.fkii.or.kr/new/bbs/pdf-eng/2008_summer_20.pdf

그림 Ⅳ-4 마이크로소프트 홈 전시관

건설과 정보통신 융합기술에 대한 이해를 돕기 위해 마이크로소프트의 레드먼드 본사에 있는 홈전시관을 살펴보도록 하자(〈그림 Ⅳ-4〉 참조). 동 전시관은 정보기술을 통해 생활의 편리성을 높여 주면서도 편안한 가정 분위기를 유지하기 위해 컴퓨터를 거울, 벽, 전등 커버 등의 속으로 숨기는 각종 기술들을 전시하고 있다.

가치사슬로 본 상호관계

그러면 u-City를 구성하는 세 가지 요소인 서비스, 기반시설, 기술은 상호 어떻게 관계되어 있을까? 지금까지의 법령상 정의를 바탕으로 일반 독자가 이들 상호관계를 이해하기는 쉽지 않을 것이다. 따라서 본 서에서는 마이클 포터가 제시한 가치사슬 모형을 바탕으로 설명하여 이해를 돕고자 한다. 가치사슬은 경영활동들을 이해하고 이러한 활동들 중 u-City 구성요소들을 통해 경쟁우위를 획득할 수 있는 활동들을 파악하는 데 도움을 주는 모형이다(〈그림 Ⅳ-5〉 참조).

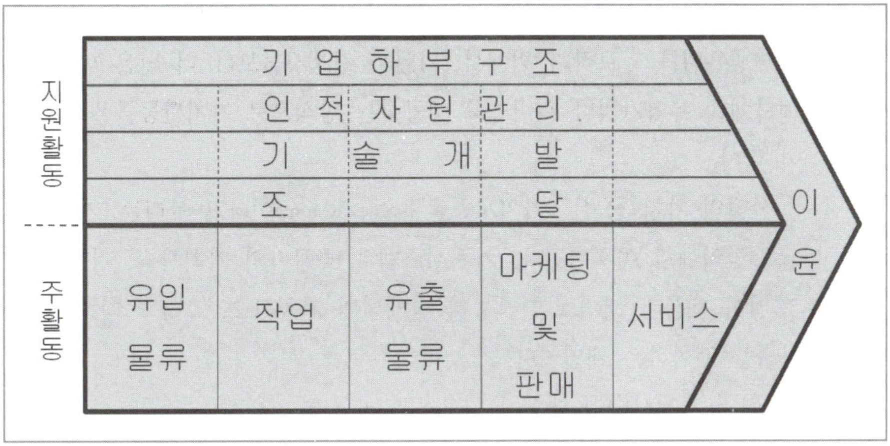

자료원: Porter, 1985.

그림 Ⅳ-5 가치사슬 모형

구체적으로 가치사슬에서 조직의 활동은 가치활동(value activity)으로 나누어진다. 이러한 활동들은 조직을 운영하는 데 수행해야 될 독특하게 분류되는 활동들이다. 나아가 가치사슬은 "주활동"(primary activity)과 "지원활동"(support activity)으로 이루어져 있다.

먼저 주활동은 유입물류(inbound logistics), 작업(operations), 유출물류(outbound logistics), 마케팅 및 판매(marketing and sales), 그리고 서비스(service)로 구성된다. 이들을 제조업에 적용해 설명해 보면 다음과 같다.

유입물류를 지원하는 활동들은 들어오는 원재료의 입고와 처리를 포함하고, 작업활동은 부품의 결합과 품질보증과 같은 제조에 관련된 기능들을 의미한다. 유출물류는 주문처리와 구매자에게 제품을 보내거나 서비스를 제공하는 과정을 지원하며, 마케팅 및 판매활동은 광고, 판촉, 영업사원 관리를 포함한다. 그리고 서비스는 상품의 보수유지를 지원하는 제반활동들로 구성된다.

지원활동은 경영의 주활동들을 지원하는 자원을 망라하고 기업하부구조, 인적자원관리, 기술개발, 조달 등을 제공한다. 예를 들어 기업하부구조는 일반관리, 법적 수속, 회계 등을 의미하는데 이들은 가치사슬 전반에 걸쳐 지원한다.

마이클 포터에 의하면, 가치사슬은 상호의존적인 연계시스템으로서 사실상 어떤 활동이 수행되는 방식은 다른 활동에도 영향을 미친다고 한다. 예컨대 비싼 제품의 디자인이나 양질의 원재료에 대한 투자는 애프터서비스 비용을 줄일 수 있다. 경쟁우위를 확보하기 위해서, 기업은 경쟁사들보다 더 낮은 비용으로 또는 구매자에게 부가가치나 서비스를 제공하는 방식으로 가치활동들을 수행할 수 있어야 한다.

특정 산업의 가치사슬은 "가치시스템"(value system)이라고 불리는, 가치사슬보다 더 큰 영역에서 이루어진다. 가치시스템은 공급자의 가치사슬, 기업의 가치사슬, 기업이 제품과 서비스를 제공하는 채널의 가치사슬, 그리고 최종구매자의 가치사슬을 포함하는 개념이다.

조직차원의 가치사슬에 대한 투입으로서 공급자는 원재료를 공급하기 때문에, 기업의 가치사슬은 공급자의 가치사슬과 상호작용을 한다. 공급자 가치사슬의 일부분인 분배활동은 공급받는 기업의 가치사슬과 상호 교류한다. 공급자와 구매자의 가치활동간 연결이 잘 이루어지면, 두 조직은 모두 비용을 절감할 수 있게 된다.

예를 들어 자동차회사는 가치시스템의 일부로 철강회사로부터 원재료를 획득한다. 이상 두 회사간 연계로 말미암아 가격과 운송날짜 등에 관한 정보가 제공되고, 이를 활용하여 주문과 배달을 용이하게 할 수 있다.

기업이 제공하는 제품이나 서비스는 최종 구매자에게 이동하는 중 채널의 가치사슬을 통과하는 경우가 있다. 자동차 산업의 경우를 보면, 생산자와 구매자간 채널의 가치사슬을 대리점이 제공하게 되고, 구매자와 채널 사이의 효과적인 연결을 가능하도록 지원하는 유용한 수단이 된다.

예컨대 미국 세인트루이스에서 사는 사람이 GM 뷰익대리점에 들렀으나 원하는 모델의 차를 찾을 수 없다고 하자. 뷰익대리점은 인근지역에서 고객이 원하는 뷰익을 찾을 수 있도록 지원한다. 이와 같이 고객이 원하는 뷰익이 있는지 여부에 대한 정보를 즉각 제공함으로써, 구매자가 다른 중개상으로 발길을 돌리는 사태를 미연에 방지하는 것이다. 이렇게 뷰익대리점은 경쟁우위를 획득하게 되는 것이다.

이와 같이 공급자와 구매자간, 생산자와 중개상간, 중개상과 구매자간 등을 연결하는 것을 조직간시스템(IOS: Interorganizational Systems)이라고 부른다. 예를 들어 대형 의약품 도매상은 약국에 주문입력 단말기를 비치하여, 약사들이 직접 주문을 할 수 있도록 하였다. 이러한 방법으로 제약회사는 구매경향에 대하여 시의적절한 정보를 얻을 수 있고, 약사들은 주문 후 적시에 배달을 받을 수 있게 된 것이다.

이상 예에서 볼 수 있는 것처럼, u-City 서비스와 인프라는 가치활동을 수행하는 방식 자체를 바꿈으로써 가치사슬에 강력한 영향을 미친다. 가치사슬에 있는 각 활동은 물리적인 요소들과 정보처리관련 요소들이 있다. 물리적인 요소는 가치활동들을 수행하는 데 필요한 물리적인 과업들을 포함하고, 정보처리관련 요소들은 가치활동의 목적을 달성하는 데 필요한 데이터를 수집 및 가공하고 확산하는 데 수반되는 제반요소들을 지칭한다.

예컨대 이마트의 재고관리에 적용해 보면, 물리적인 요소들은 고객니즈에 맞도록 충분한 재고를 쌓아두는 것이다. 또한 정보처리관련 요소들은 과거 판매자료를 바탕으로 필요한 재고에 대한 피드백을 제공하도록 설계되어야 할 것이다.

지금까지의 가치사슬 모형에 대한 이해를 바탕으로 u-City 구성요소인 서비스, 기반시설, 기술의 상호관계를 살펴보면 〈그림 Ⅳ-6〉과 같다. 먼저 서비스는

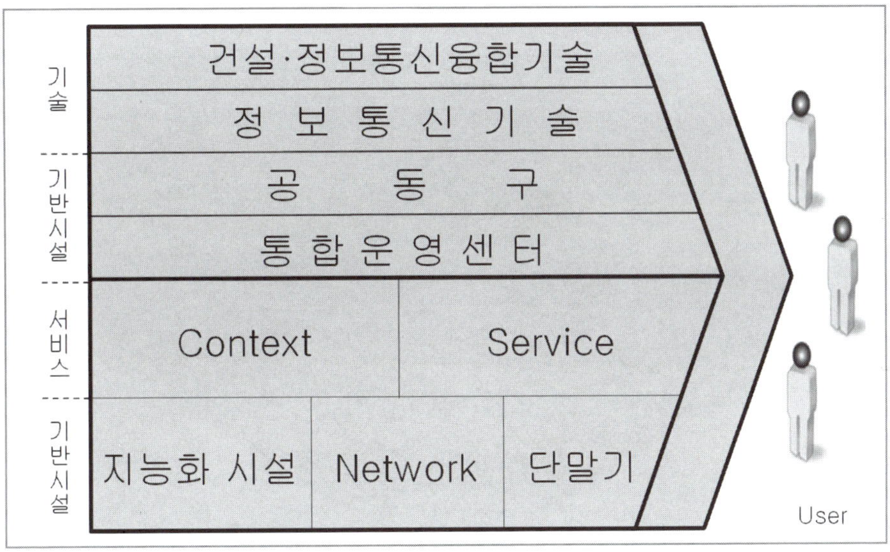

자료원: 오재인, 2009.

그림 Ⅳ-6 가치사슬로 본 서비스-기반시설-기술

수집된 컨텍스트를 기반으로 사용자에게 필요하고 유용한 서비스를 제공하는 것으로 주활동에 해당된다.

둘째, 기반시설이란 지능화시설에서 정보수집을 시작으로, 네트워크를 통해 수집된 정보를 이동시키고 사용자에게 단발기를 통해 필요한 서비스를 제공하는 것이다. 이는 가치사슬에서 주활동에 해당된다. 동시에 기반시설에는 통합운영센터, 공동구가 있는데 이들은 지능화시설, 네트워크, 단말기 등이 이상없이 작동하도록 지원하는 시설이므로 부활동에 위치해 있다.

마지막 u-City 구성요소인 기술은 전술한 바와 같이 건설·정보통신 융합기술과 정보통신기술로 이루어져 있다. 따라서 기술은 u-City를 이루는 가장 기본적인 구성요소로서 부활동이면서, 동시에 서비스와 기반시설이 제 역할을 다하도록 지원하는 요소라고 할 수 있다(〈그림 Ⅳ-7〉 참조).

이상과 같이 가치사슬을 활용해 서비스, 기반시설, 기술 등 u-City 구성요소들의 상호관계를 명쾌하게 설명할 수 있었다. 요약하면 서비스는 주활동에 해당되고 기반시설의 일부도 주활동에 해당된다. 하지만 기반시설의 일부는 부활동으로 분류되어, 서비스와 기반시설을 지원한다. 또한 기술은 부활동으로 서비스와 기반시설을 지원하는 역할을 수행하는 것이다.

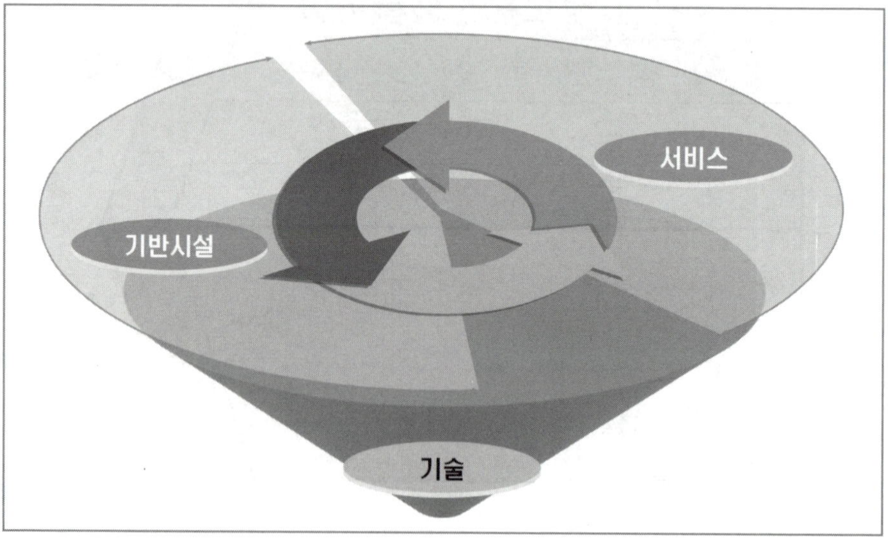

그림 Ⅳ-7 상호관계의 도식화

4. 비전 및 전략

우리나라에서 지방자치단체를 막론하고 공통적으로 표방하는 u-City 비전은 편리, 건강, 안전, 쾌적 등 4가지일 것이다. 이들 각각에 대해 먼저 설명한다. 그런 다음 뉴밀레니엄 신대륙인 u-City를 효과적으로 선점하기 위해 활성화 전략, 기대효과 등을 기술하기로 한다.

비 전

우리나라에서 u-City가 활발하게 건설되는 이유 중 하나는 지방자치단체들이 비전 달성의 일환으로 u-City를 구축하는 경향이 많기 때문이다. 나아가 지

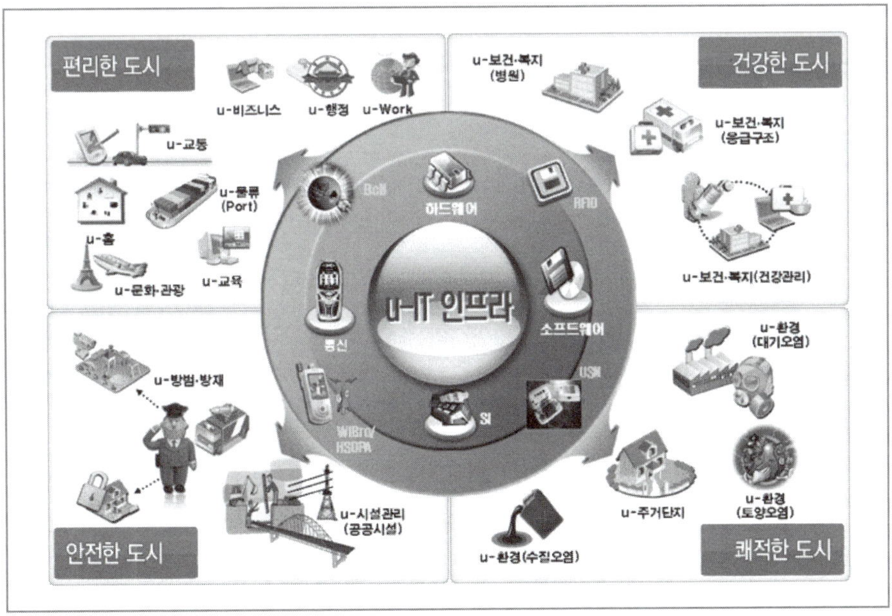

자료원: 정보통신부, 2006.

그림 Ⅳ-8 u-City 비전과 인프라

방자치단체별로 처한 외부환경이나 내부의 강점, 약점 등이 상이하여 각양각색일 수밖에 없다는 점이다. 다만 어느 지방자치단체이건 공통적으로 표방하는 비전은 편리, 건강, 안전, 쾌적 등 4가지를 들 수 있다(〈그림 Ⅳ-8〉 참조).

첫째, 편리한 도시는 도시민의 생활을 보다 편리하게 누릴 수 있는 다양한 서비스를 제공하는 비전이다. u-교통, u-물류, u-행정, u-비즈니스, u-교육, u-문화·관광, u-홈 등 일상적인 생활과 밀접한 서비스가 이에 해당되며, 가정 등 주거환경에서의 융합 서비스인 유비쿼터스 홈이 해당된다.

둘째, 건강한 도시는 병원, 응급구조, 건강관리 등 u-보건·복지를 통한 병원, 응급관리, 건강관리 등의 서비스를 통해 도시민의 건강한 생활을 지원한다는 비전이다.

셋째, 안전한 도시는 범죄와 재난으로부터 안전한 생활을 영위할 수 있도록 예방 및 구호활동과 관련한 서비스를 지원하는 비전이다. u-방범·화재, 공공시설 등 u-시설관리가 이에 해당된다.

넷째, 쾌적한 도시는 대기, 토양, 수질오염을 예방하는 대기, 토양, 수질오염 등 u-환경, u-주거단지 등의 서비스가 해당되는 비전이다.

u-City 활성화 전략

유비쿼터스 서비스와 인프라가 융합 적용된 u-City는 일견 우리에게 장밋빛 미래만을 가져다 줄 것 같지만 그 이면에는 개인정보 보호, 국내 및 국제 표준화, 디지털 디바이드 등과 같이 해결해야 될 난제들이 많이 있는 실정이다. 이에 따라 뉴밀레니엄 신대륙인 u-City를 효과적으로 선점하기 위해 활성화 전략이 필요하다. 먼저 걸림돌을 살펴본 다음 활성화 전략과 기대효과를 설명하기로 한다.

첫째, 유비쿼터스 신대륙인 u-City에서는 개인정보 보호 및 보안 등 전반적인 "컨트롤(Control)"이 지금보다 훨씬 더 중요하고 심각한 이슈로 등장하게 될 것이다. 예를 들어 모든 가전제품이 자동제어되고 건강진단도 스스로 손쉽게 할 수 있는 유비쿼터스 홈의 입주자에 대한 복수심이 불타는 사람이 있다면, 지금보다 훨씬 더 치명적으로 그것도 손쉽게 가공할 만한 피해를 줄 수 있게 될 것이다. 즉 그 입주자가 곤히 잠든 새벽, 입주자의 유비쿼터스 홈에 무단 해킹한 다음 가스 밸브를 완전히 개봉 후 점화시키면 그 결과는 어떻게 될 것인가? 생각만해도 등골이 오싹해지지 않을 수 없을 것이다.

둘째, 유비쿼터스 기술 및 서비스와 관련된 국내 및 국제 표준화가 부재한 실정이다. 예컨대 우리나라의 경우 지방자치단체 u-City가 추진되고 있지만, 향후 지방자치단체간 연계되면 u-City간 기술이나 서비스의 표준화가 큰 현안으로 등장하게 될 것이다. 지금 정부가 적극 나서 표준화를 유도하지 않으면, 향후 u-City간 연계 미흡 내지는 불가능으로 인해 국가차원에서 효율성을 저해하는 요인으로 작용하기 때문이다. 나아가 유비쿼터스 신대륙을 선점하기 위한 국제 표준화 선도도 매우 중요하다.

셋째, 가진 사람들은 편리하고 윤택한 삶, 즉 웰빙을 제공하는 유비쿼터스 홈을 꾸미거나 입주할 수 있지만, 그렇지 못한 사람들은 이를 감당하기 어려울 것이다. 지금 인터넷 시대의 디지털 격차는 원하는 정보를 접할 수 있느냐, 안방에서도 쇼핑할 수 있느냐 등의 여부에 그친다. 하지만 유비쿼터스 융합시대에는 가진 사람들은 유비쿼터스 홈에서 매일 건강검진을 스스로 하고, 그 결과가 자동으로 주치의에게 보고되며 이상 징후가 있으면 주치의로부터 연락을 받게 될 것이다. 하지만 가지지 못한 사람들은 이러한 혜택으로부터 완전히 소외되어 인터넷 시대의 단순한 불편 정도가 아닌, 생명의 연장 여부로까지 영향을 받게 되는 심각한 디지털 격차에 시달리게 될 것이다.

최근 도시 전체를 유비쿼터스화하는 u-City 사업이 우리나라에서도 파주, 송도 등지에서 활발히 추진되고 있다. 글로벌 사회에서 우리나라가 유비쿼터스 서비스와 인프라의 융합에 기반한 u-City를 효과적으로 선점하기 위해서는, 다음과 같은 활성화 전략이 필요하다.

첫째, 유비쿼터스 신대륙인 u-City를 글로벌 사회에서 선점하기 위한 범정부 차원의 대승적인 협업이 중요하다. 예컨대 지식경제부는 유비쿼터스 네트워크와 단말기 및 태그, 행정안전부와 문화체육관광부는 유비쿼터스 서비스 등으로 선택 및 집중이 요구된다. 또한 교육과학기술부는 유비쿼터스 원천기술의 개발, 국토해양부와 지방자치단체는 부지제공 등 여러 부처의 효율적인 역할분담과 동시에 시너지 효과가 발휘될 수 있도록 범정부 차원의 협업이 절실하다.

둘째, 유비쿼터스 서비스가 활성화되기 위해서는 유비쿼터스 융합의 장인 u-City가 성공적으로 추진될 수 있도록 토지를 정책적으로 저가에 제공해야 할 것이다. 나아가 세제를 지원하며, 단말기도 지원하는 등 법제도정책적 지원이 수반되어야 함은 물론이다.

셋째, 유비쿼터스 신대륙을 선점하기 위해서는 막대한 재원과 최첨단 기술이 요구된다. 따라서 동시다발적으로 여러 단지를 유비쿼터스화하는 것은 바람직하지 않을 것이다. 디지털 수용도가 높은 입주자 확보 등 성공가능성이 높고, 국제적으로 유비쿼터스 강국이라는 홍보효과도 극대화시킬 수 있으며, 기술 및 서비스의 표준화 주도가 용이하는 등과 같은 조건을 두루 갖춘 곳을 선택하여 집중 육성하는 것이 바람직할 것이다.

넷째, 유비쿼터스 패러다임을 선도하기 위해서는 막대한 투자재원이 필요하지만, 초기 수익이 불투명하기 때문에 민간부문이 투자를 꺼릴 수도 있다. 정부 또한 손실을 감수하면서까지 투자하는 시대가 지났다. 따라서 정부는 유비쿼터스 신대륙을 선점하기 위한 부지의 실비제공 대신 장기 세수확보, 민간부문은 초기 투자비용 부담 대신 장기 수익확보와 수출효과 등, 부담 및 예상수익의 균형을 바탕으로 효율적인 역할분담이 필요하다.

다섯째, 우리나라 u-City 사업에서 공급 위주의 정책이 실효를 거둔 것은 사실이나 향후 본격적인 유비쿼터스 융합시대를 맞이하여 사업성을 더 중시해야 할 것으로 보인다. 기술차원의 공급측면보다는, 지방자치단체나 도시민 등의 의견을 적극 수렴하여 조기에 Critical Mass를 형성할 수 있도록 해야 하기 때문이다.

여섯째, 유비쿼터스 서비스를 제공하는 진정한 융합 IT의 장으로서 u-City를 육성·발전시키기 위해서는 관련 킬러앱(Killer App) 개발, 사업성 중시, 법제도정책적 지원 등이 수반되어야 할 것이다. 그래야 유비쿼터스 서비스는 신대륙인 u-City를 통해 뉴밀레니엄 블루오션을 창출할 것으로 기대되기 때문이다.

이상과 같이 우리나라에서 u-City가 선도적으로 활성화되면 다음과 같은 효과가 기대된다. 먼저 u-City의 궁극적인 목표는 첨단 정보통신 인프라를 통해 제한된 도시자원의 효율성과 도시관리의 효과를 제고할 수 있을 것이다. 나아가 도시에 거주하는 시민에게는 유비쿼터스 서비스를 제공함으로써 도시기능의 가치를 증대시키고 도시민이 원하는 첨단 정보통신 서비스를 구현함으로써 삶의 질을 향상시키게 될 것으로 기대된다.

또한 유비쿼터스 서비스와 인프라의 융합 적용은 공공서비스 외에도 콘텐츠와 새로운 부가서비스를 전달하여 도시민들에게 높은 부가가치를 창출할 수 있기 때문에 신성장동력 차원에서 기대산업으로 주목받을 것으로 예상된다. 즉 u-City 건설의 추진은 복합적인 서비스를 기반으로 하고 있기 때문에 국민들의 생활 자체를 획기적으로 변화시킴은 물론, 산업 전반에 미치는 영향이 매우 클 것이다.

결국 u-City는 시민들에게 편리하고 안전한 삶을 제공할 뿐만 아니라 유비쿼터스 서비스, 유비쿼터스 칩, 유비쿼터스 네트워크, 유비쿼터스 단말기 등 관련 융합 산업에 대한 파급효과가 지대하다고 할 수 있다. 따라서 우리나라가 u-City 사업뿐만 아니라 운영까지 성공적으로 글로벌 사회를 선도한다면, 가히 뉴밀레니엄 신대륙을 개척함과 동시에 블루오션도 창출하게 될 것으로 기대된다.

V u-City 서비스

"수상택시 출·퇴근, 디지털 서재에서 독서… '미래 도시' 온다"

주거환경 뛰어난 친환경 유비쿼터스 도시 '송도'

쇼핑을 가기 전, 아파트 앞 지능형 버스정류장에 설치된 단말기로 자신이 탈 버스가 언제 도착하는지 점검한다. 쇼핑을 마친 다음 시내 중앙공원에서 친구를 만나기 위해 인공수로를 운행하는 수상택시에 몸을 실었다. 친구와 즐거운 만남을 뒤로 하고 집에 돌아와, 저녁 준비 전 남은 시간을 이용해 집 안 디지털 서재에서 전자책을 훑어본다. 먼 미래의 이야기가 아니다. 유비쿼터스 기반 조성이 마무리되는 2012년경 송도국제도시에서 누릴 수 있는 일상의 혜택이다.

2003년 인천경제자유구역청(이하 인천경제청)은 '송도국제화복합단지' 등 총 7개 부문의 개발사업에 따라 송도국제도시(이하 송도) 조성에 들어갔다. 지난해 12월, 시가지 조성단지 사업 등의 1단계 사업을 마무리하고 투자유치 및 도시개발 부문을 포함한 2단계 사업에 돌입했다. 수도권 남서부의 도시 송도는 국제적 규모의 상업·물류시설이 들어선 친환경 유비쿼터스 도시로 변신 중이다.

센트럴파크 주변 조성된 폭 12~110m, 길이 1.8㎞의 인공수로. 이 곳에는 수상택시가 무료 운행되고 있다. 녹색 유시티, 송도

인천경제청은 송도를 유시티로 조성하고 있다. 유시티는 시민이 일상에서 휴대전화 등의 단말기를 이용해 편리하게 정보시스템에 접속해 다양한 서비스를 활용할 수 있는 도시다. 송도가 지향하는 유시티의 면모를 미리 확인할 수 있는 유비쿼터스 체험관 '투모로우시티'가 지난해 8월 개관했다. 인천경제청 유시티 기획팀은 "현재 체험관으로 운영되는 투모로우시티 2~3층에 2012년 교통·방범·방재·환경 등을 통합 관리하는 도시통합운영센터가 들어설 예정"이라 전했다. 그리고 "참여 여부에 따라 2012년경이면 지능형 버스정류장, 디지털 서재 등 웬만한 유비쿼터스 기술의 혜택을 일상에서 누릴 수 있을 것"이라 전망했다.

송도는 친환경·생태도시의 모습도 갖추게 된다. 도심의 '허파' 역할을 하는 중앙공원, 미추홀공원 등을 조성해 다양한 동식물이 살 수 있도록 만들었다. 센트럴파크 주변에는 바닷물을 끌어 인공수로를 조성했다. 도시 중심에는 중앙쓰레기집하시스템도 설치해 송도 내 아파트 단지 등에 진공펌프를 연결시켜 쓰레기를 지하로 모아 처리한다.

송도 분양 이어져

6개의 지하철역을 관통하는 인천지하철 1호선 연장구역이 지난해 6월 송도에 개통됐다. 연세대국제캠퍼스를 비롯해 고려대 등의 송도캠퍼스가 마련될 예정이며 뉴욕주립대 등 해외 대학들을 중심으로 한 송도글로벌캠퍼스도 2012년경 조성된다. 이 밖에도 '잭니클라우스 골프장'과 각종 문화공연을 즐길 수 있는 '인천아트센터'도 들어서 송도는 교통과 편의시설, 다양한 교육기관을 두루 갖춘 도시로 변모하고 있다.

이처럼 편리한 주거환경은 아파트, 주상복합건물 등의 다양한 주거시설 조성으로 이어지고 있다. 인천지하철 1호선 캠퍼스타운역과 테크노파크역 인근인 제7공구에는 역세권 아파트 총 2,900여 세대가 올 1월 중 분양을 앞두고 있다. 캠퍼스타운역 바로 옆에 상권도 발달돼 있어 생활 편의성도 높다. 연세대국제캠퍼스와 가까워 교육입지도 좋다.

자료원: 조선일보(2010. 1. 18) 재구성.

뉴밀레니엄 신대륙인 u-City에서 제공되는 서비스를 바라보는 시각은 매우 다양하다. 따라서 u-Cty 서비스에 대한 정의를 통일한다는 것은 불가능한 실정이다. 다양한 정의를 고찰하고 서비스 범위와 목록을 정리한다. 또한 u-City 서비스에 대한 이해를 돕기 위해, 법령상 11대 분야를 중심으로 일반원칙을 제시하고 각 서비스에 대한 개념, 원칙, 고려사항 등을 기술한다.

u-City 서비스를 효율적으로 구현하기 위해서는 시간과 공간을 초월하여 지방자치단체는 인근 지방자치단체와 중앙정부, 내부 공공기관 및 민간부문과의 통합 연계가 필수적이다. 따라서 통합 연계의 개념을 살펴보고, 기존의 UIS(Urban Information System: 도시정보시스템)의 통합 연계에 대한 선진국의 동향도 기술한다. 나아가 도시통합운영센터의 존재 유무에 따라, 가능한 여러 대안들을 비교・분석하고 바람직한 향후 방향을 제시한다.

1. 서비스 개념

뉴밀레니엄 신대륙인 u-City에서 제공되는 서비스를 보는 시각은 각양각색으로, 그 정의를 통일하기 불가능한 실정이다. 법령상 관련 기관 등을 중심으로 기존의 u-City 서비스 정의를 살펴보자. 그리고 u-City 서비스가 되려면 기존 서비스에 비해 어떤 차별화된 조건을 갖춰야 하며, 그 범위는 어디까지일까? u-City 서비스 범위와 그 목록도 설명한다.

다양한 정의

뉴밀레니엄 신대륙인 u-City에 대한 정의가 공공부문, 민간부문 등에서 다양하였듯이, u-City 서비스도 바라보는 시각도 다양하여 그 정의를 통일하기는 불가능한 실정이다. 법령상 관련 기관을 중심으로 u-City 서비스에 대한 정의를 살펴본다.

먼저 법령상으로는 유비쿼터스도시의 건설 등에 관한 법률 제 2 조 제 2 항에 규정되어 있다. 즉 u-City 서비스란 “유비쿼터스도시 기반시설 등을 통하여 행정·교통·복지·환경·방재 등 도시의 주요 기능별 정보를 수집한 후 그 정보 또는 이를 서로 연계하여 제공하는 서비스로서 대통령령으로 정하는 서비스를 말한다”고 규정되어 있다. 대통령령으로 정하는 서비스란 동법 시행령에 규정하기를 “다음 각 호의 어느 하나의 정보 또는 둘 이상의 정보를 연계하여 제공하는 서비스를 말한다”고 되어 있다.

1. 행정
2. 교통
3. 보건·의료·복지
4. 환경
5. 방범·방재
6. 시설물 관리
7. 교육
8. 문화·관광·스포츠
9. 물류
10. 근로·고용
11. 그 밖에 도시의 경쟁력 향상 및 국민의 삶의 질 향상을 위하여 국토해양부장관이 관계 중앙행정기관의 장과 협의하여 고시하는 분야

이상 11대 서비스의 구체적인 내용을 도식화하면 〈그림 V-1〉과 같다. 예컨대 행정 서비스는 맞춤행정, 원격지원, 전자신분증, 행정정보제공 등 세부 서비스를 의미하고 교통 서비스는 교통사고처리, 전자결제, 지능형 교통, 교통정보제공, 교통시설관리 등을 포함한다.

보건·의료·복지 서비스는 약자보호, 건강·의약품관리, 응급·환자관리, 복지정보제공, 복지시설관리 등과 같은 세부 서비스들로 이루어져 있다. 환경 서비스는 생태관리, 오염관리, 자원순환, 환경정보제공, 환경시설관리 등을 포함하고 방범·방재 서비스는 공공방범, 방재관리, 방범·방재정보제공, 방범·방재 시설관리 등과 같은 세부 서비스를 내포하고 있다.

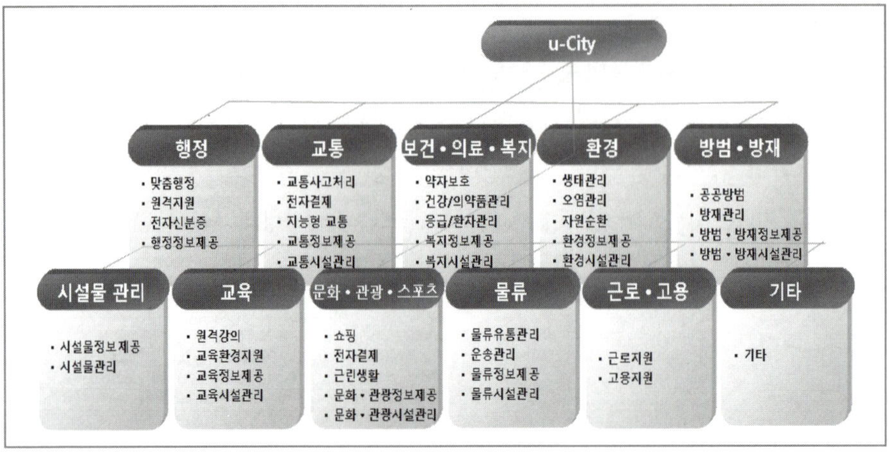

그림 V-1 **법령상 u-City 서비스**

법령상 정의 이외에 공공부문, 민간부문 등의 정의도 각양각색이다. 예를 들면 한국정보통신기술협회, 즉 TTA(2006)는 u-City 서비스를 도시관리, 도시기능혁신 및 시민의 편의·안전 제공 등을 위한 정보수집, 정보가공·처리, 정보제공을 위한 서비스라고 정의한다.

이상 법령상, TTA 등의 u-City 서비스 정의를 종합하면 지방자치단체 등 도시에서 u-City 기술을 활용하여 기반시설물을 통합적으로 관리하며 도시민들이 언제, 어디서나 필요한 다양한 서비스를 이용할 수 있는 서비스를 의미한다고 할 수 있다.

서비스 범위

그럼 우리가 접하거나 향후에 경험할 서비스 종류는 매우 다양한데, 어떤 서비스들을 u-City 서비스라고 부를 수 있을까? 즉 u-서비스가 되려면 기존 서비스에 비해 어떤 차별화된 조건을 갖춰야 할까? 또한 그 서비스 범위는 어디까지일까?

예를 들면 일반 가정에서 활용되는 u-Home, 업무를 위한 u-Office, 진료를 위한 u-Health, 교육과 관련한 u-Education 등과 같이 홈, 사무실, 병원, 학교 등 제한적인 공간에서 이루어지는 개별 서비스가 도시 단위로 확대되거나 이러한 서비스들이 복합적으로 이루어졌을 때 u-서비스라고 부를 수 있다. u-City에 복합 서비스가 많은 이유는 개별 서비스 단독으로 도시민의 요구를 충족할 수 있는 경우는 그리 많지 않기 때문이다. 따라서 u-City 서비스는 매우 복합적이며 다양하다는 점에서 다른 서비스와 차별화된다.

u-City에만 국한되지 않는 폭넓은 개념인 u-서비스 개념은 도시에 한정된 u-City 서비스도 당연 포함한다. 또한 인터넷을 통해 제공되었던 기존의 다른 서비스와는 달리 조건이 충족되면 작동하고 현실 세계와 사용자 상황을 지능적으로 고려한다는 점에서도 차별화된다.

u-City 서비스 개념에 대한 접근이 다양하듯이, 그 범위에 관해서도 공공부문이나 민간부문에서 다양한 견해가 존재한다. 예컨대 국토해양부(2006)는 행정, 문화, 환경, 교통, 교육, 복지, 안전, 방재 등과 같은 8개 서비스 분야에 그리고 행정안전부(2007)는 행정, 교통, 안전, 환경, 기반시설, 생활, 복지, 융·복합, 문화관광, 지역산업 등 10개 서비스에 각각 국한하고 있다.

한국토지공사(2007)는 u-City 서비스 범위를 서비스 교육, 교통, 문화·관광·커뮤니티, 방범·치안, 사회복지, 시설물관리, 유통·물류, 재난·재해, 행정, 환경 등 10개 분야로 한정하고 있다. 반면 NIA(2007)도 문화·관광·커뮤니티, 교육, 교통, 금융·보험, 노동, 도시공간시설, 마케팅, 보건의료, 비즈니스·상거래, 재난·재해, 시설물관리, 사회복지, 생활·문화, 업무시설관리, 업무지원, 여가·오락, 행정, 환경, 운수, 유통·물류, 지역산업, 자산관리 등 22개 서비스로 세분화하고 있다.

TTA(2006)도 u-city 서비스 범위를 넓혀 도시기반시설물, 교통, 방범·치안, 종합민원, 행정, 재난재해, 사회복지, 보건·의료, 문화관광, 환경, 근린생활, 여가·오락, 교육, 보건·의료, 유통·물류, 자산관리, 업무지원, 업무시설관리, 마케팅, 교통 등 20개로 확장하였다. 나아가 지방자치단체와 u-City 솔루션을 보유하고 있는 58개 민간업체를 대상으로 그 수요를 조사하여 유사한 서비스를 대분류, 중분류, 세분류 등 체계적으로 구분하였다.

먼저 대분류는 상위 분류로서, u-City 서비스 적용 및 개발영역에 따른 것이다. 구체적으로 기반 서비스, 공공부문 서비스, 비즈니스 부문 서비스, 생활부문 서비스 등 네 가지 영역으로 구성되어 있다. 이상 대분류상 네 가지 영역은 다시 도시객체 또는 도시 내에서 발생되는 업무를 중심으로 하여 중분류로 구분되고, 이는 또다시 단위서비스 명을 정의하기 위한 세분류로 구분된다. 이는 대분류와 중분류 중심으로 구분된 서비스 영역에 대한 구체적인 활동을 기반으로 한다.

이상과 같이 분류된 서비스들은 u-City의 환경변화, 관련기술의 진보, 서비스 선호도 변화 등에 따라 추가로 생성되거나 부분적으로 소멸될 것이다. 따라서 u-City 서비스들에 대한 환경변화가 생길 때마다 분류체계의 수정이 필요하게 되어, 항구적인 분류체계를 제시한다는 것은 불가능한 실정이다.

표 V-1 u-City 서비스 목록

대분류	중분류	서비스 내용
행정	맞춤행정	디지털 인포데스크서비스, 맞춤형 생활정보서비스, 시민참여 행정서비스
	원격지원	원격검침서비스, 현장업무처리서비스, 원격민원발급서비스
	전자신분증	전자여권 서비스
	행정정보제공	대민지원 포털서비스
교통	교통사고처리	교통안전관리서비스, 교통사고처리서비스
	전자결제	교통요금 전자결제서비스, 유료도로 자동요금징수서비스, 주차장 전자결제서비스, 통행료 전자결제서비스
	지능형 교통	지능형 교통신호제어서비스, 지능형 도로관리서비스, 차량안전지원서비스, 교통량감시서비스, 지능형 무인단속서비스, 택시정보화서비스, 버스정보화서비스
	교통정보제공	종합교통정보서비스, 교통약자 보행안전서비스, 견인차량추적서비스, 철도교통정보안내서비스, 항공교통정보안내서비스
	교통시설관리	교통시설물관리서비스, 불법주정차단속서비스, 공공주차장관리서비스
보건·의료·복지	약자보호	시각장애인을 위한 서설안내서비스, 장애인안전보행서비스, 노약자 안전확인서비스, 독거노인 안전관리서비스, 미아방지서비스
	건강·의약품관리	공공복지 의료서비스, 복지기관 건강모니터링서비스, 응급환자 이송서비스, 원격 홈 건강관리서비스, 의료지원서비스, 건강증진서비스
	응급·환자관리	응급원격의료
	복지정보제공	보건복지관리(국토부)
	복지시설관리	장애인복지시설관리서비스, 보건시설관리서비스
환경	생태관리	녹지·생태관리서비스(행안부)
	오염관리	수질오염관리, 대기오염감시 및 관리서비스, 종합환경오염관리서비스

	자원순환	폐기물관리서비스
	환경정보제공	생태정보(국토부)
	환경시설관리	환경시설물관리서비스
방범 · 방재	공공방범	공공지역방범 · 보안서비스, 불법쓰레기투기감시서비스
	방재관리	응급복구대책서비스, 대민구호서비스, 구조구급서비스, 정보보안서비스
	방범 · 방재정보제공	통합 재난재해정보서비스, 상황안내 및 통제서비스, 영상신고서비스
	방범 · 방재시설관리	공원안전관리(국토부)
기반 시설	기반시설정보제공	지상시설물 정보수집 · 제공서비스, 지하시설물 정보수집 · 제공서비스, 도시공간시설 편의제공서비스, 도시공간시설 안내서비스
	기반시설관리	지상시설물통합관리서비스, 지하시설물통합관리서비스(지하공동구통합관리서비스), 도시시설물안전관리서비스, 도시공간시설관리서비스
교육	원격강의	지능형교육(학습)서비스
	교육환경지원	교육환경지원서비스
	교육정보제공	학부모안심서비스(토공)
	교육시설관리	교육시설관리(국토부)
문화 · 관광 · 스포츠	쇼핑	지능형쇼핑정보서비스, 실시간주문배달서비스
	전자결제	전자화폐지불서비스
	근린생활	홈네트워크서비스, 홈오토메이션서비스, 홈시큐리티서비스, 원격검침통합과금서비스, 단지통합관리서비스, 단지주차관리서비스, 단지통합정보제공서비스, 단지 내 안전관리서비스, 단지커뮤니티지원서비스
	문화관광정보제공	관광정보종합안내서비스, 문화행사안내서비스, 문화시설정보 및 안내서비스(문화정보안내서비스), 미디어보드, 생활정보제공서비스, 여가정보제공서비스
	문화관광시설관리	문화제관리서비스, u-컨벤션서비스
물류	물류유통관리	물류 · 유통정보 및 관리서비스
	운송관리	RFID기반 항만운송통합서비스, 무인우편서비스, 무인택배서비스
	물류정보제공	수하물관리서비스, 식품인증 · 이력추적서비스(식품이력추적서비스)
	물류시설관리	지역물류지원서비스(행안부)
근로 및 고용	근로지원	지원 및 업무환경임대서비스, 지능형업무시설제어 · 관리서비스, 업무환경보안관리서비스
	고용지원	u-취업정보시스템(NIA)
기타		

그럼에도 불구하고 현 시점에서 그런대로 수용할 수 있는, u-City 서비스에 대한 개략적인 범위는 제시할 수 있지 않을까? 국토해양부, 행정안전부, TTA, 대한주택공사, 한국토지공사, 한국정보사회진흥원 등 대표적 u-City 관계 기관들의 조사결과를 종합하여 u-City 서비스 범위인 서비스 목록을 도출하였다(〈표 V-1〉 참조).

즉 u-City 서비스 목록에 대한 대분류는 법령상 유비쿼터스도시의 건설 등에 관한 법률 시행령에 따른 행정, 교통, 보건·의료·복지, 환경, 방범·방재, 기반시설, 교육, 문화·관광·스포츠, 물류, 근로 및 고용, 기타 등 11대 서비스로 분류하였다. 그런 다음 각 서비스에 해당되는 단위 서비스들을 망라하여 열거한 서비스 내용을 도출하였다. 이해를 돕기 위해 유사한 단위 서비스들을 합리적으로 그룹핑한 결과를 중분류라고 부르자.

2. 가이드라인

u-City 서비스를 이해하기 위해서는 각 서비스에 대한 개념, 일반원칙, 고려사항 등에 대한 이해가 선행되어야 한다. 따라서 여기에서는 법령상 11대 서비스 분야를 중심으로 일반원칙을 제시한 다음 각 서비스 분야에 대한 개념, 원칙, 고려사항을 기술한다.

일반 원칙

뉴밀레니엄 신대륙인 u-City 서비스를 구축할 때, 서비스 분야에 관계없이 공통적으로 적용해야 할 원칙이 있다. 먼저 국토종합계획의 비전 및 도시가 추구하는 방향성을 고려해야 한다. 나아가 지방자치단체의 공간구조와 특성 및 인접한 지방자치단체와의 연계성 등도 충분히 검토하고, 정보화촉진기본계획 및 지역별 정보화촉진에 관한 계획에서 정하는 사항을 고려한다.

u-City 서비스에 대한 계획을 수립할 때 업무분야별 상호연계성 확보 및

유사분야간 정보 항목의 중복 개발이나 관리의 방지, 정보 항목간 효율적인 연계를 원칙으로 한다. 시스템 최적 운영방안, 응급처리 방안 등에 대한 상세한 장애대책도 제시되어야 한다. 인구밀도, 이용인구수, 유동인구 등에 따른 서비스 시설 최소 설치기준을 마련하고 동시에 각 서비스 시설에 대한 정기적인 보수 및 관리체계를 확립하는 등 활용계획을 수립한다.

거주민의 다양한 접속 채널에 대해 확장 가능한 네트워크 플랫폼을 설계하고, 최신 정보기술 기반의 표준화를 통해 유관 기관들이 동일한 정보체계에서 운영되도록 시스템 구축을 원칙으로 한다. 또한 u-City 서비스 구축시 기존에 구축·운영되는 정보시스템 및 현장서비스 시설의 융·복합과 연계방안을 제시하여 중복투자를 최소화해야 할 것이다.

u-City 기술도입시 검증된 기술을 활용하여 시행착오의 최소화를 원칙으로 한다. 사용자 중심의 서비스 제공 방안을 마련하고, 업무부문별로 사회적 약자를 위한 서비스 제공을 우선적으로 고려해야 한다. 지역간 불균형을 해소하기 위하여 신도시 u-City 서비스를 단계적으로 구도시로 확산하는 계획도 수립한다.

두 가지 이상의 업무부문의 서비스가 상호 연계되는 새로운 융·복합 서비스 구축시, 관련 기관간 연계되는 데이터에 대한 역할 및 책임의 명확한 정의를 원칙으로 한다. 마지막으로 u-City 서비스 컨텐츠에 대한 지적재산권 분쟁이 발생하지 않도록, 관련 법규를 검토하고 보안체계를 구축할 수 있도록 계획해야 한다.

행정분야

행정분야 서비스의 개념은 u-City 기술을 활용하여 행정업무를 보다 지능적이고, 실시간적으로 처리하며, 도시민 개개인의 요구에 부합한 형평성 있는 맞춤 지향적 서비스를 제공하는 것이다. 또한 지역 주민들에게 다양하고 유익한 행정정보와 서비스를 제공하기 위해 맞춤행정, 민원, 원격지원, 정보제공 등과 같은 서비스로 구성한다.

유선 웹, 무선, TV 등 다양한 정보전달 매체를 통해 u-City 기반의 공공정보를 제공한다. 정부기관간, 정부와 지방자치단체간, 그리고 지방자치단체와 도시민간 업무처리에 있어서는 국가 핵심업무의 정보화 기반을 완성하고, 전자결제를 통해 행정업무 처리의 생산성과 투명성을 극대화하는 데 그 목적이 있다.

원칙을 살펴보면 전자지방정부 로드맵과 연계선상에서 지방자치단체 행정정보시스템 고도화를 목표로 하며 지방화·분권화에 대비한 정보시스템을 구축하며 다음과 같은 사항들을 고려할 수 있다.

- 유무선 인터넷을 통해 통합된 민원서비스를 제공하여 도시민이 능동적으로 참여할 수 있는 쌍방향 온라인 정보시스템을 구축
- 행정기관 무방문 서비스를 위한 사이버 민원실 운영
- 중앙부처, 시도, 시군구 등을 수직·수평으로 연계하는 전자정부의 구현

그리고 고려사항은 관할구역 내 정보자원 공동활용과 중앙정부와의 효율적인 업무연계를 위해 온라인 민원포탈 구축과 대 도시민 서비스의 고도화 및 지방자치단체 정보화 수준의 향상을 도모하기 위한 서비스 구현을 고려하여 기술성숙도가 높아지는 시점에서 단계적 도입을 추진한다는 것이다.

교통분야

교통분야의 u-City 서비스 개념은 관련 기술을 활용하여 도시 중심의 효율적인 교통관리, 교통안전 및 교통소통 개선, 편리한 교통서비스 등을 제공하는 것이다. 이러한 목적을 달성하기 위해 교통안전, 전자결제, 지능형 교통, 교통정보, 교통시설 서비스 등으로 구성하며 교통분야와 첨단 전자·정보기술이 접목된 지능형 교통체계를 통해 교통관리 효율화 및 교통안전을 증진한다.

다양한 교통정보를 통합하고, CCTV나 센서를 통하여 도로상의 교통상황을 수집·가공 처리한 교통정보를 도로전광표지(VMS), 이동통신 단말, 인터넷 포털 등 다양한 매체를 통해 도시민에게 제공함으로써 도로교통 혼잡을 억제하고 도시민의 유용한 도로교통정보 획득에 대한 욕구를 충족시킬 수 있도록 한다. 그리고 대중교통 및 도시부 도로를 주요 대상으로 한다.

국내 기구축된 사례를 검토하여 적용의 용이성 및 기대효과가 검증된 시스템, 지방자치단체 교통정책에 부합하는 시스템에 우선순위를 두어 구축한다. 또한 해당 지방자치단체의 공간구조와 교통 특성 및 인접도시와의 연계 등을 충분히 검토하여 광역교통 및 도시교통의 총체적 교통체계를 구상한 후 계획을 수립한다. 나아가 도시교통은 토지이용계획과의 상관관계를 고려하여 계획함으로써 불필요한 교통량 발생도 최소화한다.

그리고 고려사항은 지방자치단체의 체계적인 교통관리가 이루어질 수 있도록 총 3단계에 걸친 구축을 고려할 수 있다는 것이다. 먼저 1단계에서는 대중교통의 활성화와 원활한 교통 흐름을 목표로 교통정보 및 교통류 관리를 중심으로 구축한다. 2단계에서는 보다 편리하고 폭넓은 서비스를 제공하기 위하여 타시스템과의 연계 및 정보가공을 통한 서비스 고도화를 중심으로 구축한다. 마지막으로 3단계에서는 최첨단 기술을 응용하여 서비스의 질을 고급화한다.

또한 철도 및 지하철, 경전철, 공항, 주차장, 환승시설, 자동차 정류장 등은 지방자치단체 도로교통 및 지방자치단체 내에 배치하는 기반시설을 고려하여 연계할 수 있도록 고려해야 할 것이다.

보건 · 의료 · 복지분야

보건 · 의료 · 복지분야 서비스의 개념은 u-City 기술을 활용하여 보건 · 의료 · 복지에 대한 종합적인 정보를 제공하며, 사회적 약자의 접근성 제고를 위한 보건 · 의료 · 복지 서비스를 제공하는 것이다. 보다 향상된 보건 · 의료 · 복지 서비스를 제공하여 복지사회 구현 및 국민의 삶의 질 향상을 도모하기 위하여 사회적 약자 보호, 복지행정, 건강 · 의약품관리 복지정보, 복지시설 등의 서비스로 구성하며 정보 공동활용의 체계화 및 보건복지 정보화를 촉진한다.

보건 · 의료 · 복지에 대한 서비스를 지원하기 위해 정책적 대국민 서비스의 고도화, 민간 서비스의 활성화 등을 고려한 복지 서비스 모델을 구성한다. 그리고 보건 · 의료 · 복지분야 서비스에 대한 고려사항으로는 관련 정보화를 심층적으로 지원하기 위하여 실무조직을 강화하고, 단계별로 서비스를 구축하는 것이다.

환경분야

환경분야의 u-City 서비스 개념은 관련 기술을 활용하여 발생하는 각종 환경정보를 종합적으로 모니터링하고 분석하여 예방 및 대응, 복구가 가능한 통합 환경 정보관리체계를 구축함으로써 도시민의 삶의 질을 향상시키기 위한 서비스를 제공하는 것이다. 대기, 수질, 토양, 생태, 폐기물, 녹지 등 단위별 오염물질에 대해 실시한 모니터링, 오염배출 추적, 사전 예방 등을 통해 지역주민에게 쾌적한 생활환경을 제공한다.

나아가 오염관리, 환경정보, 자연환경, 폐기물 관리, 환경관리 서비스 등으로 구성하며 센서 네트워크 기술을 이용하여 친환경 사회에 필요한 종합적인 환경 디지털 서비스를 제공한다. 깨끗한 대기 질 확보, 수질개선과 양질의 물 공급, 자원 순환형 폐기물관리 등 환경정보의 체계적인 관리로 도시민에게 쾌적한 생활환경 여건의 제공을 목적으로 한다.

원칙으로는 모든 오염원 관리 일원화 및 통합관리체계를 위해 환경 기초시설의 환경기술(ET)과 정보기술을 접목한 원격관리시스템을 구축한다. 주요대상은 도시민이 거주하는 물리적 환경과 대기오염, 수질오염 등의 시설물 및 공간, 그리고 상수도, 하수도생태계와 관련된 환경친화시설로 한다.

또한 자연환경 및 생태계의 특성이나 도시환경용량의 기초 정보를 제공함으로써 도시개발 중에 일어나는 시설확충이나 개발활동 전에 종합적인 분석, 검토자료를 제공한다. 환경분야의 u-City 서비스에 대한 고려사항으로는 각각의 단위시스템 및 상세서비스는 현재 구축되어 운용하고 있는 지방자치단체의 환경시스템 및 현장장비 연계 등이 있다.

방범 · 방재분야

방범 · 방재분야 서비스의 개념은 u-City 내에 CCTV(DVR)를 설치하여 실시간 도시감시를 통해서 방범 · 방재를 강화하고, 신속한 대처가 가능하도록 서비스를 제공하는 것이다. 공원, 녹지, 관공서, 도로 등 공공지역에 대한 관리 및 범죄예방을 위해 공공방범, 구조구급, 방재정보, 방범·방재시설 서비스 등으로 구성한다.

나아가 공공 CCRV 및 센서를 활용한 관리를 수행하고, 돌발상황 발생시 유관기관에 통보하여 신속한 처리를 제공한다. 도시의 각종 재해예방 및 위협요소에 대해 즉시 대응하기 위한 시스템도 구축해야 한다.

원칙으로는 사건·사고에 대해 감시, 관측 등 모니터링을 수행하고 상황분석·판단 및 사건을 해결하기 위한 지휘통제로서 상황관제 시스템을 구축하며 공공, 업무, 주거, 교통, 환경, 도시공통 등과 같은 부문에 대한 전체적인 관리 및 유기적인 연계를 위한 방범·보안 서비스를 제공한다.

방범·보안 시스템은 빛이 없는 야간에도 서비스를 할 수 있도록 함으로써 보안성을 확보하고, 인구밀도·이용인구수·교통량 등에 따른 방재시설물의 최소 설치기준을 마련한다. 동시에 각 방범·방재시설에 대한 정기적인 보수 및 관리체계를 확립하는 등 범죄 및 재해발생시 활용계획도 수립한다.

그리고 고려사항으로는 하천, 산불, 취약지구 등과 같이 지방자치단체가 판단한 재해위험지구를 실시간으로 감시하는 것이다. 그러므로 재해위험지구 감시시스템 및 지방자치단체에서 발생하는 상황에 효율적으로 대응하기 위해, 발생상황과 연계된 배경정보와 지식을 축적 및 분석하는 정보집계분석 시스템의 구축도 고려한다.

시설물 관리분야

시설물 관리분야의 u-City 서비스 개념은 방재시설, 도로시설, 산업시설, 기타시설 등 기반시설물에 부착된 센서로부터 위치정보, 상태정보, 주변정보를 파악하는 것이다. 또한 수집된 정보를 통해 통합기반 시설물을 효과적으로 운영·관리하기 위한 서비스도 제공한다.

지방자치단체의 공공시설물 관리에 유비쿼터스 기술을 접목함으로써 체계적인 시설물 관리 및 도시민에게 쾌적한 생활환경 여건을 제공한다. 그러기 위해 기반시설정보, 지하시설, 지상시설, 시설통합관리 서비스 등으로 구성하며 수집된 정보를 기반으로 시설물 안전상황을 감시하고, 사고예방 및 사고발생시 대처한다.

그리고 원칙으로는 도시기반시설물 정보체계를 구축하여 효율적으로 시설물 관리를 진행하고, 관리업무를 자동화하여 시설물을 체계적이고 효율적으로 관리할 수 있는 시스템을 구축하는 것이다. u-City 기술을 활용한 시스템을 통해 시설물 관리의 적시성을 확보해야 하며, 지방자치단체의 시설물 정보를 실시간으로 수집하고 모니터링하여 상황을 신속히 인지하고 대처할 수 있어야 한다.

시설물 관리분야 u-City 서비스에 대한 고려사항은 지방자치단체에서 발생하는 상황에 효율적으로 대응하기 위해 발생상황과 연계된 배경정보와 지식을 축적 및 분석하는 정보집계분석 시스템을 구축하는 것이다.

교육분야

교육분야 서비스의 개념은 u-City 기술을 통해 언제, 어디서, 누구나 편리한 방식으로 원하는 학습을 할 수 있는 이상적인 교육 서비스를 제공하는 것이다. 개방적 학습자원을 학습자의 필요에 따른 선택에 의해 활용하는 통합적 학습체계 제공을 위해 원격강의, 교육환경지원, 교육정보, 교육시설 서비스 등으로 구성한다. 나아가 PDA 단말기, 휴대폰, 노트북 컴퓨터 등과 같은 정보전달 매체를 통해 실시간으로 제공한다.

원칙은 수요자 중심의 교육정보화 추진을 위한 중앙부처, 유관기관, 지방자치단체, 각급 교육기관, 산업체의 역할분담 및 협력체제를 구축하는 것이다. 학습자가 쉽게 접근할 수 있는 인터페이스를 통해 서비스 수요자의 교육 동기유발 및 자율적 학습을 유도할 수 있는 시스템을 구축하며, 지역 및 계층간 교육격차를 완화하고 교육소외현상을 극복하기 위하여 저소득층 및 특수계층에 대한 정보화 지원도 강화한다.

그리고 고려사항으로는 서비스의 특성상 구축 이후에도 관련분야 지식에 대해 지속적으로 정보를 제공하고 자문이 가능하도록 지방자치단체 각 지식 시스템과 연계하는 것이다. 교육과 산업의 유기적 연계를 위해, 지방자치단체의 선도적 사업분야를 발굴하고 민간에 대한 지원체제도 강화한다.

문화 · 관광 · 스포츠 분야

문화 · 관광 · 스포츠 분야의 u-City 서비스 개념은 관련 기술을 통해 해당 자원의 체계적 관리를 도모하고, 도시를 찾는 누구에게나 고품질의 고객지향적 문화 · 관광 · 스포츠 서비스를 제공하는 것이다. 동 분야 정보의 특성을 고려한 통합 및 연계와 공통 핵심서비스 구축을 통한 도시의 경쟁력을 확보하기 위해 쇼핑, 전자결제, 문화관광 정보, 문화관광 시설 등과 같은 서비스로 구성되며 다양한 정보전달 매체를 통해 맞춤형 정보도 제공한다.

그리고 원칙으로는 문화 · 관광산업의 발전을 위해 각 부분의 컨텐츠 산업을 집중 육성하고 이에 필요한 전문인력 양성, 산업육성기금 및 산업지원자금 확충, 유통구조 개선, 해외진출 지원과 같은 정책을 추진한다. 지방자치단체의 특화된 문화 · 관광 · 스포츠 자원을 개발하고, 관련 자원과 시설, 문화 · 관광 · 스포츠 시설과 공간 등이 상호 연계성을 갖도록 한다. 나아가 지역문화 인력 양성을 적극적으로 추진하고 국내외 네트워크를 구축하여, 문화 · 관광 · 스포츠 자원과 인력의 교류를 촉진한다.

고려사항은 도시이미지의 홍보 및 판촉, 박물관과 예술센터 등 문화시설물 구축, 이벤트나 축제 등 문화행사, 문화의 거리와 같은 문화지구나 문화클러스터의 지정, 역사적 문화자원의 보존, 국제적인 메가 이벤트의 유치 및 개최 등 종합적인 기획과 실행을 갖춘 문화전담기구를 설치하는 것이다. 문화관광부가 구상중인 u-스포츠는 크게 참여, 관람, 코칭으로 나누어진다.

참여스포츠 분야에서는 피트니스나 운동 동호회 중심으로 u-City 기술을 활용해 운동 목표치를 제시하는 내용이 중심이 될 것이다. 관람스포츠는 자동티켓발부시스템을 갖춘 u-티켓팅과 좌석에 단말기를 연결해, 진행중인 경기정보를 실시간으로 받고 사인볼 등 관련 제품을 구매할 수 있도록 하는 내용도 담고 있다. 선수를 겨냥한 u-코칭은 자세, 힘 등에 대한 데이터베이스를 구축해 체계적인 훈련과정을 제공하기 위한 것이다.

물류분야

물류분야 u-City 서비스의 개념은 RFID 기반의 컨테이너 및 화물위치 추적, 물류시설 및 장치에 진행현황 파악, 다양한 거점 및 구간의 다양한 분석정보 등 물류에 대한 실시간 서비스를 제공하는 것이다. 물류의 업무자동화 추진 및 물류유통 시간 최소화를 위해 물류유통관리, 운송관리, 물류정보, 물류시설 서비스 등으로 구성한다.

나아가 원스톱 정보시스템 등을 구축하여 물류유통의 편의도 제공한다. 물류분야 u-City 기술을 활용하여, 물류 자동화로 도시 및 국가의 생산성을 향상시킨다. 결국 물류산업의 경쟁력을 확대하는 것을 그 목표로 하는 것이다.

원칙으로는 시스템 운영시간은 1일 24시간 365일 가동한다. 그리고 실제적 운용에 있어서 운용조직 및 운용방안, 운용전략에 대한 계획이 제시되어야 할 것이다. 지방자치단체별 RFID 기술의 체계적 도입을 위한 RFID리더 및 태그 운영방안 수립이 요구되며, 지방자치단체의 생활권과 개발대상지역을 상호 유기적으로 연계시킬 수 있는 물류계획을 수립한다. 또한 이미 진행중인 관련사업과의 연계를 고려하여 정보 시스템을 구축하고 이를 활용 전체적인 화물추적 정보를 제공할 수 있도록 한다.

물류분야 u-City 서비스는 구축될 국가물류 및 무역망과의 연계를 고려한 시스템 설계로, 추후 공용정보 활용을 전제로 한 데이터의 구축이 요구된다. 물류시설의 체계적인 확충 및 정비를 적극적으로 고려하도록 하고, 관할구역 내 복합기능형 물류시설의 확충도 도모한다.

고려사항은 항만을 보유한 지방자치단체의 경우 항만과 관련하여 컨테이너와 화물정보 매칭을 통해 컨테이너 추적 서비스 제공, 컨테이너 적재선박의 실시간 위치 추적정보 서비스 제공, 컨테이너 화물의 선적여부 확인정보 서비스 제공 등이 있다.

근로 · 고용분야

근로 · 고용분야의 u-City 서비스 개념은 관련 기술을 활용하여 근무시간의 일정부분을 전통적인 사무실 이외의 환경에서 작업이 가능하도록 하며, 다양한 맞춤형 고용 서비스를 제공하는 것이다. 근로자의 삶의 질 향상, 조직의 경쟁력 강화, 사회간접 비용의 절감을 위해 재택근무, 원격근무센터 근무, 이동원격근무, 고용정보, 근로 · 고용 시설지원, 근로 · 고용 시설관리 서비스 등으로 구성된다.

나아가 노트북 컴퓨터, 휴대폰 등을 이용하여 관련 업무도 지원한다. 육아 · 간호와의 양립에 의한 취업확보, 업무에 대한 생산성 향상과 효율성의 증대, 출퇴근 부담 감소, 자율적인 업무수행, 자기계발 시간의 확보 등 개인의 삶의 질 향상을 극대화시키는 것을 그 목적으로 한다.

원칙은 출장, 재택근무 등 원격지에서도 인터넷을 통해 안전하게 사이버업무를 수행할 수 있도록 원격근무 지원 시스템을 구축하는 것이다. 원격근무를 수행시 취급상 주의를 요하는 정보보호를 위해 정보보호 정책과 절차, 담당인력 및 조직강화, 정보자산 분류 및 통제기준 강화, 인사보안 위험에 대한 대비, 보안준수에 대한 주기적인 점검 및 검사실시 등 보안성이 강화된 시스템 구축도 고려한다.

이상과 같은 보안의 실효성을 거두기 위하여 직무훈련, 세미나, 시청각 훈련 등 필요한 교육을 실시한다. 나아가 업무의 특수성과 기업에서 행하는 동일 또는 유사 형태의 일에 적용 가능한 조건들을 고려해야 함은 물론이다. 그리고 근로 · 고용분야의 u-City 서비스에 대한 고려사항으로는 통합검증 서버간 연동을 통해 각 기관의 관련업무가 온라인으로 가능하도록 시스템을 구축하는 것이다.

3. 연계 전략

u-City 서비스를 효율적으로 구현하기 위해 지방자치단체는 시간과 공간을 초월하여 인근 지방자치단체와 중앙정부, 그리고 내부 공공기관 및 민간부문과의 통합 연계가 필수적이다. 여기에서는 NIA(2006)를 중심으로 u-City 서비스의 통합 연계의 개념을 살펴보고, 유사한 기존의 UIS(Urban Information System: 도시 정보시스템)의 통합 연계에 대한 각국의 노력을 기술한다. 이러한 서비스를 통합 연계하는 역할을 수행하는 도시통합운영센터의 존재 유무에 따라 다양한 대안들을 비교한 다음, u-City 구현을 위한 바람직한 방향도 제시한다.

3.1 개　　념

효율적 u-City 서비스를 구현하기 위해서는 시간과 공간을 초월하여 지방자치단체는 인근 지방자치단체와 중앙정부, 내부 공공기관 및 민간부문과의 통합 연계가 필수적이다. 예컨대 u-수질환경 모니터링 서비스를 제공하기 위해서는 지방자치단체 내 하천이나 상수도에 대한 공간정보, 대상 객체의 관리 및 이력에 대한 속성정보 및 현황정보뿐만 아니라 수질에 영향을 미치는 인근 하천 등 보유한 다른 지방자치단체의 관련 정보도 필요하게 된다. 따라서 u-City 서비스가 실효성을 갖추기 위해서는 이들간 통합 연계가 필수적이다.

현재 구축되어 있는 도시 정보화는 단위업무 기반의 시스템 중심으로, 실질적인 u-City 서비스를 구현하기에는 한계가 있는 실정이다. 그렇다고 모든 도시 정보 시스템을 재구축할 수도 없으므로, 기존의 지방자치단체 정보화에 기반된 u-City 서비스를 통합 연계하는 것이 효율적이고 또한 경제적일 것이다. 따라서 u-City 서비스의 통합 연계는 기존의 도시기반 정보화의 통합 연계를 기반으로 하여 도시의 각종 시설물에 센서 정보를 추가한 것이라고 할 수 있을 것이다.

3.2 선진 동향

글로벌 사회에서 u-City는 우리나라가 처음으로 제시한 개념이지만, 종합적인 관점에서 통합 연계는 미흡한 실정이다. 따라서 u-City 서비스와 유사한 도시서비스의 통합 연계라는 측면에서, 선진 각국의 동향과 노력을 기술한다.

미 국

정보화 선진국인 미국은 일찍부터 도시에서 제공되는 서비스를 공동으로 활용하고 중복투자를 방지하기 위해, 국가정책으로 서비스의 통합 연계를 추진하여 왔다. 이러한 미국의 서비스 통합 연계 정책은 크게 중앙정부, 지방정부 등 두 측면으로 나누어 볼 수 있다.

먼저 중앙정부 측면에서의 통합 연계 사업은 GOS(Geospatial One Stop)로 대표된다(〈그림 V-2〉 참조). 미국은 공간정보를 전자정부의 주요 구성요소로 판

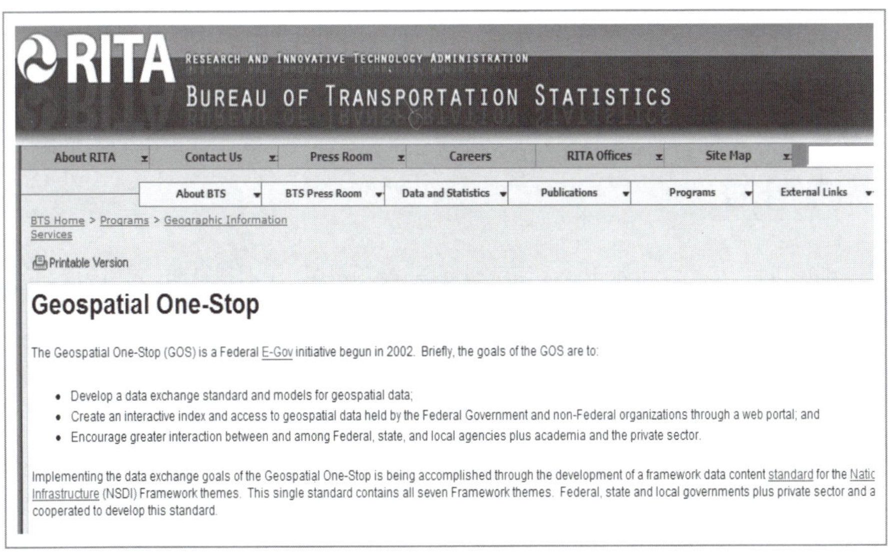

자료원: www.bts.gov/programs/geographic_information_services/geospatial_onestop

그림 V-2 미국의 Geospatial One Stop

단하고 G2G(Government to Government) 서비스를 위해 GOS를 추진하였다. 부시 행정부는 2002년에 전자정부 24개 과제의 일환으로 모든 정부기관과 일반인이 지리공간정보에 보다 쉽고 빠르고 저렴하게 접근할 수 있게 하는 것을 목표로 추진하였다. 즉 기존의 공간정보유통기구(NSDI Clearinghouse)를 발전시킨 것이라고 할 수 있다.

GOS 포탈을 통해 USGS(US Geological Survey)의 주도로 구축된 교통, 수치정사영상, 수로, 표고, 지명, 경계 레이어 등 국가기본도(The National Map), 그리고 자연재해(Natural Hazards), 교통 및 산불지도 등 다양한 지리공간데이터에 접근할 수 있다. GOS는 다양한 서비스를 공유하여 도시서비스를 통합 연계하는 기반을 제공한다. 그리고 직접적인 도시서비스의 통합 연계를 목적으로 하는 것은 아니지만 통합 연계가 가능한 웹 매핑서비스 등과 같은 기술 및 정보를 제공하는 것이다.

둘째, 미국 지방정부 차원에서의 통합 연계는 각 지역의 특성에 따라 도시서비스의 통합 연계를 추진하고 있다. 엔터프라이즈 GIS(Enterprise GIS)라는 기술을 기반으로 하여 통합 연계되는데, 지방자치단체의 규모와 UIS 도입시기에 관련 없이 현재의 Enterprise GIS를 도입하여 도시서비스를 통합하려고 노력한다. 이러한 도시서비스 통합 연계는 전자정부 사업과 대도시민 서비스 제공으로 연계되어 있다.

캐나다

캐나다는 GeoConnections 프로젝트를 추진하여 도시정보의 기반이 되는 국가 공간정보를 인터넷상에서 활용 가능하도록 하였다(〈그림 V-3〉 참조). 이는 정보의 다양성을 추구하는 동시에 서비스 연계를 위한 효과적인 방법이기도 하다. 캐나다는 언제, 어디서, 누구나 서비스를 활용할 수 있도록 온라인 기반의 정보공유를 지향하고 다음과 같은 5가지 정책방향도 제시하고 있다.

- 접근: 공간지리정보의 접근 및 활용 증대
- 프레임워크: 공통 국가데이터프레임워크 개발

자료원: http://www.geoconnections.org/en/index.html

그림 V-3 Geoconnection

- 표준: 국제표준에 입각한 프로파일 표준개발 및 도입
- 파트너십: 연방과 지방의 파트너십 향상
- 정책: 정보의 활용을 촉진할 수 있게 하는 정책환경 조성

그리고 캐나다는 도시서비스를 통합 연계하는 기반으로 표준과 기술에 중점을 두고 있다. 즉 표준을 통한 데이터의 통합 연계를 지향하고, 분산 환경에서의 도시서비스 연계를 위해 다음과 같이 운영적 아키텍처, 기술적 아키텍처, 시스템 아키텍처 등에 관한 기술적 가이드라인을 제공한다.

먼저 운영적 아키텍처는 운영 개념 및 엔터프라이즈 클라이언트와 사용자의 운용요구사항 등을 제시한 것이다. 그리고 기술적 아키텍처는 시스템 환경에서 상호 운용될 수 있는 컴포넌트설계를 제어하는 표준, 프로파일, 사양 등을 명시하고 있다. 시스템 아키텍처는 컴포넌트 및 시스템 구현을 위한 사양을 제시하고 있다. 이상의 기술적 가이드라인을 통해 시스템의 운영, 적용기술, 구현을 위한 지침을 제시함으로써 시스템의 상호 운용성을 확보한다는 전략이다.

캐나다는 정보의 다양성을 인정하고 이를 최대한으로 활용할 수 있도록, 온라인 환경에서의 접근성을 극대화하도록 노력하고 있다. 구체적으로 통합 및 연계, 기술적 가이드라인을 통한 시스템 연계 기반을 제공하고 있는 것이 그 특징이라고 할 수 있다. 이러한 기반 위에 지방정부는 양질의 서비스를 도시민에게 제공하기 위하여, 중앙정부와 연계하여 도시정보 서비스를 제공한다.

영 국

영국은 지식정보화 사회에 대비하여 e-비즈니스 모델을 활용한 공공부문의 개혁을 추진하고 있다. 이를 통해 모든 정부서비스를 전자적으로 제공한다는 것이 목표였고, 중앙은 물론 지방 전자정부를 위한 백서를 활용하여 지방의 전자정부 구축을 위한 노력을 하고 있다.

영국의 공공정보 서비스는 부모를 위한 일자리 서비스, 상사 중심의 서비스, 장애인을 위한 서비스, 노인을 위한 서비스 및 온라인처리(Do it online) 서비스 등 다양한 맞춤형 서비스를 제공한다(〈그림 V-4〉 참조). 예를 들어 부모를 위한 서비스에 들어가면, 어린이 보육시설을 찾아주는 ChildcareLink가 연계되어 있어 부모가 필요한 정보를 쉽고 빠르게 검색할 수 있도록 지원하고 있다.

미국과는 달리 영국은 강력한 국가적 의지의 국가공간정보기반의 추진이 아닌, 민간 주도로 발전한 나라이다. 따라서 국가 주도의 국가공간정보기반 구축은 1999년 초에야 뒤늦게 착수했다. 국가공간정보의 목적은 현존하는 지리정보의 데이터를 확충하고, 지리정보에 쉽게 접근할 수 있도록 하며, 표준 이용을 통한 지리정보 데이터를 통합하는 데 있다.

또한 다른 국가들과 마찬가지로 영국도 상호운용성을 강조하고 있다. 이에 따라 e-GIF(Government Interoperability Framework)를 통해 정부부처간 상호연계성 및 데이터통합, 전자서비스 접근 및 관리 등 정보흐름을 위한 기술적 정책과 사양을 정의한다. 이외에도 전자서비스표준 등 전자정부의 상호운용성을 위해 노력하고 있으며, 전자정부의 정책 및 표준정보를 ukgovtalk사이트를 통해 제공

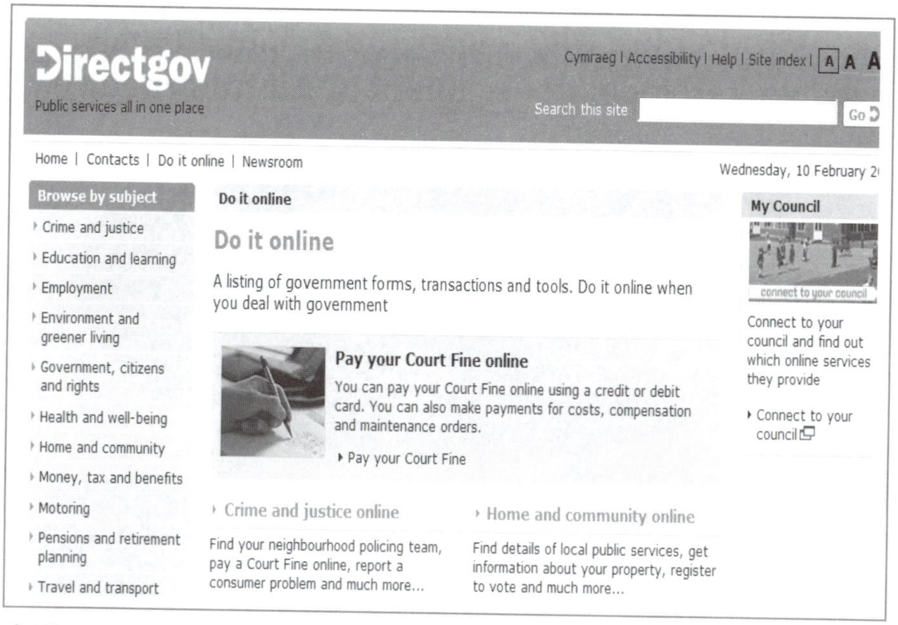

자료원: www.direct.gov.uk/en/Diol1/DoItOnline/index.htm

그림 V-4 Do it online

하고 있다.

유럽연합

INTELCITY(Intelligent Sustainable City)는 유럽연합의 정보화사회 프로젝트 중 하나이다. 샐퍼드(Salford) 대학에서 발표한 최종보고서에 따르면, INTELCITY를 성공적으로 구현하기 위한 핵심은 통합(Integrated)이다(〈그림 V-5〉 참조). 즉 유럽연합에서 보유하고 있는 기존의 시스템 및 정보들을 활용할 수 있는 통합체계가 성공적인 INTELCITY 추진을 위해 매우 중요한 것이다.

이를 위해 개방형 통합플랫폼(IOSCP: Integrated Open System City Platform) 개발을 제안하고 있다. INTELCITY의 통합플랫폼인 IOSCP는 데이터의 효율적 교환을 위하여 XML, XSL, VRML, eGIF 등과 같은 표준을 기반으로 한다. 그리고 효과적인 서비스통합 연계를 위한 GIS를 도입하여 서비스의 가시화, 분석, 처리 기능 등에 활용하고 있다.

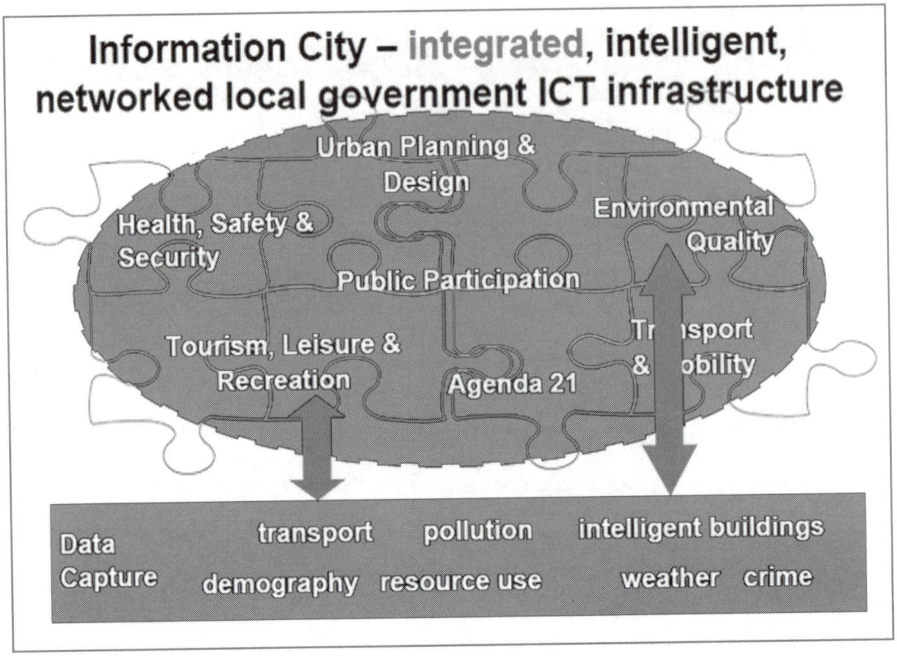

자료원: ftp.cordis.europa.eu/pub/ist/docs/curvell.pdf

그림 V–5 INTELCITY 비전

INTELCITY에서 활용되는 도시정보는 GIS를 기반으로 하고 있으므로 데이터 마이닝을 통한 서비스통합 연계를 지향하고 있다. 이러한 INTELCITY의 통합플랫폼이 지향하는 바는 다음과 같다. 먼저 효율적이고도 지속가능한 도시자원 및 시설물의 활용과 재건을 통한 도시 거버넌스의 향상이다. 그리고 도시 행정관리, 개발자, 기업, 도시민 등과의 상호작용 및 의사소통의 증진이다. 또한 네트워크 도시 내에서 경제·사회 환경간 도시서비스의 효율적인 연계 제공이다.

따라서 INTELCITY 통합플랫폼은 도시 내 다양한 응용시스템을 통합 연계하고, 이를 서비스화하여 제공된다. 즉 통합플랫폼은 사용자의 요구가 반영된 도시정보 응용시스템의 요구를 처리하여, 서비스의 연계를 통한 결과를 제공하는 것이다.

종합하면 INTELCITY의 경우 도시서비스 통합 연계를 위한 통합플랫폼을 개발하고 있으며, 통합플랫폼은 도시정보 서비스와 응용시스템과 연계, 처리되는 개방형 플랫폼이다. 또한 INTELCITY의 도시서비스 통합 연계는 공간정보기반의 통합 연계를 추진하고 있으며 이를 위하여 GIS 기술을 도입하고 있는 것이다.

시 사 점

도시서비스의 통합 연계와 관련해 선진국들의 동향을 살펴본 결과, 그 시사점을 다음과 같이 정리할 수 있다.

먼저 도시서비스 통합 연계를 위해 미국, 영국, 캐나다 등 선진국은 중앙정부에서 지방정부에 이르기까지 정보의 접근 및 활용, 서비스 통합을 위한 전략적 정책을 추진하고 있다. 선진 각국은 도시서비스와 관련된 통합 연계를 각국의 목적에 따라 추진하고 있는 것이다. 특히 이미 구축된 서비스를 효율적으로 연계 활용하고자 하는 측면은 u-City의 도시서비스 통합 연계에 좋은 시사점이 될 것이다.

그리고 통합플랫폼을 기반으로 도시서비스 통합 연계를 추진하고 있다는 점이다. 통합플랫폼은 다양한 응용시스템을 연계하여 도시정보를 제공하고, 이를 서비스로 전환하여 사용자에게 제공한다. 즉 물리적 통합보다는 표준을 통한 통합플랫폼을 연계의 기반으로 하고 있는 것이다.

나아가 도시서비스 통합 연계에 있어서 GIS 기술이 사용되고 있다. 도시정보의 대부분이 위치정보를 가지고 있으며, 이는 도시정보를 식별하는 데 중요한 요소이기 때문이다. 따라서 GIS를 기반으로 한 도시서비스의 효율적인 통합 연계가 이루어지게 된다.

또한 지능화된 도시서비스 통합 연계로 발전해 가고 있다. 즉 지능화 기술을 통하여 이기종간의 센서정보를 수집하고, 이를 사용자의 목적에 맞게 활용할 수 있다. 나아가 지능화된 도시서비스 통합 연계를 기반으로 상호운용성 기반하에 진화하며 사용자가 쉽게 접근하여 활용할 수 있도록 발전하고 있다는 점이다.

3.3 연계 유형

우리나라에서 u-City의 효율적인 운영을 위해 그 서비스를 통합 연계하는 역할을 수행하는 도시통합운영센터는 필수적인 인프라이다. 따라서 u-City 서비스의 연계 모델은 지방자치단체 내에 도시통합운영센터가 존재하는 경우와 존재하지 않는 경우로 구분할 수 있다. 더불어 지방자치단체 내부 또는 외부와의 통합 연계로 각각 구분하면, 〈표 V-2〉와 같이 네 가지 대안이 가능하게 된다.

먼저 지방자치단체 내부의 u-City 서비스에 대한 통합 연계 모델은 다양하다. 즉 UIS DB와 센서DB를 직접 연계하는 경우, 그리고 지방자치단체 행정권역 내 1개의 서비스 도시통합운영센터가 존재하는 경우, 2개 이상의 도시통합운영센터가 존재하는 경우 등으로 나누어 설명이 가능하다.

먼저 지방자치단체 권역 내에 물리적 또는 논리적인 도시서비스의 통합운영 체계가 존재하지 않는 경우 센서정보가 직접 UIS DB로 연계된다. 이는 UIS DB와 실시간 모니터링 정보의 통합 연계 방식을 이용하며, 도시서비스 통합 연계 체계는 존재하지 않고 실시간모니터링 정보가 지방자치단체와 직접 통합 연계된다.

다음으로 지방자치단체 내에 1개의 도시통합운영센터가 존재하는 경우, 도시정보 통합데이터베이스는 센서로부터 실시간으로 모니터링 정보를 수집하며, 도시정보 통합데이터베이스와 UIS DB간에 통합 연계가 이루어진다(〈그림 V-6〉 참조). 도시통합운영센터와 지방자치단체간 공간정보를 활용한 서비스도 가능하다.

표 V-2 u-City 서비스 통합 연계 유형

지방자치단체 / 도시통합운영센터	내 부	외 부
미존재	• UIS DB와 실시간모니터링 서비스와의 직접연계	-
존재	• 행정권역 내 1개 센터 존재 • 행정권역 내 2개 센터 존재	• 행정권역간 연계 • 외부시스템과의 연계

자료원: 정보사회진흥원, 2006.

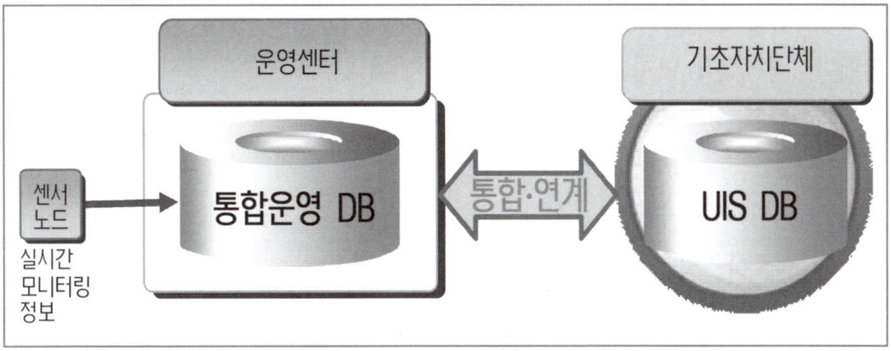

자료원: 정보사회진흥원, 2006.

그림 V-6 도시통합운영센터와 통합 연계

마지막으로 지방자치단체 내에 2개 이상의 도시통합운영센터가 존재하는 경우, 도시정보 통합데이터베이스는 센서로부터 실시간으로 모니터링 정보를 수집하고 UIS DB간 및 도시정보 통합데이터베이스간 등 통합 연계가 동시에 이루어진다. 도시통합운영센터와 지방자치단체간에는 공간정보를 기준으로 하여 도시정보 통합데이터베이스와 UIS DB간의 통합을 실행한다.

지방자치단체의 행정권역 내에 도시정보시스템과 u-City 정보시스템 이외의 데이터가 필요한 경우, 광역적 또는 외부시스템과의 통합 연계를 통한 정보의 활용이 필요하다. 이를 크게 3가지 경우로 구분해 볼 수 있다.

먼저 지방자치단체 외부의 데이터가 필요한 경우로 인근 지방자치단체와의 통합 연계를 통해 활용한다. 이와 같은 연계는 화재나 수질오염 모니터링 상황 또는 교통상황 등에 대한 광역적 조치가 필요할 때 고려되는 방식이다. 이를 위해 도시통합운영센터의 도시정보 통합데이터베이스간의 직접적 연계, 지방자치단체의 UIS DB간의 연계, 지방자치단체의 도시정보 통합데이터베이스와 인접 지방자치단체의 UIS DB간의 연계를 고려할 수 있다.

다음 경우는 지방자치단체의 UIS DB에 필요로 하는 데이터가 존재하지 않거나, 상위 광역자치단체와 연계하거나 상위의 광역 자치단체가 직접적으로 관할하는 도시통합운영센터가 존재할 때이다. 하나의 지방자치단체에서 충분한 수요가 없거나 몇 개의 지방자치단체를 통합한 광역적인 센터가 존재하는 경우, 광역 자치단체와 지방자치단체간에 연계도 발생한다. 이때에 지방자치단체

도시통합운영센터의 도시정보 통합데이터베이스와 광역 자치단체 도시정보 통합데이터베이스간 연계, 광역 및 지방자치단체의 UIS DB와 도시정보 통합데이터베이스간의 상호 연계가 가능하게 된다.

마지막으로 외부시스템과의 연계는 지방자치단체, 광역자치단체 등 행정기관 이외의 유관기관과의 통합 연계이다. 민간과 연계한 소방, 방범 등 서비스를 제공하거나 민간 컨텐츠를 제공하는 경우가 이에 해당된다(〈그림 V-7〉 참조).

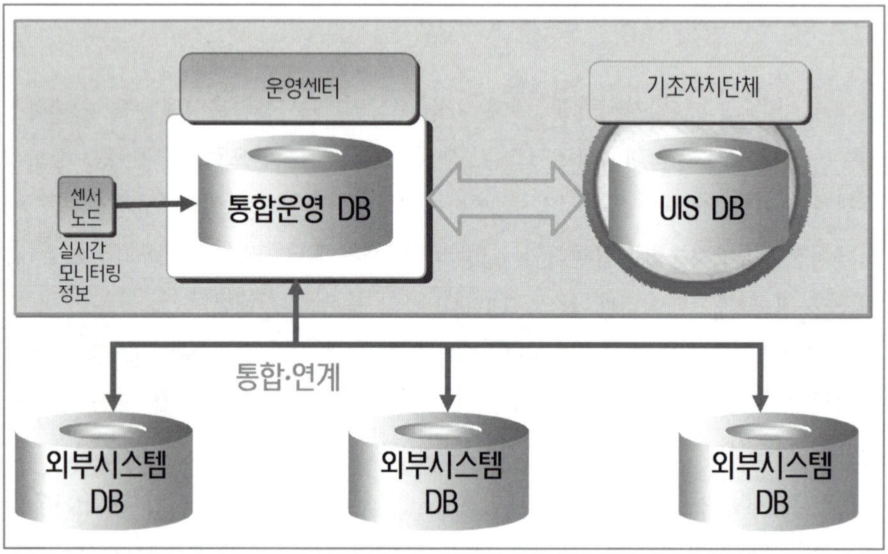

자료원: 정보사회진흥원, 2006.

그림 V-7 행정권역 이외의 통합 연계

이 경우는 도시정보 통합데이터베이스와 외부시스템 DB와 연계, UIS DB와 외부시스템과의 연계를 고려할 수 있다. 다만 도시통합운영센터가 존재하지 않는 경우, 외부시스템과의 통합 연계는 지방자치단체에서 이미 연계되어 있다고 보고 고려할 필요가 없게 되는 것이다.

3.4 향후 방향

이상과 같이 u-City 서비스의 성공적인 통합 연계는 물리적인 것보다, 전략적인 접근이 필요하게 된다. 그렇다면 우리나라가 적은 비용으로 고효율의 u-City 서비스 통합 연계를 추진하기 위해서 바람직한 추진방향은 무엇일까? u-City 측면에서 도시서비스 통합 연계 추진은 기존의 통합 연계 기초 위에 u-City 서비스의 특성을 고려해 발전되어야 할 것이다.

따라서 u-City 구현을 위한 도시서비스 통합 연계를 위한 방향으로 다음과 같은 3단계를 제시할 수 있다. 먼저, 도시정보 정비단계에서는 산재된 도시정보를 정비하고, 단위업무별로 도시서비스를 통합하도록 하며, 정보공유를 기반으로 하는 것이다. 둘째, 도시서비스 통합 연계 기반단계는 u-City 서비스를 제공하기 위한 백오피스를 통합 연계하는 것으로 도시서비스 통합 연계의 기반정보를 구축한다. 마지막, 도시서비스 통합운영 단계에서는 도시서비스 통합 연계 체계를 정착시키고, 다양한 u-City 서비스를 구현 및 제공하는 단계로서 프론트 오피스 측면에서 통합 연계가 요구된다.

나아가 u-City 서비스의 구현 및 제공과정에서, 도시서비스 통합 연계와 관련된 이슈사항은 지방자치단체 측면, 유관기관 측면 등으로 구분할 수 있다. 지방자치단체 측면에서는 다시 정보공유의 한계 및 자료의 이중관리, 정보갱신의 한계, 표준 코드 미흡 등 데이터 및 시스템 측면과 통합 연계 협조체계 미흡, 정보 접근권한 제한 등 조직 및 제도적 측면 등 두 가지로 정리된다. 또한 유관기관 측면에서 상이한 기본도 사용과 공유항목의 데이터 측면, 관할지역과 비용문제에 대한 업무 측면, 유관기관의 참여문제에 대한 제도적 측면 등 세 가지로 분류할 수 있다.

이상 이슈사항을 토대로 하여 통합 연계의 바람직한 추진방향은 다음과 같이 제시할 수 있다. 먼저, 중앙부처 및 유관기관의 지방자치단체 참여를 통한 협조체계를 구축하는 것이다. 둘째, 도시서비스 통합 연계를 위한 표준체계를 마련한다. 셋째, 전사적 차원의 운영 및 유지관리체계를 제시한다. 넷째, 통합 연계 대상의 실시간 자료교환 및 처리체계를 구축한다. 마지막으로, 지방자치단체 중심의 공통 도시서비스 정비 및 공동 활용체계를 제공하는 것이다.

뉴밀레니엄 신대륙인 u-City에서 도시서비스 통합 연계를 기반으로 하여 데이터, 기술, 법제도, 표준화 측면에서는 다음과 같은 전략이 필요하다.

첫째, 중앙부처 및 유관기관의 지방자치단체 참여를 통한 협조체계를 구축한다. 중앙정부와 지방자치단체간의 사업연계를 고려하고 업무적 연계가 필요한 경우 시스템 유형을 고려한 연계활용을 추진해야 할 것이다. 이를 위해 정부기관간과의 수평적·수직적 협력체계에서의 사업추진 전략 및 의사소통을 위한 체제정비가 필요하다.

둘째, 도시서비스 통합 연계를 위한 표준체계를 마련한다. 통합 연계는 복잡하고 다양한 기술의 접목이 요구됨으로 인해 효율적인 통합 연계의 추진을 위해 표준체계 개발이 필요하며 동시에 상호운용성을 기반으로 해야 할 것이다.

셋째, 전사적 차원의 운영 및 유지관리체계 마련이다. 이를 위해 통합 연계 이후 정보 업데이트 활동 등에 대한 연구가 뒷받침되어야 한다. 또한 도시정보의 구축 및 관리지침을 통한 정보관리의 기반도 마련해야 한다.

넷째, 통합 연계 대상의 실시간 자료교환 및 처리체계를 구축하는 것이다. 사용자 중심의 끊임없는 u-City 서비스 제공을 위해서는 실시간 자료교환 및 처리가 필요하다. 따라서 도시정보를 실시간 처리할 수 있는 기술, 포맷 등의 개발이 필요하며 센서 정보의 표준화도 필수적이다.

마지막으로, 지방자치단체를 중심으로 공통도시정보를 정비하고 공동활용체계를 마련해야 할 것이다. 도시서비스 통합 연계는 공통성뿐만 아니라 연계성이 강한 정보로 구성되어야 한다. 따라서 통합 연계를 위한 기반을 마련하고, 이를 중심으로 통합 데이터웨어하우스의 추진도 필요할 것이다.

VI 새로운 서비스 분류

"진화하는 지도의 과학 '지도지리정보시스템'"

과거에는 상상조차 못했던 새로운 일들이 현실로. 지도는 인류의 역사와 더불어 변화와 발전을 거듭하면서 오늘에 이르렀다. 그러나 십수 년 전부터 컴퓨터에 의해 지도가 제작되면서 카내비게이션이 도로지도책을 밀어냈다. 인터넷 포털사이트에선 전국 어느 곳이건 지도나 위성사진을 마음대로 볼 수 있으며, 실시간 교통정보는 물론 원하는 지역정보까지 검색해 볼 수 있는 세상이 되었다. 이러한 동향은 지도의 디지털화에 따른 것이라 할 수 있지만 무엇보다 컴퓨터의 비약적인 기술혁신의 결과라고 볼 수 있다.

1960년대 후반 이후 지도의 디지털화에 근거하여 지도와 지역의 데이터베이스는 지리정보시스템(GIS)이라 하는 지리학을 중심으로 학제간 학문분야로 발전하게 되었는데, 이와 같은 최초의 시도는 1967년 캐나다의 톰린슨(R. F. Tomlinson)에 의해 개발된 캐나디언GIS(CGIS)라 할 수 있다. 당시 캐나다는 도시로 인구가 집중됨에 따라 농림업이 황폐되어가는 것을 방지하기 위해 임업자원과 토지이용을 관리하는 시스템이 필요하게 되어 국가의 전폭적인 지원하에 개발하게 되었다. 이것이 GIS의 시초이며, 톰린슨은 GIS란 용어를 처음 지어낸 사람이 되었다.

그렇다면 GIS는 어떠한 기능을 지니고 있을까? GIS는 소위 '살아 있는 지도'로서 모든 데이터를 디지털로 가지고 있기 때문에 다음과 같은 것을 가공하거나 분석 또는 표시할 수 있다. 먼저 종류가 다른 공간 데이터를 지도라는 공통의 기반 위에서 관리하여 자유로이 비교검토할 수 있다. 그 다음 여러 가지 공간 데이터로부터 임의의 데이터를 추출하여 정해진 축척에 중첩시켜 목적에 맞는 주제도를 제작할 수 있으며, 주소나 원하는 조건 등을 입력하면 해당 장소나 시설을 검색하여 지도상에 표시할 수 있다.

이 밖에 종류가 다른 공간 데이터를 중첩하거나 집계하여 간단히 통계를 작성하여 지역정보를 분석 · 평가할 수 있고, 각종 공간 시뮬레이션을 실행하거나 새로운 영역의 데이터 작성도 가능하다. 또 도로나 수로 등 네트워크 데이터로부터 임의의 지점간 최단 경로를 분석 · 표시할 수 있으며, GPS나 센서 등의 기술을 이용하여 지도상에 위치나 상태를 표시할 수도 있다. 그리고 공간 데이터를 이용하여 타지점간 정보를 공유할 수 있으며, 조사나 분석의 결과를 공간 데이터로 정리하여 전달하거나 공간 데이터를 이용한 전자적인 예약 · 신청 · 의뢰 · 등록 · 안내 등도 가능하다.

이러한 기능을 지닌 GIS는 국가나 지방자치단체는 물론 사회 전반에 이르기까지 그 효용성이 급속히 확대되어 가고 있다. 예를 들어 고객과의 관계를 고려한 유리한 상점의 입지를 결정한다거나 고객관리를 통해 비즈니스의 영역을 넓힐 수도 있고, 사고가 발생했을 때는 긴급차량을 최단 루트로 현장에 출동케 할 수 있으며, 전염병의 확산을 모니터링하여 대책을 세울 수도 있다. 또 우범지대를 특정하여 관리하고 순찰 루트를 결정할 수도 있다. 현대사회의 정보화에 따라 자원이나 시설의 관리, 도시계획, 재난 방재 등 행정이나 산업의 분야까지 그 용도는 실로 무궁무진하다 할 수 있다.

오른쪽 그림은 서울의 일부를 나타낸 지도. 실시간 교통정보와 자전거 도로가 표시된 지도로 도로를 클릭하면 도로 구간의 거리와 소요시간을 알 수 있고, CCTV 설치 장소나 대중교통, 지역정보까지 확인할 수 있는 일종의 생활 GIS라 할 수 있다.

우리나라에 지리정보시스템이 도입된 것은 1980년대 초반으로 일부 지방자치단체에서 GIS를 근간으로 하는 도로관리체계가 시범적으로 개발되었으나 1990년대 중반까지는 자료입력 단계의 수준으로 거의 외국 기술에 의존하는 정도에 불과했다. 국가 차원에서는 정보화시대에 대비하기 위한 목적으로 1994년부터 국가지리정보체계(NGIS) 구축에 관한 논의를 시작했다. 크게 3단계로 나눠 장기적인 추진전략을 수립하였는데 1단계(1995~2000년)는 GIS 기반 조성 단계, 2단계(2001~2005년)는 GIS 활용 · 확산 단계, 3단계(2006~2010년)는 GIS 정착 단계였다.

구체적으로 살펴보면 제 1 단계에서는 GIS의 기본이 되는 지형도와 각종 주제도의 전산화, 공간정보의 표준 정립, 관련 제도의 정비, GIS 기술개발, 전문인력 양성 등 주로 GIS 기반을 조성하는 사업을 추진하였다. 제 2 단계에서는 지방자치단체와 민간이 참여할 수 있도록 유도하고, 구축된 공간정보를 활용한 대국민 응용서비스의 개발은 물론 공간정보 유통체계를 확립하고, 전문인력 양성의 기반을 확대하였다. 3단계는 GIS 활용을 보편화하여 서비스를 극대화하고, 축적된 공간정보를 활용한 새로운 부가가치산업을 창출한다는 것이다.

현재 추진되고 있는 제 3 단계 국가GIS기본계획은 유비쿼터스 국토 실현을 위한 기반 조성을 비전으로 GIS 기반 전자정부의 구현, GIS를 통한 삶의 질 향상, GIS를 이용한 새로운 비즈니스 창출을 목표로 추진되고 있다. 전문가들에 따르면 향후 전개될 GIS 기술의 발전방향은 위치기반서비스(LBS: Location Based Service) 기술, 개방형 공간정보기술, 통합센서 공간영상처리기술, 지오미디어 처리기술, 공간영상서비스 기술 등과 함께 전 세계 어디에서나 정보제공서비스가 가능한 텔레매틱스 기술과 유비쿼터스 기술이 핵심기술로 인식되고 있다고 한다.

이와 같이 GIS의 발전속도와 확산범위를 보면 과거에는 상상조차 하지 못했던 새로운 일들이 현실로 나타나고 있다. 따라서 GIS는 IT의 주류로 급부상할 것이며, 클린산업의 선두주자로서 21세기 지식정보사회에 기반을 둔 블루오션산업이 될 것이라고 전망한다. *GIS and Science*의 저자인 영국 런던대학의 롱리(Longley P. A.) 교수가 "GIS의 영역은 지리적 스케일에서 발생하는 패턴과 프로세스를 묘사하고 설명하고 예측하는 일과 관련되어 있으며, GIS는 과학이기도 하고, 테크놀로지이기도 하며, 학문분야이기도 하고, 문제해결 방법이다"라고 했듯이 우리 인간이 지구 표면에 살고 있는 한 이제 GIS가 없다면 지구의 미래는 매우 불확실할 것이다.

자료원: 월간 산(2010. 1) 재구성.

뉴밀레니엄 신대륙인 u-City에서는 유비쿼터스 융합이 다양한 분야에 적용되어, 이미 많은 서비스가 제공되고 있거나 향후 제공될 것으로 예상된다. 이에 따라 잠재력 있는 u-서비스를 중심으로 설명한다.

u-서비스가 기존의 다른 서비스와 차별되는 이유는 가치사슬, 공간, 성공요인 등이 상이하기 때문이다. 그럼에도 불구하고 기존의 u-서비스, u-City 서비스 등의 분류는 여타 서비스와 차별성이 없다는 가정하에 이루어졌다. 이러한 기존 분류가 문제인 이유는 공급자나 공공서비스 중심이어서, 새로운 서비스가 등장할 때마다 분류체계를 수정해야 되고 잠재력 있는 서비스를 선제적으로 발굴하기 힘들기 때문이다.

기존의 디지털 공간과는 차별화된 유비쿼터스 공간에서의 u-서비스나 u-City 서비스에 대한 체계적인 분류 방안은 없을까? 본 서에서는 u-서비스 분류를 위한 새로운 툴인 The uC-Matrix, 그리고 u-City 서비스의 새로운 분류 프레임워크를 각각 소개하고자 한다.

1. 다양한 서비스

뉴밀레니엄 신대륙인 u-City에서는 유비쿼터스 융합을 다양한 분야에 적용하여, 이미 많은 서비스가 제공되고 있거나 향후 제공될 것으로 예상된다. 이에 따라 잠재력 있는 u-서비스를 중심으로 설명한다.

u-광고

기존의 현수막이 도시의 미관을 저해하는 요인이라고 지목받는 가운데 u-플래카드 등 u-광고는 오프라인 현수막을 대체하는 새로운 형태로 각광을 받고 있다. 예컨대 서울시 모 구청 관내의 u-플래카드는 기부채납 방식으로 운영되고 있다고 한다. 현수막 지정게시 시설은 총 12개소인데 LED전자 현수막은 공중 노출 빈도수가 높은 지역에 주로 설치된다. 현수막이라는 광고매체에 새로운 개념을 도입하는 것이기 때문에 이는 일종의 u-플래카드에 해당된다.

현수막은 옥외광고물 등 관리법 시행령에서 '천을 이용한 광고물'이라고 명시되어 있기 때문에 LED전광판을 이용한 u-플래카드는 현행법상 현수막으로 볼 수 없으므로 u-플래카드의 개념이 더 적합한 것이다. 장점으로는 게재되는 광고물이 상시적으로 1개의 광고만 노출되는 것이 아니라, 여러 개의 광고를 일정한 시간차를 두어 노출하는 방식이기 때문에 많은 양의 광고를 수용할 수 있다는 점이다.

u-거래

u-거래의 대표적인 서비스로서 할인매장에서의 거래를 들 수 있다. 할인매장에서 전통적으로 카트를 이용하는 쇼핑 방식에는 문제가 많다. 예컨대 대부분의 고객은 쇼핑 카트를 가지고 물품을 구매하므로, 고객이 증가할수록 쇼핑 카트의 수도 증가하게 된다. 따라서 고객이 많을수록 할인매장에 도움이 됨에도 불구하고, 오히려 고객은 수많은 카트를 피해야 하므로 쇼핑하는 데 불편함을 겪게 된다. 또한 고객은 자신이 구입한 모든 물품들을 계산이 끝날 때까지 카트나 장바구니에 싣고 다녀야 한다. 구입한 물건이 많을수록 모셔야 할 고객임에도 불구하고 오히려 무거운 짐을 계속 싣고 다녀야 하는 것이다.

나아가 계산시 구입한 물품들을 다시 카트에서 꺼내 계산대 위에 올려놓아야 하며, 계산이 끝나면 또 다시 물품을 포장용기에 넣어야 한다. 카트를 살펴보면 고객이 어떠한 물건을, 얼만큼 구입했는지 알 수 있다. 하지만 이러한 사실이 노출되기를 꺼리는 고객도 있을 것이다. 이 경우 RFID, 센싱 기술 등 유비쿼터스 융합이 할인매장에 적용된다면 이상의 단점을 일거에 해결할 수 있다. 각 상품에 바코드 대신 RFID 태그가 붙어 있어 출구에 설치된 게이트를 지나면, 쇼핑한 물건들이 노출되지 않으면서도 그 내역이 모두 파악되기 때문이다.

u-지불

오프라인뿐만 아니라 온라인 상거래에서 이루어지는 모든 거래는 통상 거래비용을 수반하게 된다. 물건을 구입하려면 대금을 지불해야 하므로, 자신의 신용카드 번호나 상대방의 계좌번호를 키보드로 입력한다. 판매자도 결제를 위해 구매자에게 가격을 구두로 설명하거나 가격표를 만들어 진열한다. 결제할 때마다 고객을 응대하여 돈을 받고 세거나 잔금을 거슬러주고 아니면 고객의 신용카드를 받아 리더기에 긁고 영수증을 건네는 행위의 반복은 상거래시 거래비용으로 나타난다.

이상과 같은 결제방식은 결제정보 변환에 있어 사용자 상방에 높은 수고와 비용을 수반하게 된다. 예를 들어 일반 상점에서 모바일 계좌이체를 통해 결제하는 경우, 판매자의 계좌번호와 가격을 일일이 입력하여 결제금액을 판매자의 계정으로 송금하고, 이를 판매자가 재확인한 다음 결제과정이 종료된다. 하지만 상품 안에 RFID태그가 부착되고 태그 안에 가격과 판매자의 결제계좌가 저장된다면, 그리고 구매자의 모바일 디바이스가 원터치로 인식하여 자신의 계좌를 통해 판매자의 계좌로 직접 송금할 수 있다면 구매자와 판매자 쌍방은 거래비용을 대폭 절감할 수 있을 것으로 기대된다.

u-금융

오늘날 사람들은 휴대폰을 통해 신용카드, 뱅킹, 보험 등과 같은 서비스를 편리하게 사용하고 있다. 그러나 휴대폰은 화면 크기가 작아, 시력이 좋지 않은 사람에게나 고령층에게는 무용지물이 될 수도 있다. TV나 거실에 붙어 있는 디지털 액자, PDA 등을 통해 금융서비스를 받아보고 휴대폰의 키패드를 통해서가 아닌 음성인식 등을 통한다면 더욱 편리할 것이다. 또한 생체인식기술 등으로 본인 확인도 편하게 받을 수 있게 된다.

아직까지는 셋톱박스, 리모콘 등을 이용해 TV 화면상에서 계좌조회, 자금이체, 공인인증서 관리 등과 같은 주요 금융업무를 편리하게 처리하였다. 음성

인식이 더욱 정교해지면 금융서비스를 이용하는 고객들은 은행을 직접 방문하거나 인터넷뱅킹을 위해 PC를 켜지 않아도, TV 등을 통해 간편하게 금융거래를 할 수 있게 될 것이다.

u-자산관리

RFID를 활용한 u-자산관리의 필요성은 사회 전반에서 제기되고 있다. 대부분 기업이나 공공기관, 연구소는 자산관리를 위하여 바코드를 활용하고 있거나 수작업으로 일일이 확인 및 기록을 유지하고 있다. 이에 따라 자산과 대장간에 불일치도 빈번하게 발생하고 있는 실정이다.

이러한 오프라인 자산관리에 유비쿼터스 융합을 적용하면 그 효과는 매우 뛰어나다. 무엇보다도 비용을 절감하게 되고, 특정한 날에 일부러 시간을 내서까지 자산관리를 해야 하는 번거로움도 없앨 수 있다. 관련 유비쿼터스 솔루션을 활용하면 자산관리의 운영 및 평가, 자산의 이동 및 유지보수, 적재적소 분배 및 배치, 자산의 이력관리로 제품수명 연장 등 체계적인 자산관리와 예산의 효율적 집행이 가능하게 된다.

기업이나 공공무문 등 조직의 특성상 빈번한 인사발령, 조직개편, 입사 및 퇴직 등으로 집기나 비품에 대한 개별적인 이력관리가 불가능한 경우가 많다. 자산의 위치 및 수량파악이 제대로 되지 않아, 중복 구매를 하거나 분실되어도 파악도 잘 되지 않는 등 자산관리에 사각지대가 존재하기도 한다. 더욱이 리스 자산의 반납시 수량부족이 발생해 곤란을 겪는 경우도 종종 발생한다. u-자산관리의 도입으로 사용자는 명확한 관리 범위의 설정이 가능해지고 관리자는 이중 작업의 제거로 자산운영, 자산평가 등이 더욱 용이해졌다. 경영진도 명확한 자산평가, 다양한 산출자료 제공 등으로 자산관리의 효율성을 제고할 수 있게 된다.

u-SCM

기업이 물자와 정보의 흐름을 관리하기 위해 사용해 온 전통적인 바코드

방식은 저장 가능한 정보의 용량이 제한적이고 인식거리가 짧다는 단점을 가지고 있다. 이러한 문제를 해결하기 위한 대안으로 유비쿼터스 융합을 적용한 u-SCM이 있다. 이는 기존의 바코드가 가지고 있는 저장용량과 인식거리의 한계를 보완해 줄 수 있을 뿐만 아니라, 공급사슬상에서 기업의 가치를 증대시켜줄 수 있는 기술이다. 그래서 국제적 연구기관인 auto-ID Lab, EPC Global과 국제표준 제정기관인 ISO/IEC에서도 RFID에 대한 적극적인 연구 및 표준화 활동이 이루어지고 있다.

다국적 기업인 Wal-Mart의 경우, 이미 여러 차례의 실험을 통해 상위 납품업체들에게 RFID 기술을 적용할 것을 요구하고 있다. 국내에서도 RFID 기술을 고부가가치 창출의 신기술로 인식하고 있을 뿐만 아니라, 활발한 연구와 다양한 분야에서 시범사업이 활발하게 진행되고 있다.

기업의 생산 패러다임의 변화는 ERP에서 SCM으로, SCM에서 인터넷을 통한 전자상거래 기능을 추가한 e-SCM으로 진화되었다. 유비쿼터스 융합이 적용됨에 따라 e-SCM에서 또다시 u-SCM으로 진화하고 있다. 기업 내외부를 포함하는 전체적인 관점에서 지속적인 프로세스 개선과 정보의 실시간 전달을 통해 업무 지연요소를 최소화하고 의사결정의 스피드를 높여 경쟁력을 극대화한 실시간기업(RTE: Real Time Enterprise)을 실현하고 있는 것이다.

일본에서도 독자적인 기술표준의 도입, 오픈 플랫폼 공동개발 등 기업간 연구협력이 이루어지고 있으며 물류, 운송, 보안 등과 같은 영역에서 활발한 적용 노력이 이루어지고 있다. 영국의 Marks & Spencer는 식품 공급체인에 태그를 적용하여 데이터 처리시간을 대폭 단축하고, 바코드 대비 10배의 절감효과를 달성했다고 한다. 독일의 메트로는 팔레트, 박스 등에 태그를 부착하여 공급체인 관리능력을 크게 향상시켰다.

u-Farming

u-Farming이란 농축산물의 생산, 검역, 유통, 소비 등 단계별로 유비쿼터스 융합을 접목하여 생산성 제고, 안정성 검증, 투명성 확보 등이 그 목적이다. 센서네트워크를 적용하여 최적의 재배환경을 구현하여 생산성을 증가하고, 이렇

게 재배된 작물들의 품질정보를 전자태그에 담게 되므로 유통단계에서는 소비자의 신뢰도 증가하게 된다.

이렇게 유비쿼터스 융합이 고도화되면 u-Farming은 궁극적으로 전 과정을 데이터베이스화해서 '산지에서부터 섭취'까지 통합관리하는 시스템으로 진화될 전망이다. 그 핵심은 RFID, USN 등 유비쿼터스 융합관련 기술들이다.

u-IBS

오늘날 빌딩은 활용 대상이라는 단순한 공간의 개념에서 넘어 첨단 정보통신 서비스의 지원, 최적의 빌딩관리, 쾌적한 사무환경 등의 대상으로 진화되었다. 즉 u-IBS(Intelligent Building System: 지능형 빌딩시스템)의 도입으로 인해 건물공간을 단순히 활용하는 것을 넘어 첨단 정보통신, 빌딩자동화, 사무자동화 등 각 분야의 시스템을 통합한 것이다.

그럼으로써 입주자에게는 최상의 근무환경을 제공하고, 건물주에게는 효율적인 관리로 경비절감 및 미래의 기술변동에 유연하게 대처할 수 있는 기반구조를 제공하는 빌딩시스템이 된 것이다. 나아가 u-IBS를 도입하면 보안이 강화된 출입통제, 용이한 건물관리, 쾌적한 환경구축 등과 같은 효과도 거둘 수 있게 된다.

u-Office

오늘날 오피스 공간은 수많은 기기, 배선, 산만한 구조로 이루어져 있기 십상이다. 하지만 유비쿼터스 융합이 적용된 u-Office에서는 통합된 설비시스템과 조명시스템에 의해, 천정과 벽면의 디자인이 심플해지고 바닥은 네트워크를 위해 기존의 케이블이 사라짐과 동시에 액세스플로어 및 케이블 캡 등이 필요 없게 된 것이다. 출입문은 인체감지센서나 u-카드에 의해 작동하고 잠김과 동시에 시큐리티시스템이 설정되어, 기존의 손잡이나 잠금장치가 필요 없게 되었다. 복도, 휴식공간 등 공용공간에서는 조명조절이 인체감지센서에 의해 작동하므로 에너지 절감의 효과도 볼 수 있다.

u-게시판을 통하여 사내 정보와 공지사항을 확인하고 날씨, 교통 등 유용한 정보를 모든 직원들이 공유할 수 있다. 센서에 의해 작동되는 냉난방 시스템, 조명시스템 등으로 벽면의 스위치가 사라지고 통합컨트롤패드가 부착되며 그로 인해 벽면의 디자인은 더욱 간결해질 수 있다. 불필요한 칸막이나 벽이 없어지고, 필요에 따라 u-파티션에 의해 공간이 나누어지므로 넓고 쾌적한 업무공간을 기대할 수 있다. 또한 창가에 부착되는 u-블라인더에 의해 채광을 조절할 수 있고 내부공기의 상태에 따라 창문의 개폐가 자동으로 조절된다.

회의실이나 사장실과 같은 독립된 공간에서 유리와 같은 투과성이 좋은 재료로 공간을 구획하면 개방성이 뛰어나고 업무 중요도에 따라 유리의 투과성이 없어지도록 u-월(wall)도 설치할 수 있다. 모든 OA기기가 하나로 통합된 복합기기가 되어, 다기능(multi-function) 역할을 수행하게 될 것이다. 사무용 가구의 경우 u-칩이 내장되어 사용자의 인체사이즈에 맞도록 조절이 가능하게 되고 각 책상에 있는 u-보드를 이용하여 서류결제, 업무보고 등이 이루어져 종이 없는 업무환경이 될 것으로 기대된다.

u-Telematics

텔레매틱스(Telematics)란 통신(Telecommunication)과 정보과학(Infomatics)의 합성어로서 이동통신, 인터넷, 지리정보시스템(GIS) 등 유비쿼터스 융합을 한꺼번에 자동차에 접목, 운전경로를 안내하거나 각종 인터넷 정보 등을 운전자에게 실시간으로 제공하는 종합서비스이다. 또한 동승자에게는 인터넷, 영화, 게임, 멀티미디어 등 인포테인먼트 서비스를 제공한다. 관련 기술로는 이동통신 시스템을 이용한 차량의 정보제공 및 도난방지 시스템, 네비게이션 시스템, 인터넷 네트워크 시스템 등이 있다.

즉 u-Telematics는 위치정보와 이동통신망을 이용해 운전자와 탑승자에게 안정성과 편리성을 보장하는 환경에서 교통안내, 긴급구난, 인터넷(금융, 뉴스, 이메일, 메신저, VoD) 및 영화, 게임 등의 정보를 제공하는 종합적인 멀티미디어 정보서비스인 것이다. 향후 LBS, ITS 등과의 융합으로 새로운 서비스와 비즈니스 모델을 만들어 갈 것으로 기대된다.

u-Telemetry

일반적으로 Telemetry라 함은 멀리 떨어진 지점의 측정 대상으로부터 측정 결과를 전기적으로 전송, 변환하고 통신네트워크를 통해 전송된 데이터를 컴퓨터에서 처리하는 것을 말한다. u-Telemetry는 센서를 통해 계측 및 검출된 데이터를 전송해 주는 단말장치, 데이터를 원격지까지 전송해 주는 통신네트워크, 통신망을 통하여 수집된 데이터를 처리하는 정보처리장치 등으로 구성된다.

u-Telemetry는 통신기술과 컴퓨터기술의 발달로 새로운 정보통신 서비스로 발전되고 있으며, 하드웨어나 시스템의 기능이 향상되면서 많은 분야에서 다각적으로 활용되고 있다. 최근에는 무인검침, 공해감시, 전력 및 가스계통의 집중관리, 기상관측 등 광역 데이터를 수집하고 처리하는 경우에도 사용되고 있다.

u-홈

가정 내의 모든 정보가전 기기가 유무선 홈 네트워크로 연결되어 누구나 기기, 시간, 장소에 구애받지 않고 다양한 디지털 홈서비스를 제공받을 수 있는 미래지향적인 가정환경이다. 즉 가정 내 정보가전을 하나의 네트워크로 묶어 편리하게 이용할 수 있도록 하는 개념이다. u-홈은 PDA 등 정보기기를 이용해 랜이나 무선망으로 연결된 집안의 TV, 에어콘, 냉장고 등을 원격으로 조정한다.

u-홈을 구축하기 위해서는 가정 내의 홈 네트워크 외에 서비스를 가정까지 전달해 주는 외부 네트워크, 정보가전 기기, 홈 디지털 서비스를 구현하는 컨텐츠가 필요하다. 홈 네트워의 기술로는 HomePNA(Home Phoneline Networking Alliance), 전력선 통신인 PLC 등 유선 형태와 블루투스, 무선랜, HomeRF(Home Radio Frequency), IrDA(Infrared Data Association), UWB(Ultra Wide Band) 등 무선 형태가 있다. 이용자는 복합적인 네트워크 환경을 활용하여 원격교육, 원격진료, 홈 오토메이션, 멀티미디어 서비스 등 다양한 서비스를 제공받을 수 있다.

u-헬스케어는 u-홈의 일환으로 제공되기도 한다. 언제, 어디서나 건강관리를 받을 수 있는 원격의료 서비스, 전국 각지 병의원과 u-헬스 서비스 네트워

크를 구축해 주치의에 의한 맞춤형 개인 건강을 관리할 수 있다. 또한 도서나 산간 오지 지역민들이 화상 시스템을 갖춘 보건진료소를 방문해 진료를 받고, 이상 징후가 발견되면 병원선, 이동 보건 차량이나 대형 종합병원의 전문 의료진으로부터 실시간으로 의료상담도 받을 수 있다.

u-Learning

유비쿼터스 융합을 교육분야에 적용하면 오프라인 교육장소에 구애받지 않고, 누구나 편리하게 지식과 정보에 접근할 수 있게 된다. 나아가 오프라인과 온라인이 통합된 교육환경도 제공할 수 있을 것이다. 유비쿼터스 학습환경에서는 학습을 지원하는 다양한 내장형 컴퓨터들이 도처에 편재되어 있고, 이러한 기기들은 서로 네트워크를 통해 연결되어 상호작용할 수 있다.

u-Learning을 활용해 이동 중에도 자연스럽게 학습서비스를 이용할 수 있다. 특히 유비쿼터스 학습은 장소나 기기 중심에서 사용자 중심으로 교육의 패러다임이 전환되어 사용자의 동적인 상황과 환경에 따라 적응하여 학습서비스를 제공한다. 따라서 유비쿼터스 환경을 기반으로 사용자의 이동성을 지원하는 기술, 다양성이 높은 내장형 센서 단말 기술, 개인에 적합한 서비스 지원 기술 등이 필요하게 된다.

2. u-서비스의 차별성

뉴밀레니엄 신대륙에서 제공되는 u-서비스가 기존의 다른 서비스와 차별되는 이유는 가치사슬, 공간, 성공요인 등에서 상이하기 때문이다. 먼저 유비쿼터스 공간에서는 컨텍스트 등 인터넷 공간과는 전혀 다른 가치사슬이 형성될 것으로 예상된다. 그 적용 범위도 사물까지 포함하므로 훨씬 더 광범위해지지만, 필요한 기술수준이 뒤떨어져 있다. 따라서 유비쿼터스 공간에서는 인터넷 공간에 비해 컨트롤, 비용, 애플리케이션, 기술 등이 더 중요한 성공요인으로 자리

잡게 된다.

가치사슬

인터넷 공간에서는 하이퍼텍스트화된 정보인 컨텐츠가 필요하고 이를 제공하는 CP(Contents Provider: 컨텐츠제공자)의 역할이 중요하였다. 하지만 유비쿼터스 공간에서는 칩을 통하여 모든 사물의 정체, 위치 등을 파악할 수 있으므로 인터넷 공간에서의 컨텐츠와는 전혀 다른 개념이 필요하게 된다. 이를 컨텍스트라고 부르며 그 범주에는 정체, 행동, 위치, 시간, 환경 등이 포함된다.

따라서 인터넷 공간에서는 컨텐츠를 제공하는 주체인 CP의 역할이 중요하지만, 유비쿼터스 공간에서는 컨텍스트 자체만을 제공하는 것으로는 사용자에게 의미가 없을 것이다. 예컨대 디지털 홈에서 혈액검사를 위하여 피부를 스캔하는 것만으로는 이용자에게 도움이 되지 않고, 이렇게 스캔된 혈액에 대한 컨텍스트가 주치의에게 전달되고 그 해석된 결과가 비로소 의미를 가지게 되는 것이다.

따라서 특정 컨텍스트가 아니라 필요한 컨텍스트들이 사용자의 니즈에 맞게 조합되고 커스텀화되어야 할 것이다. 이렇게 사용자들의 니즈에 맞게 조합되고 커스텀화된 것을 애플리케이션이라고 하고 이러한 애플리케이션을 제공하는 주체를 AP(Applications Provider: 애플리케이션공급자)라고 부르자.

결과적으로 유비쿼터스 공간에서는 인터넷 공간과는 전혀 다른 가치사슬이 형성될 것으로 보인다. 유비쿼터스 가치사슬에서 주요 활동으로는 〈그림 Ⅵ-1〉과 같이 컨텍스트(Context), 이를 조합하고 커스텀화한 AP(Applications Provider), 네트워크 서비스(Network Service), 단말기(Terminal), 사용자(User) 등을 들 수 있다. 이러한 가치사슬상에서의 프로세스를 구체적으로 살펴보자.

먼저 유비쿼터스 공간에서는 사물의 정체, 행동, 위치, 시간, 환경 등을 담은 컨텍스트가 우선 파악되어야 할 것이다. 이러한 컨텍스트는 그 자체로는 전술한 바와 같이 사용자에게 가치를 제공하지 못하므로, 다양한 컨텍스트들을 사용자의 니즈에 맞게 조합하고 커스텀화하는 AP의 역할이 중요하게 된다. 그런 다음 네트워크 서비스를 통하여 애플리케이션은 필요로 하는 사용자의 단말

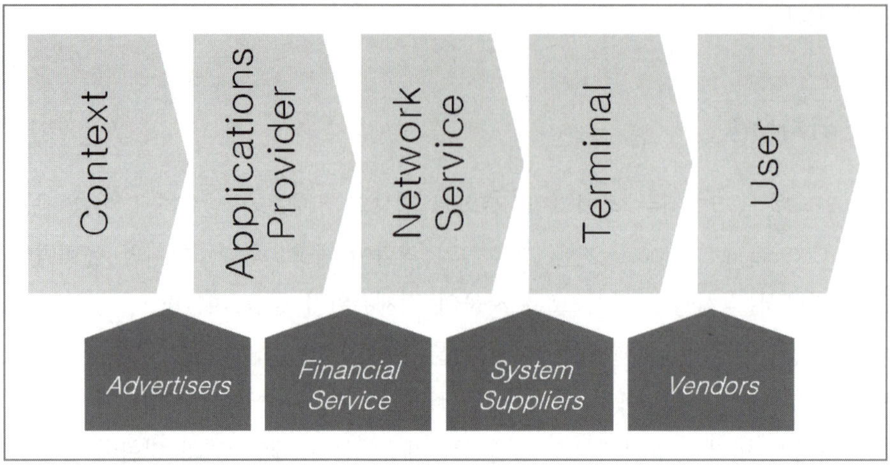

자료원: Oh, 2003.

그림 Ⅵ-1 유비쿼터스 가치사슬

기로 전달된다.

나아가 이러한 유비쿼터스 가치사슬을 지원하는 활동으로 광고주(Advertisers), 금융기관(Financial Service) 그리고 유비쿼터스 공간과 관련된 칩, 네트워크, 단말기 등을 공급하는 시스템 공급자(System Suppliers)와 벤더(Vendors) 등이 있다. 이상의 주요 활동과 지원활동 모두 유비쿼터스 공간이 유지되기 위해서는 필수 불가결하다.

공 간

u-서비스는 유비쿼터스 공간에서 제공되는 서비스이다. 이러한 공간이나 인터넷 공간이나 공히 사이버 세계에 속한다는 점에서는 동일하다. 하지만 〈그림 Ⅵ-2〉와 같이 유비쿼터스 공간인 'u-Space'는 인터넷 공간인 'Internet Space'에 비해, 적용범위(Level of Coverage) 차원에서 사물도 포함하므로 훨씬 더 광범위하다. 하지만 칩 등 관련된 기술수준(Level of Technology) 차원에서는 아직까지는 인터넷 공간보다 뒤떨어져 있다.

그 결과 적용범위를 비교해 보면 인터넷 공간은 과거에 사무실이나 가정 등 일정 장소에서만 형성되었다. 그 후 무선 인터넷이 보급되자 AP(Access

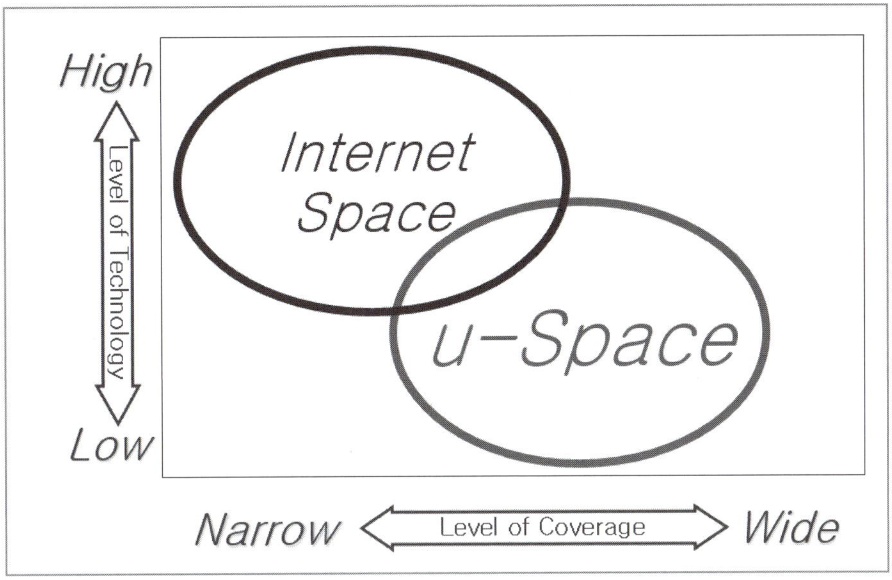

▌그림 Ⅵ-2 유비쿼터스 공간의 차별성

Point)만 있으면 어디에서든지 접속이 가능하게 되는 등 그 적용범위가 크게 확장되고 있다. 하지만 AP가 설치된 곳이 호텔 등 사용자가 많은 일부 공공장소에 국한되어 있다는 점을 감안하면 아직도 그 적용범위는 한정되어 있다고 할 수 있다.

하지만 유비쿼터스 공간에서는 컵, 승용차, 카트, 용기, 교량 등 모든 사물에 칩이 내장되므로 그 적용범위가 이 세상 모든 사물로 확대되는 등 매우 광범위하다. 즉 인터넷 공간은 언제든지(Anytime) 측면에서는 제 2 공간인 데디케이티드 공간에 비해 많이 개선되었지만, 어디에서든지(Everywhere) 차원에서는 유비쿼터스 공간의 본격적인 출현이 요구되는 것이다.

적용범위에 이어, 관련 기술수준을 비교해 보자. 인터넷 공간에서는 예컨대 PC를 사용하면 큰 화면, 멀티미디어 기능 등이 가능해지므로 상대적으로 관련 기술의 수준이 우수하다고 할 수 있다. 하지만 제 4 공간인 유비쿼터스 공간과 관련된 기술수준을 보면, 많은 한계를 노출하고 있다. 즉 인터넷 공간의 구현에 필요한 기술이 유비쿼터스 공간을 실현하기 위하여 필요한 기술수준보다 앞서 있는 것이다.

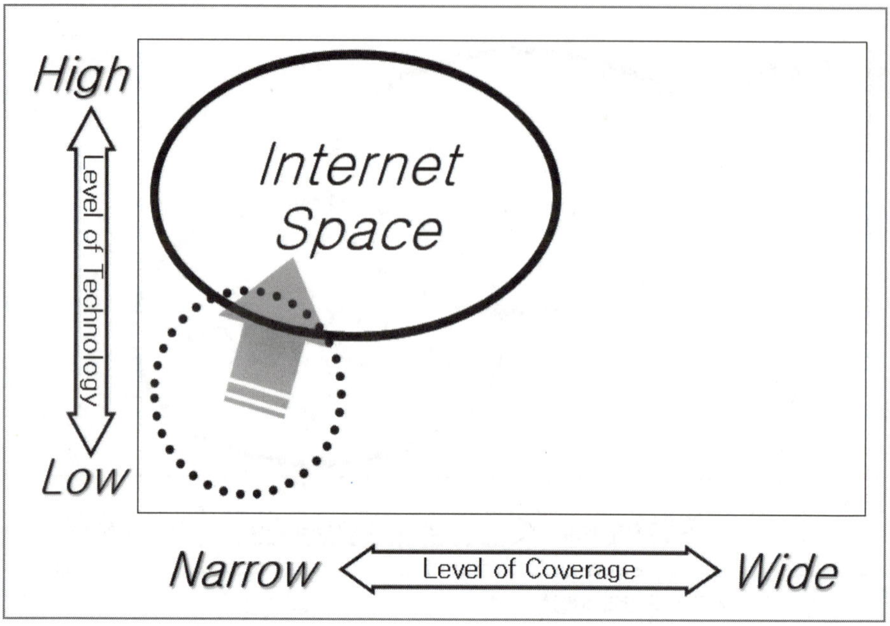

그림 Ⅵ-3 인터넷 공간의 발전

하지만 향후 유비쿼터스 공간을 구현하기 위해 요구되는 기술도 급속도로 발전할 것으로 기대된다. 예컨대 〈그림 Ⅵ-3〉과 같이 그동안 인터넷 공간의 발전 역사를 상기해 보면 이해가 될 것이다. 초기 인터넷은 연구용이나 군사용으로만 개방되어, 네트워크에 접근할 수 없으면 인터넷을 사용할 수 없었으므로, 그 적용범위도 매우 협소했다고 할 수 있다. 요구되는 기술수준도 예컨대 웹브라우저가 등장하기 전까지는 텍스트 모드로 매우 불편하였었다.

하지만 무선 인터넷 등 과거에는 상상할 수 없을 정도로 인터넷 공간과 관련된 기술이 발전하여, 휴대폰이나 PDA로도 인터넷을 사용할 수 있게 되는 등 그 적용범위가 확대일로에 있다. 나아가 마우스만 사용할 줄 알아도 인터넷을 이용할 수 있는 세상이 되었고 음성인식이나 멀티미디어도 가능해지는 등 인터넷 공간과 관련된 기술수준은 초창기와는 비교할 수 없을 정도로 장족의 발전을 거듭하여 왔다.

이와 같이 인터넷 공간이 초창기에 비해 그 적용범위가 넓어지고 관련된 기술수준도 크게 향상된 것과 마찬가지로, 제 4 공간인 유비쿼터스 공간도 향후

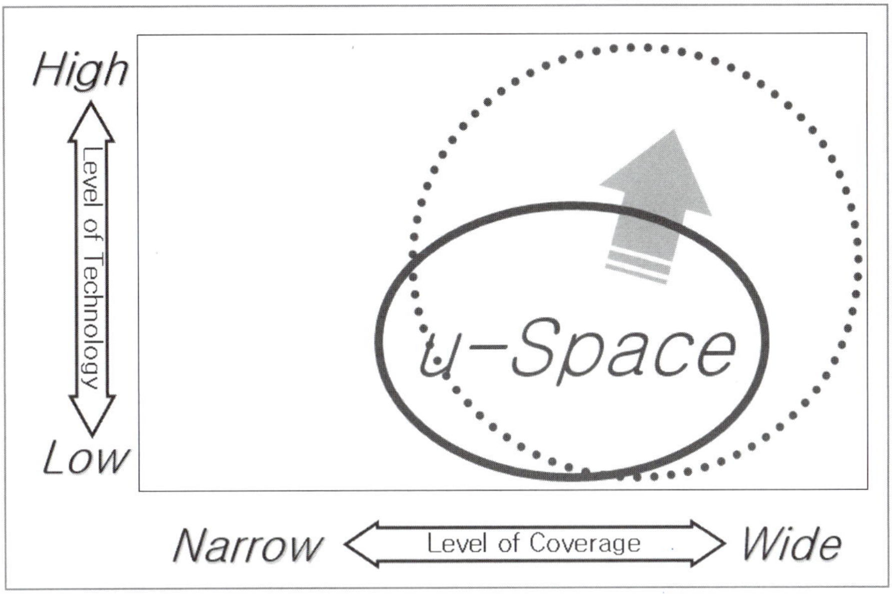

그림 Ⅵ-4 유비쿼터스 공간의 잠재력

그 적용범위가 확대되고, 관련 기술의 수준도 크게 발전할 것으로 예상된다(〈그림 Ⅵ-4〉 참조).

우선 칩의 가격이 모든 사물에 내장될 수 있을 정도로 저렴해지고 응용분야가 넓어지면, 유비쿼터스 공간은 크게 확대될 것으로 기대된다. 또한 HP의 쿨타운 프로젝트처럼 자동차 윈도를 컴퓨터 모니터처럼 사용해서 운전을 방해받지 않고도 상대방 얼굴을 보면서 통화할 수 있을 정도로 관련 기술은 급속히 발전될 것이다. 지금은 이 모든 것이 꿈 같은 얘기로만 들릴지 모르지만, 이렇게 편리한 세상이 도래할 날도 얼마남지 않은 것으로 보인다.

성공요인

유비쿼터스 공간에서 성공하기 위해서는 어떠한 전략이 필요할까? 기존의 인터넷 공간과는 어떻게 차별화된 전략이 필요할까? 유비쿼터스 공간에서 기업이나 공공부문 등 조직의 성공전략에 관한 연구는 아직까지도 일천한 실정이다. 그 이유는 유비쿼터스 서비스의 태반이 손에 잡힐 정도로 구체적으로 구현

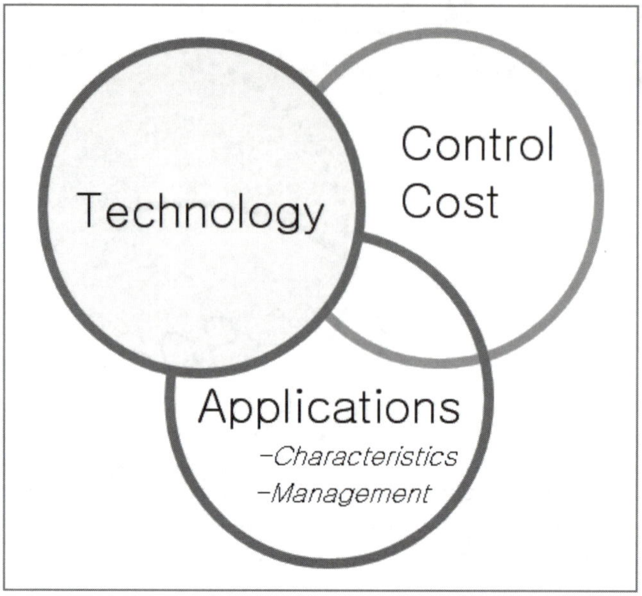

자료원: Oh, 2003.

그림 Ⅵ-5 The C2AT Framework

되지 않아, 그간의 연구나 프로젝트가 주로 유비쿼터스 공간과 관련된 기술 등 인프라에 집중되어 있기 때문이다.

유비쿼터스 서비스의 성공요인들을 체계적으로 정리하여 보자. 전술한 바와 같이 유비쿼터스 공간은 인터넷 공간에 비해 그 적용범위는 훨씬 광범하지만 관련된 기술수준은 아직도 열악하다는 점에 착안하여 〈그림 Ⅵ-5〉와 같이 컨트롤(Control), 비용(Cost), 애플리케이션(Applications), 기술(Technology)을 의미하는 C2AT 프레임워크를 제시하고 그 배경을 설명한다.

먼저, 유비쿼터스 서비스는 그 적용범위가 제 3 공간에 비해 매우 광범위하므로, 그 특성을 최대한 살리는 방향으로 애플리케이션(Applications)을 개발해야 할 것이다. 예를 들면 인터넷 공간에서의 고객관계관리(CRM: Customer Relationship Management)는 회원으로 등록된 사람만을 대상으로 가능하다. 하지만 스타벅스 등 커피숍에서 칩이 내장된 컵으로 음료를 서빙하게 되면, 회원이 아닌 고객이라도 어느 정도 뜨거운 커피를 좋아하는지를 알 수 있다. 따라서 인터넷 공간과는 달리 회원으로 등록하지 않은 경우도 CRM이 가능하게 되는 것이다.

또한 성공하기 위한 애플리케이션이 되기 위해서는 다양성 등 그 자체 특성(Characteristics)도 중요하지만, 이를 적시에 업데이트하는 등 관리(Management)를 효과적으로 하는 것도 필요하다. 따라서 애플리케이션은 다시 애플리케이션 특성과 애플리케이션 관리 등 2가지로 구분할 수 있다.

둘째, 유비쿼터스 서비스는 그 적용범위는 매우 광범위하지만 요구되는 기술의 수준은 아직까지도 열악하다는 점에서, 관련 기술의 수준도 성공전략으로 중요해진다. 예컨대 앞선 유비쿼터스 기술로 무장하여 경쟁사보다 정확하고 편리한 서비스를 제공할 수 있다면, 유비쿼터스 공간에서 성공확률은 높아질 것이다. 이러한 유비쿼터스 공간과 관련된 기술로는 정확성, 효용성, 인터페이스 등을 들 수 있다.

셋째, 이상과 같이 특성화된 애플리케이션 개발, 기술수준 이외에도 기존의 다른 공간에서와 마찬가지로 사용자가 부담해야 할 비용은 중요한 성공요인이 된다. 예컨대 유비쿼터스 공간에서 서비스를 이용하기 위해 지불해야 할 비용으로는 전송료, 단말기 비용, 애플리케이션 이용료 등이 있다. 따라서 기업이나 공공부문 등 조직은 동일 또는 유사한 수준의 유비쿼터스 서비스를 저렴한 비용으로 제공할 수 있다면, 성공확률은 더욱 높아질 것이다.

넷째, 제 3 공간인 인터넷 공간에서도 해킹으로 인한 피해가 발생하는 등 보안이 중요하다. 유비쿼터스 공간에서는 해킹을 하면 이 세상 모든 사물에까지 접근이 가능해진다는 점에서 보안유지는 더욱 중요한 성공요인으로 등장할 것이다. 이는 유비쿼터스 공간의 활성화에도 크게 영향을 미친다는 점에서 이를 포괄적으로 컨트롤(Control)이라고 부르자. 그리고 컨트롤은 다시 신뢰성, 프라이버스 등으로 세분할 수 있다.

지금까지 유비쿼터스 성공 전략에 대한 C2AT 프레임워크를 기반으로 애플리케이션, 기술, 비용, 컨트롤 등 네 가지 요인을 발굴하였다. 각 요인별로 세부 변수들을 도출하면 〈표 Ⅵ-1〉과 같고, 이들은 유비쿼터스 공간에서 조직이나 공공부문이 성공하기 위한 핵심성공요인이 된다.

각 요인과 변수들을 구체적으로 설명하면 다음과 같다. 먼저 애플리케이션(Applications)은 애플리케이션 특성(Applications Characteristics)과 애플리케이션 관리(Applications Management)로 양분된다. 애플리케이션 특성으로는 신선도(Freshness),

표 Ⅵ-1 유비쿼터스 성공 변수

요 인		변 수
애플리케이션	특 성	신선도, 집중성, 다양성
	관 리	범위성, 적시성
기 술		정확성·신뢰성, 정밀도, 유용성, 인터페이스, 개인화
비 용		전송료, 단말기 비용, 애플리케이션 이용료
컨트롤		신뢰성, 프라이버시

자료원: Oh, 2003.

집중성(Localization), 다양성(Variety) 등을 들 수 있다. 예컨대 신선도는 정보가 얼마나 오래 되었는가, 정보가 얼마나 신선해야 하는가 등을 의미한다.

기타 확장성(Extensibility)은 컨텍스트 인지 컴퓨팅이 새로운 개념이므로 컨텍스트의 일반적인 개념을 지원하는 서비스는 새롭고 예상치 못했던 컨텍스트 정보의 원천을 수용할 수 있도록 쉽게 확장할 수 있어야 한다는 것이다. 또한 범위(Scope)는 어느 정도 범위에 가능한 가치가 전달되어야 하는가를 의미한다.

애플리케이션 관리에 대한 세부 변수로는 범위성(Scalability), 적시성(Timeliness) 등이 있다. 범위성은 적용범위를 많은 사용자에게 확대할 필요가 있다는 점에 근거한다. 유비쿼터스 공간의 초기 단계에서 범위성의 목표는 주어진 시간에 백만 개 정도의 클라이언트와 천만 명 정도를 대상으로 지원하는 것일 수도 있다. 유비쿼터스 공간에서는 스마트 공간이 매우 정교하므로, 사용자 개인의 컴퓨팅 공간과 주변 환경과의 상호작용을 강조하는 집중된 범위성(Localized Scalability)도 중요한 의미를 갖게 된다.

또한 적시성은 애플리케이션이 실제 상태의 변화와 해당 공지와의 사이에 허용되는 시간으로 정의된다. 예컨대 사람이 전등 빛에 가까이 다가가면 자동으로 켜지면 편할 것이다. 그러나 집에 있는 사람을 찾아내는 애플리케이션은 사람이 들어오는 사이에 몇 분의 지연이 허용되고 사람의 존재는 애플리케이션에 식별되어 공지된다. 이러한 애플리케이션의 설계자는 지연되지 않도록 즉시 처리되는 상태를 선호하겠지만 이러한 처리를 위해서는 감지와 분배작업이 필요하기 때문에 처리능력, 전송, 컴퓨팅 지연 등 현실적인 한계와 타협을 해 가면서 지연정도를 결정해야 될 것으로 보인다.

기타 시작시간은 정보를 제공하기 위하여 시작하는 데 걸리는 시간을 의미한다. 또한 유비쿼터스 공간에서는 고르지 않은 환경조건을 감추기 위한 기술도 개발되어야 할 것이다. 퍼베이시브 컴퓨팅 기술의 침투율은 조직의 구조, 경제, 비즈니스 모델 등과 같은 많은 비기술적인 요인에 따라 달라질 것이다. 예컨대 동일한 형태의 침투로 고르게 인식되기 위해서는 몇 년 또는 몇 십 년이 걸릴지도 모른다. 상이한 환경에 따라 스마트한 정도도 커다란 차이를 보이게 될 것인바, 예컨대 시설이 좋은 회의실, 사무실, 교실 등에서는 그렇지 못한 장소에서 보다 더욱 정교해질 것이다.

둘째, 기술(Technology)은 정확성 · 신뢰성(Accuracy, Reliability), 정밀도(Resolution), 유용성(Utility), 인터페이스(Interface), 개인화(Personalization) 등과 같은 변수들을 포함한다.

정확성은 감지된 컨텍스트가 어느 정도 정확해야 되는가를 의미하며 서비스 품질을 측정할 수 있는 하나의 유형이라고 할 수 있다. 또한 신뢰성은 온전하게 전달되는가를 지칭하므로, 애플리케이션은 센서 불량에 관해 갖는 내성 정도로도 측정이 가능하다. 통상 애플리케이션 설계자는 높은 신뢰성을 원할 것이다.

정밀도는 컨텍스트 정보가 얼마나 정밀해야 되는가를 의미하며, 범위(Coverage)와 관련된 개념이다. 범위는 컨텍스트 특성을 위해 가능한 모든 가치의 집단인 반면, 정밀도는 컨텍스트 특성에 맞게 변화하기 위해 요구되는 실질적인 변화를 의미한다. 예컨대 집에 있는 사람을 찾아내는 애플리케이션을 개발하는 경우를 상상해 보자. 사람을 찾기 위해 요구되는 범위는 집 전체이고 방 정도의 정밀도 수준이면 충분할 것이다. 또한 6피트 이내이면 불이 켜지고 6피트와 9피트 사이에 있으면 불이 꺼지도록 하는 애플리케이션을 개발해야 한다면, 적어도 3피트 정도의 정밀도가 필요하게 된다. 한편 유용성은 사용자가 기능적으로 유용하다고 인식하는 것이다.

기타 동기성이란 수집된 컨텍스트에 실시간 기능을 기반으로 하는 애플리케이션이라고 할 수 있다. 하지만 특정한 컨텍스트를 기반으로 활성화되는 것이 필요한 애플리케이션은 유용한 비동기적인 기능을 찾아야 할 것이다.

셋째, 비용(Cost)에는 전송료(Transmission Cost), 단말기 비용(Device Cost), 애

플리케이션 이용료(Applications Cost) 등이 있다. 즉 유비쿼터스 공간에서 서비스를 받으려면 우선 유비쿼터스 단말기가 필요할 것이다. 동일한 조건의 단말기를 얼마만큼 저렴하게 공급할 수 있느냐 하는 것은 경쟁력을 좌우하는 변수 중의 하나가 될 것이다. 또한 실제로 유비쿼터스 애플리케이션을 이용하는 요금과 이러한 애플리케이션을 전송하는 데 필요한 비용도 유비쿼터스 공간을 활성화시키는 데 많은 영향을 미칠 것으로 예상된다.

마지막으로, 컨트롤(Control)에는 신뢰성(Trust), 프라이버시(Privacy) 등과 같은 변수들이 있다. 신뢰성은 사용자가 개인 데이터의 변조나 오용으로부터 안전하다고 믿는 것을 의미하므로, 많은 애플리케이션 특히 사용자의 개인정보를 구하는 경우 매우 중요하게 된다. 프라이버시는 사용자의 민감한 정보가 다른 사람에게 노출되지 않음으로써 편안함을 유지하는 것을 의미하다. 인간은 본능적으로 이러한 프라이버시를 보호하려는 경향이 매우 강하다고 할 수 있다.

3. The uC-Matrix

유비쿼터스 공간에서 중요한 가정은 언제, 어디서나 아무런 장애 없이 원하는 서비스를 받을 수 있어야 한다는 것이다. 향후 우리 인류는 유비쿼터스 사회의 도래로 인하여 커다란 변화를 겪게 될 것인바, 그러한 변화 중의 하나가 유선이나 무선 인터넷으로는 상상할 수 없을 정도로 다양한 유비쿼터스 서비스들의 속출이라고 할 수 있다. 유비쿼터스 공간에서는 어떠한 서비스들이 관심을 끌게 되고 서비스들을 체계적으로 분류할 방안은 없을까?

이러한 분류방안에 대한 연구나 프로젝트는 전술한 유비쿼터스 전략분야와 마찬가지로 미흡한 실정이다. 여기에서는 〈그림 Ⅵ-6〉과 같이 유비쿼터스 서비스 분류를 위한 새로운 툴인 The uC-Matrix를 소개하고자 한다. 구체적으로 u-Care, u-Support, u-Trade, u-Contents 등 4가지 서비스 군으로 분류되는데, 이들에 대한 이해를 돕기 위해 예시를 들어가며 설명해 보자.

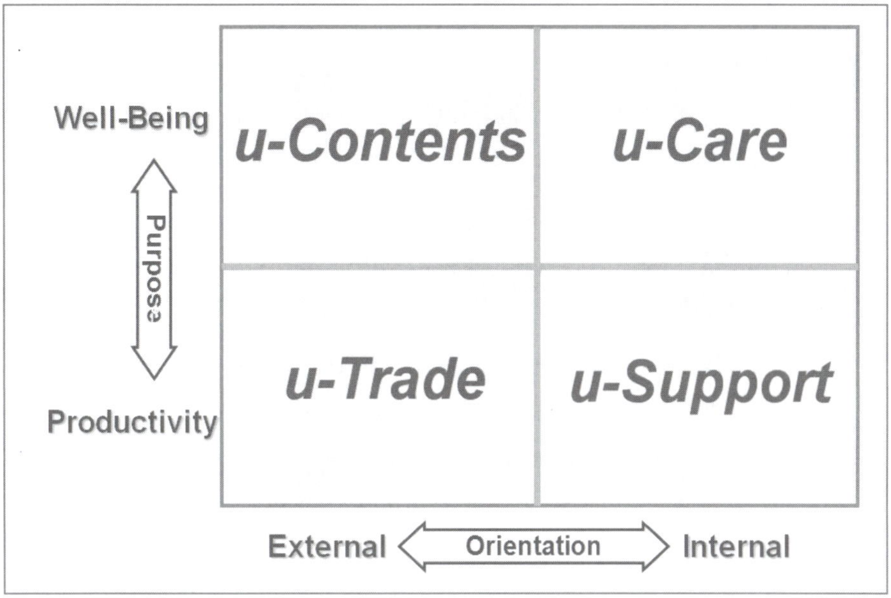

▌그림 Ⅵ-6 The uC-Matrix

u-Care

어느 한여름 찌는 듯한 삼복더위에 외출하고 집에 돌아오면 부랴부랴 에어컨부터 켤 것이다. 하지만 집안 공기가 시원해지는데 한참이나 걸려 에어컨을 켜고 난 후에도 한동안 더위 때문에 짜증난 경험이 많을 것이다. 향후 유비쿼터스 시대에는 이렇게 시달릴 필요가 없게 될 것으로 보인다.

집에 도착하기 전에 모니터와 같이 설계된 자동차 윈도를 통해 운전하면서 집안을 살피기도 하고 날씨가 더우면 미리 에어컨을 켤 수 있다. 이렇게 HP가 추진중인 쿨타운 프로젝트의 예를 The uC-Matrix에서 보면, 이상 u-서비스는 지향점(Orientation)이 우리집, 즉 내부적(Internal)이고, 그 목적(Purpose)은 삶의 질, 즉 웰빙 향상에 해당된다. 이러한 u-서비스는 사용자 배려가 주목적이므로 u-Care라고 부르자.

HP는 개방형 표준을 기반으로 웹, 휴대용 단말기, 전자기기 등을 이용하여 생활의 모든 환경을 인터넷과 상호 융합하는 쿨타운 프로젝트를 추진함으로써 유비쿼터스 사회를 추구한다. 쿨타운 환경에서는 모든 정보기기가 인터넷에 접속되며 인간은 무선, 기기, 서비스와 통합되어 컨텍스트를 인지하는 상태가 되고 모든 사물이 웹에 표출된다.

HP는 개별기업 중심인 닷컴에서 네트워크 중심인 닷넷으로의 대전환이 이루어진다는 비전 아래 전자기기, 네트워킹, 웹, 유목주의 등의 교차점에 관한 연구를 수행해 왔다. 쿨타운 프로젝트가 완성되면 인터넷을 사용하지 않는 약 40억 명의 지구상 인구도 네트워크 속으로 들어와 인터넷의 정보를 활용할 수 있을 것으로 기대된다.

MS는 운영체계나 오피스 툴 중심의 소프트웨어 회사에서, "컴퓨팅 생활공간을 창조하는 기업"이라는 비전 아래 이지리빙(EasyLiving)의 시제품을 구현함으로써 유비쿼터스 시대에 대비하고 있다. 이지리빙은 상황인식, 위치 감지, 분산, 이동 및 무선 등의 컴퓨팅을 통해 유비쿼터스 공간에 대해 많은 잠재력을 보여주고 있다.

지능형 환경을 기반으로 이동 컴퓨팅 기술을 지원하는 시험 프로젝트이며 일상생활에 적용될 유비쿼터스 컴퓨팅에 대한 구체적인 접근 사례라고 할 수 있다. 이지리빙에서 제공되는 시나리오는 인지력, 개인확인, 산재된 컴퓨팅, 자동행위, 음악연주자 응용 등이고 관련 기술로는 개인추적시스템, 의자·바닥 센서, 카메라 이용탐지, 뉴 퍼슨 트랙킹(New Person Tracking), 액티브 배지(Active Badges), 키보드 탐지 등이 있다.

u-Support

독자 중 가을 단풍을 즐기려고 내장산에 갔다가, 돌아오는 길이 하도 막혀 일부러 산악지역으로 우회한 적은 없었는지? 길이 구불구불하고 가로등이 드문데다 달빛도 없는 한밤중에 사고나 나지 않을까 하고 운전하면서 노심초사하거나 피곤하여 졸음 운전은 하지 않았는지?

이러한 상황에 처하더라도 유비쿼터스 시대에는 전혀 두려워할 필요가 없게 될 것이다. 도로 노견에 칩들이 내장되고 자동차에는 센서가 부착되어 차가 노견으로 너무 가까이 접근하면, 충돌하지 않도록 미연에 핸들을 꺾어줄 것이기 때문이다.

또한 자동차가 위치추적을 바탕으로 집과의 거리를 수시로 체크하고 길거리 신호등으로부터 교통상황을 실시간으로 전송받아 집에 도착하기 전에, 예컨대 30분 전에 운전자에게 음성으로 "도착 30분 전"이라고 알려주는 상황을 상상해 보라! 나아가 "에어컨을 결 것인가?" "전기밥솥 전원을 결 것인가?" 등 운전자가 관심을 가질 만한 사항들을 하나하나 물어보면, 단순히 "예" 또는 "아니오"라고 구두로 말하면 그대로 음성인식하여 자동차는 조치를 취하게 될 것이다.

이상 u-텔레매틱스 서비스를 The uC-Matrix상에서 분석해 보면, 그 지향점(Orientation)은 국가나 지방자치단체 내부적(Internal)이고, 목적(Purpose)은 생산성(Productivity) 향상에 있다. 이러한 유형의 서비스를 u-Support라고 부르자.

또한 코리아나화장품은 신속한 물류 배송으로 고객만족과 유통질서 확립을 위해 장기간에 걸쳐 다각적인 노력을 기울여 왔다. 물류 시스템이 완전히 전산화가 이루어지지 않았던 초기에는 제품별로 암호화가 되지 않아 유통경로에 대한 추적이 쉽지 않았다. 비표바코드 시스템을 직접판매 방식인 전 유통 채널과 대리점 도매판매 채널에 적용함으로써 물류 편의성, 유출방지 등의 효과를 거두게 되었다.

u-Trade

누구든 대형할인매장에서 쇼핑한 경험이 있다. 다양한 물건들을 고르거나 구경하는 일은 시간이 걸리더라도 재미있지만, 살 물건을 모두 고른 후 계산대 앞에서 병목현상이 발생하여 긴 줄 선상에서 기다리는 것처럼 따분한 것은 없을 것이다.

이러한 문제를 해결하기 위하여 세계 최대의 유통업체인 월마트는 계산대에서 고객은 카트만 끌고 지나기만 하면 계산대의 센서가 지불해야 할 금액을 인식하는 프로젝트를 진행하고 있다. 이러한 서비스가 구현되면 고객은 더 이상 긴 줄에서 지루하게 기다릴 필요가 없게 되어, 대형할인매장의 계산대 앞에서 마냥 내 차례가 오기만을 지루하게 기다리는 것도 그 옛날의 추억으로 남게 될 것이다.

이렇게 월마트가 제공할 예정인 u-Payment와 관련된 서비스를 The uC-Matrix상에서 설명하면, 고객이 할인매장에서 쇼핑할 때이므로 u-서비스의 지향점(Orientation)은 월마트라는 외부적(External)이고, 목적(Purpose)은 삶의 질, 즉 웰빙보다는 생산성(Productivity) 향상에 있다고 할 수 있다. 이러한 유형의 u-서비스는 실거래 또는 실거래를 위한 보조업무가 주목적이므로 u-Trade라고 부르자.

우리나라에서는 한국도로공사가 실시간으로 교통상황을 알려주는 등 고속도로의 정보화 및 첨단화를 위하여 지능형 고속도로를 추진하여 왔다. 이를 지원하는 u-ITS 서비스는 정체의 가중, 교통흐름의 단절 등을 파악하는 교통정보 시스템과 교통정보 감지기술, 교통흐름 제어기술, 실시간 정보의 송수신 기술 등과 같은 첨단 정보통신 기술을 접목함으로써 고속도로의 유비쿼터스화를 선도하고 있다.

주요 ITS 서비스로는 하이패스와 같은 전자식 통행료징수 시스템인 ETCS, 교통관리시스템인 FTMS 등이 있다. 그리고 실시간 교통정보를 수집·분석하여 고속도로 운전자에게 계공함으로써 교통의 흐름을 원활하게 하고 도로의 효율성을 극대화시키며 차량의 안전성을 도모하고 있는 것이다.

u-Contents

유비쿼터스 엔터테인먼트에 대한 기존의 연구는 물리적 상호작용을 잡아내고, 현실과 가상 세계의 경계선을 이어주는 다양한 센싱 기술들에 초점을 맞추어 왔다. 하지만 미국의 테마파크인 Dolly's Splash Country에서는 가족이나 친구 등 동행자를 놓쳐도, 있을 곳을 확인할 수 있는 서비스를 제공하는 등 진화된 모습을 보여주고 있다.

먼저 방문자는 SafeTzone Locator라고 불리는 손목시계형의 전용 무선통신 단말기를 받는다. 테마파크 내에 설치된 키오스크에서 Location Station을 통해 동행자가 있는 곳을 확인할 수 있기 때문에 미아를 찾는 일이 가능해진 것이다. 이 단말기는 위치정보 표시 외에도 놀이기구의 자동 예약, 현금 없는(cashless) 쇼핑, 동행자에게로의 메일 전달 등 다채로운 기능을 제공한다.

위와 같은 서비스를 The uC-Matrix를 활용하여 분석하면, 그 지향점(Orientation)은 테마파크로 외부적(External)이고, 목적(Purpose)은 삶의 질, 즉 웰빙(Well-Being) 향상에 해당된다. 이러한 u-서비스는 컨텐츠를 제공하는 경우가 많으므로, u-Contents라고 부르자.

대만의 야구장에서는 입장객에게 대여해 준 PDA나 입장객들이 지참한 PDA 등은 야구게임을 더 재미있게 즐길 수 있도록 부가적인 서비스를 제공한다. 일반적으로 야구장에서 높은 자석에 앉게 되면 선수 얼굴을 구별하지 못하여 전광판 정보에 의지하며 관람하게 되는데, 야구장 곳곳에 위치한 AP(Access Point)를 통해 진행중인 게임에 대한 정보를 제공받아 관람객들이 게임에 몰입하도록 도와준다.

또한 NTT DoCoMo는 i-mode의 신화적인 성공, 세계 최초의 3G 서비스인 FOMA 개시 등과 같은 성공을 바탕으로, 이제는 유비쿼터스 시대를 대비하기 위하여 네트워크 분야의 경쟁력 제고에 회사 역량을 집중하고 있다. 네트워크 분야의 근간이 되는 FOMA, i-mode 등 서비스에서 탁월한 경쟁력을 활용하여, 유비쿼터스 전략도 관련 네트워크 분야의 선점을 통한 수익의 창출이라고 할 수 있다. 또한 FOMA와 i-mode 서비스를 통하여 고객 해지율을 낮추고 신규고객도 대거 유치하며 사용자에게는 다양한 서비스로 고객만족을 제공하기 위해 노력하고 있다.

4. 사회과학적 접근법

기존의 u-City 서비스를 분류하는 연구나 프로젝트는 공급자나 공공서비스 중심으로 이루어져, 새로운 서비스가 등장할 때마다 수정해야 하는 문제를 안고 있었다. 따라서 도시가 갖추어야 할 u-City 서비스가 무엇인가를 도출하기 위해서는 도시의 본질 내지는 역할을 재삼 분석해 보아야 한다. 이렇게 수요자 중심으로 u-City 서비스를 분류하게 되면 새로운 서비스 등장도 선제적으로 예상할 수 있고 분류체계도 자주 수정하는 일이 적어질 것이다.

기존의 u-City 서비스 분류와는 상이한 관점에서, 도시의 본질적 기능인 도시의 경쟁력과 삶의 질 향상을 핵심요소로 하여 분류체계를 도출하여 보자. 유비쿼터스도시의 건설 등에 관한 법률 제 1 장 제 2 조 제 1 항에 의하면, "u-City란 도시의 경쟁력과 삶의 질의 향상을 위하여 유비쿼터스도시기술을 활용하여 건설된 유비쿼터스도시기반시설 등을 통하여 언제, 어디서나 유비쿼터스도시 서비스를 제공하는 도시를 말한다"라고 규정하고 있기 때문이다.

즉 u-City 서비스는 "도시의 경쟁력"과 "삶의 질"을 효과적으로 향상시킬 수 있어야 한다는 것이다. 이렇게 도시의 본질을 분석하고 접근하게 되면, 각 도시의 특색을 반영한 u-City 서비스도 용이하게 도출할 수 있을 것이다. "도시의 경쟁력"과 "삶의 질" 각각에 대해 먼저 살펴본 다음, 이를 바탕으로 u-City 서비스에 대한 새로운 프레임워크를 제시한다.

도시의 경쟁력

"도시의 경쟁력"을 설명하기 위해, 마이클 포터(Porter)의 다이아몬드 모델을 이용해 보자. 다이아몬드 모델은 국가가 특정 산업에서 어떻게 우위를 확보하는지, 또 기업전략이 국가 경쟁력에 주는 시사점이 무엇인지 알아내기 위한 연구를 통해 개발되었다. 즉 포터(1990)는 국가의 경쟁력이 요소조건, 수요조건, 연관 및 지원산업, 기업경쟁 및 전략 등 4가지 요인에 의해 결정된다고 주장한다(〈그림 Ⅵ-7〉 참조).

이들 구체적 내용을 살펴보면 다음과 같다. 먼저 요소조건 요인은 노동, 토지, 자본, 천연자원, 기간시설 등 생산요소; 노동 집약적 여부; 생산 효율성 정도; 고부가 가치; 지속성, 집중투자, 전문화 등으로 구성된다.

둘째, 수요조건 요인은 수요 특성이 수요 크기보다 중요; 지역 외부보다 내부의 수요가 더 큰 영향; 최신의 첨단 제품이나 서비스를 요구할 때 경쟁우위; 지역 내의 니즈가 지역 외의 니즈를 선도하는 위치에 있거나 다른 지역의 니즈를 조정; 매체, 외지인에 대한 교육, 정치적 영향력 행사 등이 해당 지역의 가치나 기호에 영향 등으로 이루어진다.

셋째, 연관 및 지원산업 요인은 경쟁력 있는 연관산업과 지원산업의 존재

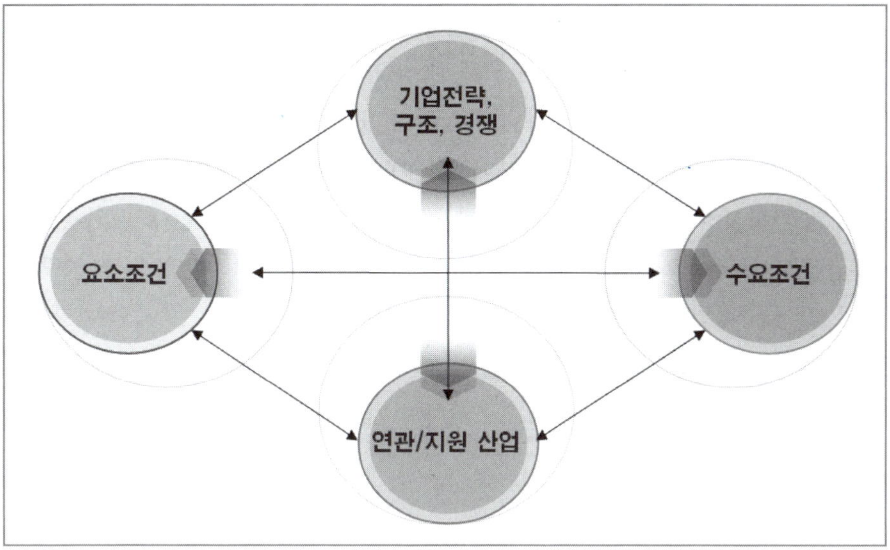

자료원: Porter, 1990.

그림 Ⅵ-7 다이어몬드 모형

여부; 공급자와 최종소비자가 서로 가까이 위치; 의사전달 쉽고 신속하게 정보가 전달되며 아이디어와 혁신이 항상 교환; 연구개발의 실험장, 예컨대 이탈리아의 신발 클러스터; 정보의 흐름과 기술의 교환 등으로 구성된다.

마지막으로, 기업전략 및 경쟁요인은 집중화, 고객 맞춤 생산, 니치 마케팅, 빠른 변신, 유연성 등 구조; 투자 및 보상방식; 근로자의 의욕 및 기술습득 동기; 경쟁자들의 존재는 경쟁우위를 창출하고 지속시키는 요소, 예컨대 미국의 컴퓨터 및 소프트웨어 산업; 경쟁우위 요소를 지속 및 개선시키도록 압력 등으로 이루어진다.

그후 포터(2000)는 이상 네 가지의 경쟁력 결정요인에 기회(chance), 정부(government) 등 두 가지 요인이 일방적인 영향을 끼침으로써 국가 경쟁력에 간접적으로 영향을 미친다고 가정하였다.

먼저 기회요인에서 우연적 사건들은 경쟁의 위치를 이동시키거나 위의 네 가지 요소들의 조건들을 부분적으로 변화시킬 수 있다고 한다. 주요한 우연적 사건으로 발명법, 주요기술의 불연속성, 유류파동과 같은 입력비용의 불연속적 변화, 금융시장 또는 환율의 심각한 변화, 세계적 또는 지역적 수요의 동요, 외국정부에 대한 정치적 결정, 전쟁 등이 있다.

정부요인에서 정부의 역할은 국제 경쟁력에서 중요한 위치를 차지한다. 기본적인 네 가지 결정요인들에 대하여 긍정적 또는 부정적으로 영향을 줄 수 있고, 각각의 결정 요인들로부터 정부의 정책이 영향을 받을 수도 있기 때문이다.

한편 도시의 경쟁력을 설명하는데, 국가 경쟁력을 설명하는 포터의 다이어몬드 모형이 적합할 수 있느냐는 의문이 들 수도 있다. 하지만 포터의 연구 자체가 각 국가의 도시를 모델로 하여 진행된 연구이기 때문에, 도시의 경쟁력을 설명할 때 적용해도 전혀 무리가 없다. 따라서 다이어몬드 모형을 도시의 경쟁력 부분을 설명하기 위한 목적으로도 활용하기로 한다.

삶의 질

법령상 u-City 서비스는 "도시의 경쟁력"과 "삶의 질"을 효과적으로 향상시킬 수 있어야 하므로, 먼저 도시의 경쟁력을 포터의 다이어몬드 모형을 이용해 살펴보았다. 다음으로 삶의 질에 대해 고찰하도록 하자. 삶의 질에 대해 부분적으로 탐구한 연구는 많지만, 종합적으로 정리한 문헌은 미흡한 실정이다.

기존 문헌을 정리하면 〈표 Ⅵ-2〉와 같다. 예컨대 Campbell(1981)은 웰빙센스(The Sense of Well-being)이라는 지표를 사용하고 삶의 질 영역으로 높은 지위의 향유, 결혼상황, 가족과 친구의 소유, 일거리의 소유, 취업여성의 존재, 주거장소, 미국에서의 생활, 수명, 개인의 특성과 자아감각 등을 열거하였다.

또한 미국 인구조사국은 삶의 질 영역으로 인구 · 가족, 건강 · 영양, 주거 · 환경, 교통, 공안, 교육 · 훈련, 사회참여, 문화 · 여가 · 시간이용, 노동, 사회보장과 복지, 소득과 생산성 등을 들고 있다(US Department and Bureau of Census, 1980). 이코노미스트는 EIU(The Economist Intelligence Unit)라는 지표를 사용해 삶의 질 영역으로 물질적 웰빙, 건강, 정치적 안정성과 안보, 가족생활, 기후와 지리, 직업안정성, 정치적 자유, 양성평등 등을 규정한다(The Economist, 2005).

삶의 질 영역으로 OECD는 일반 여건, 자급자족, 형평성, 보건, 사회통합 등을 UNDP는 장수, 교육수준, 생활수준을 그리고 WHO는 물리적 측면, 정신적 측면, 사회적 관계, 환경 등을 들고 있다.

표 Ⅵ-2 삶의 질 관련 연구

문 헌	지 표	삶의 질 영역
Campbell(1981)	The Sense of Well-being	높은 지위의 향유, 결혼상황, 가족과 친구의 소유, 일거리의 소유, 취업여성의 존재, 주거장소, 미국에서의 생활, 수명, 개인의 특성과 자아감각
US Department and Bureau of Census(1980)	Social Indicators Ⅲ	인구 · 가족, 건강 · 영양, 주거 · 환경, 교통, 공안, 교육 · 훈련, 사회참여, 문화 · 여가 · 시간이용, 노동, 사회보장과 복지, 소득과 생산성
Erikson(1993)	The Swedish Level of Living Survey	건강 및 보건의료의 접근성, 고용 및 작업조건, 경제적 자원, 교육 및 기술, 가족 및 사회통합, 주거, 생명과 재산의 안전, 여가 및 문화, 정치적 자원
US Jacksonville County(2007)	JCCI's Quality of Life	교육우수성 달성, 활기찬 경제육성, 자연환경보전, 사회적 웰빙과 화합제고, 예술 · 문화 · 오락의 향유, 건강한 지역사회 유지, 국민에게 반응하는 정부유지, 효율적인 이동, 안전한 지역사회유지
White(2006)	A worldmap of happiness	평균수명, GDP, 교육접근 가능성
Robert(1993)	The Swedish Level of Living Survey	건강 및 보건의료의 접근성, 고용 및 작업조건, 경제적 자원, 교육 및 기술, 가족 및 사회통합, 주거, 생명과 재산의 안전, 여가 및 문화, 정치적 자원
The Economist (2005)	The Economist Intelligence Unit (EIU)	물질적 웰빙, 건강, 정치적 안정성과 안보, 가족생활, 기후와 지리, 직업안정성, 정치적 자유, 양성평등
Mercer(2004~)	MERCER'S Quality of Living Survey	정치 · 사회적 환경, 경제적 환경, 사회 · 문화환경, 의료와 건강고려, 학교와 교육, 공공서비스와 교통, 오락, 소비품, 주택, 자연환경
독일 Department of Social Indicators (1978~)	Socio-Political Decision and Indicators	인구, 사회 · 경제적 지위 및 주관적 계급 인식, 노동시장 및 근로생활, 소득 및 소득분배, 재화 및 서비스의 공급 및 소비, 교통, 주택, 교육, 건강, 참여, 환경, 공안 및 범죄, 여가 및 대중매체이용
일본 총무성통계국 (1976~)	사회생활통계지표	자연환경, 인구 · 세대, 경제기반, 재정, 학교교육, 노동, 가계, 사회교육 · 문화 · 스포츠, 거주환경, 사회보장, 건강 · 의료, 안전, 생활시간의 배분

일본 경제기획청 (2003~)	삶의 개혁지수	살기 좋은 사회, 일하기 좋은 사회, 배우기 좋은 사회, 아이 키우기 좋은 사회, 여성이 활동하기 좋은 사회, 고령자가 활기 있게 사는 사회, 정보나 사람의 교류가 활발한 사회, 환경친화적인 사회, 청년들이 활동하기 좋은 사회
三鷹市(1994)	지역주민의 삶의 질 향상을 위한 연구	안전성 · 쾌적한 환경, 희망 · 보건사회, 창조 · 교육문화
OECD	Society at a Glance	일반 여건, 자급자족, 형평성, 보건, 사회통합
UNDP	Human Development Index	장수, 교육수준, 생활수준
UNRISD	Studies in the Measurement of Level of Living and Welfare	영양, 주거, 보건, 교육, 여가, 안전, 환경, 의생활
WHO	WHOQOL	물리적 측면, 정신적 측면, 사회적 관계, 환경

이상 삶의 질과 관련된 문헌을 고찰한 결과를 종합하면 〈표 Ⅵ-3〉과 같다. 즉 삶의 질은 쾌적, 건강, 공존, 안전, 편리, 윤택, 지식, 교류, 친근, 즐거움 등 10가지 세부 지표로 정리되었다. 이들 10개 세부 지표는 또다시 범주화해서 명랑, 편안, 풍요, 조화 등 4가지 지표로 광역화되었다.

분석결과를 정리하면 u-City에서 표방하는 삶의 질의 의미는 명랑한 사회, 편안한 사회, 풍요로운 사회, 조화로운 사회로 표현된다는 결론이다. 다수의 연구가 관심을 보인 삶의 질 지표는 쾌적, 건강, 윤택 등 3가지였다.

그리고 기존 연구별로 살펴보면 중시하는 삶의 질 의미가 상이하다는 것도 알 수 있다. 예컨대 미국 인구조사국은 공존, 친근을 상대적으로 덜 중시하는 경향을 보였다. 이코노미스트는 삶의 질 지표로서 편리, 지식, 즐거움을 포함시키지 않았다. 반면 UNDP는 건강, 윤택, 지식만을 그리고 OECD는 건강, 공존, 윤택, 교류만을 그리고 WHO는 쾌적, 건강, 윤택, 교류만을 삶의 질 지표로 중시하고 있다.

표 Ⅵ-3 삶의 질 지표 분류

지 표	명랑			편안		풍요		조화		
	쾌적	건강	공존	안전	편리	윤택	지식	교류	친근	즐거움
Campbell(1981)	주거장소	수명	취업여성의 존재			일거리 소유				
US Department and Bureau of Censuss (1980)	자연환경 보전	건강한 지역사회 유지		안전한 지역사회 유지	효율적 이동	활기찬 경제 육성	교육 우수성 달성	사회적 화합제고, 국민에게 반응하는 정부		예술 · 문화 · 오락의 향유
Robert(1930)	주거	건강 및 보건의료 접근성		생명과 재산의 안전		고용 및 작업조건, 경제적 자원	교육 및 기술	사회통합, 정치적 지원		여가 및 문화
White(2006)		평균 수명				GDP	교육접근 가능성			
The Economist(2005)	기후와 지리	건강	양성평등	정치적 안정성과 안보		물질적 웰빙, 직업안정성		정치적 자유	가족생활	
Mercer(2004)	주택, 자연환경	보건 및 위생			공공서비스와 교통	경제적 여건, 소비자상품	학교 및 교육		인구 · 세대	사회교육 · 문화 · 스포츠, 생활시간 배분

일본경제기획청 (2003~)	환경친화적 사회	고령자가 활기 있게 사는 사회	일하기 좋은 사회, 여성이 활동하기 좋은 사회, 청년이 활동하기 좋은 사회				배우기 좋은 사회, 아이키우기 좋은 사회	정보나 사람의 교류가 활발한 사회		
일본三鷹市 (1994)	쾌적한 환경	보건사회		안전성			교육			문화
독일 Department of Social Indicators (1978~)	주택, 환경	건강	소득 및 소득분배	공안 및 범죄	교통	노동시장 및 근로생활, 재화 및 서비스의 공급 및 소비	교육	참여	인구	
UNRID	주거, 환경	영양, 보건		안전			교육, 의생활			여가
UNDP		장수				생활수준	교육수준			
OECD		보건	일반여건, 형평성			자급자족		사회통합		
WHO	환경	정신적 측면				물리적 측면		사회적 관계		
통계청(1979~)	환경, 주거	보건, 복지		안전	교통	소득과 소비, 노동	교육	정보와 통신, 사회참여	인구, 가족	문화와 여가
국가과학기술위원회(2007)	쾌적한 삶	건강한 삶		안전한 삶	편리한 삶					즐거운 삶
신도철(1981)	주택, 집안일					재정문제, 직업	자녀교육, 자신교육	정부	이웃, 친구 관계	여가활동

오재인 외(2004)	쾌적한 도시			안전한 도시	편리한 도시				친근한 도시	
하재구(1986)	주거생활, 환경, 가정생활	건강상태		전쟁불안	교통 · 생활 편의시설	직장활동, 저축 및 자금활동	교육기관	정부와의 관계	이웃 및 친족 관계	여가시간 활용
하혜수(1996)	환경, 생활편의	사회복지				지역경제				
중앙일보 (1995, 1997)		건강한 생활		안전한 생활	편리한 생활	경제생활	교육복지			문화생활
한국보건사회 연구원(1996)		보건의료 부문				경제부문	교육부문			문화 · 정보 부문
이현송(1997)		보건	형평			소득, 노동	교육			문화 · 정보
임경수 · 김재익(1998)	쾌적한 생활			안전한 생활	편리한 생활	경제생활	학교 및 사회교육			문화 및 정보생활
안지민 · 최외출(2001)	쾌적한 생활	건강한 생활		안전한 생활	편리한 생활			사회생활		
정명숙(2005)		신체영역 만족도	사회영역 만족도			물질영역 만족도, 생산영역 만족도				

새로운 프레임워크

이상 도시의 경쟁력, 삶의 질 두 가지를 종합하면 〈그림 Ⅵ-8〉과 같은 u-City 서비스 분류를 위한 프레임워크가 도출된다. 즉 도시의 경쟁력은 요소조건, 수요조건, 연관 및 지원산업, 기업경쟁 및 전략 등 4가지 요인으로 정리되고 삶의 질도 명랑, 편안, 풍요, 조화 등 4가지로 압축된다. 이러한 사회과학적 접근법에 기반하여 u-City 서비스를 8가지로 구분하는 분류법은 새로운 서비스가 출현하더라도 수정할 필요가 적은 등 견고한 프레임워크가 될 것으로 기대된다.

이상 8가지 요인들을 기존의 u-City 서비스들과 매핑하면, 잠재력은 있지만 누락된 서비스를 도출할 수 있다. 나아가 각 도시에 적용하면 해당 지역의 특색을 반영한 u-City 서비스를 추가로 도출하거나 검증할 수도 있게 된다. 예시로 법령상 열거된 서비스를 프레임워크상에 매핑해 보면 〈표 Ⅵ-4〉와 같다.

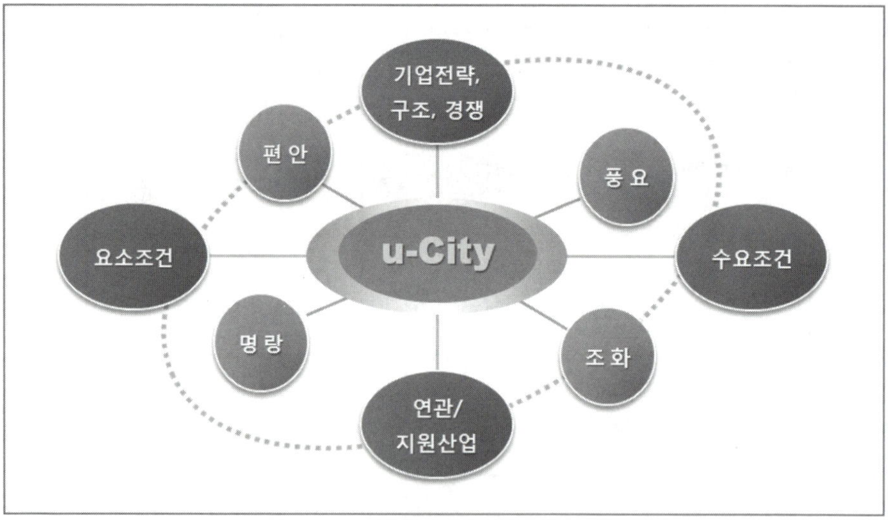

그림 Ⅵ-8 사회적과학적 접근법에 의한 프레임워크

표 Ⅵ-4 프레임워크상에 u-City 서비스 매핑

구분			행정	교통	보건·의료·복지	환경	방범·방재	시설물 관리	교육	문화·관광·스포츠	물류	근로·고용	기타
도시의 삶의 질 향상	명랑	쾌적				생태관리 오염관리 자원순환							
		건강			건강의약품 관리 응급환자 관리 복지정보 제공								
		공존			약자보호								
	편안	안전											
		견고		교통 시설관리	복지 시설관리	환경 시설관리	방범·방재 시설관리	시설물 관리	교육 시설관리	전자신분증 문환관광 시설관리			
		편리		교통사고처리 지능형교통 교통정보제공						전자결재			
	풍요	윤택								쇼핑			
		지식							원격강의 교육환경지원				

	조화	교류	맞춤행정 원격지원 행정정보 제공			환경 정보제공	방범· 방재 정보제공	시설물 정보 제공	교육 정보제공	문화관광 정보제공			
		친근								근린생활			
		즐거움											
도시의 경쟁력 강화		요소 조건									물류 유통관리	근로지원 고용지원	
		수요 조건									운송관리 물류 정보제공		
		전략· 경쟁											
		관련· 지원 산업								전자결재	물류 시설관리		

매핑 결과 편안, 조화 등과 같은 요소에 대한 서비스는 그런대로 개발되었으나 기타 요소들에 대한 서비스 개발은 요원함을 알 수 있다. 즉 편안, 조화 이외에 잠재력이 있는 서비스들은 많고 관심 있게 개발되어야 함을 의미한다.

그리고 법령상으로 문화·관광·스포츠, 물류, 보건·의료·복지 등과 같은 서비스는 대체로 개발되었으나 행정, 근로·고용 등에 대한 세부 서비스 개발은 미흡하다는 것이 여실히 드러난다. 후자에 대한 u-City 서비스 개발도 절실함을 알 수 있다.

"우리는 요즘 컴퓨터로 장미 키웁니다"

대박 예감 '유비쿼터스 화훼농가'
온도 · 습도 · 일조량 알아서 척척 색깔 더 좋아지고 수확량 늘어,
네덜란드 못지않은 '과학영농'

'고고장미원' 온실에 들어서자, 별세계가 펼쳐졌다. 외부 기온은 영하로 뚝 떨어진 한겨울인데, 인공광원 350개가 설치된 온실 안은 초여름처럼 따뜻하고 축축했다. 더 놀라운 것은 온실의 적막함이었다. 8종의 장미가 자란다는 3,300㎡(약 1,000평) 규모의 온실에선 도무지 인기척을 느낄 수 없었다.

사람 대신 바삐 움직이는 것은 온실 입구 쪽에 설치된 대형 발광다이오드(LED) 전광판이었다. 전광판 화면에 '온도 22.3℃', '습도 85%', 'pH 841' 같은 글자들이 나타났다가 사라지길 반복했다. 실시간으로 측정한 온실 외부 날씨와 온도 · 습도 · 조도 · 이산화탄소 농도 같은 온실 내부의 여러 데이터였다.

"관리시스템을 '자동' 모드에 맞춰두면, 컴퓨터가 저런 정보를 보고 알아서 온실을 관리해 주니까 사람 손이 덜 들지요." 장미원은 "더우면 저절로 온실 창이 열렸다가, 춥거나 비가 오면 닫히니까 일일이 집에서 온실까지 뛰어올 필요가 없어 정말 편해졌다"며 말했다.

'고고장미원'은 U화훼 시스템으로 기른 장미를 보살피고 있다. 온실 안에 설치된 전광판과 인공광원은 모두 시스템의 일환이다. 고고장미원의 각종 데이터를 모아들이는 것은 경기도가 구축한 'U화훼 생장환경 관리시스템'이다.

경기도는 지식경제부의 지원을 보태 15억 1,000만원으로 고양시 · 파주시 · 용인시 · 화성시에 있는 21개 화훼농가의 온실에 이 시스템을 설치했다. '유비쿼터스 센서 네트워크'(USN)라 불리는 신기술에 기반을 두고, 인터넷을 통해 어디에서나 온실을 쉽게 관리할 수 있는 인프라를 마련해 준 것이다.

USN이란 말이 어렵게 들리지만 사실 원리는 간단하다. 우선 온실 내외부에 주변 환경을 측정하는 센서와 창문 같은 각종 시설물을 원격으로 자동 제어하는 장치를 마련한다. 그런 뒤 센서를 통해 얻어지는 정보를 컴퓨터로 전송해 종합하고, 꽃이 잘 자랄 수 있는 환경을 벗어난 수치가 있다면 컴퓨터로 시설물을 조작해 거기에 대응하도록 하는 것이다.

예컨대 꽃이 잘 피려면 온실이 따뜻해야 하는데 자꾸 기온이 떨어진다면? '자동' 모드를 선택해 뒀다면 컴퓨터가 알아서 보온막을 치거나, 천장에 부착된 인공광원을 켠다. '수동' 모드라면 기온이 낮다는 사실을 인터넷 홈페이지나 휴대전화 문자메시지를 통해 화훼 농민에게 알려준다.

그걸 보고 농민이 인터넷이나 휴대전화로 창을 닫으라든가 난방을 하라고 명령하면, 컴퓨터를 거쳐 다시 온실 시설물이 움직인다. 예전 같으면 수시로 온실을 들락거리며 기온을 재고 창을 여닫느라 분주했을 텐데, 일손을 빌리지 않고 모든 상황이 해결되는 셈이다.

'한길 난 농원'에서 '심비디움' 꽃 두 송이를 들어다 보고 있다. 오른손에 들린 옹골찬 꽃이 인공광원을 이용해서 키운 것이다. 농민이 경험과 짐작만으로 조절하던 온실 환경을, 과학적인 데이터를 바탕으로 관리하게 되면서 출하 시기도 빨라졌다. 고고장미원 대표는 "장미가 잘 자라 출하시기를 1주일쯤은 앞당기게 됐다"며 "2월 졸업시즌 같은 대목을 앞두고 물량을 충분히 확보할 수 있을 것 같다"고 말했다.

경기도는 "재배기간이 줄어들어 장미는 연간 출하횟수를 한 번 이상 늘릴 수 있고, 수확량도 시스템이 없을 때의 1.7배쯤 된다"고 설명했다. 화훼 농민들은 특히 시스템에 포함된 '인공광원'에 열광하고 있다. 첫 번째로 겨울철에 인공광원이 충분한 열을 내주면서, 경유를 써서 난방을 할 때보다 비용이 16%쯤 줄었다.

두 번째로 인공광원이 온도와 습도를 적절하게 유지해 주니 노균병, 응애와 같은 병충해가 없었다. 그러나 무엇보다 효과가 확연한 것은 화색 즉 꽃의 빛깔이었다. 꽃이 제대로 생장해 균형 잡힌 모양과 선명한 색을 내려면 빛의 세기인 조도가 일정 수준 이상으로 유지돼야 한다. 그런데 이 중요한 조도를 햇빛에만 의지하지 않고 인공광원을 이용해 자유롭게 조절할 수 있게 되자 화색이 크게 좋아졌다.

"정말 1주일 만에 화색이 이렇게 달라질 수 있는지 깜짝 놀랐습니다." '한길 난 농원'은 "말이 필요 없으니 직접 비교해 보라"며 서양란인 '심비디움'의 붉은색 꽃 두 송이를 내밀었다. 한쪽은 인공광원을 충분히 비춰준 꽃, 다른 쪽은 자연광으로만 기른 꽃이었다. 자연광에만 의지한 꽃은 꽃잎에 힘이 없고 색이 희미해 분홍처럼 보였는데, 인공광원을 맘껏 쐰 꽃은 좌우대칭이 완벽한 데다 일부러 색칠을 한 듯 선명한 적색이었다. 최씨는 "이렇게 화색이 좋아지면 가격을 30%는 더 받을 수 있다"며 "U화훼 시스템을 가동한 뒤 심비디움 성장 자체도 2배는 빨라졌는데 상품가치도 높아져 기대가 크다"고 말했다.

컴퓨터에 모든 데이터가 축적되고, 한 달치든 1년치든 나중에 다시 한 번 돌아볼 수 있다는 점도 농민들의 호응을 얻고 있다. '창일 난 농원'은 "시장의 수요·공급 변동에 맞춰 출하시기를 조정하면 같은 꽃이라도 더 높은 값을 받을 수 있으니, 우리 온실의 정보를 체계적으로 분석해 나가겠다"고 말했다. "눈대중으로만 꽃을 기르던 4년 전 네덜란드 화훼 전문회사에 컨설팅을 요청하니 '1년치 데이터를 달라'고 하더군요. 그런 '과학영농'을 이제서야 제대로 해 볼 수 있을 것 같아 마음이 자꾸만 부풉니다."

자료원: 조선일보(2010. 1. 27) 재구성.

뉴밀레니엄 신대륙에서 u-City를 성공적으로 구현하기 위해서는 다양한 서비스들이 필요하므로, 시나리오 경영기법을 적용해 불투명한 u-City 방향성을 가시화한다. 시나리오 기법의 필요성을 설명하고 그 개념을 기술하고 시나리오의 구조를 파악하기 위해 도출되는 핵심 질문, 트렌드, 사건 등에 대한 이해를 돕기 위해 교차영향분석을 탐구한다.

u-City 서비스에 대한 시나리오 개발방법론으로 시나리오 영역 정의, 트렌드 도출, 분석, 시나리오 도출, 전략 도출 등 5단계가 개발되었다. 이렇게 개발된 시나리오 기법을 'u-수질 모니터링 서비스'에 예시로 적용해 보자.

1. 시나리오 기법

뉴밀레니엄 신대륙에서 u-City를 성공적으로 구현하기 위해서는 다양한 서비스들이 필요하지만, 기존 자료는 대부분 기술 자체에만 초점을 맞추고 있는 실정이다. 여기에서는 시나리오 경영기법을 적용해 불투명한 u-City 방향성을 가시화한다. 먼저 시나리오 기법의 필요성을 설명하고 그 개념을 기술한다. 그런 다음 시나리오의 구조를 파악하기 위해 도출되는 핵심 질문, 트렌드, 사건 등에 대한 이해를 돕기 위해 교차영향분석을 탐구한다.

필 요 성

첨단 정보통신 인프라를 활용하여 유비쿼터스 서비스를 제공하는 유비쿼터스 융합 도시, 즉 u-City 건설은 안전하고 편리하고 쾌적하고 건강한 도시의 구현을 통해, 도시민의 삶의 질을 향상시킬 것으로 기대된다. 나아가 교통, 환경, 의료 등 도시의 제반 역기능 문제를 해결함으로써 국가의 균형발전에 기여하고 선진 일류국가 건설에 이바지할 것으로 예상된다.

국가적인 관점에서 볼 때 u-City의 건설은 국내 시범사업 성과물의 국제표준 추진으로 신성장 동력을 창출하고, 글로벌 사회에서 u-City 선도국가라는 인식을 각인하여 국가경쟁력도 제고하는 기반이 될 것이다. 이러한 선진 일류국가 건설을 위해서는 우리의 인식과 구조를 개방적으로 전환하는 것은 필수적이다. 과거 관습과 폐쇄적인 사고는 우리의 사회 기저와 글로벌 스탠더드에 의한 경제운영 사이에 갈등을 빚고, 보다 많은 사회적 비용을 유발하게 될 것이기 때문이다.

글로벌 협력, 글로벌 경제체제에서 가장 높은 부가가치의 영역을 점하기 위해서는 사회, 제도, 문화 등을 포함한 다양한 영역의 상호작용에 대한 연결고리와 전략적인 연계를 확보해야 한다. 나아가 분야별로 독립된 시각을 유지하기보다는 분야들간에 상호작용의 프레임워크를 파악하여 연계를 통한 협력체제를 구축해야 한다. 따라서 전략 분야별로 연계를 확보하는 것은 u-City를 추진함에 있어서, 발생할 수 있는 다른 분야에서의 다양한 파급효과를 체계적으로 통제하고 최선의 효과를 거두기 위해 필수적이다.

뉴밀레니엄 신대륙에서 u-City를 성공적으로 구현하기 위해서는 다양한 서비스들이 필요함은 물론이다. 우리나라에서 u-City 도입을 통한 경제적 파급효과는 2012년까지 총생산 유발액이 약 2,940조원, 총부가가치 유발액은 2,264조원에 달할 것이라는 등 향후 u-City 분야가 우리 경제에 대한 기여도는 지대할 것으로 기대된다.

따라서 국토해양부는 "1차 U-City 종합계획" 시안을 발표하였는데 그 주요 내용은 2009년 현재 776억원, 5년 후인 2013년까지 총 7,066억원의 예산을 투입해 u-City 건설을 적극 추진하기로 했다. 제도기반 마련, 핵심기술 개발 및 인력양성, 산업육성 지원 및 해외시장 개척, 국민체감 u-서비스 창출 등 4대 전략을 실천하기 위한 구체적인 과제들은 〈표 Ⅶ-1〉과 같다.

행정안전부도 u-City 구축을 위한 기반조성 사업을 통해 국민이 생활 속에서 피부로 느낄 수 있는 체감형 서비스와 지역경제에 가시적으로 도움을 줄 수 있는 실용적 모델을 중심으로 지원과제를 선정하여 추진하고 있다. 또한 유비쿼터스 신기술 적용으로 국민생활의 편익을 증진하고 녹색성장을 촉진하기 위해 관련 법제도를 개선하고 국제세미나를 개최하는 등 정책지원 기능을 더욱 강화해 나갈 것으로 보인다.

표 Ⅶ-1 1차 U-City 종합계획안 주요 내용

추진전략	실천 과제
제도기반 마련	U-City 계획수립 및 관리 · 운영을 위한 지침, U-City 기술 및 산업육성을 위한 세부규정, 개인정보 보호 방안 및 U-City 표준정립, U-City 정보관리 및 유통기준 정립
핵심기술 개발 및 인력양성	정보수집 · 가공 · 활용 및 기타 기술개발, U-City 전문인력 및 기술인력 양성
산업육성 지원 및 해외시장 개척	취약산업 및 지역산업 활성화 지원, 지방자치단체 U-City 건설지원, 국제협력체계 확립, U-City 브랜드화를 위한 국제홍보
국민체감 u-서비스 창출	지능형 행정체계 확립, 맞춤형 교통서비스 제공, 의료서비스 선진화 도모, 친환경 녹색 서비스 제공, 지능형 예방대응체계 구축, 사회간접자본 지능화, 교육 · 지식서비스 극대화, 원스톱 문화관광서비스 제공, 글로벌 물류체계 구현, 재택근무 활성화, 기타 다양한 서비스 제공

자료원: 국토해양부, 2009.

이렇듯 u-City 구축은 도시라는 공간의 개발뿐만 아니라 유비쿼터스 컴퓨팅 기술을 활용한 도시의 서비스화 및 도시공간과 정보시스템의 통합이라는 새로운 분야로 각광을 받게 되었다. 유비쿼터스 융합과 관련된 사례나 시도는 매우 다양하고 활발하지만, 대부분이 기술에 초점을 맞추고 있거나 기술실현의 가능성에만 무게를 둔 서비스 모델의 제시에만 치중하고 있는 실정이다.

우리나라 상황을 보면 u-City 사업이 지방자치단체 중심으로 획일적이고 명목상의 u-City 표방으로 인해 실질적인 비전을 제시하지 못하고 있는 실정이어서, 정부가 제시한 u-City 발전 가능성 여부에 의문이 제기될 수밖에 없게 되었다. 더구나 급변하는 u-City 대내외 환경변화와 다양한 신기술의 등장으로, 뉴밀레니엄 신대륙의 미래를 예측하는 것은 난제로 남게 되었다. 따라서 국가 차원에서 장기적인 u-City 전략을 수립하기 위해서는 장기적인 안목에서 시나리오가 구체적으로 도출되어야 하고, 관련 방법론이 절실히 요구된다.

뉴밀레니엄 신대륙인 u-City의 미래를 예측하고 분석하여 바람직한 모습을 제시하기 위해서는 미래에 대한 근본적인 탐구가 필요하다. 미래를 예측하는 이유는 미래의 여러 가능성들을 미리 예측하여, 다양한 가능성들을 바탕으로 각 상황이 발생했을 때 능동적이고 효율적인 대응이 가능하기 때문이다. 미래를 탐구하는 방법 또한 다양한데, 여기에서는 시나리오 경영기법을 적용해 불투명한 u-City 방향성을 가시화해 보기로 한다.

개 념

시나리오 기법에서 시나리오란 미래를 예측하기 위해 사용되는 대표적인 방법론의 명칭으로 다양하게 정의되고 있다. 시나리오 플래닝의 선구자이자 미국 GBN(Global Business Network) 회장이며 미래학자인 피터 슈워츠(Peter Schwarts)는 현재에서 미래 시점까지의 경로를 서술하는 이야기(narration), 이미지(image), 또는 지도(map)라고 정의한다. 미래에 결정하기 위한 사안에 대해 도래할 여러 가지 상황들이 어떻게 전개될 것인가를 알게 해 주는 도구라는 것이다.

나아가 단순한 예측이 아닌 가능한 미래에 대한 비전을 명확하게 하는 도구이며, 발생 가능한 미래의 모습들을 가늠하게 해 주는 전문적인 방법론이기도 하다. 시나리오는 미래의 불확실성을 최대한 해소하고, 원하는 미래상을 명확히 하며, 계획수립을 지원하기 위해 미래예측 과정에서 보편화된 기법이기 때문이다.

갈수록 선진국 주요 기업들이 비즈니스 전략과 제품개발을 목적으로 경영환경 분석 등에 시나리오 기법을 적극 활용하는 추세이다. 이러한 시나리오 기법은 하나의 방법론으로 규정되기도 하지만, 미래탐구 방법론 안에서 세부적 기법으로 구분되기도 하다. 미래예측을 위해 제시된 시나리오 방법론은 그 종류는 다양하지만, 시나리오 도출과정은 전반적으로 비슷한 양상을 보인다.

한편 스웨덴의 미래연구소인 카이로스퓨처(Kairos Future)에서는 시나리오 기법으로 T.A.I.D.A.를 브랜드화하여 사용하고 있다. 이 기법은 총 5가지 단계로 진행되며 시나리오 도출 이후 비전과 전략까지 제시한다. T.A.I.D.A.를 시작하기에 앞서 사전준비 작업을 거쳐야 하는데, 이는 시나리오의 주제와 목적을 명확히 하자고 하는 것이다.

명확한 목적과 내용의 질문으로 과거와 현재를 매핑하였다면 트랙킹, 즉 일종의 트렌드 도출 과정을 통하여 거시적 · 미시적 변화들을 찾아 면밀히 분석한다. 이에 기초해서 시나리오를 만들어내는 분석(Analysing), 즉 트렌드 분석과 시나리오 도출단계가 이어지는데, 이 단계가 T.A.I.D.A. 기법의 핵심이다. 도출된 시나리오들을 토대로 고객이 원하는 미래의 모습을 만드는 이미징(Imaging), 즉 비전 도출단계와 결정(Deciding)단계를 통해 비전을 실제로 구현하기 위한 전략이 제시된다. 마지막으로 행동(Acting)단계에서는 문서화된 전략들을 현실에 도입하여 실행하게 된다.

피터 슈워츠는 총 8단계에 걸친 시나리오 플래닝 프로세스를 제시하였다. 예상되는 문제에 대한 질문을 하는 것으로 시작하며, 중심주제와 의사결정 사항을 규정한 뒤 전문가, 전문기관 등을 통하여 자료를 수집한다. 그런 다음 의사결정에 영향을 미치는 핵심요소들, 즉 원동력을 파악하고 동인을 규명한 뒤 우선순위를 결정한다. 결정된 핵심요소들로 3-4개의 시나리오 논리를 선택하고 구체적인 시나리오를 작성하게 된다. 이렇게 도출된 시나리오에 일련의 새로운 가능성들을 대입하고 그 결과를 시연해 봄으로써 함축된 의미를 설정한다. 마지막으로 각각의 시나리오에 따른 '미래상황의 진행과정'을 살펴보기 위한 주요 지표와 전략을 선택한다.

독일의 지멘스(Siemens)는 유럽의 전문가들을 대상으로 하는 설문을 통해 2020년의 정치, 경제, 사회, 기술 등에 대한 '커뮤니케이션 시나리오'를 기획구성한 결과, Horizon 2020 시나리오 개발 프로세스를 제시하였다. 총 7단계로 이루어진 프로세스의 주요 내용을 살펴보면, 시나리오를 구성하는 핵심분야를 선정하고, 전문가를 대상으로 미래 인식조사를 실시한다. 정성적 인터뷰인 포커스그룹 인터뷰(Focus Group Interview)와 표준화된 설문지에 의한 정량적 조사(Quantitative Survey)를 실시하여 2×2 매트릭스화한다. 그 중에서 10가지의 메가트렌드를 도출한 다음, 핵심 및 비핵심으로 구분하고 서로 상반되게 서술한다. 이렇게 상반된 두 가지 서술을 기반으로 시나리오 결과를 도출하고, 각 시나리오의 정당성도 확보한다.

프랑스의 미래탐구차인 미셸 고데(Michel Godet)는 자신이 개발한 미래예측

방법을 MICMAC이라고 명명하였는데, 프랑스어로 '하나의 유형을 만들기 위한 복합적 상호영향 관계의 순열'이라고 한다. 먼저 미래예측의 대상에게 영향을 미칠 거시적 동인과 트렌드들을 도출하기 위한 데이터베이스를 구축하여 교차분석의 매트릭스를 만든다. 도출된 변수들간의 상호영향 관계에 대한 분석이 끝나면 이 자료들을 토대로 미래에 일어날 가능성이 있는 요인들을 찾아내고 불확실한 것들은 제거한다. 이상 단계들에 근거하여 4-6개의 시나리오를 만들고 이를 전문가들을 통해, 발생확률에 따른 통계처리 등을 검증하게 되는데, 그 결과에 따라 기존의 시나리오들을 수정할 수 있다.

이상과 같이 다양한 시나리오 기법들을 비교·분석한 결과, 시나리오 도출을 위한 각 단계들마다 유사한 점을 정리하였다. 그 결과 시나리오 영역 정의, 트렌드 도출, 분석, 시나리오 도출, 전략 도출 등 5단계가 도출되었다.

교차영향분석

교차영향분석(Cross-Impact Analysis)이란 전문가 견해에 기반한 방식으로 확률적 결과를 도출하는 것이다. 일련의 사건, 추세 등의 상호관계를 보여주는 기법으로 다른 사건이 발생했느냐 여부를 기초해 향후 어떤 사건이 일어날 확률에 대해 예상하는 분석인 것이다. 미래를 예측하기 위해서는 한 가지 방법보다는 다양한 방법을 혼합해서 적용하는 것이 효과적이고 정확할 것이다. 그래서 시나리오의 구조를 파악하기 위해 도출되는 핵심질문, 트렌드, 사건 등에 대한 이해를 돕기 위해 교차영향분석이 필요한 것이다.

교차영향분석은 다수의 조건부적인 가능성에 대한 판단을 필요로 한다. 따라서 초기 발생가능성은 해당 분야 전문가와의 인터뷰나 문헌 등 전문가의 견해에 따라 결정된다. 교차영향행렬(Cross-Impact Matrix)을 기본 분석도구로 이용하는데, 이는 행과 열에 잠재적으로 관련된 사건들을 나열하여 대칭적인 표로 나타낸 것이다.

교차영향분석은 다음과 같은 네 단계 과정을 거친다. 첫째, 전문가의 견해와 문헌탐구 등을 바탕으로 미래에 발생하게 될 사건들을 확인하고 특정 시점에서 그 사건들의 발생확률을 추정한다. 둘째, 교차영향행렬을 이용하여 첫 단계에서 도출된 향후 발생할 것으로 예측되는 사건들 사이의 상호의존 관계를 평가한다. 셋째, 어떤 사건의 발생으로 인해 영향을 받게 되는 다른 사건이 발생할 확률의 변화를 추정하고, 미래 사건들이 발생할 확률을 재평가한다.

하지만 교차영향분석에서 사건들간의 연결방향, 강도, 시차 등 고려해야 할 세 가지 요소가 있다. 먼저 방향이란 어떤 사건이 다른 사건의 발생에 영향을 미치는 방향을 의미한다. 강도는 어떤 사건이 다른 사건의 발생에 얼마만큼 영향력을 미칠 것인지를 나타낸다. 시차란 어떤 사건이 일어나면서 곧바로 영향을 미치게 될 것인지 아니면 일정 시간이 지난 뒤에 미칠 것인지 등 사건들 간의 시간적 간격을 의미한다.

교차영향분석에는 장점도 있지만 한계점도 존재한다. 먼저 장점으로는 미래에 발생할 것으로 예상되는 다양한 사건들간에는 명확한 관계가 보이지 않는데, 이들간의 관계를 파악하고 예측하는 데 유용하다는 점을 들 수 있다. 또한 다양한 시각에서 여러 사건들의 가능성을 분석할 수 있다. 어떤 전문가에 의해 분석이 이루어질 수도 있고 주관적 판단의 객관성을 높이기 위해 여러 사람들의 분석을 종합하여 판단할 수 있음은 물론이다.

하지만 한계점으로 교차영향행렬을 활용해 진행하므로 많은 비용과 시간이 들고, 예측해야 할 사건들이 많아질수록 이들간의 관계가 더욱 복잡해져 분석이 까다로워진다는 것이다. 또한 발생가능하고 상호 관련된 사건들이 분석에 모두 포함되었는지 확신할 수도 없고, 행렬을 계산하는 데 기술적인 어려움이 수반되기도 한다.

결국 교차영향분석은 전문가들의 의견과 통찰력에 기초한 직관적인 시나리오 기법이다. 그러나 예측된 미래 사건들의 발생가능성에 대한 분석적 접근방식을 도입하여 사건, 즉 변수간 잠재적 상호작용에 의해 종속적인 영향관계가 반영될 수 있다는 점에서 그 유용성이 인정된다.

2. 방법론 5단계

기존 자료를 종합 정리한 결과 시나리오 경영기법으로 시나리오 영역 정의, 트렌드 도출, 분석, 시나리오 도출, 전략 도출 등 5단계가 개발되었다. 유비쿼터스 신대륙에서 시나리오 경영기법을 적용한 서비스 시나리오 개발 예시로 'u-수질 모니터링 서비스'를 설명하기로 한다.

2.1 시나리오 영역 정의

유비쿼터스 신대륙에서 u-서비스 시나리오를 개발할 때, 먼저 서비스 각 기능이 전개될 영역인 시나리오를 정의해야 한다. 유비쿼터스 융합 도시에서 u-서비스를 성공적으로 개발하기 위해서는 그 혜택을 향유하게 될 시민들의 요구사항에 대한 범위를 명확히 하도록 u-서비스 분류체계를 설정하는 것이 필요하다.

이러한 분류체계는 단순히 명목상 분류에 그치지 않는다. 예컨대 개발자에게는 상호 운영성을 고려한 개발환경을 제공하게 되고, 지방자치단체에게는 자신의 환경에 적합한 u-서비스를 도입, 활용하게 되는 등 참여자들에게 기초적인 가이드라인으로도 활용된다. 기존 분류체계는 u-서비스가 공급자나 공공 서비스 중심으로 구축되었지만, 도시의 주인은 도시민이므로 이들에게 필요한 기능을 중심으로 분류되어야 할 것이다.

법률적으로도 도시민의 삶의 질 향상, 경쟁력 제고 등과 같은 기능을 핵심으로 u-City가 정의되어 있다. 예컨대 유비쿼터스도시의 건설 등에 관한 법률, 제 2조 제 1 항을 보면 다음과 같이 규정되어 있다.

> "유비쿼터스도시"란 도시의 경쟁력과 삶의 질의 향상을 위하여 유비쿼터스도시 기술을 활용하여 건설된 유비쿼터스도시 기반시설 등을 통하여

언제, 어디서나 유비쿼터스도시 서비스를 제공하는 도시를 말한다.

본 서에서는 u-City 서비스가 '도시의 경쟁력'과 '삶의 질'을 효과적으로 향상시켜야 한다는 점에 착안한 분류체계를 제시하였다. 나아가 현재 각 지방자치단체들마다 앞 다투어 도입을 서두르고 있는 u-City 전략을 마련하는 과정에서도 해당 도시의 특징을 반영하는 데 도움이 될 것으로 기대된다.

2.2 트렌드 도출

두 번째 단계에서는 u-City 개발시 핵심적 이슈에 영향을 미치는 미시적이고 거시적인 요소들을 도출하는 것이다. 핵심 이슈를 자세히 살펴보기 위하여 각 이슈에 대한 의사결정 분야를 몇 가지로 분류하고, 각 분야에 영향을 미치는 영향요소들을 도출하게 된다. 서비스 시나리오를 개발하기 위한 u-서비스 내용은 2가지 측면으로 구분된다. 아직 구현이 되지 않았지만 상대적으로 구체적인 모습이 그려지는 '구현기능' 측면과 이를 가능케 하기 위해 꼭 필요하지만 상대적으로 어떤 모습일지 뚜렷하게 연상되지 않는 '사업운영' 측면 등이다.

먼저 u-서비스의 기술적인 부분인 구현기능에 관하여 아직 u-City 구현을 위한 서비스 개발이 완료되지 않은 실정이다. 그러나 시스템의 구체적 구현을 위한 개발방법론에서 이벤트를 이용한 비즈니스 기반 서비스 시나리오 이용이 가능하므로, 개략적이지만 미래의 u-서비스 모습은 그려낼 수 있다. 구현되지 않은 기술 자체에 기반한 서비스 모델을 그린다는 것은 구현되었을 경우 얻게 되는 u-서비스의 국민생활, 국가경쟁력 등 종합적인 가치를 판단하는 데 한계가 있을 수밖에 없을 것이다. 예컨대 RFID 센서를 통한 기반시설의 지능화, 통합운영센터의 운영업무를 기술하는 것만으로는 u-서비스를 이해하기 힘들기 때문이다.

u-서비스의 사업운영에 관하여 그 내용이 전반적인 u-서비스의 운영 및 가치를 알게 해 주는 역할을 해 준다. 하지만 제한된 환경요소들을 이용한 시나리오 개발에 의한 경우 서비스 구현과정에서 각 참여자의 역할을 정확하게 파악하기는 쉽지 않게 된다. 예컨대 기존 도시의 유비쿼터스화라든지 유관기관과

의 통합연계 구축 설계단계에서 u-서비스의 표준화를 위한 각 참여자의 노력은 필수적이지만, 현실적으로 비즈니스 프로세스상 어떤 단계에서 누구로부터 어떤 역할이 필요한지를 파악하기는 쉽지 않은 실정이다.

따라서 u-City 구현을 위한 서비스 시나리오를 개발하기 위해서는 구체적 모습이 예상되는 '구현기능' 부분은 개발방법론에서 언급하는 이벤트별 비즈니스 시나리오를 이용해야 한다. 미래의 모습이 불투명한 전반적인 사업의 특성 등 서비스의 전반적이고 포괄적인 가치를 파악하여 이에 적합한 전략 도출이 필요한 부분은 시나리오 경영기법을 이용하는 등 상호보완이 필요하다. 이러한 과정을 거쳐 가시적인 u-서비스의 모습을 연상함으로써 미래를 탐구하는 가치를 극대화할 수 있을 것으로 기대된다.

여기에서는 유비쿼터스 신대륙에서, 시나리오 경영기법을 적용한 서비스 시나리오 개발 예시로 'u-수질 모니터링 서비스'를 설명하기로 한다. 이 서비스는 USN 기반의 네트워크를 통해 들어오는 수질정보를 실시간으로 수집하여 수질오염 경보 · 알림, 수질 모니터링 등과 같은 정보를 실시간으로 제공하는 서비스이다.

구현기능

u-City에서 지능화된 서비스를 구현하기 위해서는 정보시스템의 활용이 필수적이다. 이러한 정보시스템은 단순히 기반시설 건축물에 IT 기술을 포함시키는 것은 아니다. 사용자인 도시민의 요구사항이 반영되어 이들의 편의성, 효익성 등을 제고함으로써 미래 도시의 경쟁력과 가치를 극대화시키게 되는 것이다.

통상 정보시스템 개발과정에서 사용자 요구사항을 분석하는 방법론에는 요구사항 공학 등이 있지만, 개발자 중심으로 분석이 수행됨에 따라 실제로 사용자와의 마찰이 비일비재한 실정이다. 이러한 문제를 해결하기 위한 일환으로 비즈니스 시나리오가 이용되어야 한다는 주장이 힘을 얻게 된 것이다.

비즈니스 시나리오는 단순하여 다양한 이해관계자들에게 접근이 가능하고, 시스템의 기능성과 비즈니스 프로세스를 상호 연계시켜주는 도구로 이용될 수 있다. 비즈니스 시나리오를 이용한 u-서비스 모델을 도출하기 위해 다음과 같이 u-수질 모니터링 서비스에서 예상되는 프로세스를 단계별로 정리하였다.

- 수질환경의 BOD, COD, pH, DO, 수온 등의 수질 데이터를 수질센서를 통해 실시간으로 수집
- 수집된 데이터는 USN을 통해 실시간으로 통합운영센터로 전송
- 전송된 수질 데이터는 통합·분석되어 통합 데이터베이스에 체계적으로 관리
- 통합운영센터에서는 전송된 수질정보를 실시간으로 감시하며, 이 정보를 인터넷 PDA 등을 통해 실시간으로 시민들에게 제공
- 수질오염 발생시 경보를 발생하고, 일반 시민들에게 인터넷과 SMS를 통해 알림 서비스 제공
- 현장 수질관리팀은 수질오염 관련 정보를 실시간으로 PDA를 통해 전송

사업운영

사업운영 측면에서 트렌드를 도출하기 위하여, 설문조사를 통해 u-City 분야의 전문가 총 44명으로부터 다양한 의견을 수집하였다. 이상 설문을 통해 유비쿼터스 관련 트렌드, 이슈도 도출하였다.

표 Ⅶ-2 u-City 개발 핵심분야 트렌드

트렌드		내 용
시장 요구	t1	u-서비스 수요증대 및 다양화
	t2	민간기업의 u-City 건설사업 참여
	t3	u-City 지속가능성을 위한 수익모델 개발
기술 발전	t4	u-City 구현을 위한 IT 기술의 성숙
	t5	u-City 관련기술 연구개발 및 인력양성
	t6	u-City 정보의 표준체계 개발
지원 정책	t7	u-City 관련 업무의 협력체계 및 업무통합
	t8	u-City 지원을 위한 중장기 계획 수립
	t9	u-City 관련 산업의 육성
운영 환경	t10	u-City 통합운영관리체계 마련
	t11	u-City 통합운영센터 중심의 집중관리형 정보서비스 제공
	t12	u-City간 도시기능의 연계

설문결과 u-City 개발시 핵심분야에 대한 트렌드는 크게 시장요구, 기술발전, 지원정책, 운영환경 등 4가지로 정리할 수 있다. 이상 4가지 트렌드에 대해 구체적으로 12개 요인이 도출되었다(〈표 Ⅶ-2〉 참조).

먼저 시장요구에 대한 트렌드는 u-서비스 수요증대 및 다양화, 민간기업의 u-City 건설사업 참여, u-City 지속가능성을 위한 수익모델 개발 등을 들 수 있다. 기술발전은 IT 기술의 성숙, 연구개발 및 인력양성, 표준체계 개발 등과 같은 요인으로 구성되고 지원정책에는 협력체계 및 업무통합, 중장기 계획수립, 관련 산업의 육성 등이 있다. 운영환경 트렌드는 통합운영관리체계 마련, 통합운영센터 중심의 집중관리형 정보서비스 제공, 도시기능의 연계 등과 같은 요인들로 구성되어 있다.

2.3 분　　석

세 번째 단계인 분석에서는 이전 단계에서 개발된 트렌드를 종합 분석한다. 구현기능 분야에서는 이전 단계에서 확인된 프로세스를 참조하여 u-서비스 모델을 개발하기 위한 이벤트 정의, 서비스 기능 등을 확인한다. 사업운영 측면에서는 의사결정에 관계하는 트렌드의 현재 동향, 가능한 미래의 방향 등 외부환경을 전망하게 된다.

구현기능

시나리오를 작성하기 전에는 사용자의 요구, 즉 사용자의 목적을 추구하는 활동의 계기가 되는 동인인 이벤트에 대한 분석이 선행된다. 이전 단계인 트렌드 도출 과정에서의 u-수질 모니터링 서비스 프로세스의 흐름을 바탕으로, 〈표 Ⅶ-3〉과 같이 수질 모니터링 서비스에서 예상되는 이벤트들을 정리하였다.

즉 수질 모니터링 서비스는 수질센서를 통해 정보를 수집하는 데이터 수집 이벤트로 시작된다. 데이터 전송 및 저장, 전송된 데이터에 기반한 실시간 수질감시, 가공된 오염정보 제공, 이상 발견시 관련자에게 알려주는 경보 발생 이벤트로 서비스는 종료된다.

표 Ⅶ-3 이벤트 정의

번 호	이벤트	설 명
①	데이터 수집	수질센서를 통한 수질정보 수집
②	데이터 전송	수집된 수질 데이터를 USN 네트워크를 통해 통합 운영센터로 전송
③	데이터 저장	전송된 각종 데이터를 통합·분석하여 통합 데이터베이스에 저장
④	실시간 수질감시	수질정보를 통해 실시간 수질감시
⑤	실시간 정보제공	수질정보를 일반 시민들에게 제공
⑥	오염정보 제공	시민과 수질관리팀에게 수질오염 정보를 제공
⑦	경보 발생	수질오염 발생시 경보 발생

이상과 같은 이벤트 분석을 통해 u-수질 모니터링 서비스의 주 대상고객은 수질 관리기관, 일반 시민, 수질관련 유관기관 등으로 예상되었다. 이러한 이벤트 도출을 통해 〈표 Ⅶ-4〉와 같이 서비스 기능 및 그 내용을 정리하였다. 수질측정, 수질 모니터링, 수질정보 제공, 수질오염 경보, 외부 서비스 연계 등 기본적인 서비스 이외에도 외부 유관기관과의 서비스를 연계하여 각종 정보를 교환함으로써 서비스를 다양화하는 노력이 요구된다.

이러한 기능이 구현되면 실시간 수질정보를 제공함으로써 시민들에 대한 수질 신뢰도가 향상되고, 실시간 수질 감시체계를 통해 오염 발생시 즉각적 방제작업도 가능해지게 된다. 또한 수질정보의 체계화를 통해 효율적 수질환경 정책을 수립하게 되는 등 다양한 효과를 기대할 수 있다.

표 Ⅶ-4 서비스 기능

기 능	내 용
수질측정	수질센서를 통하여 실시간으로 수질을 수집 및 측정
수질 모니터링	수질센서를 통해 측정된 데이터를 통합 모니터링을 통하여 실시간으로 감시
수질정보 제공	BOD, COD, pH, DO, 수온 등 각 센서를 통해 수집된 데이터를 유·무선 통신망을 이용하여 일반 시민 및 수질관리팀에게 제공
수질오염 경보	수질오염 발생시, 즉각 오염 정도를 분석하여 인터넷과 SMS를 통해 경보를 발생
외부 서비스 연계	외부 유관기관과 서비스를 연계하여 각종 정보를 교환, 실시간 수집된 수질정보를 제공하여 일반 시민들에게 보다 다양한 수질정보 서비스 제공

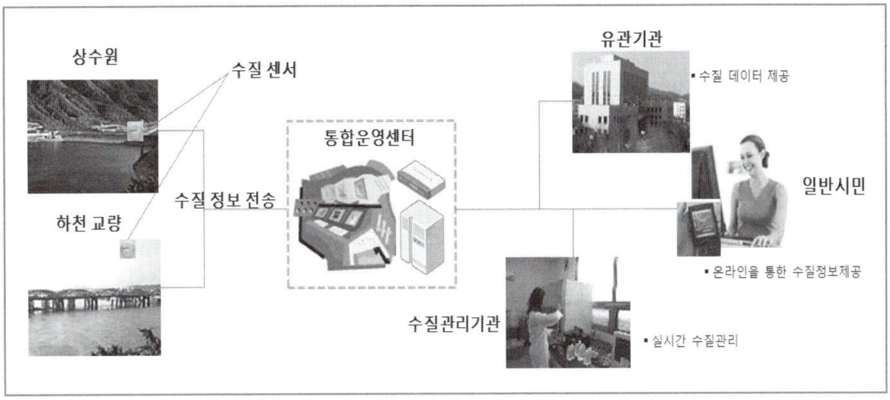

▌그림 Ⅶ-1 **u-수질 모니터링 서비스 모델**

지금까지 살펴본 수질 모니터링 서비스에 대한 프로세스, 이벤트 등을 바탕으로 서비스의 기능을 정하는 등 비즈니스 시나리오를 구체화시켰다. 이러한 과정을 통해 u-수질 모니터링 서비스 모델을 〈그림 Ⅶ-1〉과 같이 묘사하였다.

이러한 서비스 모델을 바탕으로 서비스 개발자는 데이터의 흐름을, 유관기관은 협조의 범위 및 내용을, 정부는 u-서비스의 실현이 가능하게 하는 각종 지원정책을 마련할 수 있다. 사용자의 요구에 따른 u-서비스의 프로세스, 이벤트 등을 기반으로 한 u-서비스 모델의 정의는 참여자들로부터 공통된 목적을 도출해 내는 기본적인 지침이 된다.

사업운영

u-City와 관련된 환경요인을 분석하기 위한 설문결과를 바탕으로, 먼저 교차영향분석을 실시하였다(〈표 Ⅶ-5〉 참조). 교차영향분석은 기본적인 확률이론과 시뮬레이션을 적용하기 때문에 경영과학 분야에서는 예측도구로 정립되었다. 그 이후 R&D 대안 선택, 건설 프로젝트, 화상전화 서비스, 하이테크 분야 등과 관련한 미래예측, 기업전략 시나리오 구축 등 다양한 분야에 적용되고 있는 시나리오 기법으로 널리 활용되고 있다.

결과적으로 시장요구, 기술발전, 지원정책 등과 같은 거시 동인이 주요 추세로 나타나고 운영환경 분야가 가장 의존적인 추세로 확인되었다. u-City 구현

▌표 Ⅶ-5 추세간의 교차영향분석표

	트렌드	T1	T2	T3	T4	T5	T6	T7	T8	T9	T10	T11	T12	합계
T1	u-서비스 수요증대 및 다양화		2	3	2	3	3	2	2	2	2	2	2	25
T2	민간기업의 u-City 건설사업 참여	2		3	3	3	1	1	0	2	1	0	0	16
T3	u-City 지속가능성을 위한 수익모델 개발	3	2		2	2	2	1	1	3	1	1	1	19
T4	u-City 구현을 위한 IT 기술의 성숙	2	2	2		2	2	1	2	3	1	2	2	21
T5	u-City 관련기술 연구개발 및 인력양성	2	2	2	3		2	3	3	3	2	2	1	25
T6	u-City 정보의 표준체계 개발	2	1	1	2	2		3	2	3	3	2	3	24
T7	u-City 관련 업무의 협력체계 및 업무통합	1	1	0	1	1	2		2	2	3	3	3	19
T8	u-City 지원을 위한 중장기 계획 수립	2	1	1	1	2	2	2		3	3	3	2	22
T9	u-City 관련 산업의 육성	3	2	2	2	2	2	1	2		1	1	1	19
T10	u-City 통합운영관리체계 마련	2	1	2	1	1	3	3	2	2		3	2	22
T11	u-City 통합운영센터 중심의 집중관리형 정보서비스 제공	2	1	1	1	1	2	2	2	2	2		2	18
T12	u-City간 도시기능의 연계	2	1	2	1	1	3	2	2	2	2	2		20
합 계		23	16	19	19	20	24	21	20	27	21	21	19	

을 위해 추세간에 미치는 영향을 전체적으로 조망하기 위한 인과 다이어그램은 〈그림 Ⅶ-2〉와 같다. 화살표는 추세간의 상호 의존관계를 나타낸다. 제 1 사분면의 시장요구가 발생하면 기술발전에 영향을 미치고, 이는 다시 지원정책에 그리고 다시 운영환경에 영향을 미치는 경향을 보이고 있다.

이러한 설문조사를 바탕으로, 초기 발생가능성의 평균값을 계산하여 개별 사건들의 중요성을 평가하여 보자. u-City 서비스 시나리오를 설정하기 위한 12개 항목 추세들을 살펴보면 먼저 운영환경 분야의 u-City 통합운영관리체계 마련, 시장요구 분야의 u-City 서비스 수요증대 및 다양화, 기술발전 분야의 u-City 관련기술 연구개발 및 인력양성, u-City 구현을 위한 IT 기술의 성숙 등이다.

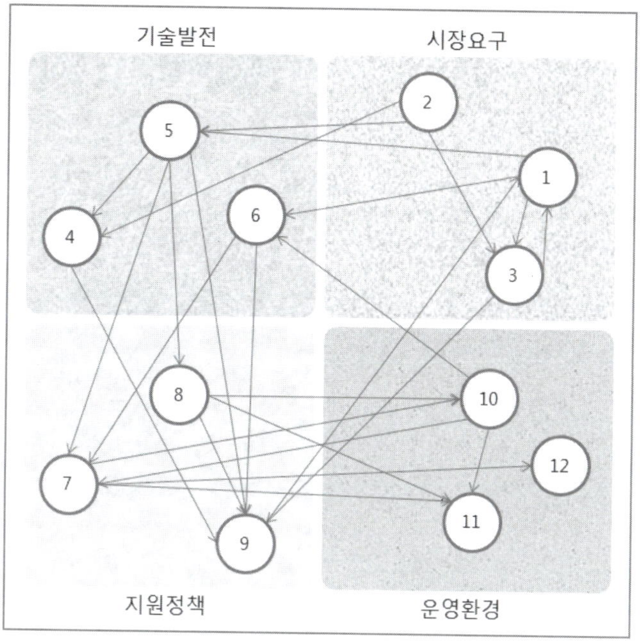

▎그림 Ⅶ-2 추세간 인과 다이어그램

또한 설문결과를 바탕으로 〈그림 Ⅶ-3〉과 같은 시나리오 플래닝 매트릭스를 도출하였다. 이를 통하여 트렌드 도출단계에서의 12개 항목으로부터 핵심 불확실성이 구분되었다. 영향력은 크고 불확실성이 낮은 추세에는 u-서비스 수요증대 및 다양화, u-City 구현을 위한 IT 기술의 성숙, u-City 관련기술 연구개발 및 인력양성, u-City 관련 업무의 협력체계 및 업무통합, u-City 지원을 위한 중장기 계획수립, u-City 통합운영관리체계 마련 등과 같은 요인이 있는 것으로 확인되었다.

또한 영향력이 크면서도 불확실성도 높은 문제에는 민간기업의 u-City 건설사업 참여, u-City 지속가능성을 위한 수익모델 개발, u-City 정보의 표준체계 개발, u-City 관련 산업의 육성, u-City 통합운영센터 중심의 집중관리형 정보서비스 제공, u-City간 도시기능의 연계 등과 같은 요인들로 나타났다.

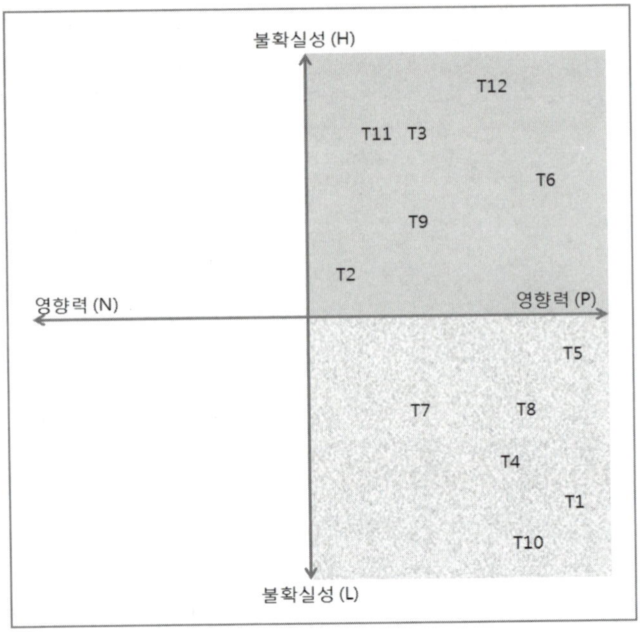

그림 Ⅶ-3 시나리오 플래닝 매트릭스

2.4 시나리오 도출

본 단계는 이전 세 단계까지의 내용을 토대로 시나리오를 도출하는 것이다. 이전 단계에서 u-City 서비스의 특징에 따라 상대적으로 구현가능한 구체적인 모습의 '구현기능' 측면, 구현을 위해 필요하지만 상대적으로 그 운영의 모습이 뚜렷하지 않은 '사업운영' 측면 등으로 구분하였다. 이러한 분류를 바탕으로 각 시나리오를 개발하기 위한 준비단계도 거쳤다. 본 단계에서는 이들을 하나로 엮음으로써 전반적인 모습의 u-서비스 시나리오 개발을 구체화하는 것이다.

도출된 불확실성 요인들을 이용하여 변화가능한 대안들을 제시함으로써 시나리오를 개발하였다. 이전 단계에서 트렌드 분야의 큰 흐름은 시장요구, 기술발전, 지원정책, 운영환경 순이었다. 즉 u-서비스의 수요가 증대되고 그 원하는 바가 다양해진다면 이를 구현키 위한 기술발전이 이루어질 것이다. 또한 시장이 요구하는 바를 지원해 주기 위한 정부의 각종 중장기 정책이 공표되고 이에는 기술지원이 포함될 것이다. u-서비스 모델이 구체화되면 이에 대한 운영

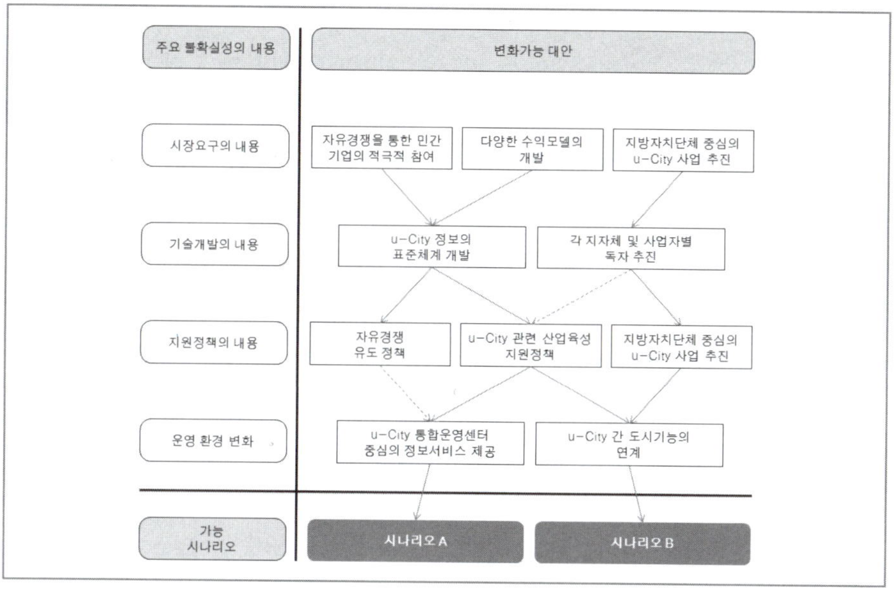

그림 Ⅶ-4 시나리오 도출 다이어그램

환경도 구체화됨은 물론이다. 이러한 흐름을 반영한 것이 〈그림 Ⅶ-4〉이고 시나리오 A, 시나리오 B가 각각 도출되었다.

시나리오 A는 통합운영센터 중심의 u-City 개발 및 운영이다. 이를 지원하기 위해서는 다양한 유관기관과의 u-City 관련 정보가 상호 유기적으로 연계시켜 주어야 할 필요성이 생긴다. 지방자치단체뿐만 아니라 민간기업 등 다양한 사업주체가 형성되고, 기술적으로는 사업주체마다 다를 수 있는 u-City 정보의 표준체계가 마련된다.

뉴밀레니엄 신도시인 u-City 관련 시장이 충분히 형성되고 기술개발이 이루어지므로, 범국가적으로 다양한 u-City 관련 산업을 육성시켜 주어야 할 필요성이 생긴다. 현재의 여러 논의로 통합운영센터를 중심으로 하는 u-City 개발이 자명하다. 따라서 시나리오 A에서는 유관기관과의 상호연계 서비스를 어떻게 운영할 것인가에 대한 논의를 중심으로 u-City 서비스 개발이 이루어질 것이다.

시나리오 B는 u-City간 도시기능의 연계가 중심이 된다. 갈수록 경쟁적으로 추진되고 있는 지방자치단체들의 독자적인 u-City 개발은 관련 정보의 표준체계 마련에 대한 관심보다는 각 지방자치단체의 경쟁력 확보를 위한 수단으로 이용되고 있다. 하지만 경쟁적이며 독자적인 개발 과정에서 여러 지방자치단체들에 걸쳐 정보를 교류해야 하는 등 다양한 연계가 필요하게 된다.

당연히 u-수질 모니터링 서비스도 수자원을 관리하고 유지하는 많은 유관기관들과의 상호연계가 필요하다. 예컨대 강, 호수 등 하나의 수자원을 여러 지방자치단체가 공유하는 경우 이들간 수질관련 서비스의 연계가 매우 중요하기 때문이다. 반면 u-주차 서비스의 경우에는 상대적으로 지방자치단체간 교류가 더 필요한 서비스이다. 따라서 u-수질 모니터링 서비스에 대하여 2가지 시나리오에 대해 각각 상술한다.

시나리오 A: 유관기관과의 상호연계

u-수질 모니터링 서비스는 수질정보를 환경부의 전국 수도종합계획, 환경정보, 수질환경 정책수립 시스템 등과 연계하고 유관기관에 수질정보 등을 제공하는 것이다. 이렇듯 서비스를 효율적으로 제공하기 위하여, 유관기관과의 상호연계를 통해 서비스를 구현해야 할 것으로 보인다.

시스템의 구현부분은 '구현기능'에서 도출된 서비스 모델을 이용하고, '사업운영' 부분은 시나리오 기법에 따라 도출된 유관기관과의 상호연계 내용을 이용하였다. 따라서 연계대상 시스템들의 소관부처와 연계방안은 〈표 Ⅶ-6〉과 같다.

표 Ⅶ-6 수질 모니터링 서비스 연계시스템 및 방안

연계대상 시스템	소관부처	연계방안
전국수도 종합계획	환경부	시스템개요: 전국 상수도현황 통계자료, 수돗물 수질검사 결과 및 수도종합계획 자료를 지방자치단체로부터 입력받아 통합관리 연계내용: 통합적 수질관리를 통하여 수도종합계획 수립지원 시스템의 구현 가능
환경정보	환경부	시스템개요: 인터넷을 이용해 환경관련 자료를 시민 누구나 쉽고 흥미롭게 접근할 수 있도록 하는 환경정보 서비스 시스템 연계내용: 인터넷을 통해 시민들이 쉽게 수질정보를 획득할 수 있도록 함

수질환경정책 수립지원	환경부	시스템개요: 수자원의 오염원 및 하천현황, 수질, 수리·수문자료 등 수질관리에 필요한 자료의 종합적인 데이터베이스 구축 연계내용: 수질 모니터링 정보를 연계함으로써 통합적 환경정책 수립에 활용 가능
환경기초자료 수집전산망	환경부	시스템개요: 환경부, 6개 지방환경관리청, 지방자치단체를 연결하여 유해물질 발생업소 자료 및 환경조사표 등 각종 환경기초자료를 신속히 수집할 수 있는 시스템 구축 연계내용: 환경기초자료 수집이 가능하도록 시스템을 연계
GIS정보	지방자치단체	시스템개요: 지방자치단체 수자원에 대한 지리 정보를 관리 연계내용: 지리적 정보를 통한 수질정보의 제공
광역상수도 종합관리시스템	수자원공사	시스템개요: 수도운영 및 수도시설물 관리 연계내용: 수질정보를 연계함으로써 효율적 상수도 관리
수질환경 정보시스템	수자원공사	시스템개요: 수질측정망 수질자료, 수질환경관련 법제관리 연계내용: 지방자치단체의 수질정보를 상위시스템과 연계함으로써 광역적 수질관리 가능
수도수질 관리시스템	수자원공사	시스템개요: 원수 및 정수 수질자료 관리 연계내용: 지방자치단체의 수질정보를 상위시스템과 연계함으로써 식수원의 효율적 관리 가능
용수이용현황 관리시스템	수자원공사	시스템개요: 행정구역별·하천별 용수이용 및 시설물 현황 관리 연계내용: 수질정보를 통해 용수이용 및 시설물 관리의 통제가 가능
해양환경 종합정보시스템	국토해양부	시스템개요: 해양환경포털을 통해 해양환경 일반정보 및 해양수질정보 제공 연계내용: 하천의 수질정보와 해양수질을 연계하여 종합적 수질관리 가능
해양환경 관리시스템	국토해양부	시스템개요: 해양환경관리를 위한 해양환경정보 및 육상기인오염원 자료를 분석하고, 해양관리 기본도 구축, 해양환경오염 방지방안 마련 연계내용: 수질정보를 통해 해양오염의 원인을 규명하고 이를 효과적으로 통제
토양지하수 정보시스템	환경관리공단	시스템개요: 토양, 지하수 정보 관련분야의 정보공유 및 대국민 서비스강화 연계내용: 하천 수질정보를 연계하여 지하수뿐 아니라 통합적 수질관리
환경성적표지 인증시스템	환경관리공단	시스템개요: 기업의 재료 및 제품의 생산유통, 소비 및 폐기단계 등의 전 과정에 대한 환경성 정보를 계량적으로 표시 연계내용: 수질에 대한 정보를 제공함으로써 환경성적에 반영하여 자발적 환경관리 가능

예컨대 전국수도종합계획은 환경부 소관으로 전국 상수도 현황과 관련된 통계 자료, 수돗물수질검사 결과, 수도종합계획 자료 등을 지방자치단체로부터 받아 통합 관리하는 것이다. 그 연계내용을 보면 통합적 수질관리를 통해 수도종합계획을 수립 · 지원하는 것으로 이를 통해 시스템 구현도 가능해진다.

시나리오 B: 지방자치단체간 상호연계

수질정보를 인근 지방자치단체와 연계하여 관련 오염의 체계적이고 과학적인 수집체계 정비로 수질 통합정보 관리체계를 구축하여 수질행정의 효율화를 제고한다. 그럼으로써 향후 전국 단위의 수질정보화 시스템의 기반체계 역할도 가능해질 것으로 기대된다. 수질관리의 특성상 광역적 관리가 요구되는바, 그 연계대상 시스템으로는 인근 지방자치단체간 수질 모니터링 시스템, 상수도 관리 시스템, 생태관리 시스템 등이 있다. 이러한 연계를 통하여 종합적이고 체계적인 수질관리가 가능해지는 것이다.

전국적 측면에서도 수질의 통합적 관리가 가능해지면 재난재해에 대해서도 능동적으로 대처할 수 있을 것이다. 또한 특정 지방자치단체가 보유하지 못한 기능에 대해 타 지방자치단체로부터 기능지원도 받을 수 있고, 나아가 전국 통합 수질 모니터링 시스템을 구축하여 국가적 수질관리가 가능하게 될 것이다.

시나리오 B인 지방자치단체간 상호연계 서비스에서 시스템 구현부분은 '구현기능'에서 도출된 서비스 모델을 이용하고, '사업운영' 부분은 시나리오 기법에 따라 도출된 지방자치단체간 상호연계 내용을 활용하였다. 즉 연계 주체시의 수질 모니터링 시스템은 통합운영센터를 통해 연계대상인 인근시의 연계서버로 연결되어 수질정보를 주고 받는다.

이러한 상호연계 서비스로 인한 지방자치단체들간의 구체적인 연계내용에는 정기적 연계내용과 필요시 연계내용 등 2가지의 종류가 있다(〈표 Ⅶ-7〉 참조). 즉 u-City 연계시 수질정보를 제공하는 지역은 정기적 연계내용으로 지방자치단체의 모니터링 목적에 따라 취득하는 수질정보 항목, 빈도 및 기록방식을 표준화한다. 또한 수질 모니터링 정보에 대한 시스템 연동과 서비스도 제공한다.

표 Ⅶ-7 지역간 연계방안

구분	정기적 연계내용	필요시 연계내용
u-City (연계시 제공하는 지역)	역할: 지방자치단체의 모니터링 목적에 따라 취득하는 수질정보 항목, 빈도 및 기록 방식의 표준화 권한: 수질 모니터링 정보에 대한 시스템 연동과 서비스 제공	역할: 수질오염 등으로 인한 지방자치단체간 수질 모니터링 정보가 요구될 경우 해당 정보를 제공 권한: 수질 모니터링 정보에 대한 시스템 연동과 서비스 제공 책임: 비상시를 대비한 연계체계 마련
타 지역 (연계시 제공받는 지역)	역할: 수질정보 연계를 통한 효율적 서비스 제공을 위해 통합적 지원체계 구축 권한: 연동정보에 대한 지속적·체계적 관리 책임: 수집정보를 통한 시민 요구사항 수렴	역할: 수질오염 등으로 타 지방자치단체의 모니터링 정보가 요구될 경우 정보를 요청 권한: 비상시 신속한 정보의 제공 책임: 비상시를 대비한 지속적 연계관리

하지만 필요시 연계할 경우 그 역할은 수질오염 등으로 인한 지방자치단체간의 수질 모니터링 정보가 요구될 경우에만 해당 정보를 제공할 것이다. 제공하는 지역의 권한은 수질 모니터링 정보에 대한 시스템을 연동하고 서비스를 제공하며, 비상시를 대비해 연계체계도 마련하게 된다.

2.5 전략 도출

우리나라에서 하천정보를 관리하는 기관이 다양하고 상이함으로 인해, 하천정보에 대한 체계적이고 종합적인 정책자료를 분석하고 제공하는 기능이 부재한 실정이다. 그래서 일괄적이며 국가적인 수자원 관리계획 수립이 용이하지 않을 수 있다. 뉴밀레니엄 신도시에서 하천정보 중 특히 u-수질 모니터링 서비스를 통해 통합관리운영센터로 일원화하여 국가적으로도 표준화시킬 수 있을 것으로 기대된다.

이를 바탕으로 유역정보, 수문정보 등 국가 수자원 정보망으로 그 범위를 확장하는 것도 가능해질 것이다. 특히 유관기관과의 상호연계, 지방자치단체간 상호연계가 원활하게 이루어져야 한다는 것은 매우 중요하다. 서비스 실행에

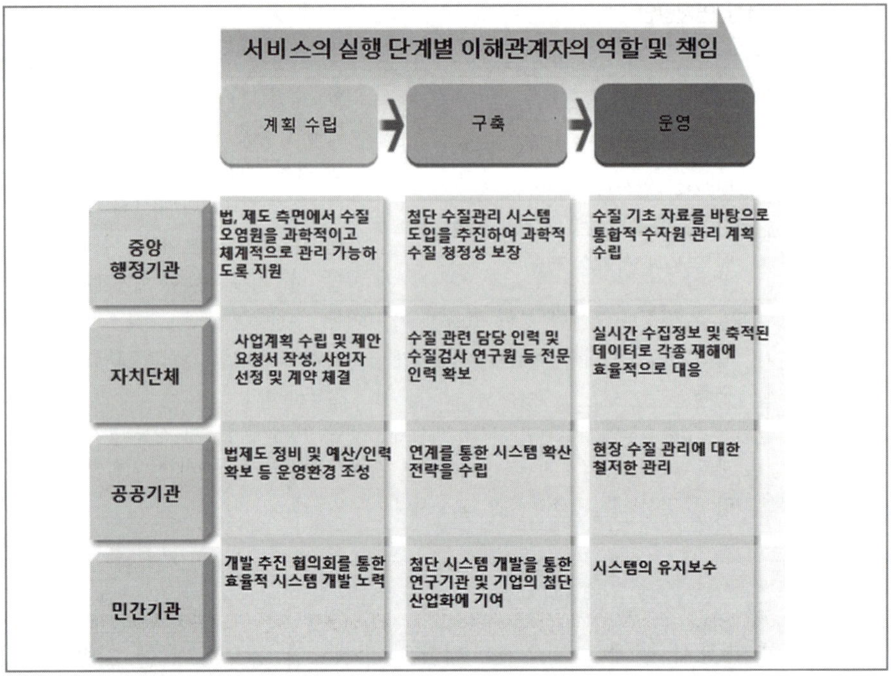

그림 Ⅶ-5 단계별 실행 전략

있어 중앙행정기관, 지방자치단체, 공공기관, 민간기관 등 각 주체의 역할과 책임에 대해 계획수립, 구축, 운영단계로 구분할 수 있다(〈그림 Ⅶ-5〉 참조).

국가와 지방자치단체는 수질 모니터링 서비스의 상호연계 등 실행전략을 마련하고 하천의 수질정보를 교환함으로써 광범위하고 고밀도의 정보를 상호 활용할 수 있다. 방재와 관련된 기관들은 공유된 수질정보를 바탕으로 상호연계하여 방재활동에 신속하게 대응함으로써 피해도 경감할 수 있을 것으로 기대된다.

나아가 지방자치단체는 공유된 수질정보의 신속한 전달로 주민들에 대한 경고발령 여부 등 종합적인 판단을 하는 데 도움을 받을 수 있다. 도시민 역시 공유된 수질정보를 공동 활용함으로써 농경 및 생활용수 등에 활용할 수 있을 것으로 기대된다.

VIII 서비스 시나리오

"강남대로 미디어폴, 3D 아바타 체험 콘텐츠 인기"

3D 소셜네트워킹 서비스 업체가 강남대로에서 서비스하고 있는 미디어폴에 관심이 집중되고 있다고 한다. 강남대로 U-Street(유비쿼터스 거리)에 설치된 미디어폴은 가로시설물의 필수기능과 함께 디지털 아트, 교통정보, 게임, 이메일 서비스 등을 제공하는 시설물이다.

터치스크린에 펼쳐진 다양한 만다라 메뉴 중 '3D 아바타' 버튼을 손으로 누르면 개인의 취향과 개성에 따라 다양한 아바타를 만들 수 있다. 3D 아바타 메뉴에 접속하면 간단히 손가락으로 스크린을 터치해 아바타를 생성, 자신이 원하는 스타일의 눈, 코, 입부터 얼굴형까지 마음대로 커스터마이징이 가능하다. 또한 다양한 최신 패션아이템까지 적용시킬 수 있다.

미디어폴을 통한 3D 아바타 체험은 더욱 다양한 종류의 콘텐츠를 기반으로 한 3D 가상공간을 통해 커뮤니케이션과 게임을 즐길 수 있다. 미디어폴에서 소개되고 있는 유용한 정보들과 함께 화려한 3D 비쥬얼이 시민들의 눈을 사로잡은 것 같다며 앞으로 새롭고 다양한 콘텐츠를 업데이트하여 강남역을 오가는 많은 시민들에게 새로운 디지털기술을 친근하게 선보일 것이라고 한다.

자료원: 중앙일보(2009. 3. 24) 재구성.

뉴밀레니엄 시대를 맞이하여 도시에 유비쿼터스 융합이 적용된 u-City에는 다양한 서비스가 가능하다. 하지만 각 서비스를 제대로 이해하기 위해서는 그 정의뿐만 아니라 서비스 프로세스를 이벤트별로 파악하고 계획, 구축, 운영 각 단계별로 실행전략을 도출하며 중앙행정기관, 지방자치단체, 공공기관, 민간기관 각 주체별로 장단기 실행전략을 제시하고 유관기관과 인근 지방자치단체와의 연계방안도 도출되어야 한다.

여기에서는 유비쿼터스도시의 건설 등에 관한 법률상 11대 서비스 중 행정에 해당되는 u-원격검침, 교통분야의 u-주차장관리, 보건 · 의료 · 복지에 속하는 u-원격홈건강관리, 방범 · 방재에 해당되는 u-영상신고, 기반시설 분야인 u-지하공동구통합관리, 교육에 속하는 u-지능형교육, 문화 · 관광 · 스포츠에 해당되는 u-문화정보안내, 물류분야인 u-식품이력추적 등 각 서비스에 대한 시나리오를 개발한다.

1. u-원격검침

원격검침서비스는 유비쿼터스도시의 건설 등에 관한 법률상 11대 서비스 중 행정에서도 원격지원에 해당된다. 각 세대가 사용한 전기, 수도, 가스, 열량, 온수 등 각종 에너지를 자동으로 검침하고 에너지의 정상공급 여부를 감시한다(〈그림 Ⅷ-1〉 참조). 이를 통해 신속하고 정확한 검침업무를 수행하며, 공동부분

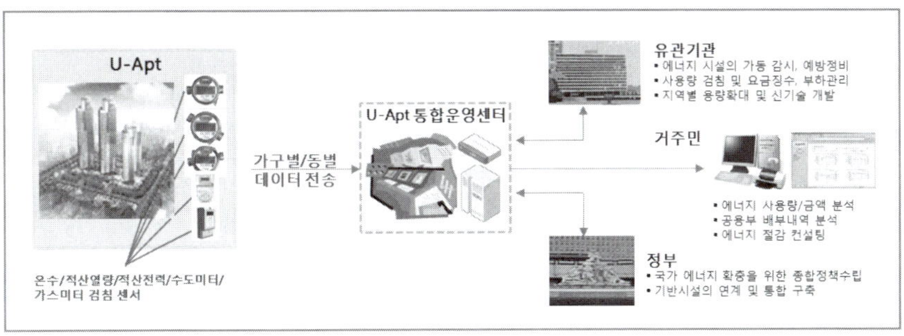

그림 Ⅷ-1 u-원격검침 개념도

요금을 자동 분배하고, 검침요금 관련 각종 민원을 처리하는 서비스이다. 대상 고객으로는 일반시민, 기관사용자, 기업고객, 지방자치단체, 정부로 구분할 수 있다.

원격검침서비스 구현을 위한 세부 프로세스를 보면 먼저 세대별로 온수, 수도, 가스, 전력 등에 설치된 에너지 사용량 검침 센서를 통해 5초 단위(Scanning or Time Interrupt 주기는 조정 가능)로 검침하고 시설의 이상 유무를 감시한다. 그런 다음 검침된 데이터를 중계기를 통해 u-City 도시통합운영센터로 전송한다.

도시통합운영센터는 수집된 데이터를 바탕으로 세대별·공동부별로 에너지 사용량을 실시간으로 적산하며 문제가 발생할 경우 시설보수반에 해당 사항을 즉시 통보하여 복구한다. 정기적인 정보제공 및 고지 발급은 인터넷을 통해 원격으로 처리되며 세대별 에너지 사용량의 종류별·일자별·시간별 분석이 가능한 데이터와 그래프를 제공한다. 마지막으로 필요시 검침 데이터를 모니터링할 수 있도록 하며, 에너지 사용에 관한 정보를 유관기관에 제공하여 종합적인 증설정책 수립과 통계적인 노후화 정도를 분석하여 기간시설의 개·보수계획을 수립한다.

〈표 Ⅷ-1〉은 원격검침서비스 프로세스를 이벤트별로 구체화한 것으로, 시

표 Ⅷ-1 원격검침서비스 프로세스

시나리오		이벤트 설명
번호	이벤트명	
1	데이터 수집	• 계측 대상인 적산전력량, 가스사용량, 온수량, 수도량의 데이터 수집
2	데이터 전송	• 수집된 데이터를 단말제어장치를 통해 도시통합운영센터로 전송
3	관련 시스템 연계	• 한전, 가스공사, 수도사업소, 지역난방공사 시스템과 연계하여 부하량·유지보수·검침량 공유
4	검침 및 감시	• 수집된 데이터를 정기적 또는 비정기적으로 검침 및 감시 수행, 개별·공동의 에너지 사용량 분배 • 검침데이터를 가공 분석, 출력
5	정보전송	• 에너지 종류별 개별·공동부 검침 및 배부내용, 사용 Pattern, Trend, Consulting 결과 등을 홈페이지를 이용하여 개별정보 전송
6	비용고지	• 에너지 사용량의 청구 및 고지
7	유지보수	• 에너지 종류별 감시결과 하자 발생시 즉각 시설보수반에 통보하여 수리·보수토록 함 • 감시결과를 종합하여 예방점검 주기 및 범위, 방법 등 결정

나리오에 따른 이벤트 명을 정의하고 그에 대한 세부사항을 설명하였다. 먼저 계측 대상인 적산전력량, 가스사용량, 온수량, 수도량 등에서 수집된 데이터는 단말제어장치를 통해 도시통합운영센터로 전송된다. 전송된 데이터는 다시 한국전력, 가스공사, 수도사업소, 지역난방공사의 관련 시스템과 연계하여 부하량, 유지보수, 검침량 등의 관련 정보를 공유할 수 있도록 한다. 수집된 데이터를 정기적·비정기적으로 검침 및 감시하여 개별 혹은 공동부의 에너지사용량을 분배하며 검침 데이터를 가공·분석·출력할 수 있는 기능도 수행한다.

에너지 종류별로 개별 혹은 공동부 검침 및 배부내용, 사용 패턴, 트렌드 및 컨설팅 결과 등을 홈페이지를 통하여 실시간으로 전송하며 이와 관련된 에너지 사용량의 청구 및 고지기능을 수행한다. 마지막으로 에너지 종류별 감시 결과 하자 발생시 즉각 시설보수반에 통보하여 수리 및 보수토록 하고 감시결과를 종합하여 예방점검 주기 및 범위, 방법 등을 결정한다.

이상의 원격검침서비스 시나리오를 구현하기 위한 각 기능을 정의하면 먼저 데이터 수집은 세대별 원격자동검침 대상인 전기, 수도, 가스, 난방 등 에너지 사용량을 전자식 텔레미터링 시스템을 이용하여 실시간으로 수집하는 것이다.

둘째, 데이터 분석은 세대별로 에너지 순간 사용량과 누적 사용량을 측정하고 시계열로 분석·가공한다. 또한 공동부별 에너지 사용량에 대해서는 세대별·평형별로 자동배부 후 일별, 주별, 월별 단위로 각 세대에 에너지 부담액을 산출한다.

셋째, 비용고지는 통합시스템을 통해 세대별 에너지 사용량 및 공동부 배부 내용, 에너지 절약 컨설팅 내용 등을 휴대폰과 PDA, 인터넷 등을 통해 실시간 고지한다.

넷째, 시설감시는 미터링 시스템을 이용하여 센싱된 각 세대별 에너지 환경을 통해 통합시스템 내에서 에너지 시설의 고장 여부를 판별한다. 이상이 감지될 경우 현장 시설보수반에 PDA를 통해 증상, 동 호수, 동별 공동부 위치 등 이상 내용을 통보한다.

다섯째, 유지보수는 시설의 이상발생 접수 즉시 현장출동으로 즉각적인 사고처리 및 실시간 처리내용을 전송한다.

마지막으로, 시설정보 제공은 지속적인 데이터 모니터링과 분석을 통하여 시설의 노후화가 지속적으로 발생되는 시설에 대해 고장진단을 미리 예측할 수 있도록 시설정보를 제공한다.

원격검침서비스의 주요 역할은 기종검침의 기록 및 보관, 요금 청구서 자동발행과 주차장, 외등, 계단, 조경등 등 공용부 에너지 사용량 산출, 그리고 세대별 · 평형별 에너지 비례 배분 등이다. 기대효과로는 관리의 효율성, 검침 데이터의 신뢰성 확보, 인건비 절감, 원격검침을 통한 방범효과 등을 들 수 있다.

뿐만 아니라 원격검침서비스를 효과적으로 구현하기 위해서는 서비스의 실행전략 수립이 필수적이다. 따라서 서비스 실행 단계별로 이해관계자의 역할 및 책임을 〈표 Ⅷ-2〉와 같이 도출하였다.

중앙행정기관은 주로 법제도와 계획수립 측면에서의 역할을 수행하며, 자치단체와 공공기관은 서비스가 실행될 수 있는 기반을 마련하고 지원하는 역할을 수행한다. 마지막으로 민간기관은 실질적인 서비스를 구현 및 실행하는 역

표 Ⅷ-2 원격검침서비스 실행전략 3단계

구 분	계획수립	구 축	운 영
중앙 행정기관	• 원격검침 표준체계 구축 • 정보제공 · 활용 지침 결정 • 관련 법규 제정 · 개정	• 국가기반시설 Network 운영체계 결정 • 관련시스템 공유지침 결정	• 부하분석 및 확충계획 수립 시행 • 국가기반시설 종합 운영계획 수립 및 추진
자치단체	• 원격검침 시행대상 확정 • 관련 예산확보 및 조례 • 유관기관별 시스템 표준화 및 구체화 실행	• 효율적인 Data관리 • 최신기술 적극도입 • 능동적 환경 구축 • 세분 시스템 구축	• 체계적인 부하분석 • VOC의 지속적 수렴 • 대민서비스 질 향상 • 정보시스템 확대 구축
공공기관	• 기반기술 확보 • 표준화 추진 • 타 시스템 연계계획 수립	• 시스템 통합 가능성 측정 • 정보 분석범위 및 개발 방법론 결정	• 정보시스템의 개선 및 체계적 운영
민간기관	• 계측 신기술 개발 • 신뢰성, 정확성 확보 • 통신기술 개발	• 정보처리 성능 개선 • 기반장비 및 시설 확충	• 서비스 범위의 확대 가능한 정보기기 개발 • 유지보수

표 Ⅷ-3 원격검침서비스 장 · 단기 실행전략

구 분	단 기	장 기
정 의	u-City 내 서비스별로 별도의 서버가 존재	u-City 내 모든 서비스들을 도시통합운영 센터 한 곳에서 관리
중앙 행정기관	역할: 원격검침시스템 기반관련 법률제정 및 연차별 추진계획 · 정책수립 권한: 국가종합계획 수립 및 추진/ Audit 책임: 예산의 확보 및 정부 시스템 표준화 추진	역할: 기반시설 연계한 전략적 추진 권한: 기반시설 시스템 연계 및 통합 구축 책임: 기반시설 확장 및 계획수립
지방 자치단체	역할: 대상 선정 및 정보시스템 구축 시행 권한: 지역 특성에 맞는 콘텐츠 개발 책임: 원격검침 및 감시시스템 구축 · 보완 운영	역할: 서비스 대상 및 범위확장, 인근도시 연계 권한: 지역부하 분석 및 시스템 체계 구축 책임: 시민의 VOC 청취 및 개선점 발굴, 시설 확충
공공기관	역할: 전력 · 상수도 · 열병합 정보의 실시간 제공 권한: 관련 정보별 표준체계 결정 책임: 실시간 정보제공 및 타지역 연계	역할: 기반시설 연계 시스템 개발 권한: Up-Grade된 정보서비스 적용 유도 책임: 콘텐츠 개발 및 부하관리, 유지보수, 용량 증대
민간기관	역할: 감시 및 검침기술, 통신기술 개발 권한: 신기술 제공 및 적용을 위한 시스템 향상 책임: 정보처리 및 관련 서비스 향상	역할: 센싱, 통신, 융합 시스템 개발 권한: 서비스 가능한 정보기기 확대 책임: 시스템 Up-Grade 및 유지 · 보수

할을 한다. 이러한 각 기관별 실행전략을 단기와 장기로 나누어 기술하면 〈표 Ⅷ-3〉과 같다.

중앙행정기관, 지방자치단체, 공공기관, 민간기관의 시점별 각 역할 및 권한, 그리고 책임을 정의함으로써 거시적 관점에서 효과적인 서비스 구축전략을 제시하고 있다. 예를 들어 중앙행정기관의 단기적 관점에서 역할은 원격검침시스템 기반과 관련하여 법률제정 및 연차별 추진계획과 정책수립이다. 이에 대해 국가종합계획 수립, 추진, 감사에 대한 권한을 가지며 예산의 확보 및 정부 시스템 표준화 추진에 대한 책임도 가진다.

u-City 서비스는 효율적인 제공을 위하여 유관기관과의 상호 연계가 필수적이다. 이를 통해 원격검침, 시설감시, 월간사용량, 공용부 배부정보, Trend &

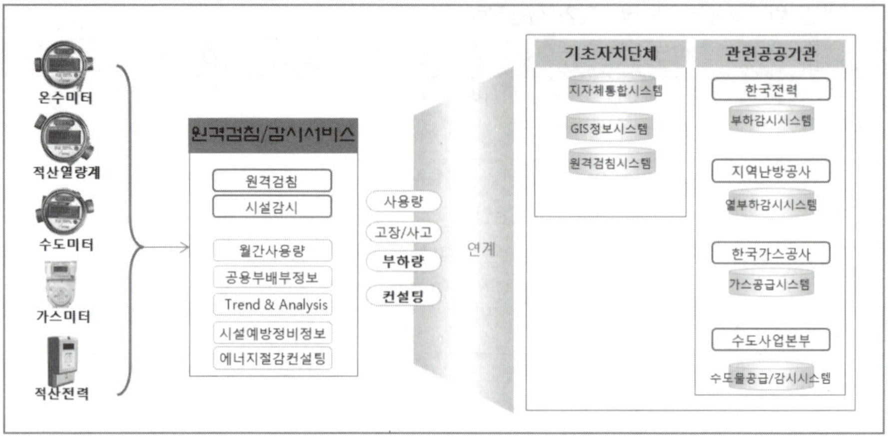

그림 Ⅷ-2 원격검침서비스 상호 연계

Analysis, 시설예방정비정보, 에너지절감컨설팅 등의 서비스를 실시간으로 일반 시민에 제공할 수 있다. 따라서 원격검침서비스와 관련된 유관기관간 상호 연계는 〈그림 Ⅷ-2〉와 같이 구현된다.

원격검침서비스는 기초자치단체, 한국전력, 지역난방공사, 한국가스공사, 수도사업본부 등과 사용량, 고장·사고, 부하량, 컨설팅 정보 등을 연계하여 다각적인 서비스 구현이 가능하다. 이에 따른 각 기관별 상세 연계시스템의 개요 및 연계방안을 〈표 Ⅷ-4〉와 같이 도출할 수 있다.

표 Ⅷ-4 원격검침서비스 연계 시스템 및 방안

연계대상 시스템	소관 부처	연계방안
부하감시 시스템	한국전력	시스템개요: 지역별 전기사용량의 감시 및 단전 감시 서비스 연계내용: 지방자치단체의 전기 사용량 및 부하감지를 통해 시설의 보수 및 확충, 단전에 따른 응급조치, 지역별 전력 사용량에 따른 요금부과, 에너지 절감 컨설팅
열 부하 감지 시스템	지역난방공사 (열병합발전소)	시스템개요: u-City 내 가입권역의 열부하 감지 및 사용량 측정, 누수 및 단수 등의 사고에 대비한 감시 서비스 연계내용: 지방자치단체의 온수 및 냉방 사용량 및 부하감지를 통해 시설의 보수 및 확충, 단수에 따른 응급조치, 지역별 에너지 사용량에 따른 요금부과, 에너지 절감 컨설팅

가스 공급 시스템	한국가스공사	시스템개요: u-City 내 가입권역의 가스 사용량 측정, 누설 등의 사고에 대비한 감시 서비스 연계내용: 지방자치단체의 가스 사용량 및 부하감지를 통해 시설의 보수 및 확충, 단수에 따른 응급조치, 지역별 에너지 사용량에 따른 요금부과, 에너지 절감 컨설팅
수도물 공급 시스템	광역시 수도사업본부	시스템개요: 단수 및 누수 감지, 지역별 사용량 검침 및 제어시스템 연계내용: 지방자치단체의 수도 사용량 및 부하감지를 통해 시설의 보수 및 확충, 단수에 따른 응급조치, 지역·가구별 수도 사용량에 따른 요금부과

연계대상 시스템은 부하감시 시스템, 열부하 감지 시스템, 가스공급 시스템, 수도물 공급시스템 등이며 시스템을 소관부처별로 구분하였다. 예를 들어 부하감시 시스템은 한국전력이 소관부처이며, 지역별 전기사용량의 감시 및 단전을 감시한다. 지방자치단체의 전기 사용량 및 부하 감지를 통해 시설의 보수 및 확충, 단전에 따른 응급조치, 지역별 전력 사용량에 따른 요금부과, 에너지 절약 컨설팅 등이 가능할 것이다.

나아가 u-City 서비스는 인근 지방자치단체와의 연계를 통해 더욱 효과적

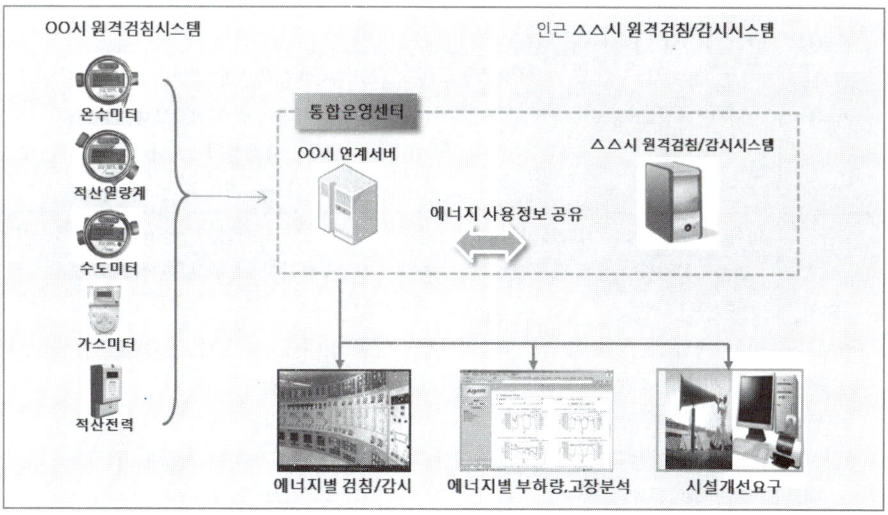

그림 Ⅷ-3 지역간 연계 개념도

이고 광역적인 서비스의 구현이 가능하다. 원격검침서비스는 지방자치단체 내의 에너지 사용정보를 수집·분석하여 인접 지방자치단체와 연계하여 종합적인 에너지 사용 검침 및 감시시스템을 구축 및 운영한다. 그럼으로써 기반시설의 확충, 시설의 유지보수, 응급조치 체계 구축이 가능해지므로 그 개념도를 묘사하면 〈그림 Ⅷ-3〉과 같다.

이러한 연계를 통해 에너지별 원격검침 및 감시, 종합적인 에너지 시설의 유지 및 개선, 비용절감을 위한 컨설팅, 공동의 에너지 정책 등을 제공하여 온라인 검색 및 통합적인 공동관리가 가능해진다.

인근 지방자치단체간 서비스의 연계에 있어서도 앞서 서비스 실행전략을 도출한 바와 같이 서비스의 지역간 연계방안을 도출해 볼 수 있다. 지역간 연계방안은 공간적, 그리고 시간적 요소를 고려할 필요가 있다. 따라서 지역간 연계방안은 공간과 시간의 2개 축으로 설정하였고 연계방안은 〈표 Ⅷ-5〉와 같이 도출되었다.

표 Ⅷ-5 원격검침서비스 지역간 연계방안

구 분	정기적 연계내용	필요시 연계내용
u-City (연계시 제공하는 지역)	역할: u-City 지역의 에너지 상황을 실시간으로 인근 지방자치단체에 공급하여 사용부하에 따른 대응 권한: DB의 Back-Up 또는 정기적 Migration시 u-City 독자적인 수행 및 변경정보 통보	역할: 단전, 단수, 단열 등에 대해 미리 고지된 사항 이외의 사고발생 등으로 정상적인 소통이 불가능할 경우 정보전달 권한: 지방자치단체 내의 사고정보를 인근 지방자치단체에 독립적으로 전달 책임: 인근 지방자치단체에 영향을 줄 수 있는 사고 등 고지의무
타지역 (연계시 제공받는 지역)	역할: 인근 지방자치단체의 에너지 정보를 실시간으로 u-city 통합 시스템에 공급 권한: 입수된 정보 중 자신의 지방자치단체에 영향을 줄 수 있는 정보만 선택적으로 공지함 책임: 자신의 에너지 사용정보도 인근 지방자치단체에 제공	역할: 사고, 시스템, Up-Grade 등으로 인해 정상적인 소통이 불가능할 경우 정보전달 권한: 입수된 정보 중 자신의 지방자치단체에 영향을 줄 수 있는 정보만 선택적으로 공지할 수 있음 책임: 인근 지방자치단체에 영향을 주는 요소의 정보 고지의무

효과	• 지방자치단체간 정보표준화가 가능하여 타시스템의 통합이 용이 • Best Practice의 공유를 통한 u-City 기반 강화 및 공동의 성장발전 도모 • 대시민 서비스 및 삶의 질 향상	• 긴급 단전 · 단수에 따른 시설유지 및 재산상 피해에 적극적으로 사전 대응 • 시민의 불편사항 해소

공간적인 구분은 서비스 연계시 제공하는 지역과 제공받는 지역으로 구분하였다. 서비스의 특성에 따라 지속적인 연계가 필요한 부분과 일시적으로 단편적 서비스 연계가 필요한 경우가 있을 것이므로, 이를 정기적 연계와 필요시 연계로 구분하였다. 그에 따른 각 상황별 역할, 권한, 책임을 각각 기술한다.

예를 들어 서비스를 제공하는 지역에서 정기적인 연계가 요구될 경우 그 역할은 u-City 지역 내의 에너지 상황을 실시간으로 인근 지방자치단체에 공급하여 사용부하에 따라 대응하는 것이다. 이에 따라 DB의 백업 또는 정기적 전환시 u-City 독자적인 수행 및 변경정보의 통보 권한을 가지며 인근지역 지방자치단체에 전기, 열, 수도 등 에너지 사용 및 계획된 단전 · 단수 · 단열 등의 정보를 제공할 책임이 있다.

2. u-주차장관리

주차장관리서비스는 유비쿼터스도시의 건설 등에 관한 법률상 11대 서비스 중 교통에서도 교통시설관리에 해당된다. 주차장 및 건물 내 길 안내, 빈 주차공간에 대한 정보제공 및 차량안심서비스까지 최단시간 내에 최적의 주차공간을 확보토록 하여 고객의 시간과 노력을 절감시켜주는 통합 주차정보서비스이다(〈그림 Ⅷ-4〉 참조). 대상 고객으로는 주차장 이용 일반시민과 도시통합운영센터 차량관리 부서, 유관기관 등으로 들 수 있다.

주차장관리서비스를 구현하기 위한 세부 프로세스는 먼저 주차장에 설치되

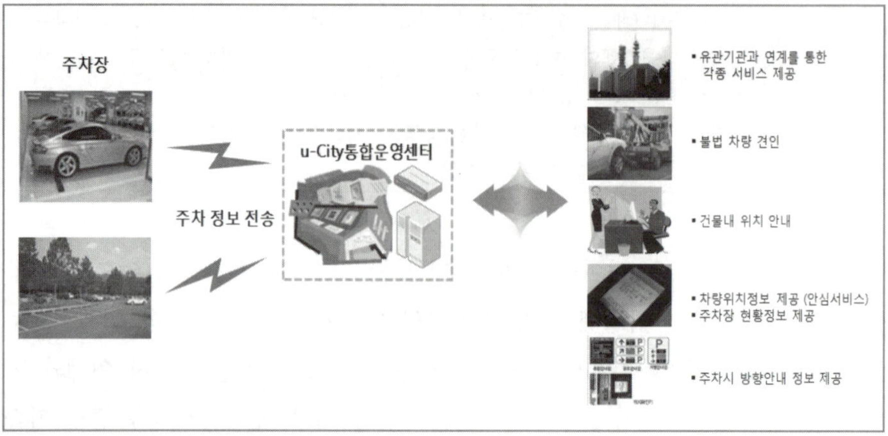

그림 Ⅷ-4 u-주차장관리 개념도

어 있는 센서를 통하여 차량정보, 차량위치, 주차현황 등의 데이터를 수집하고 이를 USN네트워크를 통해 도시통합운영센터로 전송하여 통합데이터베이스에 체계적으로 저장하는 것이다. 그런 다음 수집된 정보를 이용하여 공공기관의 이용자 및 민간인 방문시 해당 주차장의 주차가능 여부를 판별하고 전광판을 통해 해당 주차위치까지 안내한다.

만약 만차인 경우 인근 주차장으로 안내하며, 차량 이동시 센서를 통해 이동 위치를 안내하고 이용자에게 주차위치를 SMS로 발송한다. 또한 사용자의 건물 내 위치정보, 주차장 주변의 주요 시설에 대한 지도안내 서비스를 제공하고 대중교통 연계를 위한 노선버스 안내 서비스를 PDA, 휴대폰, 전광판을 통해 실시간 제공한다.

〈표 Ⅷ-6〉은 주차장관리서비스의 프로세스를 이벤트별로 구체화한 것이다. 이를 위해 시나리오에 따른 이벤트 명을 정의하고 그에 대한 세부사항을 기술하였다. 먼저 주차장에 설치된 센서를 통해 데이터를 수집하며, 수집된 데이터는 USN을 통해 도시통합운영센터로 전송된다. 도시통합운영센터에서는 전송된 데이터를 통합 DB에 저장하고 체계적으로 관리한다.

주차장 전광판에는 주차현황에 대한 정보가 표시되며 만차시 만차 정보를 사용자에게 알린다. 이 경우 인근 주차장의 정보를 제공하고 인근 주차장까지의 경로도 제공한다. 또한 주차장 위치안내, 주차된 차량위치나 이동사항 등 차

표 Ⅷ-6 주차장관리서비스 프로세스

시나리오		이벤트 설명
번호	이벤트명	
1	데이터 수집	• 설치된 센서를 통한 데이터 수집
2	데이터 전송	• USN을 통해 통합 운영센터로 전송
3	데이터 저장	• 통합 DB에 체계적으로 관리
4	전광판에 표시	• 주차현황에 관련된 정보를 제공
5	데이터 전송	• 만차인 경우의 만차정보 전송
6	인근 주차장 길 안내	• 개인 휴대폰으로 주차장 정보 발송
7	차량위치 정보제공	• 주차된 차량위치 및 이용사항
8	차량위치 안내서비스	• 주차위치 안내서비스 제공
9	건물 내 위치안내	• 건물 내 위치정보, 주변시설 정보

량위치 정보를 제공한다. 이와는 별도로 건물 내 위치정보 및 주변시설 정보 등 위치안내 서비스를 제공하여 주차장 이용자의 편의를 도모한다.

이상 주차장관리서비스 시나리오를 구현하기 위한 각 기능을 정의하면, 먼저 차량감지는 주차장 입구에 설치된 루프센서를 통해 주차장에 진입하는 차량을 감지한다. 둘째, 주차상태 파악은 감지된 신호를 제어기에서 연산하여 주차장 주차상태정보를 파악한다. 셋째, 전광판 정보표시는 빈 주차공간에 대한 정보를 전광판에 실시간으로 표시하여 진입하는 운전자에게 빈 주차공간으로 유도한다.

넷째, 주차차량 정보관리는 RFID태그 부착차량의 주차장 이용정보 실시간 관리와 번호판 자동인식 기능을 하며 도시통합운영센터와 연계하여 범죄차량을 인식한다. 다섯째, 주차장 정보관리는 이용자에게 휴대폰을 통해 실시간으로 주차현황 정보 및 주차장 위치정보를 제공한다. 여섯째, 주차차량 감시는 주차된 차량의 이동을 감지·분석하여 이를 이용자에게 SMS로 전송한다.

일곱째, 길 안내 서비스는 사용자에게 건물 내 위치정보, 주차장 주변의 주요 시설에 대한 지도안내 서비스를 제공한다. 또한 만차시 개인 휴대폰을 이용하여 인근 주차장 현황을 파악하여 비어 있는 주차장 정보를 제공받게 된다. 마지막으로, 외부 서비스 연계는 인근 주차장 현황 정보를 수집하고, 이를 기반

표 Ⅷ-7 주차장관리서비스 실행전략 3단계

구 분	계획수립	구 축	운 영
중앙 행정기관	• 주차장 관리 효율화, 이를 통한 주차난 해결을 위한 제도적 장치 마련	• 각종 시설물 관리와 연계 가능 방안 마련	• 주차정보 제공에 따른 각종 보안관리 지침 운영
자치단체	• 지방자치단체의 주차난 해결의 문제 해결을 위한 실무협의	• 지능화된 시스템을 통한 효율적 주차관리 시스템 도입	• 효율적 주차정보를 통한 도심의 주차난 해결
공공기관	• 주차정보의 효율적 제공방안 마련 • 범죄차량 추적 및 등록차량 정보공유	• 적용시스템의 안정화, 고도화 진행, 데이터베이스 표준화 작업	• 주차정보 시스템에 대한 콘텐츠 개발
민간기관	• 기기의 개발 및 신뢰성, 정확성 확보 방안 마련	• 관리장비의 성능개선	• 지속적인 관련장비의 개선 및 유지·보수

으로 주차장 이용고객의 편의를 위한 협조요청으로 주차 유도안내 서비스를 제공한다.

주차장관리서비스의 주요 역할은 주차장 및 주차상태 파악, 전광판 통한 주차위치 안내 서비스, 차량감시 및 위치정보 SMS서비스, 주차 건물 안에서 길 찾기, 주차장 이용정보 데이터베이스화를 통한 효율적 주차장 관리 및 부가서비스제공 등이다. 이를 통한 기대효과는 주차정보 제공을 통해 주차장 이용시간을 감소시키며, 차량의 공회전 감소로 연료비 절감, 주차관리 무인화·자동화로 주차 유도 인력 및 비용감소 등이 있다.

뿐만 아니라 주차장관리서비스를 효과적으로 구현하기 위해서는 서비스의 실행전략 수립이 필수적이다. 따라서 실행 단계별로 각 이해 관계자의 역할 및 책임을 〈표 Ⅷ-7〉과 같이 도출하였다.

중앙행정기관은 주로 법제도와 계획수립 측면에서의 역할을 수행하며, 자치단체와 공공기관은 서비스가 실행될 수 있는 기반을 마련하고 지원하는 역할을 수행한다. 마지막으로 민간기관은 실질적인 서비스를 구현 및 실행하는 역

표 Ⅷ-8 주차장관리서비스 장 · 단기 실행전략

구 분	단 기	장 기
정 의	u-City 내 서비스별로 별도 서버가 존재	u-City 내 모든 서비스들을 도시통합운영센터 한 곳에서 관리
중앙 행정기관	역할: 주차장 정책수립, 전략적 표준화 추진 권한: 개발방향 수립, 호환성 확보 책임: 난개발 방지, 중복투자 예방	역할: 교통정책 수립, 국가정보화 사업과의 협력구축 권한: 법 · 제도적 정비, 지속적 추진 책임: 통합적 관리 계획수립
지방 자치단체	역할: 도시기반 통합 시스템 관리 권한: 맞춤설계, 콘텐츠 개발 책인: 안정적 운용 환경 조성	역할: 서비스의 유기적 연계, 개선 권한: 시스템 개선 및 확산 책임: 시스템의 체계적 · 효율적 운용
공공기관	역할: 실시간대 정보제공 권한: 정보관리의 표준화 책임: 정보의 검증 · 보완	역할: 서비스 주체간의 정보 확대 향상 및 노력 권한: 서비스 확산방안 연구 · 개선 책임: 철저한 데이터 관리 · 지원
민간기관	역할: 표준화, 효율적 시스템 개발 권한: 사용자 기반 콘텐츠 및 신기술 책임: 시스템 성능 개선	역할: 체계적 · 효율적 운영관리 권한: 수요자 중심의 기술개발 책임: 서비스 구현, 성능개선

할을 한다. 이러한 각 기관별 역할을 단기와 장기로 구분하면 〈표 Ⅷ-8〉과 같이 정리된다.

중앙행정기관, 지방자치단체, 공공기관, 민간기관의 시점별 각 역할 및 권한, 그리고 책임을 정의함으로써 거시적 관점에서 효과적인 서비스 구축전략을 제시하고 있다. 예를 들어 중앙행정기관의 단기적 관점에서 역할은 주차장 정책수립 및 전략적 표준화 추진이다. 이에 대해 개발방향 수립과 호환성 확보라는 권한을 가지며 난개발 방지와 중복투자 예방의 책임이 있다.

u-City 서비스는 효율적인 서비스 제공을 위하여 유관기관과의 상호 연계가 필수적이다. 이를 통해 차량감지, 주차상태 파악, 전광판 정보표시, 주차정보제공, 주차정보관리 등과 같은 서비스를 실시간으로 일반 시민에 제공한다. 주차장관리 서비스의 상호 연계는 〈그림 Ⅷ-5〉와 같이 묘사할 수 있다.

주차장관리서비스는 국토해양부, 경찰청, 지방자치단체, 각 시도 등과 교통정보, 주차차량 정보, GIS정보 등을 연계하여 다각적인 서비스 구현이 가능하다. 이에 따

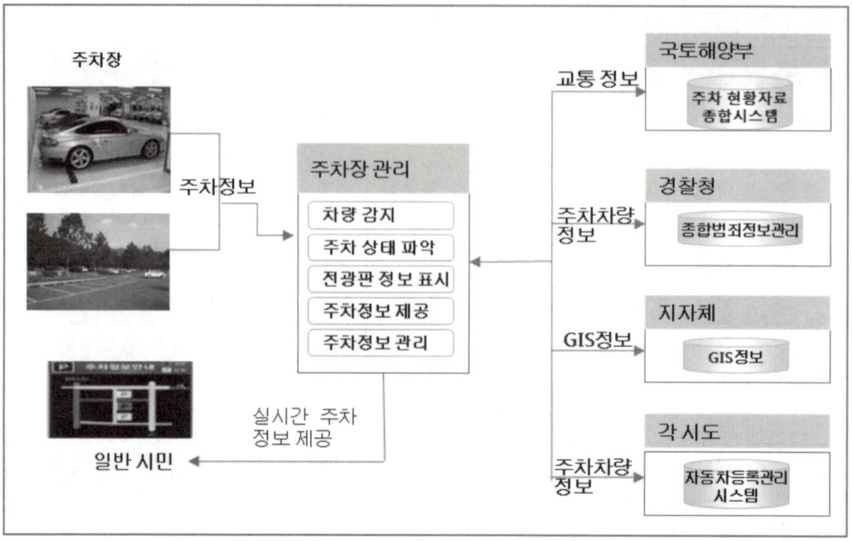

그림 Ⅷ-5 주차장관리서비스 상호 연계

른 각 기관별 상세 연계시스템의 개요 및 연계방안은 〈표 Ⅷ-9〉와 같이 도출된다.

표 Ⅷ-9 주차장관리서비스 연계 시스템 및 방안

연계대상 시스템	소관 부처	연계방안
주차 현황자료 종합시스템	국토해양부	시스템개요: 교통시설, 수단, 관련 산업 등에서 수집되는 정보를 실시간 제공하는 대국민 교통정보 서비스 연계내용: 지능형 교통체계, 각 지방 교통정보센터, 유관기관 정보제공
종합범죄 정보관리 시스템	경찰청	시스템개요: 범죄발생시 수사현장 지원기능, 범죄의 예방 및 검거를 위한 시스템 연계내용: 주차장 및 차량정보, 차량 위치정보, CCTV영상자료 등
GIS정보 시스템	지방자치단체 지적 · 정보화 담당	시스템개요: 주차 시설물의 위치정보 및 각종 주차장 위치정보관리 연계내용: 주차장 위치정보, 주차장 정보 등
자동차 등록관리 시스템	각 시도	시스템개요: 자동차 등록정보를 공유함으로써 범죄차량 인식, 할인감면대상 차량 자동 계산 연계내용: 자동차 등록 정보 중 범죄차량, 할인감면대상 차량 등을 공유

연계대상 시스템은 주차현황자료 종합시스템, 종합범죄정보 관리시스템, GIS정보 시스템, 자동차등록관리 시스템 등이며 각 시스템의 소관부처를 구분하였다. 예를 들어 주차현황자료 종합시스템은 국토해양부가 소관부처이고 교통시설, 수단, 관련 산업 등에 의해 수집되는 정보를 실시간으로 제공하여 대국민 교통정보 서비스를 제공한다. 이는 주차장관리서비스와 연계함으로써 지능형 교통체계 구현, 각 지방 교통정보센터 구축, 유관기관 정보제공이 가능할 것이다.

나아가 u-City 서비스는 인근 지방자치단체와의 연계를 통해 더욱 효과적이고 광역적인 서비스의 구현이 가능하다. 주차장관리서비스는 지방자치단체 주차장 관련 정보를 인근 지방자치단체의 주차장 정보시스템과 연계함으로써 차량 관련 정보의 효율적·광역적 운용이 가능해진다. 이를 개념도로 나타내면 〈그림 Ⅷ-6〉과 같다.

주차장 관리시스템의 주차정보를 인근 지방자치단체의 주차장 관리 시스템, 그리고 종합범죄관리 시스템 등과 연계함으로써 각종 범죄발생에 있어 수배차량 검거에 효율적으로 대응할 수 있는 광역적 정보체계 구축이 가능해진다.

또한 인근 지방자치단체간 서비스의 연계에 있어서도 앞서 서비스 실행전략을 도출한 바와 같이 서비스의 지역간 연계방안을 도출해 볼 수 있다. 지역

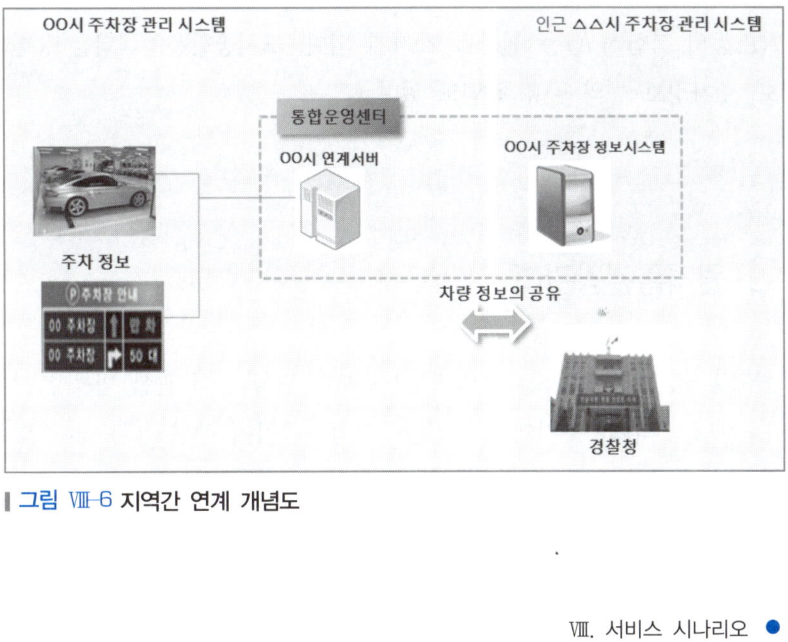

그림 Ⅷ-6 지역간 연계 개념도

표 Ⅷ-10 주차장관리서비스 지역간 연계방안

구 분	정기적 연계내용	필요시 연계내용
u-City (연계시 제공하는 지역)	역할: 통합정보환경을 실시간으로 관리 권한: 지능화를 위한 IT, BT, NT 등의 복합적 활용 책임: 도시통합운영센터를 통한 주차장 정보, 주차정보 등 공유 효과: 차량 관련 정보의 광역적·효율적 운용	역할: 주차장 운영 효율화를 위해 주차장 운영정보 등을 공유 권한: 품질감시 및 서비스 인프라에 대한 운용관리 책임: 긴급상황 발생시 운용환경 지원, 유지·보수를 위한 장애관리 효과: 광역적 정보처리 시스템 구축
타지역 (연계시 제공받는 지역)	역할: 주차장의 효율적 관리 및 주차난 해소를 위한 상호 정보 공유 권한: 인프라의 능동적 운영 및 실효성 검증 책임: 도시통합운영센터를 통한 주차장 정보, 주차정보 등 공유 효과: 실시간 차량정보 파악으로 인한 원활한 교통흐름 제어 가능	역할: 주차장 운영 효율화를 위해 주차장 운영정보 등을 공유 권한: 개방형 표준에 따른 단계적 확장 책임: 인프라 구축, 유기적 연계 및 확장, 콘텐츠 전송 효과: 긴급상황 발생시 효과적인 대응 및 처리 가능

간 연계방안에서 공간적·시간적 요소를 고려할 필요가 있으므로, 공간과 시간의 2개 축으로 설정하였다(〈표 Ⅷ-10〉 참조).

예를 들어 서비스를 제공하는 지역에서 정기적 연계가 요구될 경우 역할은 통합정보환경을 실시간 관리할 필요가 있다. 이에 따라 지능화를 위한 IT, BT, NT 등의 복합적 활용 권한을 가지게 되며, 도시통합운영센터를 통한 주차장정보, 주차정보 등의 공유 책임도 있다.

3. u-원격홈건강관리

원격홈건강관리서비스는 유비쿼터스도시의 건설 등에 관한 법률상 11대 서비스 중 보건·의료·복지에서도 건강·의약품관리에 해당된다. 노인 및 만성질환자뿐만 아니라 건강 증진자의 혈당, 혈압 등 생체정보를 측정한 후 도시통

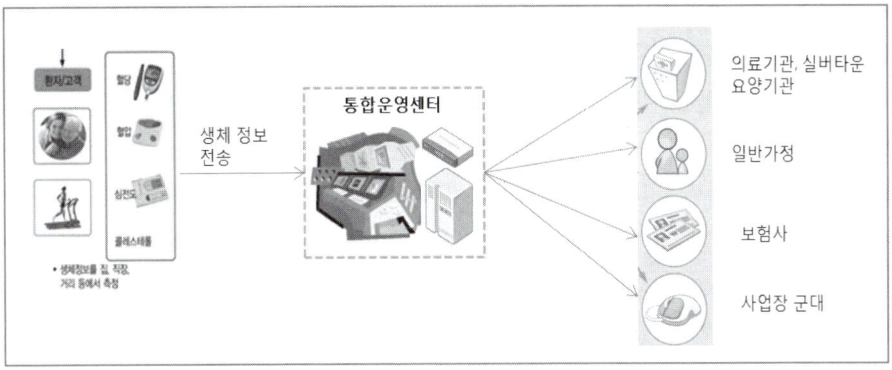

그림 Ⅷ-7 u-원격홈건강관리 개념도

합운영센터로 전송하여 운동, 식이, 투약 등 원격진료를 제공하며 질병을 지속적으로 관리하는 서비스를 말한다(〈그림 Ⅷ-7〉 참조). 대상 고객으로는 일반 시민, 의료기관, 보험사 등으로 정의할 수 있다.

원격홈건강관리서비스 구현을 위한 세부 프로세스를 보면 먼저 혈당, 혈압 등 개인의 생체신호 및 건강정보를 개인 센싱기를 통해 측정하며, 이는 통합운영센터로 자동 전송된다. 도시통합운영센터에서는 전송된 정보의 패턴을 분석해 평생 전자 건강기록 DB에 저장한다. 그 후 전문적인 의료 서비스가 필요한 경우 통합진료 예약 시스템에 예약 후 개인에게 SMS로 알리게 된다. 전문의료 서비스가 필요하지 않은 경우, 건강관리사나 주치의에게 SMS로 통보관리한다.

따라서 건강관리사나 주치의는 대상자에 대해 원격으로 건강관리 및 의료서비스를 제공하게 된다. 진료에 대한 민원사항이 있을 경우 인터넷을 통한 개인 민원을 도시통합운영센터에 접수한다. 만약 사람의 움직임이 없는 등 응급상황 발생시에는 자동으로 보호자나 가족에게 메시지를 발송하고 응급 의료진이 긴급출동하게 된다.

〈표 Ⅷ-11〉은 원격홈건강관리서비스의 프로세스를 이벤트별로 구체화하고 세부 사항을 기술하였다. 먼저 환자와 고객들로부터 개인의 생체 및 건강정보를 측정하여 통합정보센터로 전송한다. 전송된 정보는 통합정보센터에서 패턴을 분석하고, 분석된 패턴은 전자 건강 기록으로 남겨져 저장 및 관리된다.

표 Ⅷ-11 원격홈건강관리서비스 프로세스

시나리오		이벤트 설명
번호	이벤트명	
1	데이터 수집	• 개인의 생체 및 건강정보의 측정
2	데이터 전송	• 측정된 생체 및 건강정보 전송
3	데이터 분석	• 전송된 정보의 패턴을 분석
4	전자 건강기록 저장	• 분석된 패턴을 전자 건강기록에 저장 관리
5	전문 의료서비스 제공	• 패턴상 전문적인 의료서비스가 필요할 경우 진료 예약시스템을 통한 예약
6	비전문 의료서비스 제공	• 패턴상 전문적인 의료서비스가 필요 없을 경우 건강관리사나 주치의에게 SMS로 통보 후 관리
7	원격 건강관리	• 패턴상 전문적인 의료서비스가 필요 없을 경우 대상자에 대해 원격으로 건강관리 및 의료서비스 제공
8	원격 민원처리	• 개인이 민원사항이 있을 경우 도시통합운영센터로 전송
9	응급구호	• 응급상황 발생시 응급 의료진 출동 및 보호자, 가족에게 통보

패턴상 전문적인 의료서비스가 필요할 경우 진료예약시스템을 통한 예약이 진행되며 전문 의료서비스가 필요 없을 경우는 건강관리사나 주치의를 통한 비전문 의료서비스를 제공한다. 마지막으로 환자의 민원사항이 발생할 경우 인터넷을 통해 도시통합운영센터에서 접수하며, 응급상황 발생시 도시통합운영센터에서는 가족통보 및 응급출동 등의 요구사항을 처리한다.

원격홈건강관리서비스 시나리오를 구현하기 위한 기능들을 정의하면 먼저 건강측정은 단말기 센서를 통해 혈압, 맥박, 심전도, 혈당, 체온, 체지방 등 생체정보를 측정한다. 둘째, 건강 위험요인 관리는 건강측정 결과 및 종합건강검진결과를 저장 및 관리하고 건강 그래프를 통한 건강상태를 지속적으로 확인한다. 셋째, 원격 건강관리는 측정된 생체정보 및 종합검진 결과를 활용한 실시간 화상 상담, 웹을 이용한 실시간 상담예약 및 예약결과 통보를 수행한다.

넷째, 전문 의료서비스는 전문적인 의료서비스가 필요시 통합진료 예약시스템을 통해 인근 병원에 예약을 한다. 다섯째, 전자 처방전은 PDA, 휴대폰 등을 통해 처방전을 제공한다. 여섯째, 긴급출동은 사람의 움직임이 없거나, 생체신호에 이상이 발생시 응급의료진이 GPS와 연계하여 긴급출동을 요청한다. 일곱째, 치매노인 보호는 치매노인이 일정 구역을 벗어난 경우 자동으로 보호자 및 가족에게 알림 메시지를 전송한다.

원격홈건강관리서비스의 주요 역할은 건강측정, 건강위협 요인관리, 실시간 상담예약 및 화상상담, 개인별 건강정보관리, 자동 처방전 전달기능 등이 있다. 기대효과로는 사용자의 건강이력을 통합하여 상황을 종합적으로 판단이 가능하며, 지역 생활환경 개선에 기여할 것으로 기대된다.

뿐만 아니라 원격홈건강관리서비스를 효과적으로 구현하기 위해서는 서비스의 실행전략 수립이 필수적이다. 따라서 서비스의 실행 단계별 각 이해 관계자의 역할 및 책임은 〈표 Ⅷ-12〉와 같이 도출되었다.

예컨대 중앙행정기관은 주로 법제도와 계획수립 측면에서의 역할을 수행하며, 자치단체와 공공기관은 서비스가 실행될 수 있는 기반을 마련하고 지원하는 역할을 수행한다. 마지막으로 민간기관은 실질적인 서비스를 구현 및 실행

표 Ⅷ-12 원격홈건강관리서비스 실행전략 3단계

구 분	계획수립	구 축	운 영
중앙행정기관	• 장기 국민 건강관리 • 종합계획 수립, 병원·보건소 정보 표준화방안 마련 • 법제도적 보안 사업간 중복 및 보안 등의 조정 역할	• One-Stop 정보제공 • 도시기반 인프라 추진	• 전염병 위험지역 관리 • 지속적인 제도적·행정적 투자 및 지원
자치단체	• 건강관리 증진기구 관리 • 도시통합운영센터 기본계획 수립 • 민간자본 유치 및 지역 주민 의견 수렴	• 효율적인 데이터 관리 • 최신정보기술을 적극 도입, 능동적 환경 구축, 세분화된 시스템 구축	• 정확한 건강정보 제공 • 지속적 요구사항 수렴 • 대민 서비스 질 향상 • 도시통합운영센터의 확대 구축
공공기관	• 건강정보 표준화 실행	• 건강관리 서비스를 실무적으로 지원하기 위한 전문지원기관 열배분, 표준화된 개발 방법론 적용	• 실무적 지원 위한 전문지원기관 운영 • 정보시스템의 개선 및 체계적 운영
민간기관	• 최신 센서의 개발 및 신뢰성, 정확성 확보	• 정보처리 성능 개선 • 기반장비 및 시설 확충	• 정보분석 기능제공 • 서비스 가능한 정보기기 확대

하는 역할을 한다. 이러한 각 기관별 역할을 단기와 장기로 구분하여 나타내면 〈표 Ⅷ-13〉과 같다.

예를 들어 중앙행정기관의 단기적 관점에서 역할은 원격 의료서비스에 관한 표준화 방안을 마련하는 것이다. 원격 의료서비스 개발을 위한 방향수립 권한과 관련 의료법 개정 및 제도적 보안 책임도 가진다. u-City 서비스는 효율적인 제공을 위하여 유관기관과의 상호 연계가 필수적이다(〈그림 Ⅷ-8〉 참조). 이를 통해 혈당 모니터링, 혈압 모니터링, 심전도 모니터링, 콜레스테롤 모니터링 등 건강정보의 모니터링 결과를 실시간으로 고객에게 제공한다.

표 Ⅷ-13 원격홈건강관리서비스 장 · 단기 실행전략

구 분	단 기	장 기
정 의	u-City 내 서비스별로 별도의 서버가 존재	u-City 내 모든 서비스들을 도시통합운영센터 한 곳에서 관리
중앙 행정기관	역할: 원격 의료서비스에 관한 표준화 방안 마련 권한: 원격 의료서비스 개발방향 수립 책임: 관련 의료법 개정 및 제도적 보안	역할: 의료서비스에 관한 통합계획 수립 권한: 의료서비스 개발방향 수립 책임: 관련 의료법 개정 및 제도적 보안
지방 자치단체	역할: 원격 의료서비스에 관한 효율적 운영(이용편의 등) 권한: 의료서비스 제공자에 대한 선택권 책임: 지속적인 국민 요구 사항의 수렴, 통합 운영센터 운영	역할: 의료서비스 합리적 운영방안을 위한 위원회 운영, 서버 통합을 통한 연계지역 확충 권한: 의료서비스 제공자에 대한 선택권 책임: 의료서비스 제공영역 확대, 통합 운영센터 운영
공공기관	역할: 의약품 관리, 의료서비스의 지속적 개발 권한: 지방자치단체 의료서비스 운영에 대한 감사 책임: 국민건강보장 기반의 확충	역할: 의약품관리, 의료서비스 개발, 의료정보보호방안 마련 권한: 지방자치단체 의료서비스, 데이터 관리에 대한 관리, 감독 책임: 국민건강보장 기반의 확충
민간기관	역할: 센서에 대한 신뢰도, 정확도 향상 권한: 기술력에 의한 시장점유와 제품 공급 책임: 정보 처리 성능 개선	역할: 표준화에 맞는 센서, 정보처리기기의 개발 권한: 표준화 방안에 대한 요구사항 제시 책임: 서비스 기능 기기의 확대 및 타 서비스와의 연계

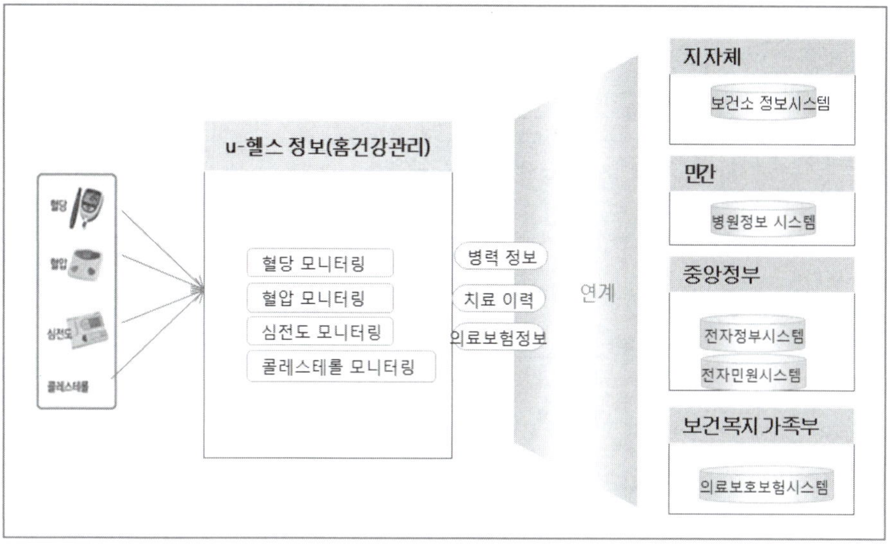

그림 Ⅷ-8 원격홈건강관리서비스 상호 연계

나아가 각 기관별로 상세 연계시스템의 개요 및 연계내용은 〈표 Ⅷ-14〉와 같이 나타낼 수 있다. 연계대상 시스템은 보건소 정보시스템, 병원정보 시스템, 전자정부, 개인민원시스템, 의료보호보험 시스템 등이며 시스템별로 소관부처도 구분하였다. 이에 따른 각 시스템의 개요와 연계내용을 기술하여 연계방안을 도출하였다.

예를 들어 보건소 정보시스템은 지방자치단체가 소관부처이며, 보건소에 등록된 환자들의 병력, 치료정보를 저장하는 시스템이다. 이는 원격홈건강관리 서비스를 전자정부의 주민시스템과 연계하여 개인정보의 효율적 관리가 가능할 것이다.

나아가 u-City 서비스는 인근 지방자치단체와의 연계를 통해 더욱 효과적이고 광역적인 서비스의 구현이 가능하다. 지방자치단체의 시민 건강관련 정보를 수집·분석하여 인근 지방자치단체와 연계함으로써 질병에 대한 효율적 관리가 가능해지며 종합적 국민건강 관리시스템도 구축하게 된다(〈그림 Ⅷ-9〉 참조).

개인의 건강정보를 효과적으로 제공해야 되는데 전국적인 치료정보, 의료정보, 위급사항 정보 등을 공유하여 종합적이고 체계적인 개인의 건강관리가 가능해질 것이다. 인근 지방자치단체간 서비스의 연계에 있어서도 앞서 서비스

표 Ⅷ-14 원격홈건강관리서비스 연계시스템 및 방안

연계대상 시스템	소관 부처	연계방안
보건소 정보시스템	지방자치단체	시스템개요: 보건소에 등록된 환자들의 병력, 치료정보 저장 연계내용: 전자정부의 주민시스템과 연계하여, 개인정보의 효율적 관리
병원 정보시스템	민간	시스템개요: 병원에 등록된 환자들의 병력, 치료정보 저장 연계내용: 전자정부의 주민시스템과 연계하여, 개인정보의 효율적 관리
전자정부	중앙정부	시스템개요: 국민의 개인정보 등의 저장, 열람 등에 사용 연계내용: 앞서 모인 개인의 병력, 치료정보를 통합하여 주민정보에 저장, 통합적 관리기능 제공, 의료사고시 치료 이력을 통한 책임소재 파악
개인민원 시스템	중앙정부	시스템개요: 국민의 민원사항 발생시 접수 및 처리 연계내용: 의료서비스 제공 중 발생하는 민원사항에 대하여 접수 및 처리, 정책에 반영
의료보호 보험시스템	보건복지 가족부	시스템개요: 국민의 의료보험정보의 저장 및 제공 연계내용: 의료서비스 제공시 지자체 및 병원에 의료보호보험 정보 제공 및 업데이트

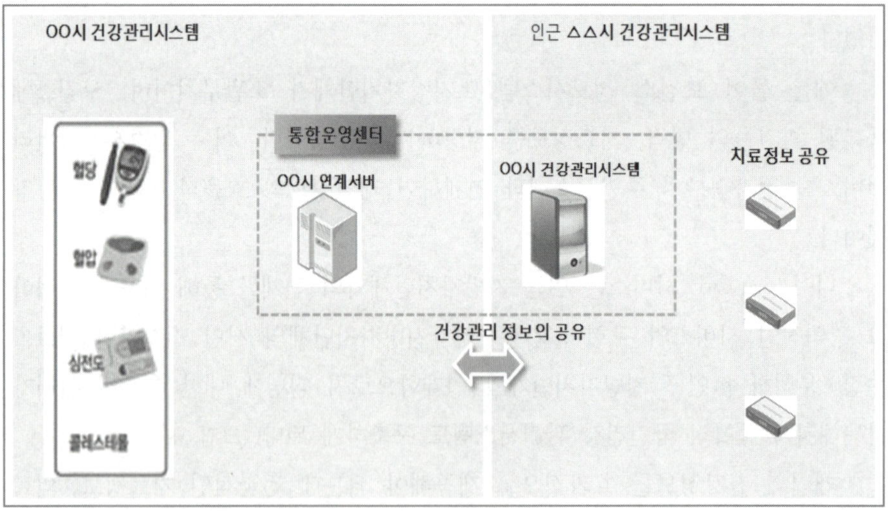

그림 Ⅷ-9 지역간 연계 개념도

표 Ⅷ-15 원격홈건강관리서비스 지역간 연계방안

구분	정기적 연계내용	필요시 연계내용
u-city (연계시 제공하는 지역)	역할: 국민의 치료정보, 의료보험 내역 등을 필요시 정보 전송 권한: 건강관리 정보에 대한 시스템 연동과 서비스 제공 책임: 표준화를 통한 인근지역 도시통합운영센터와의 정기적인 서버 정보 공유	역할: 전염병, 응급치료 등 위급상황 시 해당정보를 제공하여 신속한 위급상황 대처능력 확보 권한: 건강관리 정보에 대한 시스템 연동과 서비스 제공 책임: 비상시 정보전달 중 신뢰성, 정확성 보장
타지역 (연계시 제공받는 지역	역할: 전송받은 정보를 대국민 의료서비스에 이용, 서비스의 지속적인 제공 권한: 건강관리 정보에 대한 시스템 연동과 서비스 제공 책임: 이 지역의 건강관리 정보도 인근 지방자치단체에 제공정보 공유	역할: 전달받은 정보에 대하여 신속한 대응이 요구됨 권한: 건강관리 정보에 대한 시스템 연동과 서비스 제공 책임: 비상시 정보전달 체계에 대한 방안 마련

실행전략을 도출한 바와 같이 지역간 연계방안을 도출해 볼 수 있다.

지역간 연계방안은 공간적 · 시간적 요소를 고려할 필요가 있다. 따라서 지역간 연계방안은 공간과 시간의 2개 축으로 설정할 수 있다. 이에 따라 원격홈건강관리서비스의 지역간 연계방안을 요약하면 〈표 Ⅷ-15〉와 같다.

공간적인 구분은 서비스 연계시 제공하는 지역과 제공받는 지역으로 구분하였다. 서비스의 특성에 따라 지속적인 연계가 필요한 부분과 일시적이고 단편적인 연계가 필요한 경우가 있으므로, 정기적 연계와 필요시 연계로 구분하였다. 그에 따른 각 상황별 역할과 권한, 그리고 책임도 기술하였다.

예를 들어 서비스를 제공하는 지역에서 정기적인 연계가 요구될 경우의 역할은 국민의 치료정보, 의료보험 내역 등을 필요시 전송하여야 한다는 것이다. 이에 따라 건강관리 정보에 대한 시스템 연동과 서비스 제공의 권한을 가지며, 표준화를 통한 인근지역의 도시통합운영센터와의 정기적인 서버정보 공유의 책임도 있게 된다.

4. u-영상신고

영상신고서비스는 유비쿼터스도시의 건설 등에 관한 법률상 11대 서비스 중 방범·방재에서도 방범·방재정보제공에 해당된다. 현재 음성으로 이루어지고 있는 112신고 서비스를 영상으로 신고받아 그 영상정보를 출동 경찰관에게 전달하고 현장상황을 종합적으로 판단할 수 있게 하는 서비스이다(〈그림 Ⅷ-10〉 참조). 대상고객은 일반 시민, 신고센터 경찰관 등으로 구분할 수 있다.

영상신고서비스 구현을 위한 세부 프로세스를 보면 먼저 휴대폰, IP-Phone 등 영상을 전송할 수 있는 매체를 통하여 112신고 센터에 사건·사고를 신고한다. 이때 도시통합운영센터에서는 전달받은 영상을 접수한다. 동시에 사고유형 및 사고현장 위치 등의 정보를 수신된 영상을 통하여 정확히 인지하고 수집된 영상 및 정보를 해당 출동 경찰 및 소방서 해당 공무원에게 이동 단말기를 통해 전달한다. 다음으로 출동자는 현장 위치로 이동하면서 전달된 영상을 분석하며, 인지된 내용을 토대로 해결방안을 모색한다.

〈표 Ⅷ-16〉은 영상신고서비스의 프로세스를 이벤트별로 구체화한 것이다.

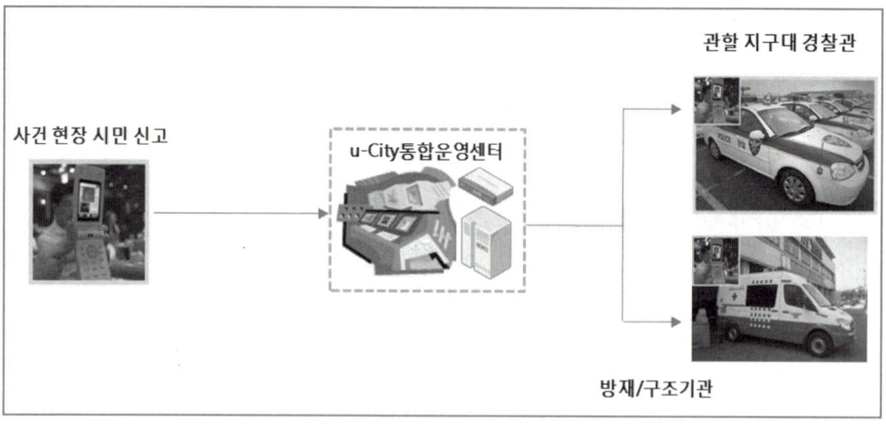

그림 Ⅷ-10 u-영상신고 개념도

먼저 사고 현장으로부터 접수된 영상 데이터는 도시통합운영센터로 실시간 전송되어 저장된다. 이때 실시간 신고접수가 이루어지며 그에 대한 정보는 실시간으로 출동대원들에게 제공이 되고, 상황에 따른 각종 경보를 발생하게 된다.

이상의 영상신고서비스 시나리오를 구현하기 위한 기능은 먼저 사고신고는 WCDMA 및 IP-Phone을 이용하여 도시통합운영센터에 사건·사고를 신고한다. 둘째, 영상수신은 신고된 영상자료를 실시간으로 서버에 전송한다. 셋째, 위치정보 조회는 WCDMA 및 IP-Phone으로 수신된 사고 현장의 위치를 해당 통신사의 시스템과 연동하여 통합운영센터 시스템의 지도상에 실시간 반영한다. 넷째, 신고자 신원파악은 휴대폰 소지자의 신원정보를 지도에 실시간으로 출연하여 해당 신고의 신비성을 제공한다.

다섯째, 사고유형 판단은 수신된 영상정보를 접수자의 눈과 귀로 파악하여 출동자의 규모 및 심각성을 적절히 파악하여 출동을 요청한다. 여섯째, 사고전달은 사고내역 및 위치에 따라 출동자를 시스템에서 자동 검색 배정하여 전달한다. 일곱째, 영상전달은 접수된 영상을 출동중 휴대용 단말기를 통하여 송신한다. 마지막으로, 위치 자동전송은 휴대폰을 통해 전달된 사고현장 위치를 TPEG(교통정보)시스템이 탑재된 네비게이션과 연동하여 사고현장까지 가장 빠른 길을 안내한다.

영상신고서비스의 주요 역할은 영상신고 접수, 신고지역 자동설정, 해당 경찰관 및 소방관 휴대폰 영상전달, 사건 주요내용 저장 등이 있다. 그 기대효과는 사건·사고 상황을 영상을 통해 사전에 판단하여 효과적인 사고처리가 가

표 Ⅷ-16 영상신고서비스 프로세스

시나리오		이벤트 설명
번호	이벤트명	
1	영상신고	• 개인 WCDMA Phone을 통해 사고 제보 및 신고한다.
2	신고접수	• 도시통합운영센터의 상담원은 해당신고 내용을 접수한다. • 접수시 해당 사고 내용 및 현장 위치를 정확히 인지한다.
3	신고전달	• 접수내용에 따라 해당 부서를 선택한다. • 해당 부서, 지역 담당자에 휴대폰으로 접수된 영상정보 및 내용을 실시간으로 전송한다.
4	현장출동	• 출동중 해당 내용을 정확히 인지하여 이동중 해결방안을 모색한다.

능하도록 하며 장난 신고전화를 크게 줄일 수 있다는 것이다. 또한 영상자료를 사건에 대한 근거자료로 활용할 수 있으며 사건·사고의 해결 시간을 단축할 수 있다.

뿐만 아니라 영상신고서비스를 효과적으로 구현하기 위해서는 서비스의 실행전략 수립이 필수적이다. 따라서 서비스의 실행 단계별 각 이해 관계자의 역할 및 책임을 요약하면 〈표 Ⅷ-17〉과 같다.

중앙행정기관은 주로 법제도와 계획수립 측면에서의 역할을 수행하며, 자치단체와 공공기관은 서비스가 실행될 수 있는 기반을 마련하고 지원하는 역할을 수행한다. 마지막으로 민간기관은 실질적인 서비스를 구현 및 실행하는 역할을 한다.

이러한 각 기관별 역할은 단기와 장기로 구분할 수 있다(〈표 Ⅷ-18〉 참조). 그 이유는 현재 u-City가 완전히 구현되지 않은 시점에서 부분적인 서비스 구현이 이루어짐으로 인해 향후 도시통합운영센터가 운영될 경우를 염두에 두었기 때문이다.

표 Ⅷ-17 영상신고서비스 실행전략 3단계

구 분	계획수립	구 축	운 영
중앙 행정기관	• 통합적 서비스가 가능하도록 법적 근거를 마련	• 서비스의 효율적 연계를 위한 가이드라인 제시	• 구축된 영상신고센터에 대한 평가 및 발전방향 검토
자치단체	• 지방자치단체의 특성에 맞는 서비스 계획수립	• 해당 기관과 연계한 관제 시스템 및 정보 서비스 구축	• 범국민 서비스로의 효율적 관리
공공기관	• 표준화된 플랫폼 개발 • 영상신고센터에 대한 범국민 사용 실태의식 조사를 통한 기능 설계	• 영상신고센터를 통한 정보의 활용과 연계 서비스 개발	• 시설관리에 있어서의 관리 및 감독
민간기관	• 영상신고센터 장비에 대한 기술구현 가능성 검토	• 각 기능을 수용한 효율적 장비의 제공	• 서비스 기능에 대한 지속적 개선

표 Ⅷ-18 영상신고서비스 장 · 단기 실행전략

구 분	단 기	장 기
정 의	u-City 내 서비스별로 별도의 서버가 존재	u-City 내 모든 서비스들을 도시통합운영센터 한 곳에서 관리
중앙 행정기관	역할: 진보된 서비스 운영기관을 위한 법제도 수립 권한: 합리적 서비스 운영을 위한 지도 및 감독 책임: 대국민 서비스 운영에 대한 홍보 및 환경 조성	역할: 연계 기관의 역할, 권한, 책임분배 정책수립을 위한 법제도 정비 권한: 연계 기관 지도 및 감독 책임: 연계 기관 분쟁에 따른 수익 정책을 수립하여 합리적인 서비스 실현
지방 자치단체	역할: 공공기관에서 진행하는 통합 서비스 구현을 위한 지방 u-City 통합, 정보분배를 위한 정책수립 및 예산분배 설정 권한: 지방 연계 기관의 지도 및 감독 책임: 영상 112 서비스의 효과적인 운영을 위해 지방 연계 서비스 지원	역할: 통합 u-City 서비스 구현을 위한 연계, 지방 u-City 통합정보 분배를 위한 정책 및 분쟁해결 환경 조성 권한: 지방 연계 기관의 지도 및 감독 책임: 통합 u-City 연계 지방과의 효율적 정보 교류
공공기관	역할: 혁신적 운영을 위한 타지방 u-City 기관의 협업 및 진보된 서비스 구현 권한: 타지방 u-City 기관의 정보 요청 책임: 영상 112 서비스 운영	역할: 전국 통합 u-City 운영 권한: 연계 기관 정보 요청 책임: 통합 u-City 영상 112 서비스 운영
민간기관	역할: 서비스 구현에 맞는 시스템 구성 및 신기술 확보 책임: 서비스의 안정적 운영을 위한 시스템 설치 및 유지보수 기술력 확보	역할: 더욱 진보된 서비스 기관을 위한 기술력 증대 및 시스템 안정화 작업 책임: 시스템의 안정적 운영 및 진보기술 확보

예를 들어 중앙행정기관의 단기적 관점에서 역할은 진보된 서비스 운영기관을 위한 법제도 수립이다. 이에 대해 합리적 서비스 운영을 위한 지도 및 감독권한과 대국민 서비스 운영에 대해 통보하고 환경을 조성한다. u-City 서비스는 효율적인 서비스 제공을 위하여 유관기관과의 상호 연계가 필수적이다(〈그림 Ⅷ-11〉 참조). 사고정보를 수집하여 필요시 실시간으로 일반 시민에 제공한다.

영상신고서비스는 경찰청, 국군, 소방서, 병원 등과 사고정보, 교통정보, 신

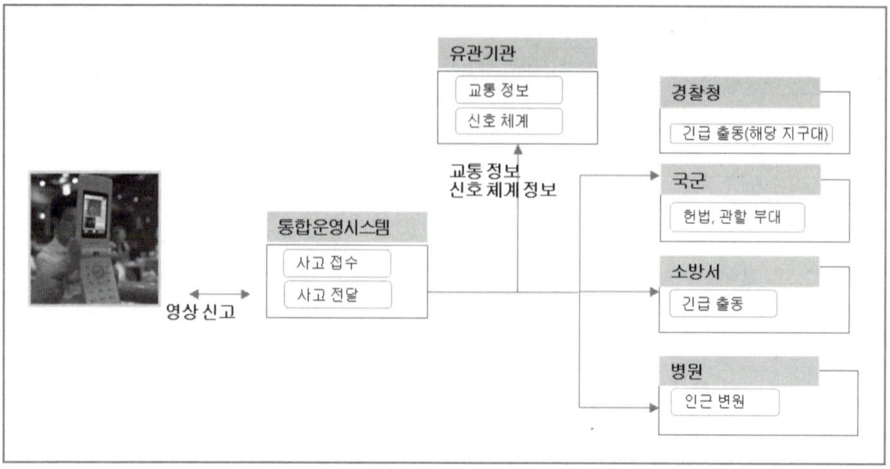

그림 Ⅷ-11 영상신고서비스 상호 연계

호체계 정보 등을 연계하여 다각적인 서비스가 구현된다. 기관별로 상세 연계 시스템의 개요 및 연계내용은 〈표 Ⅷ-19〉와 같다. 연계대상 시스템은 국가안보시스템, 재해관리, 병원 응급처치, 도로교통관리 시스템, 도로신호체계 시스템, 위치정보시스템 등이며 각 시스템의 소관부처를 구분하였다. 시스템별로 개요, 연계내용을 기술하고 연계방안을 도출하였다.

표 Ⅷ-19 영상신고서비스 연계 시스템 및 방안

연계대상 시스템	소관 부처	연계방안
국가안보시스템	국군	국가 위기로 인한 영상 112신고 접수시 국군 출동 요청
재해관리	소방서	영상 112신고 접수시 소방서 재해관리 시스템에 요청하여 소방서 긴급출동 요청
병원 응급처치	병원	긴급환자 대기 기능을 위해 알림 서비스 연동
도로 교통관리시스템	도로관리	긴급출동을 위해 도로교통상황 모니터링
도로 신호체계 시스템	지방자치 도로교통과	긴급출동을 위해 도로 신호체계 관재 시스템 연동
위치정보시스템	이동통신	영상 112신고 위치를 알기 위해 위치 정보 시스템과 연동 출동 요원의 위치 정보를 알기 위해 연동

예를 들어 도로 신호체계 시스템은 지방자치단체의 도로교통과가 소관부처이며, 긴급출동을 위해 도로 신호체계 관재 시스템과 연동되는 시스템이다. 이는 영상신고서비스와 연계함으로써 사고처리시 효과적인 업무수행이 가능해질 것이다.

나아가 u-City 서비스는 인근 지방자치단체와의 연계를 통해 더욱 효과적이고 광역적인 서비스의 구현이 가능하다. 지방자치단체간 영상신고 시스템을 연계하여 광역적이고 효율적인 사고관리가 가능해짐에 따라서, 국가관리 체계를 구축할 수 있다. 각 신고접수에 따라 소요되는 자원을 효율적으로 배분하여, 신속하고 체계적인 사건 · 사고관리도 가능해진다.

5. u-지하공동구통합관리

지하공동구통합관리서비스는 유비쿼터스도시의 건설 등에 관한 법률상 11대 서비스 중 기반시설에서도 기반시설관리에 해당된다. 도시 지하공동구 내에 설치된 전력선, 가스관, 상수관, 통신선로 등의 시설물에 대해 RFID, 센서, USN 단말기 등을 활용하여 정보수집, 종합적 모니터링 체계 구축, 화재 등에 대비한 예방 감시체계 구축, 비상시 지하공동구 작업자에 대한 시설물 정보 제공 등의 효율적인 지하공동구 관리를 지원하는 서비스이다(〈그림 Ⅷ-12〉 참조). 대상고객은 도시통합운영센터 지하공동구 업무담당자, 방재 · 구조 유관기관, 일반 시민 등이 있다.

지하공동구통합관리서비스 구현을 위한 세부 프로세스는 먼저 지하공동구 내에 각종 센서와 CCTV를 설치하고 근접한 위치에 통신 모듈 박스를 설치하여, 수집된 데이터를 도시통합운영센터로 전송할 수 있도록 USN네트워크를 구성한다. 이를 통해 지하공동구의 영상, 온도, 침입, 누수 등 데이터는 일정 주기별로 측정 · 수집되어 도시통합운영센터로 전송되어 분석 및 저장되고, 관련 정보는 모니터링 시스템상의 GUI를 통하여 주기적 또는 화재, 침입, 누수 등 비상발생 시 관리자에게 전송된다. 수집된 정보가 기준치 이상 혹은 화재, 침입, 누수 등

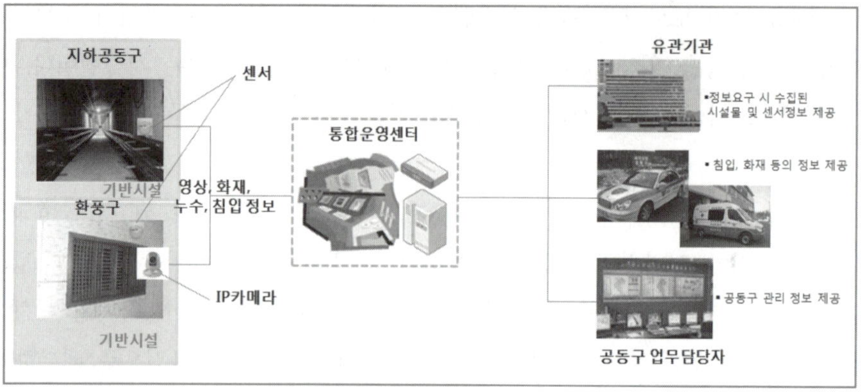

그림 Ⅷ-12 u-지하공동구통합관리 개념도

특정 이벤트가 발생할 경우 도시통합운영센터에 알람을 발생시킨다.

다음으로는 이벤트 발생 현장의 최근접 작업자에게 PDA를 통해 사고발생 정보를 전송하고 현장확인 작업수행 및 사고발생시 유관기관과의 연계를 통하여 조기대응체계를 구축한다. 현장도착 작업자가 공동구내 작업을 요할 경우 지하공동구에 부착된 RFID태그를 통하여 위치 및 이력에 대한 정보를 확인하고, 자신의 위치정보 및 작업진행 상황을 도시통합운영센터로 전송하게 된다. 공동구 작업으로 인한 각종 시민불편 사항과 복구예정 등에 대한 안내방송을 인터넷과 SMS를 통해 시민들에게 전송하게 된다.

지하공동구통합관리서비스 프로세스를 이벤트별로 구체화하면 〈표 Ⅷ-20〉과 같다. 먼저 지하공동구에 설치된 센서와 CCTV를 통해 데이터 수집이 이루어진다. 이렇게 수집된 데이터는 주기별로 USN네트워크를 통해 통합운영센터로 전송한다. 전송된 데이터는 도시통합운영센터에서 분석 및 저장하고 관련 정보 모니터링 결과를 표시한다. 수집정보가 기준치를 초과하거나 이벤트가 발생할시 자동시스템에 의한 알람이 발생한다.

알람발생시에는 현장 최근접 작업자에게 PDA를 통한 출동요청 메시지를 전송한다. 동시에 현장 작업자에 대한 위치 및 각종 시설물 이력을 RFID를 통해 확인하고 연관기관에 대응 요청을 한다. 한편, 현장 작업자는 상황을 PDA로 보고하며 사후를 처리한다. 이에 따라 시민에 대한 불편사항은 인터넷과 SMS를 통해 전송한다.

표 Ⅷ-20 지하공동구통합관리서비스 프로세스

시나리오		이벤트 설명
번호	이벤트명	
1	데이터 수집	• 지하공동구에 설치된 센서와 CCTV를 통한 데이터 수집
2	데이터 전송	• 주기별로 수집된 데이터를 USN네트워크를 통해 통합운영센터로 전송
3	통합 저장	• 전송된 데이터를 도시통합운영센터에서 분석 및 저장 • 관련 정보의 모니터링 표시
4	알람 발생	• 수집정보 기준치 초과 및 이벤트 발생 • 자동시스템에 의한 알람 발생
5	현장 출동	• 현장 최근접 작업자에게 PDA를 통해 출동요청 메시지 전송
6	작업자 정보확인	• 현장 작업자에 대한 위치 및 각종 시설물 이력을 RFID를 통해 확인 • 유관기관에 연계에 따른 대응 요청
7	상황보고	• 현장 작업자에 의해 PDA로 상황보고 • 사후처리 결정
8	안내방송	• 시민에 대한 불편사항을 인터넷과 SMS를 통해 전송

이상의 지하공동구통합관리서비스 시나리오를 구현하기 위한 기능을 보면 먼저 센서정보 수집은 지하공동구 및 환풍구 등에 설치된 센서를 통해 불꽃, 연기, 온도, 침입, 누수, 균열, 막힘 등을 감지하고 USN네트워크를 통해 서버로 전송한다. 둘째, 시설 모니터링은 외선 센서와 IP카메라를 구역별로 설치하고 모니터링 시스템을 구축하여 실시간 확인, 외부 불법침입, 화재 등 각종 사고 상황을 도시통합운영센터로 전송 · 저장 · 관리한다. 셋째, 사고발생 알람은 수집된 데이터가 기준치를 초과하거나 화재, 침입 등의 상황 발생시 자동통제 시스템에 의해 도시통합운영센터 관리자에게 알람을 발생하고 현장출동을 지시하며 사고현장 데이터를 확보한다.

넷째, 시설물 현장정보 제공은 현장 작업자의 위치를 RFID를 통해 실시간으로 확인하고 내용연수, 모델명, 제조사, 취급자 등 다양한 이력들을 열람한다. 다섯째, 응급상황 관리는 비상 · 응급상황시 구조대와 유관기관에게 작업자, 시설물의 위치를 실시간 확인한다. 여섯째, 유지보수는 수집 데이터의 신뢰성을 확보하기 위하여 측정 센서와 IP카메라의 사양에 따라 일정 주기별로 정기 점검하고 유지보수한다. 일곱째, 사고정보 제공은 공동구 사고발생시 주민 불편사항에 대해 SMS와 인터넷을 통해 인근 주민에게 알린다. 마지막으로, 외부 서비스와의 연계는 수집 및 저장된 지하공동구 정보를 유관기관과 연계 관리한다.

지하공동구통합관리서비스의 주요 역할은 실시간 지하공동구 정보수집, 지하공동구 영상감시, 전력선, 가스관, 상수관, 통신선로 등 유지보수 그리고 화재 경보 및 침입자 등에 대한 비상 알람, 시설물 위치·이력·작업자 정보 제공 등이 있다. 기대효과로는 도시의 근간을 이루는 주요 시설물의 안정적 관리와 비상상황에 신속한 대응 조치로 생명과 재산피해를 억제할 수 있다는 것이다. 또한 도시민에게 안정적인 인프라를 제공할 수 있다.

뿐만 아니라 지하공동구통합관리서비스를 효과적으로 구현하기 위해서는 서비스의 실행전략 수립이 필수적이다. 따라서 실행 단계별로 이해 관계자의 역할 및 책임을 요약하면 〈표 Ⅷ-21〉과 같다.

표 Ⅷ-21 지하공동구통합관리서비스 실행전략 3단계

구 분	계획수립	구 축	운 영
중앙 행정기관	• 지하공동구 관리를 위해 예방·대비·대응·복구의 전 단계를 지원할 수 있도록 법제도 보완, 정보 표준화 등 종합적 고려	• 공동구 관리를 위한 각 정보시스템 연계를 통해 정보공유체계 강화 방안 마련	• 감시 시스템에 대한 안전 관리체계를 지속적으로 강화할 수 있는 제도 마련
자치단체	• IT를 기반으로 한 지능화 재난관리를 추진, 예산 및 인력확보, 운영환경 조성, 세부지침 수립	• 표준화된 시스템 도입을 통해 경보전달 체계 개선, 관측시설 확충, 효율적 시스템을 통한 서비스 인프라 구축	• 사고에 대한 즉각적인 대응을 위해 공동 대응체제 마련, 지속적 요구사항 수렴을 통한 서비스 질 향상
공공기관	• 사업계획 수립 및 제안요청서 작성, 사업자 선정 및 계약체결, 감시방안 수립	• 사고를 대비한 현장 지휘체계 구축, 표준화 자체 검수 실행	• 종합 출동지령 및 출동 지원체계 마련
민간기관	• 개발추진 협의회를 통한 효율적 시스템 개발 및 신뢰성, 정확성 확보	• 표준화, 고성능 장비의 공급	• 시스템의 유지보수, 신기술을 활용한 효율적 장비의 지속적 개발 및 보급

중앙행정기관은 주로 법제도와 계획수립 측면에서의 역할을 수행하며, 자치단체와 공공기관은 서비스가 실행될 수 있는 기반을 마련하고 지원하는 역할을 수행한다. 마지막으로 민간기관은 실질적인 서비스를 구현 및 실행하는 역할을 한다.

이러한 기관별 역할을 단기와 장기로 구분하면 〈표 Ⅷ-22〉와 같다. 중앙행정기관, 지방자치단체, 공공기관, 민간기관의 시점별 각 역할 및 권한, 그리고 책임을 정의함으로써 거시적 관점에서 효과적인 서비스 구축전략을 제시하고 있다.

표 Ⅷ-22 지하공동구통합관리서비스 장·단기 실행전략

구 분	단 기	장 기
정 의	u-City 내 서비스별로 별도의 서버가 존재	u-City 내 모든 서비스들을 도시통합운영센터 한 곳에서 관리
중앙 행정기관	역할: 공동구 유지관리 비용의 분담 방법, 수용물의 미래 수요예측, 안정적 방재대책 등의 계획수립 권한: 각 지방자치단체에 대한 강제규정 책임: 국가 인프라에 대한 체계적 관리	역할: 공동구 내부 수용물, 방재 시스템, 환기 및 조명시설 등에 대한 종합평가와 정보공유를 위해 유관기관과의 자료 협조체계 구성 및 표준화 방안 마련 권한: 통합을 위한 제도적 표준화 제공 책임: 표준화를 통한 시스템의 통합 운영체계 마련
지방 자치단체	역할: 공동구 내 방재시설, 가연물질 사용, 구조적 문제점 해결 등을 위한 실태파악과 효과적 구축 권한: 공동구 관리를 위한 서비스 구축 책임: 향후 공동구 통합관리를 위한 기반 마련	역할: 수용시설을 화재나 재해로부터 예방하고, 공동구 내 관리의 안전을 확보하기 위한 시스템 통합 운영 권한: 각 시스템 틀에 대한 통합 및 연계 구축 책임: 감시정보를 활용한 통합적 관리 시스템 구축
공공기관	역할: 지지대 설치 및 통로간격, 예비전열설비, 조명시설의 배관 및 배선 등에 대한 주기적 지도, 감독, 지원 권한: 공동구 관리에 대한 관리, 감독 책임: 지방자치단체에 대한 공동구 통제	역할: 공동구 감시에 대한 업무 표준화 절차 수립 권한: 업무에 대한 정보제공 및 관리 책임: 업무 표준화를 통한 시스템 관리

민간기관	역할: 시공에 있어 누수, 철근부식, 누전, 공간용적 설계, 설치 불량 등을 최소화 권한: 기술력에 의한 시장점유와 제품 공급 책임: 설치 장비에 대한 기술력 제고	역할: 각 시스템과 상호연계 가능한 표준화 장비 공급 권한: 표준화에 대한 가이드라인 요구 책임: 장비에 대한 표준화 기술개발

u-City 서비스는 효율적인 서비스 제공을 위하여 유관기관과의 상호 연계가 필수적이다. 공동구 정보를 수집하여 센서정보수집, 시설모니터링, 사고발생 알람, 시설물 현장 정보제공, 응급상황관리, 유지보수, 사고정보제공, 외부서비스 연계 등 수질 공동구 관련 정보를 실시간으로 일반 시민에 제공한다(〈그림 Ⅷ-13〉 참조).

지하공동구통합관리서비스는 경찰청, 행안부, 국토해양부, 한국수자원공사, 소방방재청, 지방자치단체, 유관기관 등과 온도정보, 침입정보, 화재정보, 수압정보, 균열정보, 모니터링 영상, 시설정보를 연계하여 다각적인 서비스가 구현될 것이다.

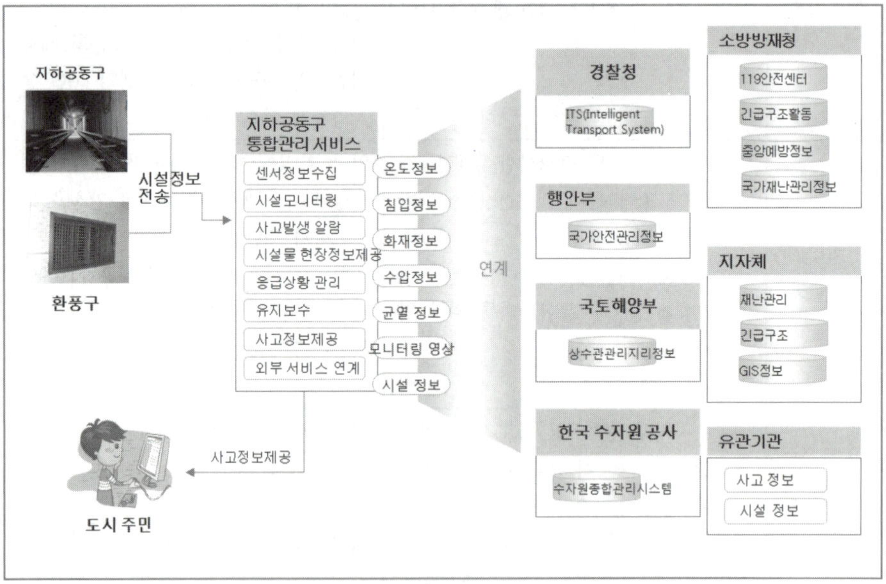

그림 Ⅷ-13 지하공동구통합관리서비스 상호 연계

이에 따른 각 기관별 상세 연계시스템의 개요 및 연계내용은 〈표 Ⅷ-23〉과 같다. 연계대상 시스템은 119안전센터, 중앙예방정보, 국가재난관리정보, 국가안전관리정보, 상수관 관리지리정보, 수자원종합관리, ITS, 긴급구조, GIS 등이며 시스템별로 소관부처도 구분하였다. 이에 따른 각 시스템의 개요와 연계내용을 기술하여 연계방안을 도출하였다.

표 Ⅷ-23 지하공동구통합관리서비스 연계시스템 및 방안

연계대상 시스템	소관 부처	연계방안
119안전센터	소방방재청	시스템개요: 방재활동, 화재예방 활동, 기타 각종 불편 민원 해소를 위한 서비스 제공 연계내용: 공동구 사고발생시 즉각적 대응 조치가 가능하도록 공동구 관리정보를 연계
중앙예방정보	소방방재청	시스템개요: 소방대상을 조회, 예방행정 통계관리의 업무를 수행하며 통합적 소방 예방기능을 수행하는 시스템 연계내용: 공동구 정보 연계를 통해 화재 예방기능을 수행
국가재난관리정보	소방방재청	시스템개요: 중앙과 지방자치단체에서 재해・재난에 대한 종합적인 대책 마련과 지휘통제 및 조정업무를 효과적으로 수행, 지원하는 시스템 연계내용: 예방 및 재난관리 책임기관과의 연계를 통한 효과적 재난관리
국가안전관리정보	행정안전부	시스템개요: 재난재해가 발생할 경우에 대한 사전대비 및 사고발생시 피해 확산을 최소화하기 위해 신속, 정확하게 대응 및 복구를 지원할 수 있는 정보시스템 연계내용: 공동구 사고발생시 신속대응 및 복구가 가능하도록 시스템 연계
상수관 관리지리정보	국토해양부	시스템개요: 전국의 상수관을 통합관리하기 위한 시스템 연계내용: 전국 상수관 지리정보를 연계함으로써 공동구 내 상수관의 효율적 관리
수자원 종합관리	한국 수자원공사	시스템개요: 전국 수자원의 종합관리를 위한 시스템 연계내용: 전국 수자원 관리지도와 상수관 누수관리 시스템을 연결하여 상수관의 종합적 관리
ITS	경찰청	시스템개요: 효율적 교통관리를 위한 지능형 교통 시스템 연계내용: 공동구와 도로지도를 연계하여 비상상황 예상 및 발생시 효율적 대응

긴급구조	지방자치단체	시스템개요: 시·도 소방본부 중심의 통합 재난상황 관리와 지휘통제, 대형 재난 발생시 인접 시도간 재난정보 공유 연계내용: 신속한 긴급구조를 위한 공동구 사고정보 연계
GIS 정보	지방자치단체	시스템개요: 지방자치단체 지하 공동구에 대한 지리정보를 제공 연계내용: 지하공동구에 대한 지리정보를 통해 공동구 관리 및 사고에 효율적으로 대응

예를 들어 119안전센터는 소방방재청이 소관부처이며, 방재활동, 화재예방 활동, 기타 각종 불편 민원해소를 위한 서비스를 제공하는 시스템이다. 이는 지하공동구통합관리서비스와 연계함으로써 공동구 사고발생시 즉각적 대응 조치가 가능하도록 공동구의 관리정보를 연계할 수 있다.

나아가 u-City 서비스는 인근 지방자치단체와의 연계를 통해 더욱 효과적이고 광역적인 서비스의 구현이 가능하다. 지하공동구 시설정보를 인접 자치단체와 연계하여 지하시설물의 위치 및 그 속성정보 등을 효과적으로 활용할 수 있는 시스템을 구축하고, 지하공동구를 체계적이고 효율적으로 관리하며, 도로 정보화 사업과 함께 상호 연계하여 추진이 가능하다(〈그림 Ⅷ-14〉 참조).

지하공동구의 특성상 인근 지방자치단체의 지하공동구 관리 시스템, 도로 기반시설물 관리 시스템, 상하수도 관리 시스템 등과 연계하여 광역적인 도시 기반시설 관리가 가능해지며, 공동구상의 사고발생시 상호 정보제공 및 협의체

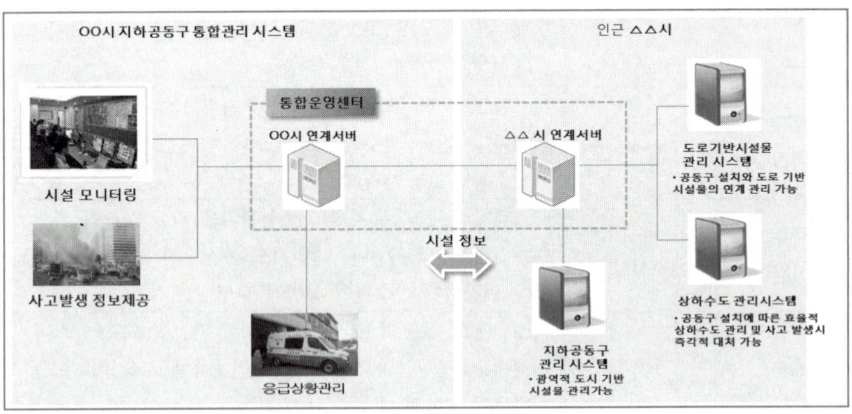

그림 Ⅷ-14 지역간 연계 개념도

계 구축으로 기반시설 장애를 최소화하는 등 시민 불편해소와 서비스의 질을 향상시킬 수 있다.

인근 지방자치단체간 서비스의 연계에 있어서도 앞서 서비스 실행전략을 도출한 바와 같이 서비스의 지역간 연계방안도 도출할 수 있다. 공간적·시간적 요소를 고려할 필요가 있으므로, 지역간 연계방안을 공간과 시간의 2개 축으로 설정하면 〈표 Ⅷ-24〉와 같다.

공간적인 구분은 서비스의 연계시 제공하는 지역과 제공받는 지역으로 구분하였다. 서비스의 특성에 따라 지속적인 연계가 필요한 부분과 일시적이고 단편적인 서비스 연계가 필요한 경우가 있을 것이다. 따라서 이를 정기적 연계와 필요시 연계로 구분하고, 각각의 상황별 역할과 권한 그리고 책임을 기술하였다.

예를 들어 서비스를 제공하는 지역에서 정기적 연계가 요구될 경우 역할은 공동구 모니터링에 따라 취득하는 정보 항목, 빈도, 기록방식의 표준화이다. 이에 따라 공동구 모니터링 정보에 대한 시스템 연동과 서비스 제공의 권한을 가지게 되며, 표준화를 통한 인근 지방자치단체에 공동구 모니터링 연계 정보를 제공할 책임이 있다.

표 Ⅷ-24 **지하공동구통합관리서비스 지역 간 연계방안**

구분	정기적 연계내용	필요시 연계내용
u-City (연계시 제공하는 지역)	역할: 공동구 모니터링에 따라 취득하는 정보 항목, 빈도 및 기록방식의 표준화 권한: 공동구 모니터링정보에 대한 시스템 연동과 서비스 제공 책임: 표준화를 통한 인근 지방자치단체에 공동구 모니터링 연계 정보 제공	역할: 사고발생 등으로 인한 지방자치단체간 공동구 모니터링 정보가 요구될 경우 해당 정보를 제공 권한: 공동구 모니터링 정보에 대한 시스템 연동과 서비스 제공 책임: 비상시를 대비한 연계체계 마련
타지역 (연계시 제공받는 지역)	역할: 공동구 정보 연계를 통한 효율적 서비스 제공을 위해 통합적 지원체계 구축 권한: 연동 정보에 대한 지속적·체계적 관리 책임: 공동구 정보를 통한 수요 요구사항 수렴	역할: 사고발생 등으로 타지방자치단체의 모니터링 정보가 요구될 경우 정보를 요청 권한: 비상시 신속한 정보의 제공 책임: 비상시를 대비한 지속적 연계 관리

6. u-지능형교육

지능형교육서비스는 유비쿼터스도시의 건설 등에 관한 법률상 11대 서비스 중 교육에서도 원격강의에 해당된다. 강의실 안에서 이루어지는 학교교육에 있어서 학생의 출결을 비롯한 교육과 학습과정을 하나의 통합형 온·오프라인 강의관리 정보시스템으로 구축하여, 효율적인 쌍방향의 교육이 이루어지도록 하는 서비스이다(〈그림 Ⅷ-15〉 참조). 주요 대상 고객은 학생, 교사, 교육행정 담당자, 학부모 등으로 구분할 수 있다.

지능형교육서비스 구현을 위한 세부 프로세스는 먼저 전자태그가 내장된 학생증을 통해 출결 및 좌석 위치, 얼굴 인식 정보가 전자교탁으로 제공되는 것이다. 수업이 시작되면 전자칠판과 동영상 카메라를 통해 텍스트, 사운드, 동영상, 애니메이션, 게임 등 다양한 시청각 콘텐츠가 제공이 된다. 수업과정에서 수집된 정보 및 교육 콘텐츠 등은 도시통합운영센터로 전송이 되어 저장된다. 또한 학생들에게 필요한 교육정보는 전자교과서를 통해 전송되고, 학교 행정담당자와 학부모에게는 별도의 학생정보가 온라인을 통해 제공된다.

〈표 Ⅷ-25〉는 지능형교육서비스의 프로세스를 이벤트별로 구체화한 것이다. 먼저 수업이 이루어지기 전 다양한 멀티미디어 기자재를 활용하여 시청각

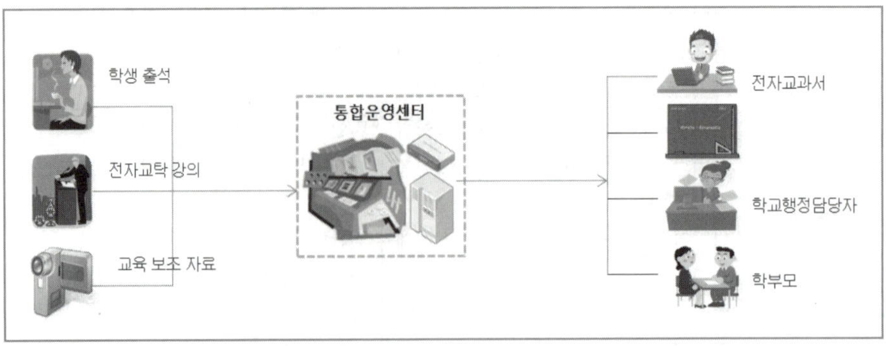

그림 Ⅷ-15 u-지능형교육 개념도

표 Ⅷ-25 지능형교육서비스 프로세스

시나리오		이벤트 설명
번호	이벤트명	
1	교육 보조자료 제작 및 전송	• 시청각 교육 보조자료 사전 제작
2	학생증 자료수집 및 전송	• 책상 위에 설치된 학생증 체커를 통해 출결, 좌석 위치 및 얼굴 사진 자료수집
3	교사 강의 실시	• 전자교탁, 전자칠판 및 동영상 카메라를 통한 강의
4	데이터 전송	• 수집된 데이터 및 제작된 강의 콘텐츠 운영센터로 전송 • 운영센터 서버의 DB에 저장
5	학생 및 관련자에게 정보제공	• 전자교과서(TPC) 및 다양한 기기를 통해 학생들에게 실시간 교육 콘텐츠 제공 • 학교의 행정담당 학부모 등 관련자들에게도 실시간 또는 원하는 시간에 필요한 콘텐츠 제공
6	학습효과 확인	• 간단한 퀴즈 등으로 학습효과 확인
7	학습효과 피드백	• 학습효과 실시간 확인 및 학생 개인별 보충학습 지시

교육보조 자료를 제작한다. 수업이 시작되면 교실에 들어온 학생들이 책상 위에 설치된 학생증 체커를 통해 출석을 하게 된다. 동시에 좌석 위치 및 얼굴 사진이 전자교탁으로 전송이 되고, 자동으로 출결확인이 되며 수업이 시작된다. 전자칠판과 동영상 카메라를 통한 강의가 진행되며, 강의내용은 도시통합운영센터로 전송이 되어 강의 콘텐츠DB에 저장된다.

학생들은 전자교과서 및 다양한 기기를 통해 교육콘텐츠를 제공받으며, 학부모와 행정담당자에게도 필요한 정보를 실시간으로 제공한다. 수업이 끝나면 학생들은 퀴즈학습 등을 하고 이에 따라 학습시스템은 개인적 수준에 맞는 학습시간과 보충학습내용을 자동 부여한다.

지능형교육서비스 시나리오를 구현하기 위한 기능을 정의하면, 먼저 학생 개인정보 확인은 개별 책상에 설치된 체커기를 통해 출결상황을 자동 체크하고 전자교탁에 학생 위치와 얼굴, 개인학습 정보 등을 자동으로 전송한다. 교사는 학생 각 개인의 학습 성취도를 파악하고 보다 친밀감 있는 맞춤식 교육을 진행할 수 있다. 둘째, 교사 수업진행 내용관리는 전자교탁에서 실시하는 교사의 수업내용이 전자칠판에 구현된다.

셋째, 학습 피드백 관리는 매수업시간마다 전자교과서를 통한 학습 퀴즈를 통해 학생의 학습효과를 확인할 수 있다. 개인별 맞춤학습도 가능해져 보충학습 및 과제지시가 자동적으로 이루어진다. 넷째, 원격교육은 가정에서도 학교와 동일한 양방향 질의응답이 가능한 형태로 수업이 제공된다.

지능형교육서비스의 주요 역할은 학생정보 자동관리, 전자교과를 통한 학습지원, 교사의 교육활동 지원관리, 학습효과의 실시간 확인 및 개인형 맞춤수업 등이 있다. 기대효과는 교육시간의 효과적 활용 및 교사와 학생간 친밀한 상호작용이 가능해진다는 것이다. 또한 전자교과서의 제공으로 학습 소요시간이 단축되고 다양한 형태의 콘텐츠 활용으로 학습효과가 향상될 수 있다. 뿐만 아니라 재택학습과 실시간 학습 피드백이 가능하다.

나아가 지능형교육서비스를 효과적으로 구현하기 위해서는 서비스의 실행 전략을 수립하는 것이 필수적이다. 실행 단계별로 이해 관계자의 역할 및 책임을 요약하면 〈표 Ⅷ-26〉과 같다.

이러한 기관별 역할은 단기와 장기로 구분할 수 있다. 중앙행정기관, 지방

표 Ⅷ-26 지능형교육서비스 실행전략 3단계

구 분	계획수립	구 축	운 영
중앙 행정기관	• u-교육환경을 위한 종합계획에 따라 교육 서비스의 중복 구축 방지 • 장기 종합계획 수립 • 서비스 정보 표준화 및 법안 마련	• 정책 입안 지원	• u-교육 범위의 적정성 검토 및 지속적 투자, 지원
자치단체	• u-City 전문인력 확보 및 세부지침 마련	• Infra 및 H/W, S/W 구축을 위한 민간 발주	• 교육서비스 질 향상 • u-교육 활용도 향상 • 지속적 요구사항 및 보완사항 검토
공공기관	• 효율적 · 효과적 u-교육을 위한 방안 마련	• 민간기관의 u-City서비스 운영에 대한 컨설팅	• 민간기관의 u-City서비스 운영에 대한 컨설팅
민간기관	• 최신교육 시스템 또는 수단의 개발 및 신뢰성, 정확성 확보	• 교육시스템 인프라 구축, H/W, S/W 제공	• 서비스 운영

표 Ⅷ-27 지능형교육서비스 장·단기 실행전략

구 분	단 기	장 기
정 의	u-City 내 서비스별로 별도의 서버가 존재	u-City 내 모든 서비스들을 도시통합운영센터 한 곳에서 관리
중앙 행정기관	역할: 교육계획 수립 및 법적 환경 마련 권한: 교육내용 확정 및 예산집행 책임: 중복 구축 방지, 표준화 및 법적 근거 마련	역할: 효율 및 효과 극대화를 위한 지속적 개선안 마련 권한: 지방자치단체 등에 대한 비용분담 요구 책임: 정기적 평가, 지속적 개선 및 지원
지방 자치단체	역할: u-교육 구체적 내용 확정 및 발주 권한: 세부지침 확정 및 지시 책임: Infra, H/W, S/W 확인 및 일선 학교 추진상황 점검	역할: 시스템의 유지관리 및 개선 권한: 개선 필요 사항 요구 책임: 교육 콘텐츠 향상 및 지속적 개선
공공기관	역할: u-교육을 위한 방안 마련 권한: 중앙행정기관의 의뢰에 따라 u-City 교육방안 마련 책임: 효율적·효과적 방안 마련 및 민간기관 컨설팅	역할: 지속적 개선안 마련 권한: 필요 개선사항 제언 책임: 민간기관의 서비스 업그레이드 활동에 협조
민간기관	역할: Infra, H/W, S/W 제작 및 공급 권한: 필요 사항 및 행정적 협조 요구 책임: u-교육효과를 극대화할 수 있는 시스템 개발	역할: 시스템 서비스운영 및 업그레이드 권한: 행정적 협조 요구 책임: 원활한 서비스 제공 및 업그레이드

자치단체, 공공기관, 민간기관의 시점별 역할 및 권한, 그리고 책임을 정의함으로써 거시적 관점에서 효과적인 서비스 구축전략을 제시할 수 있다(〈표 Ⅷ-27〉 참조).

예를 들어 중앙행정기관의 단기적 관점에서 역할은 교육계획 수립 및 법적 환경 마련이다. 이에 대해 교육내용 확정 및 예산집행의 권한과 중복 구축 방지, 표준화 및 법적 근거 마련의 책임을 가진다. 또한 u-City 서비스를 효율적으로 제공하기 위하여는 유관기관과의 상호 연계가 필수적이다(〈그림 Ⅷ-16〉 참조). 이를 통해 온·오프라인 강의 서비스, 학생 출석 모니터링, 학습효과 피드백 등을 실시간으로 관련자에게 제공할 수 있기 때문이다.

지능형교육서비스는 교육과학기술부, 국방부 등과 강의내용을 연계하여 다각적인 서비스 구현이 가능하므로, 기관별로 상세 연계시스템의 개요 및 연

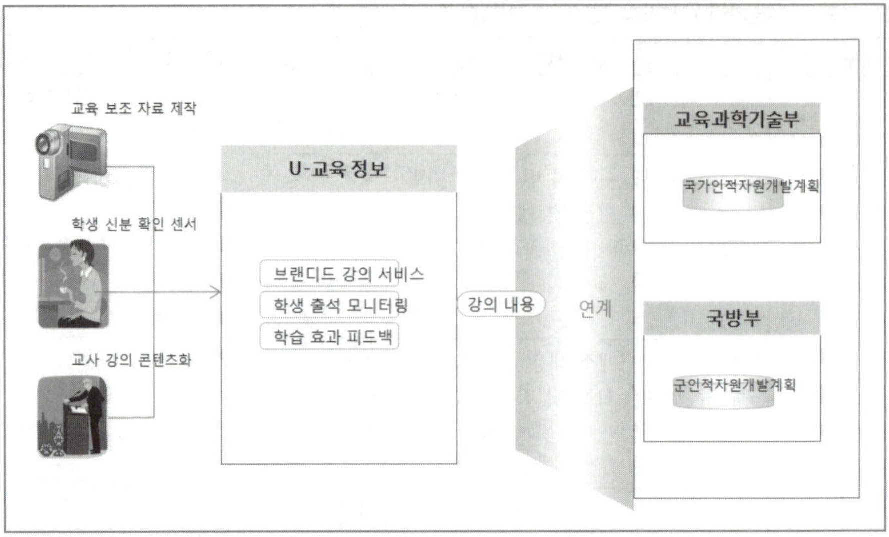

그림 Ⅷ-16 지능형교육서비스 상호 연계

계내용은 〈표 Ⅷ-28〉과 같이 나타낼 수 있다. 연계대상 시스템은 국가인적자원개발기본계획 및 군 인적자원개발 종합계획 등이며 시스템별로 소관부처를 구분하였다. 이에 따른 각 시스템의 개요와 연계내용을 기술하고 연계방안을 도출하였다.

예를 들어 국가인적자원개발기본계획은 교육과학기술부가 소관부처이며, 지식기반 사회의 도래에 대처하기 위한 공공 및 민간부문의 인적자원을 계발할

표 Ⅷ-28 지능형교육서비스 연계시스템 및 방안

연계대상 시스템	소관 부처	연계방안
국가인적자원개발기본계획(인적자원개발기본법에 의거)	교육과학기술부	시스템개요: 21세기 지식기반 사회 도래에 대처하기 위해 2007년 4월 인적자원개발기본법(개정)에 의거한 공공부문 및 민간부분의 인적자원개발 계획 연계내용: 인적자원개발과 u-교육을 종합적으로 연계하여 실시
군 인적자원개발 종합계획	국방부	시스템개요: e-러닝 포털 시스템을 구축하여 대학 학점 이수는 물론 어학, 교양, 자격증, 취업, 입시, IT 등 6개 영역에 걸쳐 학습 시스템을 2011년까지 구축 연계내용: u-교육 기능 중 원격교육 서비스 기능을 군 인적자원개발종합계획과 연계하여 실시

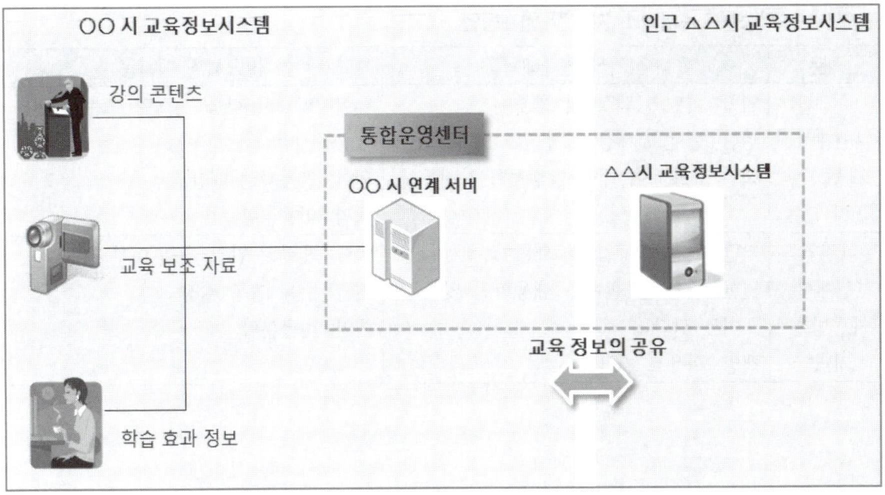

▎그림 Ⅷ-17 지능형교육서비스 지역간 연계

계획이다. 이는 지능형교육서비스와 연계함으로써 인적자원개발과 u-교육을 종합적으로 지원하여, 콘텐츠 제작비용을 절감하고 양질의 교육콘텐츠도 제공될 것이다.

나아가 u-City 서비스는 인근 지방자치단체와의 연계를 통해 효과적이고 광역적인 서비스 구현이 가능해진다. 지능형교육서비스는 각 지방자치단체간 교육시스템을 연계하여 효율적이고 체계적인 교육이 가능하며 다양한 콘텐츠의 확보가 가능한바, 그 개념도는 〈그림 Ⅷ-17〉과 같다.

지능형교육서비스의 특성상 각 학교별로 이루어지고 있는 교육 콘텐츠를 인근 지방자치단체와 공유하여 제공함으로써 활용도를 극대화하고, 동시에 상호 보완효과 및 콘텐츠 개발비용 절감을 기대할 수 있을 것이다. 인근 지방자치단체간 서비스 연계방안은 〈표 Ⅷ-29〉와 같이 도출할 수 있다.

공간적인 구분은 서비스의 연계시 제공하는 지역과 제공받는 지역으로 구분하였다. 정기적 연계와 필요시 연계로 구분하여 그에 따른 각 상황별 역할과 권한, 그리고 책임을 기술하였다. 예를 들어 서비스를 제공하는 지역에서 정기적 연계가 요구될 경우의 역할은 콘텐츠의 제작 및 제공이다. 이에 따라 콘텐츠 내용결정 및 사용료 청구권한을 가지게 되며, u-교육에 대한 향후계획을 사전통지할 책임이 있다.

표 Ⅷ-29 지능형교육서비스 지역간 연계방안

구분	정기적 연계내용	필요시 연계내용
u-City (연계시 제공하는 지역)	역할: 콘텐츠 제작 및 제공 권한: 콘텐츠 내용 결정 및 사용료 청구 책임: u-교육에 대한 향후계획 사전통지	역할: 필요시 학습 시스템 또는 콘텐츠 공동개발 권한: 공동작업 제안 책임: 비용분담
타지역 (연계시 제공받는 지역)	역할: 콘텐츠 구입 및 사용 권한: 사용 전 콘텐츠 내용확인 및 구입 여부 판단 책임: 사용료 지급	역할: 제안된 안건 수용 여부 결정 권한: 수용 여부 결정 책임: 비용분담

7. u-문화정보안내

문화정보안내서비스는 유비쿼터스도시의 건설 등에 관한 법률상 11대 서비스 중 문화·관광·스포츠에서도 문화관광 정보제공에 해당된다. 각 지방자치단체의 문화 콘텐츠와 관련된 행사를 체계적으로 세분화하여 이를 DB화하며, 이를 USN기반 서비스와 연계하여 각 지방자치단체를 찾는 관광객에게 언제, 어디서나 문화 콘텐츠에 대한 정보를 빠르고 쉽게 제공받을 수 있게 한다(〈그림 Ⅷ-18〉 참조). 또한 위치정보를 실시간으로 파악하여 해당 문화 콘텐츠에 대한 안내, 인근 문화, 예약, 결제 등의 정보도 제공한다. 대상고객으로는 일반 관광객, 숙박업체, 관광단지 관리사무소, 유관기관 등으로 구분할 수 있다.

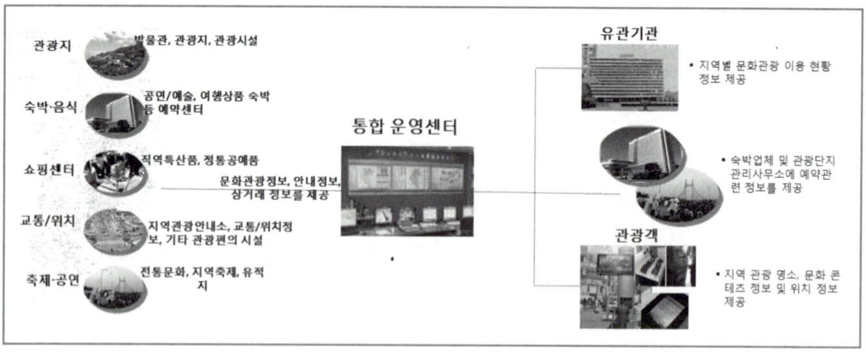

그림 Ⅷ-18 u-문화정보안내 개념도

문화정보안내서비스 구현을 위한 세부 프로세스를 보면 먼저 매년, 매월, 매일 발생하는 축제, 공연 등 문화행사와 관광지 정보를 도시통합운영센터에서 수집하는 것이다. 이렇게 수집된 정보는 실시간으로 유관기관 및 홍보매체, 각 지방자치단체의 홍보시스템을 활용하여 문화행사 정보로 제공된다. 일반 시민들은 USN망을 통해 문화행사 지역 및 일정에 대한 안내서비스를 이용할 수 있다. 해당지역 방문시 관광지의 교통시설물을 이용하여 관광명소, 축제, 공연에 대한 자세한 내용을 확인할 수 있다. 이를 통해 해당 위치를 방문할 수 있는 방법에 대한 교통·위치안내서비스도 받을 수 있다.

〈표 Ⅷ-30〉은 문화정보안내서비스의 프로세스를 이벤트별로 구체화한 것으로, 시나리오에 따른 이벤트 명을 정의하고 그에 대한 세부사항을 기술하였다. 먼저 관광지 및 문화시설로부터 수집된 데이터는 도시통합운영센터로 실시간으로 전송 저장된다. 데이터는 실시간으로 통합·분석되어 체계적인 정보관리가 이루어진다. 관광정보는 관광지에 설치된 단말기를 통하여 실시간으로 사용자에게 제공되며, 관광객 수와 같은 관광지의 현황정보는 유관기관으로 전송된다.

문화정보안내서비스 시나리오를 구현하기 위한 기능을 정의하면, 먼저 문화관광 정보제공은 국내 관광지의 행사 일자 및 문화 유적지 등에 대한 전반적인 정보를 주기적으로 수집하여 통합시스템에 제공한다. 둘째, 교통·위치안내

표 Ⅷ-30 문화정보안내서비스 프로세스

시나리오		이벤트 설명
번호	이벤트명	
1	데이터 수집	• 지방자치단체의 문화관광지 및 행사 등의 데이터 수집
2	데이터 전송	• 수집된 데이터를 USN네트워크를 통해 도시통합운영센터로 전송
3	데이터 저장	• 전송된 각종 데이터를 통합·분석하여 통합데이터베이스에서 체계적으로 관리
4	관광안내 서비스	• 일자별로 개최되는 문화행사 정보 및 문화 유적지, 교통·위치정보의 안내 서비스 • 관광지의 단말기를 이용한 유적 및 관광정보 제공
5	예약관련 업무처리	• 문화행사 및 관광지의 관광업소에 예약관광 업무 처리
6	관광현황 정보 전송	• 각 지역별·행사별로 관광객의 수 등과 같은 현황정보를 전송

는 해당 관광지 위치 및 교통 이용방법, 안내 서비스 등과 같은 정보를 제공한다. 셋째, 관광지 정보제공은 해당 관광지의 단말기를 이용한 유적 및 관광지 정보를 제공한다. 넷째, 예약기능은 해당 관광지의 숙박, 음식, 관광지 입장과 관련된 예약업무를 지원한다.

문화정보안내서비스의 주요 역할은 문화시설에 대한 위치안내, 문화 콘텐츠 정보제공, 예약기능 등이다. 기대효과는 관광객에게 신속한 문화정보와 스케줄 등을 제공해 편리성을 제고하며 지역관광 산업의 활성화에 기여할 수 있다는 점이다. 또한 유사한 문화행사 등 중복을 방지하여 효율적인 문화 콘텐츠를 개발할 수 있다.

뿐만 아니라 문화정보 안내서비스를 효과적으로 구현하기 위해서는 서비스의 실행전략 수립이 필수적이다. 따라서 서비스의 단계별로 이해 관계자의 역할 및 책임을 도출하면 〈표 Ⅷ-31〉과 같다.

표 Ⅷ-31 문화정보안내서비스 실행전략 3단계

구 분	계획수립	구 축	운 영
중앙 행정기관	• 지방자치단체의 관광문화 수입을 증대시키기 위한 종합계획 수립 및 지역간 상호 연계를 위한 표준화, 법·제도적 보완	• 자치단체 및 공공기관 등의 연계 가능한 시스템 구축으로 정보공유체계 강화 방안 마련	• 지방자치단체와 민간기관과의 지속적인 협력관계 구축을 위한 지속적인 지원 및 투자
자치단체	• IT를 기반으로 u-관광문화 수입 증대를 위한 구체적인 개발계획 수립	• 효율적인 정보관리, 최신 정보기술을 적극 도입 및 세분화된 연계시스템 구축	• u-관광문화 사업의 안정적 관리를 위한 활성화 시스템 개발 및 개선
공공기관	• u-관광문화 사업의 현상 파악 및 문제해결을 위한 방안마련과 표준화 실행	• u-관광문화 사업의 활성화방안에 대한 구축 및 시행	• 방문객의 의견을 청취하고 이를 활용한 u-관광문화사업의 개선 및 고도화
민간기관	• 최신 기기의 개발 및 신뢰성, 정확성 확보 방안 마련	• 표준화, 고성능 장비의 확보	• 개발 시스템 유지 및 보수

표 Ⅷ-32 문화정보안내서비스 장 · 단기 실행전략

구 분	단 기	장 기
정 의	u-City 내 서비스별로 별도의 서버가 존재	u-City 내 모든 서비스들을 도시통합운영센터 한 곳에서 관리
중앙 행정기관	역할: 지방자치단체의 관광문화 수입을 증대시키기 위한 중앙계획 수립 권한: u-관광문화 체계 구축의 표준 가이드 책임: 지방자치단체의 u-관광문화 시스템 구축 지원	역할: u-관광문화에 대한 표준 모델을 정립하여 가이드라인 및 제도적 장치 마련, 지방자치단체 u-관광문화 지원체계 확립, 각종 정보를 효율적으로 수집하고 관리할 수 있는 도시통합운영센터 공동플랫폼 개발 권한: u-관광문화 콘텐츠 통합관리 책임: 지방자치단체의 u-관광문화 서비스 정보통합 및 지원
지방 자치단체	역할: IT를 기반으로 u-관광문화 수입 증대를 위한 구체적 개발계획(연계 관광상품 등) 수립 및 자금조달 계획 수립 권한: 지방자치단체에 부합하는 u-관광문화 개발 책임: u-관광문화를 활성하기 위한 정책적 기반 마련	역할: 효율적인 u-관광문화서비스를 위한 시스템의 안정적 운영 및 확산 권한: 지방자치단체에 부합하는 u-관광문화 사업 활성화 추진 책임: 지속적인 u-관광문화 사업개발 및 활성화로 지방세수 확보
공공기관	역할: 관광문화 사업을 활성화하기 위한 실시간 정보교환 및 연계 업무 처리 권한: 관광문화 산업 활성화 방안 설계 결정 책임: 관광문화 사업에 대한 전반적인 연구결과 정보제공 및 행정적 지원 체계 모델 정립	역할: 관광문화 사업을 활성화하기 위한 실시간 정보교환 및 연계 업무 처리 권한: 신기술의 적용 유도 책임: 신기술 적용에 대한 연구 및 표준화
민간기관	역할: 효율적인 데이터관리, 최신정보기술(지능화된 주차관리시스템)의 적극 도입을 위한 마스터플랜 수립 권한: 지방자치단체 및 중앙행정기관에 신기술 제공 책임: 지상시설물 관련 시스템의 구축 및 향상	역할: 고도화된 연계시스템 구축 및 지원 권한: 지방자치단체 및 중앙행정기관과의 정보기기 확대 책임: 지상시설물 관련 시스템의 유지보수 및 안정적 운영

기관별 역할은 단기와 장기로 구분하여 나타낼 수 있다(〈표 Ⅷ-32〉 참조). 그 이유는 현재 u-City가 완전히 구현되지 않은 시점에서 부분적인 서비스 구현이 이루어짐으로 인해 향후 도시통합운영센터가 운영이 될 경우를 염두에 두었기 때문이다. 중앙행정기관, 지방자치단체, 공공기관, 민간기관의 시점별 각 역할 및 권한, 그리고 책임을 정의함으로써 거시적 관점에서 효과적인 서비스 구축 전략을 제시한다.

예를 들어 중앙행정기관의 단기적 관점에서 역할은 지방자치단체의 관광문화 수입을 증대시키기 위한 종합계획의 수립이다. 이에 대해 u-관광문화 체계 구축의 표준가이드 제작 권한과 지방자치단체의 u-관광문화 시스템 구축을 지원한다.

u-City 서비스는 효율적인 제공을 위하여 유관기관과의 상호 연계가 필수적이다. 이를 통해 위치안내서비스, 관광지 정보제공, 예약관련 정보제공, 외부서비스 연계를 실시간으로 일반 시민에 제공한다. 문화정보안내서비스의 상호 연계는 〈그림 Ⅷ-19〉와 같이 구현될 수 있다.

문화정보안내서비스는 문화관광부, 소방방재청, 경찰청, 지방자치단체, 유관기관 등과 관광지 위치, 행사일정, 예약정보, GIS 정보 등을 연계하여 다각적인 서비스 구현이 가능할 것이다. 이에 따른 각 기관별 상세 연계시스템의 개

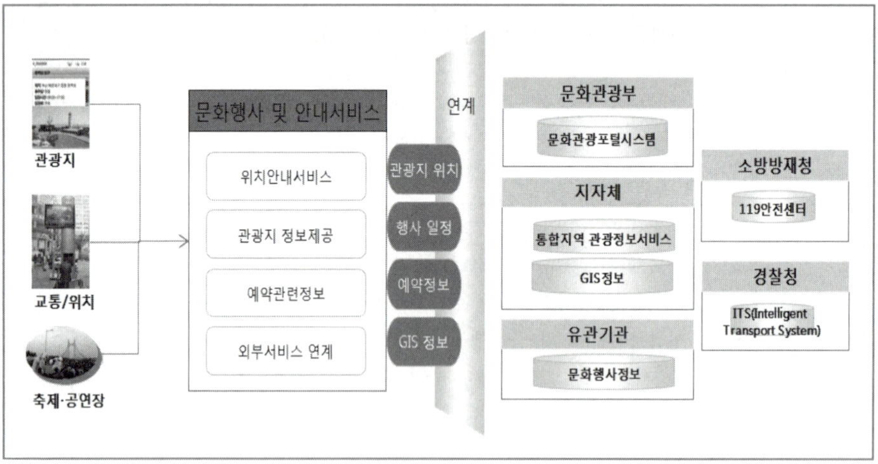

그림 Ⅷ-19 문화정보안내서비스 상호 연계

요 및 연계내용은 〈표 Ⅷ-33〉과 같이 나타낼 수 있다. 연계대상 시스템은 문화관광 포털시스템, 관광안내서비스, 통합지역 관광정보 서비스, 119안전센터, ITS 등이며 각 시스템의 소관부처를 구분하였다. 이에 따른 각 시스템의 개요와 연계내용을 기술하여 연계시스템별로 연계방안이 도출되었다.

예를 들어 문화관광 포털시스템은 문화관광부가 소관부처이며 지방자치단체별로 문화유적지, 행사 등과 같은 이벤트를 종합적으로 관리하고 홍보하는 시스템이다. 문화정보 안내서비스와 연계함으로써 각 지방자치단체의 문화유적지, 행사 등의 현황을 종합적으로 수집하고 분석하게 된다.

표 Ⅷ-33 문화정보안내서비스 연계시스템 및 방안

연계대상 시스템	소관 부처	연계방안
문화관광 포털시스템	문화관광부	시스템개요: 각 지방자치단체의 문화유적지, 행사 등과 같은 이벤트를 종합적으로 관리하고 홍보하는 시스템 연계내용: 각 지방자치단체의 문화유적지, 문화행사 등의 현황을 종합적으로 수집하여 분석
관광안내 서비스	한국관광공사	시스템개요: 문화관광 포털시스템보다 문화유적지, 행사 등과 같은 이벤트들에 대한 정보를 세부적으로 제공하는 시스템 연계내용: 각 지방자치단체의 문화행사 및 유적지에 대한 세부적인 내용을 수집하여 이용자에게 제공
통합지역 관광 정보 서비스	해당 지방자치단체	시스템개요: UTOURPIA는 인터넷, 이동통신(모바일), 두루누리(유비쿼터스) 등 정보기술을 응용하여 관광지, 숙박, 음식, 지리정보 등 지역 관광정보를 실시간으로 제공 및 추천하는 시스템 연계내용: 해당 지방자치단체의 UTOURPIA 정보와 연계하여 인근 지역간 정보공유 및 교통 안내서비스 제공
119 안전센터	소방방재청	시스템개요: 지방자치단체의 문화행사 지원을 위한 서비스 제공 연계내용: 사고발생시 즉각적 대응조치가 가능하도록 정보를 연계
ITS	경찰청	시스템개요: 효율적 교통관리를 위한 지능형교통 시스템 연계내용: 도로지도를 연계하여 비상상황 예상 및 발생시 효율적 대응

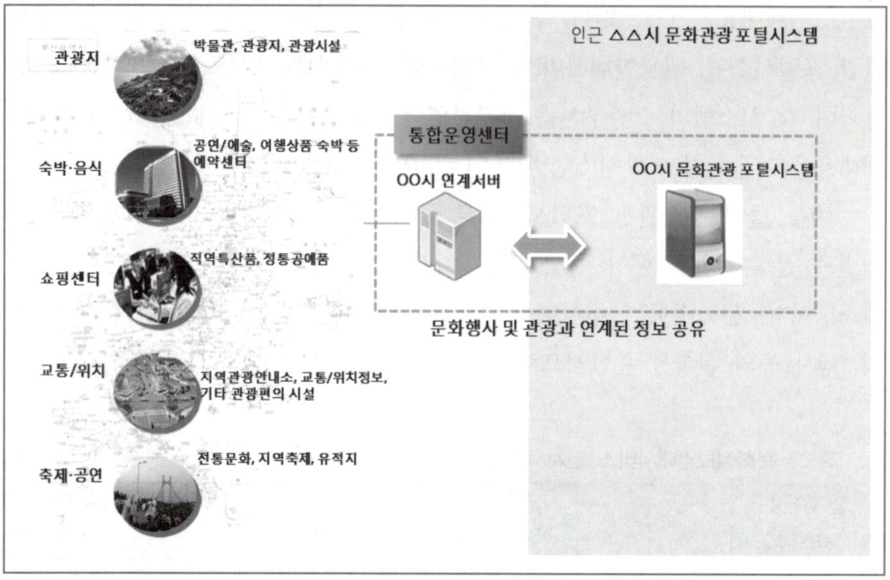

그림 Ⅷ-20 지역간 연계 개념도

나아가 u-City 서비스는 인근 지방자치단체와의 연계를 통해 더욱 효과적이고 광역적인 서비스의 구현이 가능하다. 문화행사 및 문화제 관리 등에 대한 방법을 인접 지방자치단체와 연계하여 공유하므로 문화행사 개최 및 관리를 효율적으로 개선할 수 있는 정책의 수립이 가능해지는데, 지역간 연계 개념도는 〈그림 Ⅷ-20〉과 같다.

인근 지방자치단체의 문화관리 포털시스템과 연계하여 문화행사 및 유적지, 교통정보 등을 활용하여 당해 연도 문화행사 계획수립시 활용할 수 있다. 광역단위의 체계적인 문화서비스를 제공하고 관리도 가능해진다. 인근 지방자치단체간 서비스의 연계에 있어서도 지역간 연계방안은 공간적·시간적 요소를 고려할 필요가 있다. 따라서 공간과 시간의 2개 축으로 설정하였고, 문화정보안내서비스의 지역간 연계방안은 〈표 Ⅷ-34〉와 같다.

공간적인 구분은 서비스의 연계시 서비스를 제공하는 지역과 서비스를 제공받게 되는 지역으로 구분하였다. 서비스의 특성에 따라 지속적인 연계가 필요한 부분과 일시적으로 단편적 서비스 연계가 필요한 경우가 있으므로 각 상황별 역할과 권한, 그리고 책임을 기술하였다.

표 Ⅷ-34 문화정보안내서비스 지역간 연계방안

구분	정기적 연계내용	필요시 연계내용
u-City (연계시 제공하는 지역)	역할: 문화행사 및 문화유적지에 대한 정보를 실시간으로 문화관광 포털시스템에 제공하며 이를 인근 지방자치단체에서 유사행사에 대한 방문인원 계획 및 규모결정에 활용함으로써 행사 주관 계획 설계에 도움을 주도록 함 권한: u-City의 활용 플랫폼의 권리 및 제공된 정보관리 책임: 표준화된 기록방식에 의한 정보를 문화관광 포털시스템에 정보제공 의무	역할: 문화행사의 개최 등과 같은 특이사항이 발생한 경우 인근 지방자치단체에서 해당 문화행사와 유사사례에 대한 정보요구 및 제공 권한: 연계체계의 마련으로 총체적 지원 책임: 인근 지방자치단체의 요청 및 특이사항(유사 문화행사 개최)이 발생시 해당정보 제공 의무
타지역 (연계시 제공받는 지역)	역할: 인근 지역간 협력관계(통합지원체계 구축)로 주기적인 정보공유를 통한 지방자치단체의 효율적 서비스 요청 및 제공 권한: 공유된 정보의 체계적 관리 책임: 표준화된 기록방식에 의한 해당 지방자치단체의 문화행사 및 유적지 관리 등에 대한 정보제공 의무	역할: 해당지역에서 발생한 특이사항에 대한 정보를 협력관계 기관에 유사사례 정보 요청 권한: 공유된 정보의 체계적 관리 책임: 표준화된 기록방식에 의한 특이사항 문제해결 결과에 대한 정보제공 의무

예를 들어 서비스를 제공하는 지역에서 정기적 연계가 요구될 경우의 역할은 문화행사 및 유적지에 대한 정보를 실시간으로 문화관광 포털시스템에 제공한다. 그리하여 인근 지방자치단체의 유사 행사에 대한 방문인원을 계획하고 규모결정에 활용함으로써 행사계획을 설계하는 데 도움이 된다. u-City 활용 플랫폼과 제공된 정보를 관리하는 권한을 가지고, 표준화된 기록방식에 의한 정보를 문화관광 포털시스템에 제공할 책임도 있다.

8. u-식품이력추적

식품이력추적서비스는 유비쿼터스도시의 건설 등에 관한 법률상 11대 서비스 중 물류에서도 물류정보제공에 해당된다. 식품의 생산단계부터 제조·가공·판매까지 단계별로 정보를 기록·관리하고, 식품의 안전성 등에 문제가 발생할 경우 해당식품을 추적하며, 공급차단 및 회수 등 필요한 조치를 할 수 있도록 관리하는 서비스이다(〈그림 Ⅷ-21〉 참조). 대상고객은 소비자, 물류업체, 유관기관 등으로 구분할 수 있다.

식품이력추적서비스 구현을 위한 세부 프로세스는 먼저 생산이나 출하단계에서 식품에 RFID를 부착하여 실시간 식별 및 데이터 작성이 가능하도록 한다. 다음으로 식품 제조이력, 물류이력, 유통이력 정보의 이력관리 및 추적관리를 식품안전정보 관리센터에서 모니터링한다. 식품사고 발생시 신속한 원인규명 및 공급차단, 회수 및 폐기를 통해 식품 안정성을 확보하고, 식품의 특성상 믿을 수 있는 이력정보를 소비자에게 정확하게 제공하여야 할 것이다.

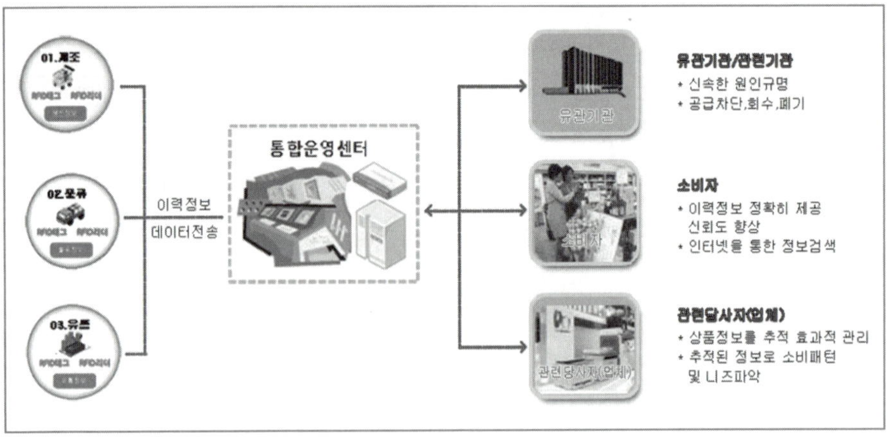

▌그림 Ⅷ-21 u-식품이력추적 개념도

표 Ⅷ-35 식품이력추적서비스 프로세스

시나리오		이벤트 설명
번호	이벤트명	
1	데이터 수집	• 제품이나 생산물이 각 유통과정에서 위조나 변조되는 것을 방지하기 위해 RFID기술을 이용하여 데이터 수집
2	데이터 전송	• 네트워크 기술과 이동통신을 이용한 협업체계 구축 • TCP/IP
3	도시통합운영센터	• 통합관리 기반을 통한 DB저장, 필터링, 상황분석, 이력추적 등 통합정보체계 구축
4	정보전송	• 유관기관, 관련기관, 소비자에게 정보제공, 신속대응 인프라 구축 • 인터넷 모바일 정보제공
5	대응체계	• 추적관리, 신속한 원인규명, 공급차단 등 안전성, 신뢰성, 능률성 강화

〈표 Ⅷ-35〉는 식품이력추적서비스의 프로세스를 이벤트별로 구체화한 것으로, 시나리오에 따른 이벤트 명을 정의하고 그에 대한 세부사항을 기술하였다. 먼저 제품이나 생산물이 각 유통단계에서 위조 혹은 변조되는 것을 방지하기 위하여 제품에 RFID를 부착하고 이를 통해 데이터를 수집한다. 수집된 데이터는 실시간으로 유·무선 네트워크를 통해 도시통합운영센터로 전송된다.

전송된 데이터는 통합관리 기반을 통해 DB에 저장이 되고 이는 다시 필터링, 상황분석, 이력추적 등 식품이력 통합정보체계로 구축된다. 유관기관과 소비자에게는 인터넷과 모바일을 통해 정보를 제공하고 신속히 대응하는 인프라를 구축한다. 대응체계는 추적관리, 신속한 원인규명, 공급차단 등으로 안전성, 신뢰성, 능률성을 강화할 수 있도록 한다.

식품이력추적서비스 시나리오를 구현하기 위한 기능을 보면, 먼저 이력정보 수집은 RFID태그를 활용하여 각 식품의 유통정보를 실시간으로 취득한다. 둘째, 정보관리 모니터링은 업무모듈 로트 단위 연결, 원부자재 등 실물, 정보 흐름 동기화, 안전관리 프로세스 등 역추적이 가능하다. 셋째, 통합정보체계구축은 식품제조이력, 물류이력, 유통정보의 이력, 추적관리 모델 구축, 추적대상 식품에 대한 정보요청, 개발업체의 정보수신 및 제공기능을 한다.

넷째, 정보서비스 확산은 수집된 정보를 관련 업체, 유관기관, 검사기관에

표 Ⅷ-36 식품이력추적서비스 실행전략 3단계

	계획수립	구 축	운 영
중앙 행정기관	• 사업계획 심의 • 법 · 제도 · 정책 수립 • 조정 및 예산확보	• 정보 표준화 구축 • 통합관리 체계기반 확립	• 서비스 운영 및 관리 • 세부실시요령 고시 • 홍보
자치단체	• 관리운영 환경조성 • 정보연계지원 • 현장분석	• 유관시스템 연계 • 서비스 인프라 구축	• 지도감독, 지도점검, 교육 • 이슈사항 검토 및 조정
공공기관	• 데이터 표준화 관리 • 연계방안 계획 및 제시 • 대외 연계모델 연구	• 데이터 표준관리 • 정보 관리자 교육	• 체계적 운영과 시스템 개선책 제시 • 교육관리
민간기관	• 효율적 시스템 개발 • 통신, SI서비스	• 프로그램 개발 및 테스트 서비스 구현 • 구축자문	• 데이터연계 정보의 분석 능력 제공 • 메뉴얼 및 문서작성

소비자의 이력과 안전정보를 공유한다. 다섯째, 식품안전대응 정보제공은 식품정보를 인터넷, 휴대폰을 통해 실시간으로 전달, 원인파악, 회수, 안전성 확보 등 신속대응 체계를 구축하고 소비자 보호단체와 연계정보를 교환한다. 마지막으로, 외부 연계는 POS시스템, ECR, CRM 시스템과 접목하여 유관기관 등과 연계정보를 교환하여 식품안전관리 네트워크를 구축한다.

식품이력추적서비스의 주요 역할은 건강 위해요소 사전예측, 식품의 안전유통 감시, 식품위해요소 차단 등이 있다. 기대효과로는 안전한 식품을 선택하고 먹을 권리를 확보하며 유통경로의 투명성 등 기초자료 확보 및 식품안전사고 발생시 신속한 원인파악과 조치로 식품안전관리가 가능하게 되었다는 점이다.

뿐만 아니라 식품이력추적서비스를 효과적으로 구현하기 위해서는 서비스를 실행하기 위한 전략을 수립해야 한다. 따라서 실행 단계별 이해 관계자의 역할 및 책임을 기술하면 〈표 Ⅷ-36〉과 같다.

기관별 역할은 단기와 장기로 구분할 수도 있다. 그 이유는 현재 u-City가 완전히 구현되지 않은 시점에서 부분적인 서비스 구현이 이루어짐으로 인해 향후 도시통합운영센터가 운영이 될 경우를 염두에 둔 것이다(〈표 Ⅷ-37〉 참조). 중앙행정기관, 지방자치단체, 공공기관, 민간기관의 시점별 역할 및 권한 그리고 책임을 정의함으로써 거시적 관점에서 효과적인 서비스 구축전략을 제시한다.

표 Ⅷ-37 식품이력추적서비스 장·단기 실행전략

구 분	단 기	장 기
정 의	u-City 내 서비스별로 별도의 서버가 존재	u-City 내 모든 서비스들을 도시통합운영센터 한 곳에서 관리
중앙 행정기관	역할: 식품분야 정보화 전략 계획, 법·제도 정책수립 권한: 서비스 시스템 지도, 감독 책임: 문세발생시 세부 실시 요령 고시	역할: 식품안전관리의 체계화, 국제경쟁력 제고 권한: 시장과 기술변화에 맞는 정책수립, 체계 선진화 책임: 식품 대형사고 방지 전략 수립
지방 자치단체	역할: 운영환경 조성 권한: 정보 연계 방안 책임: 지도, 감독, 점검	역할: 외부기관과의 유기적 연계 및 확장 권한: 식품이력추적관리 적용대상 식품 확산 책임: 이슈사항 검토 및 조정
공공기관	역할: 데이터 표준화 관리 권한: 연계방안 계획, 제시 책임: 연계모델 연구	역할: 서비스 주체간의 융합 도출 권한: 기술의 실용화, 정보서비스 적용 유도 책임: 체계적 운영과 개선책 마련
민간기관	역할: 효율적 관리체계 구축 권한: 업무 프로세서 개선 점검 책임: 안정적 모델연구, 시스템 개발	역할: IT 활용 정보분석 능력 향상 권한: 다양한 현장 환경을 고려, 구축 자문 책임: 이력추적정보 연계 지원

예를 들어 중앙행정기관의 단기적 관점에서 역할은 식품분야 정보화 전략 계획과 법·제도 정책수립이다. 이에 대해 서비스 시스템 지도 및 감독권한과 문제발생시 세부 실시요령을 고시하는 책임을 가진다.

u-City 서비스는 효율적인 제공을 위하여 유관기관과의 상호 연계가 필수적이다. 이를 통해 이력추적관리, 식품이력인증관리, 유해식품회수관리, 대국민홍보관리, 외부서비스 연계 등 식품이력추적 결과를 실시간으로 사용자에게 제공한다. 식품이력추적서비스의 상호 연계는 〈그림 Ⅷ-22〉와 같이 묘사할 수 있다.

식품이력추적서비스는 한국농림수산정보센터, 국립농산물품질관리원, 축산물등급판정소, 농림수산부, 국립독성과학원 등과 원부자재기본정보, 입·출고정보, 생산·가공정보, 판매처 정보, 검사정보 등을 연계하여 다각적인 서비스 구현이 가능할 것이다.

이에 따른 각 기관별 상세 연계시스템의 개요 및 연계내용은 〈표 Ⅷ-38〉

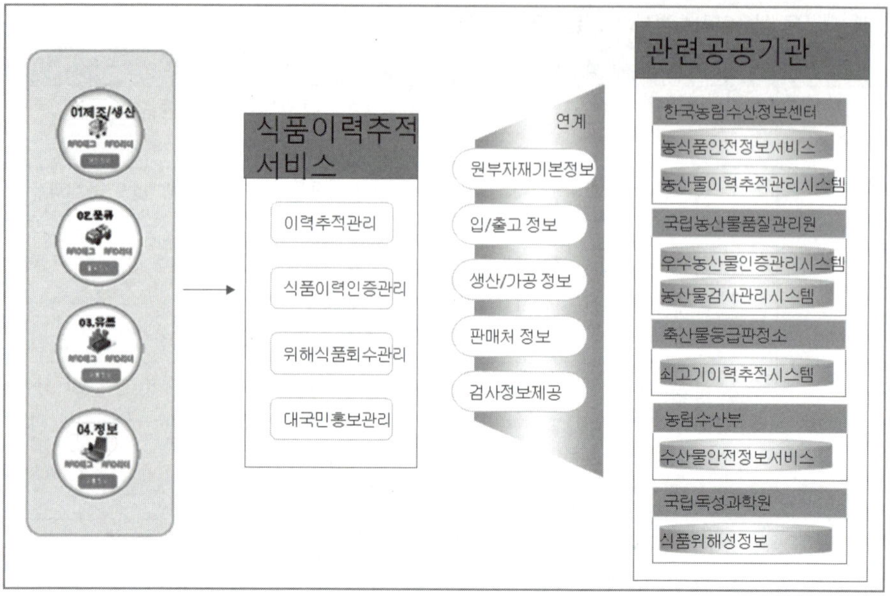

▌그림 Ⅷ-22 식품이력추적서비스 상호 연계

과 같이 도출해 볼 수 있다. 연계대상 시스템은 농산물 이력추적 관리시스템, 축산물 안전관리시스템, 수산물 안전정보서비스, 식품위해성정보, 농산물 검사관리시스템 등이며 각 시스템의 소관부처를 구분하였다. 이에 따른 각 시스템의 개요와 연계내용을 기술하여 연계방안도 도출하였다.

▌표 Ⅷ-38 식품이력추적서비스 연계시스템 및 방안

연계대상 시스템	소관 부처	연계방안
농산물 이력추적 관리 시스템 Farm2table.kr	한국 농림수산 정보센터	시스템개요: 대국민서비스 업무시스템, 농산물의 생산부처 판매단계까지 정보를 기록 및 관리, 수집·가공·평가 및 관련 콘텐츠 제공 연계내용: 안전성 문제가 발생할 경우 추적 원인 규명, 쌍방향 위험정보 교류 채널 제공, 안전정보를 공동 활용
축산물 안전관리 시스템 LPSNS.go.kr	국립 수의과학 검역원	시스템개요: 가축의 사육부터 도축, 유통, 판매에 이르기까지 축산물 안전성의 체계적 관리시스템 연계내용: 각 단계별 정보를 기록 및 공유
수산물 안전정보 서비스 FSIS.go.kr	농림수산부 식품부	시스템개요: 위험정보 수집·가공·평가한 콘텐츠 제공 연계내용: 수산물 안전정보를 관련 기관들이 공동활용

식품위해성 정보 KRIS.go.kr	국립 독성과학원	시스템개요: Risk Analysis를 위한 과학기반의 위험평가 지원 연계내용: 식품 모니터링 DB, 인체모니터링 DB, 동물 특성 실험자료 DB 구축 제공
농산물 검사관리 시스템 safe0.go.kr	국립 농산물품질 관리원	시스템개요: 농산물에 함유된 농약, 중금속, 미생물 등 위해 물질을 검정 연계내용: 국민들이 안심하고 먹을 수 있도록 하는 서비스, 안전 사용기준 정보, 위해요소 관리

예를 들어 농산물 이력추적관리 시스템은 한국농림수산정보센터가 소관부처이며, 농산물의 생산부터 판매단계까지 정보를 기록 및 관리하는 시스템이다. 이는 식품이력추적서비스와 연계함으로써 안전성 문제발생시 추적원인 규명, 쌍방향 위험정보 교류채널 제공, 안전정보의 공동활용 등이 가능할 것이다.

나아가 u-City 서비스는 인근 지방자치단체와의 연계를 통해 효과적이고 광역적인 서비스 구현이 가능하다. 이력추적관련 정보를 인근 지방자치단체와 연계하여 식품이력 단계별로 정보를 공동활용하고 기록, 관리, 감시를 통해 안전사고 발생시 명확한 원인규명과 피해의 최소화 대처방안을 체계화하는 등 효율적인 관리체계 정립이 가능하다(〈그림 Ⅷ-23〉 참조).

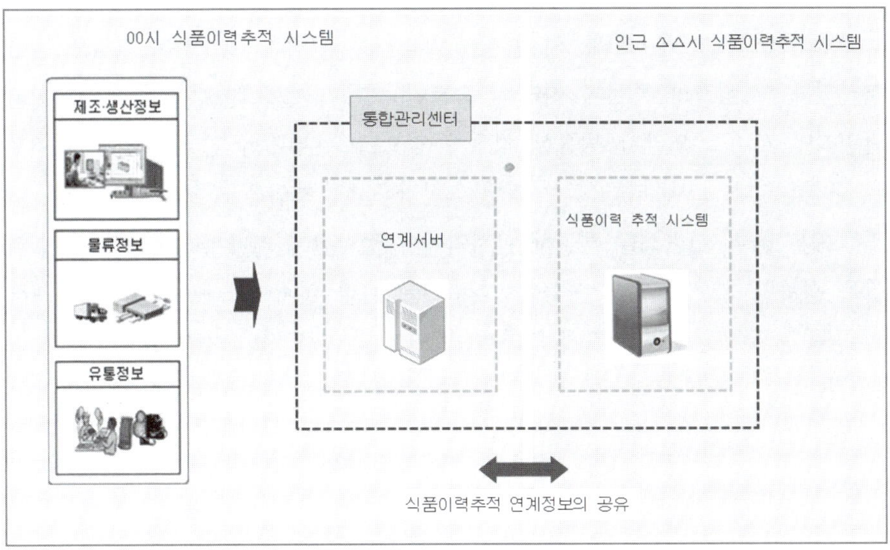

그림 Ⅷ-23 지역간 연계 개념도

표 Ⅷ-39 식품이력추적서비스 지역간 연계방안

구 분	정기적 연계내용	필요시 연계내용
u-City (연계시 제공하는 지역)	역할: 정보의 융합 및 통합 지능화 권한: 설비 및 네트워크 등 인프라의 능동적 운용 책임: 정보 연계, 제도적 뒷받침	역할: 신속조치를 통해 위해요소 차단, 안정성 제고 권한: 안정성 문제발생시 원인규명 대응 책임: 문제발생시 즉각적 조치 및 관리, 공급차단, 회수 등 필요 조치
타지역 (연계시 제공받는 지역)	역할: 수집된 정보의 통합 감시 및 실시간 분석 권한: 능동적 운용 및 협력 강화 책임: 연계정보를 통합 수집 및 연계된 정보를 안정적으로 저장 및 보관하기 위한 인프라 구축	역할: 시스템의 유연한 연계, 안전정책 신뢰도 제고 권한: 능률제고 및 확산계획 수립 책임: 상황인지에 따른 안정적 정보 제공, 유형별 대응방안 수립

이러한 연계를 통해 인근 지방자치단체의 식품이력추적시스템과 실시간으로 지능형 정보를 신속·정확하게 수집 및 분석하며 긴급 경보체계와 위험통제 시스템을 구축하여, 상호간 시너지를 창출하고 식품 이력추적에 대한 광역적 서비스를 제공한다. 인근 지방자치단체간 서비스 연계방안은 공간적·시간적 요소를 고려할 필요가 있다. 따라서 공간과 시간의 2개 축으로 설정하였고 식품이력추적서비스의 지역간 연계방안은 <표 Ⅷ-39>와 같이 나타낼 수 있다.

공간적인 구분은 서비스의 연계시 제공하는 지역과 제공받는 지역으로 구분하였다. 서비스의 특성에 따라 지속적인 연계가 필요한 부분과 일시적이고 단편적인 서비스 연계가 필요한 경우가 있으므로, 정기적 연계와 필요시 연계로 구분하였다. 그에 따른 각 상황별 역할과 권한, 책임을 기술하였다.

예를 들어 서비스를 제공하는 지역에서 정기적 연계가 요구될 경우 그 역할은 정보의 융합, 통합의 지능화이다. 이에 따라 설비 및 네트워크 등 인프라의 능동적 운용권한을 가지게 되며, 정보연계 및 제도적인 뒷받침의 책임도 있는 것이다.

부록 A

유비쿼터스도시의 건설 등에 관한 법률

[시행 2009.12.10] [법률 제09758호, 2009. 6. 9, 타법개정]

국토해양부(도시재생과)02-2110-8199

제1장 총 칙

제1조 (목적) 이 법은 유비쿼터스도시의 효율적인 건설 및 관리 등에 관한 사항을 규정하여 도시의 경쟁력을 향상시키고 지속가능한 발전을 촉진함으로써 국민의 삶의 질 향상과 국가 균형발전에 이바지함을 목적으로 한다.

제2조 (정의) 이 법에서 사용하는 용어의 뜻은 다음과 같다. 〈개정 2009.5.22〉

1. "유비쿼터스도시"란 도시의 경쟁력과 삶의 질의 향상을 위하여 유비쿼터스도시기술을 활용하여 건설된 유비쿼터스도시기반시설 등을 통하여 언제 어디서나 유비쿼터스도시서비스를 제공하는 도시를 말한다.
2. "유비쿼터스도시서비스"란 유비쿼터스도시기반시설 등을 통하여 행정·교통·복지·환경·방재 등 도시의 주요 기능별 정보를 수집한 후 그 정보 또는 이를 서로 연계하여 제공하는 서비스로서 대통령령으로 정하는 서비스를 말한다.
3. "유비쿼터스도시기반시설"이란 다음 각 목의 어느 하나에 해당하는 시설을 말한다.
   가. 「국토의 계획 및 이용에 관한 법률」 제2조 제6호에 따른 기반시설 또는 같은 조 제13호에 따른 공공시설에 건설·정보통신 융합기술을 적용하여 지능화된 시설
   나. 「국가정보화 기본법」 제3조 제13호의 초고속정보통신망, 같은 조 제14호의 광대역통합정보통신망, 그 밖에 대통령령으로 정하는 정보통신망
   다. 유비쿼터스도시서비스의 제공 등을 위한 유비쿼터스도시 통합운영센터 등 유비쿼터스도시의 관리·운영에 관한 시설로서 대통령령으로

정하는 시설

4. "유비쿼터스도시기술"이란 유비쿼터스도시기반시설을 건설하여 유비쿼터스도시서비스를 제공하기 위한 건설·정보통신 융합기술과 정보통신기술을 말한다.
5. "건설·정보통신 융합기술"이란 「국토의 계획 및 이용에 관한 법률」 제2조 제6호에 따른 기반시설 또는 같은 조 제13호에 따른 공공시설을 지능화하기 위하여 건설기술에 전자·제어·통신 등의 기술을 융합한 기술로서 대통령령으로 정하는 기술을 말한다.
6. "유비쿼터스도시건설사업"이란 제8조에 따른 유비쿼터스도시계획에 따라 유비쿼터스도시서비스를 제공하기 위하여 유비쿼터스도시기반시설을 설치·정비 또는 개량하는 사업을 말한다.

제3조 (적용 대상) 이 법은 다음 각 호의 사업에 대하여 대통령령으로 정하는 일정규모 이상의 유비쿼터스도시건설사업을 시행하는 경우에 적용한다.

1. 「택지개발촉진법」의 택지개발사업
2. 「도시개발법」의 도시개발사업
3. 「공공기관 지방이전에 따른 혁신도시 건설 및 지원에 관한 특별법」의 혁신도시개발사업
4. 「기업도시개발 특별법」의 기업도시개발사업
5. 「신행정수도 후속대책을 위한 연기·공주지역 행정중심복합도시 건설을 위한 특별법」의 행정중심복합도시건설사업
6. 그 밖의 관계 법령에 따른 도시개발사업 및 특별시·광역시·시·군의 도시정비·개량 등의 사업 중 대통령령으로 정하는 사업

제2장 유비쿼터스도시종합계획의 수립 등

제4조 (유비쿼터스도시종합계획의 수립 등) ① 국토해양부장관은 유비쿼터스도시의 효율적인 건설 및 관리 등(이하 "유비쿼터스도시건설등"이라 한다)을 위하여 5년 단위로 다음 각 호의 사항이 포함된 유비쿼터스도시종합계획(이하 "종합계획"이라 한다)을 수립하여야 한다.

1. 유비쿼터스도시의 실현을 위한 현황 및 여건 분석에 관한 사항

2. 유비쿼터스도시의 이념과 기본방향에 관한 사항
3. 유비쿼터스도시의 실현을 위한 단계별 추진전략에 관한 사항
4. 유비쿼터스도시건설등을 위한 관련 법·제도의 정비에 관한 사항
5. 유비쿼터스도시건설사업 추진체계에 관한 사항
6. 국가와 지방자치단체간, 중앙행정기관별 역할분담에 관한 사항
7. 유비쿼터스도시기반시설의 구축 및 관리·운영과 관련 기준의 마련에 관한 사항
8. 유비쿼터스도시기술의 기준에 관한 사항
9. 개인정보 보호와 유비쿼터스도시기반시설 보호에 관한 사항
10. 유비쿼터스도시건설등에 필요한 재원의 조달 및 운용에 관한 사항
11. 그 밖에 유비쿼터스도시건설등을 위하여 필요한 사항으로서 대통령령으로 정하는 사항

② 국토해양부장관은 종합계획을 수립하려는 경우에는 중앙행정기관의 장에게 대통령령으로 정하는 바에 따라 종합계획에 반영되어야 할 정책 및 사업에 관한 계획안을 제출하도록 요청할 수 있다. 이 경우 중앙행정기관의 장은 특별한 사유가 없으면 이에 따라야 한다.

③ 국토해양부장관은 제2항에 따라 제출받은 계획안을 고려하여 유비쿼터스도시종합계획안(이하 "종합계획안"이라 한다)을 작성하여야 한다. 이 경우 유비쿼터스도시서비스에 관한 사항은 「국가정보화 기본법」 제6조에 따라 수립된 국가정보화 기본계획에 포함된 행정업무 및 지역의 국가정보화에 관한 부문계획을 고려하되, 종합계획의 일관성 및 체계적 정합성(整合性) 등을 고려하여 반영하여야 한다. 〈개정 2009.5.22〉

④ 종합계획은 「국토기본법」에 따른 국토종합계획에 적합하여야 한다.

제5조 (공청회의 개최) ① 국토해양부장관은 종합계획안을 작성하였을 때에는 공청회를 열어 관계 전문가 등으로부터 의견을 들어야 하며, 공청회에서 제시된 의견이 타당하다고 인정하는 경우에는 그 의견을 종합계획안에 반영하여야 한다.

② 제1항에 따른 공청회의 개최에 필요한 사항은 대통령령으로 정한다.

제6조 (종합계획의 확정) ① 국토해양부장관은 제5조에 따른 공청회 결과를

반영한 종합계획안을 관계 중앙행정기관의 장과 협의한 후 제23조에 따른 유비쿼터스도시위원회의 심의를 거쳐 확정한다.

② 국토해양부장관은 제 1 항에 따라 종합계획이 확정되면 지체없이 그 주요내용을 관보에 공고하고 관계 중앙행정기관의 장, 특별시장 · 광역시장 · 도지사 및 특별자치도지사(이하 "시 · 도지사"라 한다), 시장 및 군수(광역시의 관할 구역에 있는 군의 군수는 제외한다. 이하 같다)에게 종합계획을 송부하여야 한다.

제 7 조 (종합계획의 변경) 종합계획의 변경에 관하여는 제 4 조 제 2 항부터 제 4 항까지, 제 5 조 및 제 6 조를 준용한다. 다만, 대통령령으로 정하는 경미한 사항을 변경하는 경우에는 그러하지 아니하다.

제 8 조 (유비쿼터스도시계획의 수립 등) ① 특별시장 · 광역시장 · 시장 또는 군수(이하 "시장 · 군수"라 한다)는 그 관할구역을 대상으로 다음 각 호의 사항이 포함된 유비쿼터스도시계획을 수립할 수 있다. 다만, 관할구역에서 유비쿼터스도시건설사업을 시행하려는 경우에는 사업시행 전에 유비쿼터스도시계획을 수립하여야 한다.

1. 지역적 특성 및 현황과 여건 분석에 관한 사항
2. 지역적 특성을 고려한 유비쿼터스도시건설의 기본방향과 계획의 목표 및 추진전략에 관한 사항
3. 유비쿼터스도시건설사업의 단계별 추진에 관한 사항
4. 유비쿼터스도시건설사업 추진체계에 관한 사항
5. 관계 행정기관간 역할분담 및 협력에 관한 사항
6. 유비쿼터스도시기반시설의 구축 및 관리 · 운영에 관한 사항
7. 지역적 특성을 고려한 유비쿼터스도시서비스에 관한 사항
8. 유비쿼터스도시건설등에 필요한 재원의 조달 및 운용에 관한 사항
9. 그 밖에 유비쿼터스도시건설등에 필요한 사항으로서 대통령령으로 정하는 사항

② 유비쿼터스도시건설사업의 구역을 관할하는 시장 · 군수는 제 1 항 단서에도 불구하고 「국토의 계획 및 이용에 관한 법률」에 따라 수립된 도시기본계획에 제 1 항 각 호에 따른 유비쿼터스도시계획의 내용이 반영되어 있는 경

우에는 대통령령으로 정하는 바에 따라 국토해양부장관의 승인을 받아 유비쿼터스도시계획을 수립하지 아니할 수 있다.

③ 시장·군수는 제1항에도 불구하고 지역 여건상 필요하다고 인정되는 경우에는 인접한 특별시·광역시·시 또는 군(광역시의 관할구역에 있는 군은 제외한다)의 관할구역의 전부 또는 일부를 포함하여 유비쿼터스도시계획을 수립할 수 있다. 이 경우 미리 해당 시장·군수와 협의하여야 한다.

④ 유비쿼터스도시계획은 종합계획의 내용을 반영하여야 하며, 「국토의 계획 및 이용에 관한 법률」에 따른 도시기본계획과 조화를 이루어야 한다.

⑤ 국토해양부장관은 대통령령으로 정하는 바에 따라 제1항의 유비쿼터스도시계획의 수립의 지원 및 유비쿼터스도시계획에 관한 조사·연구를 수행하기 위하여 위원회를 둘 수 있다.

⑥ 시장·군수는 제1항의 유비쿼터스도시계획을 수립하는 경우 제5항에 따른 위원회의 자문을 요청할 수 있다.

제9조 (유비쿼터스도시계획의 수립을 위한 공청회의 개최) 시장·군수는 유비쿼터스도시계획을 수립하기 위하여 필요한 경우에는 공청회를 개최할 수 있으며, 공청회의 개최에 관하여는 제5조를 준용한다.

제10조 (유비쿼터스도시계획의 승인) ① 시장·군수는 제8조에 따라 유비쿼터스도시계획을 수립하였을 때에는 미리 관계 행정기관의 장과 협의한 후 국토해양부장관의 승인을 받아야 한다.

② 시장·군수는 제1항에 따른 승인을 받았을 때에는 지체없이 그 내용을 공보에 공고하여야 한다.

제11조 (유비쿼터스도시계획의 변경) 유비쿼터스도시계획의 변경에 관하여는 제8조 제3항·제4항·제6항, 제9조 및 제10조를 준용한다. 다만, 대통령령으로 정하는 경미한 사항을 변경하는 경우에는 그러하지 아니하다.

제3장 유비쿼터스도시건설사업의 시행 등

제12조 (사업시행자) ① 유비쿼터스도시건설사업은 다음 각 호의 어느 하나에 해당하는 자가 시행할 수 있다. 다만, 제2호부터 제5호까지의 규정에 해당하는 자는 대통령령으로 정하는 바에 따라 제13조 제2항에 따른 사업계획승

인권자로부터 유비쿼터스도시건설사업의 시행자로 지정을 받은 후 유비쿼터스도시건설사업을 시행할 수 있다.

1. 국가 또는 지방자치단체
2. 「대한주택공사법」에 따른 대한주택공사, 「한국토지공사법」에 따른 한국토지공사, 그 밖에 「공공기관의 운영에 관한 법률」에 따른 공공기관 중 대통령령으로 정하는 기관
3. 「지방공기업법」에 따라 설립된 지방공사
4. 「국토의 계획 및 이용에 관한 법률」 제86조, 「도시개발법」 제11조, 「택지개발촉진법」 제7조, 「도시 및 주거환경정비법」 제8조, 「기업도시개발 특별법」 제10조, 「도시재정비 촉진을 위한 특별법」 제15조, 그 밖에 대통령령으로 정하는 법률에 따른 사업시행자
5. 「사회기반시설에 대한 민간투자법」에 따른 사업시행자

② 국가나 지방자치단체는 제1항 제2호부터 제5호까지의 어느 하나에 해당하는 자와 공동으로 유비쿼터스도시건설사업을 시행할 수 있다.

제13조 (유비쿼터스도시건설사업계획) ① 제12조에 따른 유비쿼터스도시건설사업의 시행자(이하 "사업시행자"라 한다)는 유비쿼터스도시계획에 따라 다음 각 호의 사항이 포함된 유비쿼터스도시건설사업계획(이하 "사업계획"이라 한다)을 수립하여야 한다.

1. 사업의 명칭 및 범위
2. 사업의 목적 및 기본방향
3. 사업시행자
4. 사업의 시행기간
5. 사업의 시행방법
6. 연도별 투자계획 및 재원조달계획(비용분담방안을 포함한다)
7. 유비쿼터스도시기반시설의 구축 및 관리·운영에 관한 사항
8. 유비쿼터스도시서비스의 제공에 관한 사항
9. 유비쿼터스도시기술에 관한 사항
10. 그 밖에 유비쿼터스도시건설에 필요한 사항으로서 대통령령으로 정하는 사항

② 국가 또는 지방자치단체 외의 사업시행자는 제 1 항에 따라 사업계획을 수립하였을 때에는 시장・군수(둘 이상의 관할구역에 걸치는 경우 같은 도의 관할구역에 속하면 도지사를, 둘 이상의 특별시・광역시 또는 도의 관할구역에 속하면 국토해양부장관을 말하며, 이하 이 조에서 "사업계획승인권자"라 한다)의 승인을 받아야 한다.

③ 국토해양부장관(국가가 사업시행자인 경우를 말한다)이나 지방자치단체의 장이 제 1 항에 따라 사업계획을 수립하거나 사업계획승인권자가 제 2 항에 따라 사업계획을 승인하는 경우에는 미리 관계 중앙행정기관의 장과 협의하여야 한다.

④ 국토해양부장관(국가가 사업시행자인 경우를 말한다)이나 지방자치단체의 장이 제 1 항에 따라 사업계획을 수립하거나 사업계획승인권자가 제 2 항에 따라 사업계획을 승인한 경우에는 사업계획의 수립 또는 승인을 관보나 공보에 공고하여야 하며, 국토해양부장관이나 도지사가 사업계획을 승인한 경우에는 해당 사업구역을 관할하는 시장・군수에게 관계 서류를 송부하여야 한다.

⑤ 사업계획의 변경에 관하여는 제 2 항부터 제 4 항까지의 규정을 준용한다. 다만, 대통령령으로 정하는 경미한 사항을 변경하는 경우에는 그러하지 아니하다.

제14조 (유비쿼터스도시건설사업 실시계획) ① 사업시행자는 다음 각 호의 사항이 포함된 유비쿼터스도시건설사업 실시계획(이하 "실시계획"이라 한다)을 수립하여야 한다.

1. 제13조 제 1 항 제 1 호부터 제 9 호까지의 사항
2. 그 밖에 유비쿼터스도시건설에 필요한 사항으로 대통령령으로 정하는 사항

② 국가나 지방자치단체 외의 사업시행자는 제 1 항에 따라 실시계획을 수립하였을 때에는 시장・군수(둘 이상의 관할구역에 걸치는 경우 같은 도의 관할구역에 속하면 도지사를, 둘 이상의 특별시・광역시 또는 도의 관할구역에 속하면 국토해양부장관을 말하며, 이하 이 조 및 제15조, 제16조에서 "실시계획승인권자"라 한다)의 승인을 받아야 한다.

③ 국토해양부장관(국가가 사업시행자인 경우를 말한다)이나 지방자치단체의 장이 제 1 항에 따라 실시계획을 수립하거나 실시계획승인권자가 제 2 항에 따라 실시계획을 승인할 때에는 미리 관계 중앙행정기관의 장과 협의하여야

한다.

④ 국토해양부장관(국가가 사업시행자인 경우를 말한다)이나 지방자치단체의 장이 제 1 항에 따라 실시계획을 수립하거나 실시계획승인권자가 제 2 항에 따라 실시계획을 승인한 경우에는 실시계획의 수립 또는 승인을 관보나 공보에 공고하여야 하며, 국토해양부장관 또는 도지사가 실시계획을 승인한 경우에는 해당 사업구역을 관할하는 시장 · 군수에게 관계 서류를 송부하여야 한다.

⑤ 실시계획의 변경에 관하여는 제 2 항부터 제 4 항까지의 규정을 준용한다. 다만, 대통령령으로 정하는 경미한 사항을 변경하는 경우에는 그러하지 아니하다.

제15조 (다른 법률에 따른 인·허가등의 의제) ① 국가나 지방자치단체가 제14조 제 1 항에 따라 실시계획을 수립하거나 실시계획승인권자가 제14조 제 2 항에 따라 실시계획을 승인할 때에 다음 각 호의 승인 · 허가 · 인가 또는 결정 등(이하 "인·허가등"이라 한다)에 관하여 제 3 항에 따라 관계 행정기관의 장과 협의한 사항에 대하여는 그 인·허가등을 받은 것으로 보며, 제14조 제 4 항에 따라 실시계획의 수립 또는 승인이 공고되었을 때에는 다음 각 호의 법률에 따른 인·허가등의 고시 또는 공고가 있었던 것으로 본다. 〈개정 2008.12.26, 2009.6.9〉

1. 「국토의 계획 및 이용에 관한 법률」 제30조에 따른 도시관리계획의 결정(기반시설의 설치 · 정비 또는 개량에 관한 사항으로 한정한다), 같은 법 제44조 제 4 항에 따른 공동구의 점용 또는 사용허가, 같은 법 제56조에 따른 개발행위의 허가, 같은 법 제86조에 따른 도시계획시설사업 시행자의 지정 및 같은 법 제88조에 따른 실시계획의 인가
2. 「하수도법」 제24조에 따른 공공하수도의 점용허가
3. 「하천법」 제33조에 따른 하천의 점용허가
4. 「소하천정비법」 제14조에 따른 소하천의 점용허가
5. 「도로법」 제38조에 따른 도로의 점용허가
6. 「도로교통법」 제69조에 따른 도로공사의 신고
7. 「건축법」 제11조에 따른 건축의 허가, 같은 법 제14조에 따른 건축의 신고, 같은 법 제20조에 따른 가설건축물 건축의 허가 · 신고, 같은 법 제29조에 따른 공용건축물 건축 등의 협의 및 같은 법 제83조에 따른 옹벽

등 공작물의 축소신고

8. 「공유수면관리법」 제5조에 따른 공유수면의 점용 또는 사용허가
9. 「국유재산법」 제24조에 따른 행정재산 및 보존재산의 사용 · 수익허가
10. 「공유재산 및 물품 관리법」 제20조에 따른 행정재산의 사용 · 수익허가
11. 「농지법」 제34조에 따른 농지의 전용허가 또는 협의, 같은 법 제35조에 따른 농지의 전용신고 및 같은 법 제36조에 따른 농지의 다른 용도로의 일시사용허가 또는 협의
12. 「농어촌정비법」 제23조에 따른 농업생산기반시설의 목적 외 사용승인
13. 「산지관리법」 제14조 및 제15조에 따른 산지의 전용허가 또는 신고
14. 「산림자원의 조성 및 관리에 관한 법률」 제36조에 따른 입목벌채 등의 허가 또는 신고, 같은 법 제45조에 따른 보안림 안에서의 벌채 등의 허가 또는 신고
15. 「사방사업법」 제14조에 따른 사방지 안에서의 벌채 등의 허가
16. 「초지법」 제23조에 따른 초지의 전용허가
17. 「소방시설설치유지 및 안전관리에 관한 법률」 제7조에 따른 건축허가 등의 동의
18. 「소방시설공사업법」 제13조에 따른 소방시설의 착공신고
19. 「도시공원 및 녹지 등에 관한 법률」 제24조에 따른 도시공원의 점용허가, 같은 법 제27조에 따른 도시자연공원구역에서의 행위허가 및 같은 법 제38조에 따른 녹지의 점용허가
20. 「토양환경보전법」 제6조에 따른 측정망설치계획의 결정
21. 「대기환경보전법」 제4조에 따른 측정망설치계획의 결정
22. 「수질 및 수생태계 보전에 관한 법률」 제10조에 따른 측정망 설치계획의 결정
23. 「소음 · 진동규제법」 제4조에 따른 측정망 설치계획의 결정

② 인·허가등의 의제를 받으려는 사업시행자(국가와 지방자치단체는 제외한다)는 실시계획의 승인 또는 변경승인의 신청을 할 때에 해당 법률로 정하는 관련 서류를 함께 제출하여야 한다.

③ 국토해양부장관(국가가 사업시행자인 경우를 말한다)이나 지방자치단체의

장이 제14조 제1항에 따라 실시계획을 수립하거나 실시계획승인권자가 제14조 제2항에 따라 실시계획을 승인하는 경우 그 내용에 제1항 각 호의 어느 하나에 해당하는 사항이 포함되어 있으면 미리 관계 중앙행정기관의 장과 협의하여야 한다. 이 경우 관계 중앙행정기관의 장은 협의 요청을 받은 날부터 대통령령으로 정하는 기간 내에 의견을 제출하여야 한다.

제16조 (준공검사) ① 사업시행자(국가와 지방자치단체는 제외한다)는 유비쿼터스도시건설사업을 끝냈을 때에는 대통령령으로 정하는 바에 따라 실시계획승인권자의 준공검사를 받아야 한다.

② 실시계획승인권자는 준공검사를 한 결과 유비쿼터스도시건설사업이 실시계획대로 끝났다고 인정하면 사업시행자에게 준공검사증명서를 발급하여야 한다.

③ 국가나 지방자치단체가 유비쿼터스도시건설사업을 끝내거나 제1항에 따른 사업시행자가 준공검사를 받았을 때에는 제15조 제1항 각 호에 해당하는 인·허가등에 따른 해당 사업의 준공에 관한 검사·인가·신고 또는 확인 등을 받은 것으로 본다.

④ 제1항부터 제3항까지 규정한 것 외에 준공검사에 관한 사항은 대통령령으로 정한다.

제17조 (사업계획승인 등의 특례) ① 사업시행자는 다른 법률에 따른 사업을 시행하면서 제13조에 따른 사업계획과 제14조에 따른 실시계획의 내용을 포함한 개발계획 및 실시계획을 해당 법률에 따라 수립하여 승인을 받았을 때에는 제13조와 제14조에 따라 사업계획 및 실시계획을 수립하거나 승인받은 것으로 본다.

② 사업시행자는 제1항에 따른 사업의 준공검사를 받았을 때에는 제16조에 따라 준공검사를 받은 것으로 본다.

제18조 (공공시설의 귀속) ① 사업시행자가 실시계획에서 무상귀속으로 정하여진 유비쿼터스도시기반시설을 설치하는 경우 이를 공공시설로 보며, 그 귀속에 관하여는 「국토의 계획 및 이용에 관한 법률」 제65조를 준용한다.

② 제1항에 따른 공공시설은 준공 후 그 공공시설의 관리청에 귀속될 때까지 이 법 또는 다른 법률에 특별한 규정이 있는 경우 외에는 시장·군수 또

는 구청장(자치구의 구청장을 말한다)이 관리한다.

③ 제 1 항과 제 2 항에서 규정한 것 외에 공공시설의 귀속 및 관리에 관한 사항은 대통령령으로 정한다.

제19조 (유비쿼터스도시기반시설의 관리 · 운영 등) ① 유비쿼터스도시기반시설 중 다른 법률에 따라 관리청이 정하여지지 아니한 기반시설의 관리청은 시장 · 군수로 한다.

② 유비쿼터스도시기반시설의 관리청은 유비쿼터스도시기반시설의 효율적인 관리 · 운영을 위하여 필요하다고 인정하면 해당 시설과 관계되는 시설의 관리청과 협의하여 그 시설들을 통합적으로 관리 · 운영할 수 있다.

③ 유비쿼터스도시기반시설의 관리청은 대통령령으로 정하는 바에 따라 유비쿼터스도시기반시설의 관리 · 운영에 관한 업무의 전부 또는 일부를 유비쿼터스도시기반시설의 관리 · 운영에 관한 전문인력 또는 조직을 보유하고 있는 기관으로서 대통령령으로 정하는 기관에 위탁할 수 있다.

④ 그 밖에 유비쿼터스도시기반시설의 효율적인 관리 · 운영 등을 위하여 필요한 사항은 대통령령으로 정한다.

⑤ 지방자치단체의 장은 제 2 항부터 제 4 항까지의 규정에 따른 유비쿼터스도시기반시설의 관리 · 운영 계획을 유비쿼터스도시기반시설의 관리청과 협의하여 수립할 수 있다.

⑥ 지방자치단체의 장은 제 5 항의 운영계획의 수립 및 그 밖에 유비쿼터스도시기반시설의 관리 · 운영에 관하여 필요한 사항은 해당 지방자치단체의 조례로 정할 수 있다.

제 4 장 유비쿼터스도시기술의 기준 및 정보보호 등

제20조 (융합기술의 기준) ① 국토해양부장관은 행정안전부장관 등 대통령령으로 정하는 관계 중앙행정기관의 장과 협의를 거쳐 건설 · 정보통신 융합기술(이하 "융합기술"이라 한다)의 기준을 제정 · 고시할 수 있다. 다만, 융합기술에 활용되는 기술 중 「산업표준화법」에 따른 한국산업표준이 제정되어 있는 경우에는 그 표준을 따라야 하고, 융합기술에 활용되는 정보통신기술에 대하여는 관계 법률에 따라 중앙행정기관의 장이 정한 표준을 따라야 하며,

다른 법률에서 융합기술 중 교통관련 기술의 표준을 정한 경우에는 그에 따른다.

② 제1항에 따라 융합기술의 기준을 제정할 때에는 유비쿼터스도시 간의 호환성과 융합기술의 확장성 등을 고려하여야 한다.

제21조 (개인정보 보호) 유비쿼터스도시의 관리 및 유비쿼터스도시서비스의 제공과정에서 개인의 정보가 수집, 이용, 제공, 보유, 관리 및 파기(이하 "취급"이라 한다)되는 경우에는 관계 법령에 따라 필요한 목적의 범위에서 적법하고 안전하게 취급되어야 한다.

제22조 (유비쿼터스도시기반시설의 보호) ① 행정안전부장관은 「정보통신기반 보호법」 제8조에 따른 기준 및 절차 등에 따라 해당 지방자치단체의 장과 협의하여 유비쿼터스도시기반시설 중 대통령령으로 정하는 시설을 주요 정보통신기반시설로 지정하여야 한다.

② 제12조 제1항 제1호부터 제3호까지에 해당하지 아니하는 민간사업자는 유비쿼터스도시기반시설에 대하여 「정보통신망 이용촉진 및 정보보호 등에 관한 법률」 제47조 제1항에 따른 인증을 받을 수 있다.

제5장 유비쿼터스도시위원회 등

제23조 (유비쿼터스도시위원회) ① 유비쿼터스도시건설등에 관련되는 다음 각 호의 사항을 심의하기 위하여 국무총리 소속으로 유비쿼터스도시위원회(이하 "위원회"라 한다)를 둔다.

1. 종합계획에 관한 사항
2. 국가가 시행하는 유비쿼터스도시건설사업에 관한 사항
3. 중앙행정기관의 장과 지방자치단체의 장 간의 의견 조정에 관한 사항
4. 유비쿼터스도시 활성화를 위한 정부의 지원사항
5. 유비쿼터스도시건설등과 관련하여 위원장이 회의에 부치는 사항
6. 그 밖에 대통령령으로 정하는 중요 사항

② 위원회는 위원장 1명, 부위원장 3명을 포함한 20명 이내의 위원으로 구성한다.

③ 위원장은 국무총리로 하고, 부위원장은 행정안전부장관, 국토해양부장관

및 방송통신위원회위원장으로 하며, 위원은 다음 각 호의 자로 한다.

1. 유비쿼터스도시건설등에 관한 학식과 경험이 풍부한 자로서 국무총리가 위촉한 자
2. 대통령령으로 정하는 중앙행정기관의 장과 국무총리실장

④ 제1항부터 제3항까지 규정한 것 외에 위원회의 구성과 운영에 필요한 사항은 대통령령으로 정한다.

제24조 (유비쿼터스도시사업협의회) ① 유비쿼터스도시건설사업을 추진하려는 지방자치단체의 장은 사업추진을 위한 다음 각 호의 사항을 협의하기 위하여 유비쿼터스도시사업협의회(이하 "협의회"라 한다)를 구성·운영하여야 한다.

1. 사업계획 및 실시계획에 관한 사항
2. 유비쿼터스도시기반시설의 관리·운영 및 재정확보 방안에 관한 사항
3. 유비쿼터스도시기반시설의 인수인계에 관한 사항
4. 그 밖에 유비쿼터스도시건설사업의 원활한 추진을 위하여 대통령령으로 정하는 사항

② 협의회는 다음 각 호에 해당하는 25명 이내의 위원으로 구성한다.

1. 관계 행정기관의 공무원
2. 지방자치단체의 공무원
3. 사업시행자
4. 도시계획 또는 정보통신 관련 전문가

③ 제1항과 제2항에서 규정한 것 외에 협의회의 구성·운영 등에 필요한 사항은 해당 지방자치단체의 조례로 정한다.

제25조 (보조 또는 융자) ① 국가는 지방자치단체가 시행하는 유비쿼터스도시건설사업 비용의 일부를 대통령령으로 정하는 바에 따라 예산에서 보조하거나 융자할 수 있다.

② 국가 또는 지방자치단체는 국가 또는 지방자치단체가 아닌 자가 시행하는 유비쿼터스도시건설사업 비용의 일부를 대통령령으로 정하는 바에 따라 보조하거나 융자할 수 있다.

제26조 (연구·개발 등) 국가와 지방자치단체는 유비쿼터스도시기술의 개발과

기술수준의 향상을 위하여 다음 각 호의 사업을 추진할 수 있다.

1. 유비쿼터스도시기술의 연구 · 개발 및 이전 · 보급
2. 산업계 · 학계 · 연구기관 등과의 공동 연구 · 개발
3. 유비쿼터스도시기술의 연구 등을 위한 국제협력 및 교류
4. 중소기업 등의 유비쿼터스도시기술 경쟁력 강화

제27조 (전문인력의 양성) ① 국가와 지방자치단체는 유비쿼터스도시건설 등에 필요한 전문인력을 체계적으로 양성하기 위하여 다음 각 호의 사업을 지원할 수 있다.

1. 유비쿼터스도시 전문인력의 양성
2. 유비쿼터스도시 교육프로그램의 개발 및 보급

② 국가와 지방자치단체는 제1항에 따른 사업을 지원하기 위하여 필요한 경우에는 유비쿼터스도시 전문인력의 양성과 관련이 있는 기관 또는 단체를 협력기관으로 지정할 수 있다.

제28조 (유비쿼터스시범도시의 지정 등) ① 국토해양부장관은 유비쿼터스도시 건설등을 촉진하기 위하여 관계 중앙행정기관의 장 및 지방자치단체의 장과 협의하여 대통령령으로 정하는 바에 따라 유비쿼터스시범도시를 지정할 수 있다.

② 국토해양부장관은 제1항에 따라 지정된 유비쿼터스시범도시에 필요한 행정 · 재정 · 기술 등에 관한 사항을 지원할 수 있다.

부 칙 〈제9758호, 2009.6.9〉

제1조 (시행일) 이 법은 공포 후 6개월이 경과한 날부터 시행한다. 〈단서 생략〉

제2조부터 제21조까지 생략

제22조 (다른 법률의 개정) ①부터 〈30〉까지 생략

〈31〉 유비쿼터스도시의 건설 등에 관한 법률 일부를 다음과 같이 개정한다.

제15조 제1항 제12호 중 "「농어촌정비법」 제22조에 따른 농업기반시설"을 "「농어촌정비법」 제23조에 따른 농업생산기반시설"로 한다.

〈32〉부터 〈53〉까지 생략

제23조 생략

유비쿼터스도시의 건설 등에 관한 법률 시행령

[시행 2009.12.14] [대통령령 제21882호, 2009.12.14, 타법개정]

국토해양부(도시재생과)02-2110-8199

제1장 총 칙

제1조 (목적) 이 영은 「유비쿼터스도시의 건설 등에 관한 법률」에서 위임된 사항과 그 시행에 필요한 사항을 규정함을 목적으로 한다.

제2조 (유비쿼터스도시서비스) 「유비쿼터스도시의 건설 등에 관한 법률」(이하 "법"이라 한다) 제2조 제2호에서 "대통령령으로 정하는 서비스"란 다음 각 호의 어느 하나의 정보 또는 둘 이상의 정보를 연계하여 제공하는 서비스를 말한다.

1. 행정
2. 교통
3. 보건・의료・복지
4. 환경
5. 방범・방재
6. 시설물 관리
7. 교육
8. 문화・관광・스포츠
9. 물류
10. 근로・고용
11. 그 밖에 도시의 경쟁력 향상 및 국민의 삶의 질 향상을 위하여 국토해양부장관이 관계 중앙행정기관의 장과 협의하여 고시하는 분야

제3조 (유비쿼터스도시기반시설 중 정보통신망) 법 제2조 제3호 나목에서 "그 밖에 대통령령으로 정하는 정보통신망"이란 법 제2조 제3호 가목의 지능화된 시설로부터 수집된 정보와 유비쿼터스도시의 관리・운영에 관한 시설

이 제공하는 서비스를 전달하는 유비쿼터스센서망을 말한다.

제4조 (유비쿼터스도시의 관리·운영에 관한 시설) 법 제2조 제3호 다목에서 "대통령령으로 정하는 시설"이란 제2조 제1항의 유비쿼터스도시서비스를 제공하기 위한 분야별 정보시스템을 연계·통합하여 운영하는 유비쿼터스도시 통합운영센터와 그 밖에 이와 비슷한 시설로서 국토해양부장관이 관계 중앙행정기관의 장과 협의하여 고시하는 시설을 말한다.

제5조 (건설·정보통신 융합기술) 법 제2조 제5호에서 "대통령령으로 정하는 기술"이란 다음 각 호의 기술에 전자·제어·통신 등의 기술을 융합한 기술을 말한다.

1. 「건설기술관리법」 제2조 제2호의 건설기술
2. 「전력기술관리법」 제2조 제1호의 전력기술

제6조 (적용 대상의 규모) 법 제3조 각 호 외의 부분에서 "대통령령으로 정하는 일정규모"란 165만 제곱미터를 말한다.

제7조 (적용대상사업 등) 법 제3조 제6호에서 "대통령령으로 정하는 사업"이란 다음 각 호의 어느 하나에 해당하는 사업을 말한다. 〈개정 2009.4.21, 2009.7.30〉

1. 「주택법」에 따른 주택건설사업 또는 대지조성사업
2. 「도시 및 주거환경정비법」 제2조 제2호의 정비사업
3. 「도시재정비 촉진을 위한 특별법」 제2조 제2호의 재정비촉진사업
4. 「산업입지 및 개발에 관한 법률」에 따른 산업단지개발사업 및 같은 법 제39조에 따른 특수지역개발사업
5. 「보금자리주택건설 등에 관한 특별법」 제2조 제3호 가목에 따른 보금자리주택지구조성사업
6. 「경제자유구역의 지정 및 운영에 관한 특별법」에 따른 경제자유구역 개발사업

제2장 유비쿼터스도시종합계획의 수립 등

제8조 (유비쿼터스도시종합계획 수립 등) ① 법 제4조 제1항 제11호에서 "대통령령으로 정하는 사항"이란 다음 각 호의 사항을 말한다. 〈개정 2009.8.21〉

1. 「국가정보화 기본법」 제6조에 따라 수립된 국가정보화 기본계획에 포함

된 행정업무 및 지역의 정보화촉진에 관한 부문계획에서 정하는 사항을 포함한 유비쿼터스도시서비스의 기준 마련, 보급, 확산 및 상호 연계에 관한 사항

2. 유비쿼터스도시기술의 연구·개발에 관한 사항
3. 유비쿼터스도시의 효율적인 건설 및 관리 등(이하 "유비쿼터스도시건설등"이라 한다)에 필요한 전문인력의 양성에 관한 사항
4. 유비쿼터스도시건설등과 관련된 산업의 육성에 관한 사항
5. 유비쿼터스도시건설등을 위한 국제협력에 관한 사항
6. 유비쿼터스도시기반시설 및 유비쿼터스도시서비스를 통하여 제공하는 정보의 생산·수집·가공·활용 및 유통 등 정보관리에 관한 사항

② 국토해양부장관은 관계 중앙행정기관의 장에게 30일 이내의 기간을 정하여 법 제4조 제1항에 따른 유비쿼터스도시종합계획(이하 "종합계획"이라 한다)에 반영되어야 할 정책 및 사업에 관한 계획안을 제출하도록 요청할 수 있다. 이 경우 행정안전부장관은 종합계획안에 반영되어야 할 정책 및 사업에 관한 계획안을 제출할 때 지방자치단체의 의견을 종합하여 제출하여야 한다.

③ 국토해양부장관은 법 제4조 제3항에 따른 유비쿼터스도시종합계획안(이하 "종합계획안"이라 한다)을 작성하기 위하여 필요하면 제27조에 따른 전문위원회에 조사·연구를 요청할 수 있다.

제9조 (공청회의 개최) ① 국토해양부장관은 법 제5조에 따라 공청회를 개최하려면 공청회 개최 예정일 14일 전까지 다음 각 호의 사항을 전국을 보급지역으로 하는 1개 이상의 일간신문과 관보 및 인터넷 홈페이지에 공고하여야 한다.

1. 공청회의 개최 목적
2. 공청회의 개최예정 일시 및 장소
3. 종합계획안의 개요
4. 의견발표에 관한 사항
5. 그 밖에 공청회 개최에 필요한 사항

② 종합계획안의 내용에 대하여 의견이 있는 국민 또는 관계 전문가 등은

공청회에 참석하여 직접 의견을 진술하거나 국토해양부장관에게 서면이나 정보통신망을 이용하여 의견의 요지를 제출할 수 있다.

제10조 (종합계획안의 협의기간) 국토해양부장관이 법 제6조 제1항에 따른 협의를 위하여 종합계획안을 보낸 경우 관계 중앙행정기관의 장은 그 종합계획안을 받은 날부터 30일 이내에 국토해양부장관에게 의견을 제시하여야 한다.

제11조 (종합계획의 경미한 변경) 법 제7조 단서에서 "대통령령으로 정하는 경미한 사항"이란 제8조 제1항 제3호부터 제5호까지의 사항을 말한다.

제12조 (유비쿼터스도시계획의 수립 등) ① 법 제8조 제1항 제9호에서 "대통령령으로 정하는 사항"이란 다음 각 호의 사항을 말한다.

1. 관할구역과 법 제8조 제3항의 인접한 특별시·광역시·시 또는 군(광역시의 관할구역에 있는 군은 제외한다. 이하 이 조에서 같다)간 유비쿼터스도시 기능의 호환·연계 등 상호협력에 관한 사항
2. 관할구역(법 제8조 제3항에 따라 인접한 특별시·광역시·시 또는 군의 관할구역의 일부를 포함하여 유비쿼터스도시계획을 수립하는 경우에는 그 구역을 포함한다. 이하 이 조에서 같다)의 유비쿼터스도시서비스 제공 및 상호연계에 관한 사항
3. 유비쿼터스도시기술을 활용한 지역산업의 육성 및 진흥에 관한 사항
4. 유비쿼터스도시간 국제협력에 관한 사항
5. 개인정보 보호와 유비쿼터스도시기반시설 보호에 관한 사항
6. 관할구역의 유비쿼터스도시기반시설 및 유비쿼터스도시서비스를 통하여 제공하는 정보의 생산·수집·가공·활용 및 유통 등 정보관리에 관한 사항
7. 유비쿼터스도시서비스를 제공하기 위한 정보시스템의 공동활용 및 기존 정보시스템의 연계활용에 관한 사항

② 법 제8조 제1항에 따른 유비쿼터스도시계획(이하 "유비쿼터스도시계획"이라 한다)의 수립기준과 그 밖에 필요한 사항은 국토해양부장관이 관계 중앙행정기관의 장과 협의하여 정한다.

제13조 (유비쿼터스도시계획의. 수립에 관한 특례) ① 특별시장·광역시장·시장 또는 군수(이하 "시장·군수"라 한다)는 법 제8조 제2항에 따라 국토해

양부장관의 승인을 받으려면 법 제8조 제1항 각 호에 따른 유비쿼터스도시계획의 내용이 반영되어 있는 「국토의 계획 및 이용에 관한 법률」에 따른 도시기본계획(이하 "도시기본계획"이라 한다)을 국토해양부장관에게 제출하여야 한다.

② 국토해양부장관은 제1항에 따라 제출된 도시기본계획이 법 제8조 제1항 각 호에 따른 유비쿼터스도시계획의 내용을 제대로 반영하고 있지 아니하면 시장·군수에게 그 도시기본계획의 보완을 요청할 수 있다.

③ 시장·군수는 제2항에 따라 도시기본계획의 보완을 요청받았으면 요청을 받은 날부터 30일 이내에 보완 여부 및 보완 계획을 국토해양부장관에게 알려야 한다.

④ 국토해양부장관은 제2항에도 불구하고 기한을 정하여 제1항에 따라 제출된 도시기본계획의 내용을 보완하는 것을 조건으로 도시기본계획을 승인할 수 있다. 이 경우 시장·군수는 승인을 받은 날부터 30일 이내에 보완계획을 국토해양부장관에게 알려야 한다.

제14조 (유비쿼터스도시계획 수립의 지원 및 조사·연구를 위한 위원회의 구성 등) ① 법 제8조 제5항에 따른 위원회(이하 이 조에서 "위원회"라 한다)는 위원장 1명, 부위원장 1명을 포함한 10명 이내의 위원으로 구성한다.

② 위원회의 위원은 유비쿼터스도시계획에 관한 학식과 경험이 풍부한 자 중에서 국토해양부장관이 위촉한다. 다만, 부위원장은 유비쿼터스도시의 정보화 관련 분야의 전문가 중에서 국토해양부장관이 위촉한다.

③ 제1항과 제2항에서 규정한 사항 외에 위원회의 구성 및 운영 등에 필요한 사항은 국토해양부장관이 정한다.

제15조 (유비쿼터스도시계획의 승인) ① 시장·군수는 법 제10조 제1항에 따라 유비쿼터스도시계획의 승인을 받으려면 유비쿼터스도시계획안에 다음 각 호의 서류를 첨부하여 국토해양부장관에게 제출하여야 한다.

1. 법 제9조에 따른 공청회 개최 결과(공청회를 개최한 경우만 해당한다)
2. 관계 행정기관의 장과의 협의 결과

② 국토해양부장관은 법 제10조 제1항에 따라 유비쿼터스도시계획을 승인할 때에는 미리 관계 중앙행정기관의 장과 협의하여야 한다. 이 경우 협의요

청을 받은 관계 중앙행정기관의 장은 특별한 사정이 없으면 요청을 받은 날부터 20일 이내에 의견을 제출하여야 한다.

③ 국토해양부장관은 제1항에 따라 제출된 유비쿼터스도시계획안이 법 제8조 제1항 각 호에 따른 유비쿼터스도시계획의 내용을 제대로 반영하고 있지 아니하면 시장·군수에게 유비쿼터스도시계획안의 보완을 요청할 수 있다.

④ 시장·군수는 제3항에 따라 도시기본계획의 보완을 요청받았으면 요청을 받은 날부터 30일 이내에 보완 여부 및 보완 계획을 국토해양부장관에게 알려야 한다.

⑤ 국토해양부장관은 제3항에도 불구하고 기한을 정하여 제1항에 따라 제출된 유비쿼터스 도시계획안의 내용을 보완하는 것을 조건으로 유비쿼터스 도시계획안을 승인할 수 있다. 이 경우 시장·군수는 승인을 받은 날부터 30일 이내에 보완 계획을 국토해양부장관에게 알려야 한다.

제16조 (유비쿼터스도시계획의 경미한 변경) 법 제11조 단서에서 "대통령령으로 정하는 경미한 사항"이란 제12조 제1항 제3호 또는 제4호의 사항을 말한다.

제3장 유비쿼터스도시건설사업의 시행 등

제17조 (사업시행자) ① 법 제12조 제1항 각 호 외의 부분 단서에 따라 유비쿼터스도시건설사업의 시행자로 지정받으려는 자는 법 제13조 제1항 각 호의 사항이 포함된 유비쿼터스도시건설사업계획서(이하 "사업계획서"라 한다)를 법 제13조 제2항에 따른 사업계획승인권자(이하 "사업계획승인권자"라 한다)에게 제출하여야 한다.

② 제1항에 따라 사업계획서를 받은 사업계획승인권자는 사업계획서를 받은 날부터 30일 이내에 사업시행자의 지정 여부를 결정하여 지정을 신청한 자에게 알려야 한다.

③ 법 제12조 제1항 제2호에서 "그 밖에 「공공기관의 운영에 관한 법률」에 따른 공공기관 중 대통령령으로 정하는 기관"이란 다음 각 호와 같다. 〈개정 2009.6.26〉

1. 「한국수자원공사법」에 따른 한국수자원공사

2. 「한국농어촌공사 및 농지관리기금법」에 따른 한국농어촌공사

④ 법 제12조 제1항 제4호에서 "그 밖에 대통령령으로 정하는 법률에 따른 사업시행자"란 다음 각 호와 같다. 〈개정 2009.4.21, 2009.7.30, 2009.12.14〉

1. 「경제자유구역의 지정 및 운영에 관한 특별법」에 따른 경제자유구역 개발사업의 시행자
2. 「공공기관 지방이전에 따른 혁신도시 건설 및 지원에 관한 특별법」제10조에 따른 혁신도시개발사업의 시행자
3. 「주택법」 제9조 제1항에 따른 주택건설사업자
4. 「보금자리주택건설 등에 관한 특별법」 제4조에 따른 보금자리주택사업의 시행자
5. 「동・서・남해안권발전 특별법」 제11조에 따른 사업시행자
6. 「새만금사업 촉진을 위한 특별법」 제5조에 따라 사업시행자의 지정을 받은 자
7. 「항만법」 제59조에 따라 사업시행자의 지정을 받은 자
8. 「산업입지 및 개발에 관한 법률」 제16조에 따른 산업단지개발사업의 시행자
9. 「지방공기업법」 제77조의3에 따라 설립한 출자법인
10. 법 제12조 제1항 제1호에서 제5호까지의 자 중 둘 이상의 자가 유비쿼터스도시건설사업을 시행할 목적으로 출자하여 설립한 「상법」에 따른 회사

제18조 (유비쿼터스도시건설사업계획) ① 법 제13조 제1항 제10호에서 "그 밖에 유비쿼터스도시건설에 필요한 사항으로서 대통령령으로 정하는 사항"이란 유비쿼터스도시건설사업에 관한 다음 각 호의 사항을 말한다.

1. 단계별 추진에 관한 사항
2. 사업추진체계에 관한 사항
3. 사업추진절차에 관한 사항

② 법 제13조 제5항 단서에서 "대통령령으로 정하는 경미한 사항을 변경하는 경우"란 다음 각 호의 어느 하나에 해당하는 경우를 말한다.

1. 사업기간을 2년의 범위에서 변경하는 경우

2. 유비쿼터스도시건설 사업비를 총사업비의 100분의 10 이내에서 변경하는 경우

3. 유비쿼터스도시건설사업 면적을 당초 계획 면적의 100분의 10 이하의 범위에서 변경하는 경우

③ 법 제13조 제1항에 따른 유비쿼터스도시건설사업계획의 수립 기준과 그 밖에 필요한 사항은 국토해양부장관이 관계 중앙행정기관의 장과 협의하여 정한다.

제19조 (유비쿼터스도시건설사업 실시계획) ① 법 제14조 제1항에 따른 유비쿼터스도시건설사업 실시계획(이하 "실시계획"이라 한다)에는 다음 각 호의 서류 및 도면을 첨부하여야 한다.

1. 사업시행지역의 위치도 및 지적도
2. 실시계획 평면도 및 개략설계도서
3. 국가 또는 지방자치단체에 귀속될 공공시설 설치비용 계산서 및 사업시행자에게 귀속·양도될 기존 공공시설의 계산서(사업시행자가 국가 및 지방자치단체가 아닌 경우만 해당한다)
4. 관계 행정기관의 장과의 협의에 필요한 서류

② 법 제14조 제1항 제2호에서 "그 밖에 유비쿼터스도시건설에 필요한 사항으로 대통령령으로 정하는 사항"이란 다음 각 호의 사항을 말한다.

1. 유비쿼터스도시건설사업에 관한 제18조 제1항 각 호의 사항
2. 공공시설의 귀속 및 대체에 관한 사항

③ 법 제14조 제5항 단서에서 "대통령령으로 정하는 경미한 사항을 변경하는 경우"란 제18조 제2항 각 호의 어느 하나에 해당하는 경우를 말한다.

제20조 (다른 법률에 따른 인·허가등의 의제 시 협의기간) 법 제15조 제3항 후단에서 "대통령령으로 정하는 기간"이란 20일을 말한다.

제21조 (준공검사) ① 사업시행자(국가와 지방자치단체는 제외한다)는 법 제16조 제1항에 따라 준공검사를 받으려면 공사완료 보고서에 다음 각 호의 서류 및 도면을 첨부하여 법 제14조 제2항에 따른 실시계획승인권자(이하 "실시계획승인권자"라 한다)에게 제출하여야 한다.

1. 준공조서(준공설계도서 및 준공사진을 포함한다)

2. 법 제16조 제3항에 따른 관계 행정기관의 장과의 협의에 필요한 서류 및 도면

3. 법 제18조에 따른 유비쿼터스도시기반시설의 귀속조서 및 도면

4. 그 밖에 준공검사에 필요한 서류

② 실시계획승인권자는 제1항에 따라 공사완료 보고서를 받았으면 지체없이 준공검사를 하여야 한다.

③ 실시계획승인권자는 효율적인 준공검사를 위하여 필요하면 관계 행정기관, 「공공기관의 운영에 관한 법률」에 따른 공공기관, 연구기관, 그 밖의 전문기관 등에 의뢰하여 준공검사를 할 수 있다.

④ 실시계획승인권자는 공사완료 보고서의 내용에 포함된 공공시설을 인수하거나 관리하게 될 관리청에게 준공검사에 참여할 것을 요청할 수 있으며, 요청을 받은 관리청은 특별한 사유가 없으면 요청에 따라야 한다.

⑤ 국가나 지방자치단체는 유비쿼터스도시건설사업을 끝내거나 제1항에 따른 사업시행자가 준공검사를 받았으면 다음 각 호의 사항을 포함한 공사완료 공고를 관보나 공보에 고시하여야 한다.

1. 사업의 명칭
2. 사업시행자
3. 사업시행구역의 위치
4. 준공일자
5. 준공된 유비쿼터스도시기반시설 및 유비쿼터스도시서비스의 내용

제22조 (유비쿼터스도시기반시설의 관리・운영 등) ① 법 제19조 제1항에 따른 유비쿼터스도시기반시설의 관리청(법 제19조 제3항에 따라 위탁받은 자를 포함한다. 이하 "유비쿼터스도시기반시설관리청"이라 한다)은 다음 각 호의 사항을 고려하여 유비쿼터스도시기반시설을 관리・운영하여야 한다.

1. 유비쿼터스도시기반시설의 효율적인 유지 보수 및 기능 향상에 관한 사항
2. 유비쿼터스도시기반시설의 연계・통합관리를 위한 관리주체 간의 협력적 역할 분담에 관한 사항
3. 유비쿼터스도시기반시설의 관리운영비 조달 및 절감에 관한 사항

② 법 제19조 제3항에서 "대통령령으로 정하는 기관"이란 다음 각 호와 같다.

1. 법 제12조 제 1 항 제 2 호부터 제 5 호까지의 어느 하나에 해당하는 사업시행자
2. 「전기통신사업법」 제 2 조 제 1 호의 전기통신사업자
3. 「정보통신공사업법」 제 2 조 제 4 호의 정보통신공사업자
4. 「소프트웨어산업 진흥법」 제24조에 따라 소프트웨어사업자로 신고된 자

③ 법 제19조 제 3 항에 따른 위탁의 절차 등에 관한 사항은 유비쿼터스도시기반시설관리청의 장이 정하여 공고한다.

④ 유비쿼터스도시기반시설관리청이 유비쿼터스도시기반시설의 관리·운영에 관한 업무의 전부 또는 일부를 위탁할 때에는 그 위탁업무를 수행하는 자에게 그 업무수행에 필요한 수수료 또는 보조금을 지급할 수 있다.

⑤ 유비쿼터스기반시설관리청은 위탁업무를 수행하는 자에게 위탁받은 업무에서 발생한 이익의 일부를 납부하도록 할 수 있다.

⑥ 유비쿼터스도시기반시설의 관리·운영업무의 위탁과 관련한 기준 및 절차, 그 밖에 필요한 사항은 국토해양부장관이 관계 중앙행정기관의 장과 협의하여 정한다.

제 4 장 유비쿼터스도시기술의 기준 및 정보보호 등

제23조 (융합기술의 기준) ① 법 제20조 제 1 항 본문에서 "대통령령으로 정하는 관계 중앙행정기관의 장"이란 다음 각 호와 같다.

1. 행정안전부장관
2. 지식경제부장관
3. 방송통신위원회위원장

② 국토해양부장관은 법 제20조에 따른 건설·정보통신 융합기술(이하 "융합기술"이라 한다)의 기준 마련 등에 관한 업무를 효율적으로 추진하기 위하여 전담기관을 지정하여 운영할 수 있다.

③ 국토해양부장관은 제 2 항에 따라 전담기관을 지정하였으면 이를 고시하여야 한다.

④ 국토해양부장관은 제 2 항에 따른 전담기관이 그 업무를 수행하는 데에 필요한 비용을 예산의 범위에서 지원할 수 있다.

제24조 (유비쿼터스도시기반시설의 보호) 법 제22조 제1항에서 "대통령령으로 정하는 시설"이란 제4조에 따른 유비쿼터스도시 통합운영센터를 말한다.

제5장 유비쿼터스도시위원회 등

제25조 (유비쿼터스도시위원회의 구성) ① 법 제23조 제1항에 따른 유비쿼터스도시위원회(이하 "위원회"라 한다)의 위원 중 같은 조 제3항 제1호에 따라 국무총리가 위촉하는 위원의 임기는 2년으로 하되, 연임할 수 있다.

② 법 제23조 제3항 제2호에서 "대통령령으로 정하는 중앙행정기관의 장"이란 기획재정부장관, 교육과학기술부장관, 문화체육관광부장관, 보건복지가족부장관 및 환경부장관을 말한다.

③ 위원회의 위원장은 위원회를 대표하고, 위원회의 업무를 총괄한다.

④ 위원장이 부득이한 사유로 직무를 수행할 수 없을 때에는 부위원장 중 국토해양부장관이 그 직무를 대행한다.

⑤ 위원회에 간사 2명을 두되, 간사는 국토해양부 고위공무원단에 속하는 공무원 중에서 국토 또는 도시 관련 분야를 담당하는 자와 행정안전부 고위공무원단에 속하는 공무원 중에서 정보화 관련 분야를 담당하는 자가 된다.

제26조 (위원회의 운영) ① 위원장은 위원회의 회의를 소집하고, 그 의장이 된다.

② 위원회의 회의는 재적위원 과반수의 출석으로 개의하고, 출석위원 과반수의 찬성으로 의결한다.

③ 위원회가 심의에 필요하다고 인정하면 관계 기관에 필요한 자료 제출을 요청하거나 관계 공무원 또는 관계자를 출석시켜 의견을 들을 수 있으며, 위원회의 요청 등을 받은 관계 기관, 관계 공무원 또는 관계자는 특별한 사유가 없으면 이에 따라야 한다.

④ 공무원이 아닌 위원회의 위원에게는 예산의 범위에서 수당 및 여비를 지급할 수 있다.

⑤ 제1항부터 제4항까지에서 규정된 사항 외에 위원회의 운영에 필요한 사항은 위원회의 의결을 거쳐 위원장이 정한다.

제27조 (전문위원회) ① 위원회의 심의 지원 및 유비쿼터스도시에 관한 전문

적인 조사·연구 등을 위하여 위원회에 다음 각 호의 분야별로 전문위원회를 둔다.

1. 총괄조정 분야
2. 유비쿼터스도시계획 분야
3. 융합기술 분야
4. 유비쿼터스도시서비스 분야

② 전문위원회의 구성, 운영 및 업무에 관하여 필요한 사항은 위원회의 심의를 거쳐 위원장이 정한다.

제28조 (유비쿼터스도시사업협의회의 협의사항) 법 제24조 제1항 제4호에서 "그 밖에 유비쿼터스도시건설사업을 원활하게 추진하기 위하여 대통령령으로 정하는 사항"이란 다음 각 호의 사항을 말한다.

1. 유비쿼터스도시건설사업의 준공검사에 관한 사항
2. 그 밖에 유비쿼터스도시건설사업의 원활한 추진을 위하여 필요한 사항으로서 유비쿼터스도시사업협의회에서 의결로 정하는 사항

제29조 (보조 또는 융자) 법 제25조에 따라 국토해양부장관은 관계 중앙행정기관의 장과 협의하여 유비쿼터스도시건설사업 비용의 일부를 예산에서 보조하거나 융자할 수 있다.

제30조 (유비쿼터스시범도시의 지정 등) ① 시장·군수는 법 제28조 제1항에 따른 유비쿼터스시범도시(이하 "시범도시"라 한다)의 지정을 국토해양부장관에게 요청할 수 있다.

② 시장·군수는 제1항에 따라 시범도시의 지정을 요청하려면 다음 각 호의 내용이 포함된 서류를 국토해양부장관에게 제출하여야 한다.

1. 시범도시 지정 요청 대상지 및 사업 내용
2. 지정요청 사유
3. 시장·군수가 시범도시에 지원할 수 있는 예산·인력 등의 명세
4. 그 밖에 시범도시를 지정할 때 고려할 사항

③ 국토해양부장관은 법 제28조 제1항에 따라 시범도시를 지정할 때 필요하면 제27조에 따른 전문위원회에 조사·연구를 요청할 수 있다.

④ 국토해양부장관은 시범도시를 지정하였으면 지정 대상 도시 및 사업 내

용, 지정 이유 등을 관보와 인터넷 홈페이지에 공고하고 지정을 요청한 시장·군수, 관계 행정기관의 장 및 관계 지방자치단체의 장에게 그 내용을 알려야 한다.

⑤ 제1항부터 제4항까지에서 규정한 사항 외에 시범도시의 지정 등에 필요한 사항은 국토해양부장관이 정한다.

부 칙〈제21882호, 2009.12.14〉

제1조 (시행일) 이 영은 공포한 날부터 시행한다. 〈단서 생략〉

제2조부터 제5조까지 생략

제6조 (다른 법령의 개정) ①부터 ⑭까지 생략

⑮ 유비쿼터스도시의 건설 등에 관한 법률 시행령 일부를 다음과 같이 개정한다.

제17조 제4항 제7호 중 "「항만과 그 주변지역의 개발 및 이용에 관한 법률」 제13조"를 "「항만법」 제59조"로 한다.

〈16〉부터 〈27〉까지 생략

제7조 생략

참 고 문 헌

u-City포럼, u-City전략보고서, 2005. 5.

건설교통부, 유시티(u-City)건설지원을 위한 제도개선 연구, 2007. 1.

고석찬, 도시발달사 강의계획서, 2007.

고석호·오태동·오재인, "공공부문 BSC 수용도에 미치는 영향요인 연구," *Information Systems Review*, The Korean Society of Management Information Systems, Vol. 11, No. 3, December 2009, pp. 39-62.

국가과학기술위원회, "기술기반 삶의 질 향상 종합대책," 2007.

국가청렴위원회, 기업 윤리경영 모델, 2007.

국토연구원, 유시티 구현을 위한 국가전략 연구, 2006.

국토해양부 보도자료, "유비쿼터스 도시 계획·건설의 기틀 마련," 2008.

권기헌, 미래예측학, 법문사, 2008.

권용호·하희윤·유병기·김재준, "U-City 건설사업 시나리오에 따른 건설기업의 대응전략 수립에 관한 연구," 한국건설관리학회, 8(2), 2007, pp. 146-154.

김 구, "u-City 서비스 단계별 우선순위와 운영방향에 관한 고찰," 한국지역정보과학회 동계학술대회, 2007.

김상욱·김영미·오재인·이종현, 행정정보공유를 통한 행정서비스 제고, 현대문화사, 2007. 12.

김성후·박창호·김청택, "유비쿼터스 서비스 평가를 위한 u-서비스 체험성의 분석," 한국조사연구학회, 7(1), 2006, pp. 1-28.

김진백, "시나리오를 이용한 관광 전자상점의 프로세스 모형과 워크플로," 한국전산원, 정보화정책, 11(2), 2004, pp. 35-54.

김진한·김성홍, "교차영향분석의 적용을 통한 국내 IT 환경 시나리오에 대한 연구," 한국경영과학회, 경영과학, 21(3), 2004, pp. 129-147.

대한주택공사, 첨단정보화도시 사례조사 보고서, 2006. 12.

대한주택공사, 파주운정 u-City 구축 사업 정보화전략계획(ISP)수립 보고서, 2006.

박진혁·이근상, "일본하천정보센터(FRICS) 최신시스템소개," 물과 미래, (39:4), 2006, pp. 66-74.

삼성경제연구소, "U-City의 성공적인 개발모델과 시사점," *Issue Paper*, 2006.

서울특별시, 서울시 u-City 추진현황 및 전망(정보통신 중심), 2007.

서울특별시, u-Seoul 마스터플랜(요약), 2006.

서현식 · 이종면 · 오재인, "시나리오 경영기법을 적용한 U-City 서비스 시나리오 개발 방안 연구: u-수질 모니터링 서비스를 중심으로," *Information Systems Review*, 한국경영정보학회, Vol. 11, No. 2, August 2009, pp. 23-44.

신도철, "한국인의 삶의 질 대연구: 주관적 지표에 의한 분석," 정경문화, (5), 1981, pp. 26-47.

심민정 · 이은종 · 안재순 · 김창수 · 김성운, "유비쿼터스 컴퓨팅 환경 하의 서비스 디자인을 위한 시나리오 개발 방법론에 관한 연구－미래 가정의 UC(Ubiquitous computing) 서비스 개발을 중심으로," 한국디자인학회, 디자인학연구, 17(3), 2004, pp. 403-412.

안지민 · 최외출, "자치단체의 삶의 질 비교평가," 영남대학교 사회과학연구소, 사회과학연구, (21:1), 2001, pp. 1-27.

연합뉴스, "국토부, U-시범도시 3곳 선정," 2009. 4. 30.

오명환, 무선 인터넷 확산과 도시의 변화: 효율적인 u-City 구축 방안, *Digital2 Conference*, 2005.

오재인, "경영정보학의 학문적 위상에 관한 연구," 경영정보학연구, 한국경영정보학회, 1998. 12, 제 8 권 제 3 호, pp. 181-194.

오재인, "Mobile Business Models and The 2×2 Matrix," *Information Systems Review*, 한국경영정보학회, 제 2 권 제 2 호, 2000. 12, 193-199.

오재인, "u-Government: Issues and Future Directions," 한국정책분석평가학회 동계학술대회, 한국정책분석평가학회, 강남대학교, 2007. 12. 7.

오재인 · 김희대 · 최문종 · 서현식 · 임교현, "Porter의 Diamond Model을 활용한 지역 IT산업 발전전략 수립," 2006년 한국경영정보학회 추계컨퍼런스: IT서비스와 디지털 컨버전스, 한국경영정보학회, 한국과학기술회관, 2006. 11. 10, pp. 349-362.

오재인, 모바일 비즈니스, 삼영사, 2004.

오재인, 서비스@유비쿼터스 스페이스, 전자신문사, 2004.

오재인 · 서현식 · 임교현, "A Study on the Relationship between Business Ethics and CRM," 2008 제10회 경영관련학회 통합학술대회: 경영이 나라 경제를 살린다, 제주국제컨벤션센터, 한국경영학회, 2008. 8. pp. 18-20.

오재인, 유비쿼터스 시대의 경영정보학 개론, 박영사, 2009. 2.

오재인 · 전은희 · 원종진, “A Framework on Ubiquitous Computing: An Exploratory Study,” 한국경영정보학회 2003 추계학술대회: 유비쿼터스 컴퓨팅 시대의 정보화, 한국경영정보학회, 고려대학교 경영대학, 2003. 11. 14, pp. 50-57.

오재인, 첨단물류정보망, 박영사, 2007. 7.

오재인, u-City의 비전과 해외 동향과 활성화 전략, 정보과학회지 제23권 제11호, 2005. 12.

유병석, u-City 기반의 삶의 질 향상, ie매거진 제15권 제 1 호, 2008.

유비쿼터스 6월호, Vol. 46, 2009.

유비쿼터스도시의 건설 등에 관한 법률 시행령, 2008.

유비쿼터스도시의 건설 등에 관한 법률, 2008.

유승현 외, u-City 응용서비스 모델 연구, 한국전산원, 2007.

이근호, “U-City 비전과 서비스 시나리오 개발,” 한국정보과학회, 정보과학회지, 23(11), 2005, pp. 56-60.

이병철 · 이용주, u-City 사업모델과 u-서비스, *TTA Journal*, No. 112, 2007.

이승록, “세계 최첨단 미래도시 스마트시티 제주 건설되나,” 제주의 소리, 2009. 1. 31

이현송, “한국인의 삶의 질: 객관적 차원을 중심으로,” 한국사회학, 31:여름호, 1997, pp. 269-301.

일본 경제기획청 국민생활국, 신국민생활지표 PLI, 1995.

일본 경제산업성, “ICTs and Environment,” 제23차 OECD WPIE 정례회의 발표자료, 2007. 12.

일본 총무성 통계국, 사회생활통계지표, 2004.

일본 총무성, 친환경 IT활용을 위하여: 부정적 영향을 줄이고 긍정적 영향을 높이는 IT활용, 2007.

임규관 · 김지선, u-City 인프라로서의 u-City 운영센터 및 플랫폼, *TTA Journal*, No.112, 2007.

임미숙, 해외 u-City 사례, 정보과학회지 제23권 제11호, 2005.

전국경제인연합회, “윤리경영 추진실태와 과제,” *FKII Issue Paper*, 72, 2007.

정명숙, “연령과 삶에 대한 만족도,” 한국심리학회지: 발달, 18:4, 2005, pp. 87-108.

정보통신부, 2007년 u-해운대 테스트베드 구축완료 보고, 2007.

정보통신부, u-City 구축 활성화 기본계획, 2006.

정진우 · 배인수 · 임보영, “국내 · 외 사례를 통한 바람직한 u-City 사업의 추진전략

모색," 한국지역정보화학회지 제11권 제 1 호, 2008. 3.
조병선 · 정우수 · 조향숙, u-City사업전개와 추진동향, 전자통신동향분석, 제21권 제 4 호, pp. 152-162.
주택도시연구원, U-City 통합플랫폼 아키텍처 및 프로토타입 개발, 2009. 5.
중앙일보사, 전국 74개市 비교평가 자료집: 「삶의 질」 입체 분석, 1995.
지식경제부, 5대 주력산업, IT와 만나 강해진다, 2008. 4. 1.
채효석 · 황의호 · 고덕구, "효율적인 하천관리지리정보 웹 시스템 구축방안 연구," 2005.
천두진, u-City IT 인프라 구축 가이드라인(v1.0), *HN FOCUS*, Vol. 20, 2008.
최항섭 · 강홍렬 · 장종인 · 음수연, "경제, 인문사회연구회 협동연구총서: 미래 시나리오 방법론 연구," 정보통신정책연구원, 2005.
최형섭 · 서현식 · 오재인, "성과지표 특성이 평가의 수용성에 미치는 영향에 관한 연구," *Journal of Information Technology Applications & Management*, 한국데이타베이스학회 · 한국정보기술응용학회, Vol. 16, No. 2, June 2009, pp. 99-120.
통계청, 한국의 사회지표, 2006.
하혜수, "도시정부의 「삶의 질」 결정요인분석," 한국행정학보, 30:2, 1996, pp. 81-95.
한국데이타베이스학회, 파주신도시 첨단 정보인프라 구축방안 연구, 2004.
한국보건사회연구원, 한국인의 삶의 질: 현황과 정책과제, 1996.
한국전산원, "한국형 u-City 모델 제안," IT전략 이슈 05-전략-09, 2005. 9.
한국정보사회진흥원, 효율적인 u-City 구축을 위한 도시정보 통합 · 연계 방안에 관한 연구, 2006. 11.
한국정보통신기술협회, "u-City사업모델과 u-서비스," *TTA Journal*, 2007. 7, pp. 72-82.
한국정보통신기술협회, U-City 서비스 분류체계 및 사전정의, 2006.
한국정보화진흥원, u-City 및 USN 국외 동향 연구, 2008. 6.
한국지방행정연구원, 지방자치단체의 u-City 추진전략과 과제, 2007. 12.
황의호 · 채효석 · 고덕구, "체계적인 하천정보서비스 방안," 2005.

Campbell, A., *The Sense of Well-being in America: Recent Patterns and Trends*, New York: McGraw-Hill Book Company, 1981.

Carroll, J. M., "Five Reasons for Scenario-based Design", *Interacting with Computers*, 13(1), 2000.

David, J. T., D. M. Hilbert and B. N. Schilit, "Issues in Personalizing Shared Ubiquitous Devices," *UbiComp2002*, LNCS2498, 2002, pp. 56-72.

Drewnowski, J., "Studies in the Measurement of Level of Living and Welfare," *UNRISD*, 1970.

Economist Intelligence Unit, *The Economist Intelligence Unit' s Quality of Life Index*, 2005.

Erikson, Robert, "Description of Inequality: The Swedish approach to Welfare," in M.C. Nussbaum and A. Sen(ed), *The Quality of Life*, New York: Oxford University Press, 1993.

Erikson. R., "Description of Inequality: The Swedish Approach to Welfare Research", in M.C. Nussbaum and A. Sen(ed), *The Quality of Life*, New York: Oxford University Press, 1993.

Fontela, E., "Industrial Application of Cross-impact Analysis", *Long Range Planning*, 9(4), 1976, pp. 29-33.

Hwang, L., and K. Higa., "Using Knowledge-Based E-mail System to Support Office Workflow Management: A Scenario-Based Approach," *PACIS 2001 Proceedings*, 2001, pp. 948-962.

IPCC, *IPCC 4th Assessment Report* 2007, 2007.

ITU, *World Information Society Report* 2007, 2007. 5.

JCCI, *Quality of Life Progress Report*, 2007.

Kwon, Ohjun, Hyunsik Seo and Jay In Oh, "A Study on the Effects of BSC System Acceptance Factors on the Intention for Continuous Use," *Asian Pacific Journal of Information Systems*, The Korean Society of Management Information Systems, Vol. 19, No. 3, September 2009, pp. 151-179.

Landry, Charles, *The Creative City: A Toolkit for Urban Innovators*, Earthscan Publications, Ltd, UK, 2000.

Marsden, C. "The New Corporate Citizenship of Big Business: Part of the Solution to Sustainability," *Business and Society Review*, 105, 2000, 9-25.

NRI, "Using Ubiquitous Networks to Create New Services Based on the Commercial and Public Infrastructure," *NRI papers*, No. 54. September 1, 2002.

OECD, *Information Technology Outlook* 2004, 2004.

OECD, *OECD Broadband Statistics to December* 2007, 2007. 12.

OECD, *OECD Environmental Outlook to* 2030, 2008.

OECD, *The OECD List of Social Indicators*, 1982.

Ofcom, *A Carbon Audit and Ecological Footprint of OFCOM*, 2007.

Office of the Deputy Prime Minister, *The National Strategy for Local e-Government*, 2002. 11.

Oh, Jay In "The e-Government of Korea," *Digital Opportunity Forum* 2007, Hanoi, Vietnam, November 8, 2007.

Oh, Jay In, "Service Implementation @ Ubiquitous Space," *IS on Logistics*, Bangalore, India, July 11-14, 2004.

Oh, Jay In, "Service Models@Ubiquitous Space," *The 33rd International Conference on Computers & Industrial Engineering*, Pamada Plaza, Oriental Hotel, Jeju, Korea, March 25-27, 2004.

Oh, Jay In, "The Roadmap and Implementation of Ubiquitous Space," *3rd ACIS International Conference on Computer and Information Science* (ICIS '04), *In Cooperation with Software Engineering & Information Technology Institute* (*SEITI*), Central Michigan University, Sponsored by the International Association for Computer and Information Science (ACIS) and Korea Information Processing Society (KIPS), Omni hotel, Los Angeles, August 18-19, 2004.

Oh, Jay In, "u-Cities," *ACIS International Conference on Computer and Information Science* (ICIS '04), In Cooperation with Korea Information Processing Society (KIPS), Jeju, July 2005.

Oh, Jay In, "The CSFs and Models of Ubiquitous Services," *ICUCT*, Jeju, Korea, December 5-9, 2006.

Oh, Jay In, "The Evolution and CSFs of Mobile Business," APORS 2003, *Sixth International Conference of the Association of Asia-Pacific Operational Research Societies within IFORS, On Operational Research: Emerging Paradigms for Information Technology*, Hotel Grand Inter-Continental New Delhi, India,

December 8-11, 2003.

Oh, Jay In, "Ubiquitous Services and Strategies," CIC 2003, *The 8th International Conference on Cellular and Intelligent Communications (CIC): Cell Interconnection and Computation toward Ubiquitous Communications*, Ministry of Information & Communication, The J. W. Marriott Hotel, Seoul, Korea, October 28-31, 2003, 113-124.

OSTP, American *Competitiveness Initiative*, 2006. 2.

Porter, M. E. and V. E. Millar, "How Information Gives You Competitive Advantage," *Harvard Business Review*, July-August, 1985, 149-160.

Porter, M. E., "Location, Competition, and Economic Development: Local Clusters in a Global Economy," *Economic Development Quarterly*, Vol. 14 No. 1, February 2000, 15-34.

Porter, M. E., "What is Strategy?" *Harvard Business Review*, 74, 6, Nov/Dec 1996, 61-78.

Porter, M. E., *Competitive Advantage: Creating and Sustaining Superior Performance*, New York: The Free Press, 1985.

Porter, M. E., *Competitive Strategy: Techniques for Analyzing Industries and Competitors*, New York: The Free Press, 1980.

Porter, M. E., *The Competitive Advantage of Nations*, New York: Free Press, 1990.

Sakamura, Ken, *T-Engine*, CIO Forum, Chosun Hotel, April 2003.

Satyanarayanan, M., "Pervasive Computing Vision and Challenges," *IEEE Personal Communications*, August 2001.

Schwartz, P., *The Art of the Long View: Planning for the Future in an Uncertain World*, New York: Curency Doubleday, 1991.

Seo, Hyunsik, Kyohyun Lim, Hanjoo Yang, Jongmyun Lee and Jay In Oh, "The Classification of u-City Services: A Social Science Approach," *International Conference on IT Applications and Management*, The Korea Database Society, Hanyang University, Korea, October 31, 2008, 286-290.

Shoemaker, Paul J. H., "Scenario Planning: A Tool for Strategic Thinking", *Sloan Management Review*, Winter 1995.

Strand, R. "A Systems Paradigm of Organizational Adaptations to the Social

Environment," *Academy of Management Review*, 8, 1983, 90-96.

Sustainable Development Commission, *Sustainable Development in Government 2007*, 2007.

U. S. Department of Commerce and Bureau of Census, *Social Indicators Ⅲ: Selected Data on Social Conditions and Trends in the United States*, 1980.

UN, *INTELCITY FINAL REPORT*, University of Salford, 2001.

UNDP, *Human Development Report 2007/2008*, 2007.

Weiser, M., "Some Computer Science Issues in Ubiquitous Computing," *CACM*, 36(7), July 1993, pp. 74-83.

WHOQOL Group, "Development of the World Health Organization. WHOQOL Group-BREF Quality of Life Assessment," *Soc Sci and Med*, (46:15), 1998, pp. 551-558.

WWF, "ICT in the 21st Century: The Need for Low Carbon Solution," *OECD Workshop on ICTs and Environmental Challenges*, 2008.

Yoffie, David, "Competing in the Age of Digital Convergence," *California Management Review*, 38, 4, Summer 1996.

Zapf, W., "German Social Report," *Social Indicator Research*, (4), 1987, pp. 5-171.

三鷹(미타카)市, 三鷹市基本構想 - 第 2 次 三鷹市基本計劃, 三鷹市, 1994.

三鷹市, 三鷹市基本構想 - 第 2 次 三鷹市基本計劃, 三鷹市, 1994.

100.naver.com

en.wikipedia.org

ftp.cordis.europa.eu/pub/ist/docs/curvell.pdf

gis.esri.com/library/userconr/proc05/papers/oap1096.pdf

gisdasc.kgs.ukans.edu/dasc/kanview.html

gos2.geodata.gov/wps/portal/gos

gos2.geodata.gov/wps/portal/gos

granteatsworld.wordpress.com/2009/06/04/first-contact/

ko.wikipedia.org

ko.wikipedia.org/wiki

maps.google.co.kr/

ndmodelling.scpm.salford.ac.uk/intelcity/
photo.ulsan.go.kr/photoview/ViewMain.php?num=3573
sandbox.xerox.com/parctab
territory.mltm.go.kr/USR/WPGE0201/m_24097/DTL.jsp
ubidus.cafe24.com/zbxe/reference_new/2646
ucity.seoul.go.kr/
www.arabianranta.fi/
www.autoidcenter.org
www.autoidcenter.org
www.bluetooth.com
www.bts.gov/programs/geographic_information_services/geospatial_onestop
www.busan.go.kr/01_cityhall/04_project/01.jsp
www.cellular-news.com/story/33993.php
www.census.gov/mrts/www/data/html/08Q1.html
www.cibenix.com/images/general/digital_hub_map.jpg
www.cinemark.com
www.cooltown.com/cooltownhome/index.asp
www.cyberport.hk/
www.direct.gov.uk/en/Diol1/DoItOnline/index.htm
www.direct.gov.uk/Homepage/fs/en
www.dntds.com/product/03.asp
www.e-architect.co.uk/manchester/salford_bsf_schools.htm
www.egov.go.kr/
www.embeddedstar.com
www.fedscope.opm.gov
www.future-store.org
www.geoconnections.org/en/index.html
www.geodata.gov
www.geovista.psu.edu/grants/GCCM/
www.govtalk.gov.uk/
www.greensboro-nc.gov/Departments/MIS/gis/GISApps.htm

www.hankyung.com/news/app/newsview.php?aid=2009082495191&sid=0001&nid=910&type=2

www.horrycounty.org/gateway

www.hultonsq.co.uk/mediacity.htm

www.idea.gov.uk.

www.imd.ch

www.infocomm123.sg/wireless_at_sg

www.in-spain.net/provinces/sub/sub2/zaragoza.htm

www.ips.or.kr

www.knowhow.or.kr/bbs_docs/list.php

www.le.ac.uk/pc/aw57/world

www.lexisnexis.com

www.localegov.gov.uk,OfficeoftheDeputyPrimeMinister, "The national strategy for local e-government," 2002.

www.mediacityuk.co.uk/

www.mercer.co.kr/

www.microsoft.com

www.milladigital.es/ingles/05_redTeleco.php

www.milladigital.es/ingles/06_disenoUrb.php

www.mltm.go.kr/ 국토해양부.

www.mopas.go.kr/ 행정안전부.

www.mtaiwan.org.tw/eng/profile.php

www.onenorth.biz/ONLocation.htm

www.one-notth.com/

www.rydesmart.ryder.com/landing/home.aspx

www.smartcity.ae/malta/location.html

www.smartcity.ae/news/01242010.html

www.smart-its.org

www.t-engine.org/tokyo-ubiquitous/index_ko.html

www.thedigitalhub.com

www.theecoa.org

www.tokyo-ubinavi.jp/en/ueno.html

www.transparency.org

www.ubusan.or.kr/uin/uin_1.htm

www.ucity.or.kr/ 한국유비쿼터스도시협회

www.ucitycenter.org

www.udongtan.or.kr/usvc/ser06_view.aspx

www.u-tokyo.ac.jp/coe/pic_list28_02e.html

www.weforum.org

www.yuhan-kimberly.co.kr

[저자소개]

(현) 단국대학교 경영학부 교수
서울대학교 경영대학 졸업, 휴스턴대학 경영학 박사, 텍사스에이앤앰(PV) 조교수
한국경영정보학회 차기회장, 정책분석평가학회 이사, 정보통신정책학회 이사, 한국벤처학회 이사, 지식경영학회 이사, 한국경영학회 부회장, 한국시스템다이내믹스학회 이사, ERP연구회장 등
대통령자문 전자정부특위 위원, 금융위원회 시장효율화 자문위원, 국가DB포럼 공동의장, 행자부 전자주민증 자문위원장, 교육부 교육청 평가위원, 지식경제부 자체 평가위원, 공공기관 경영평가위원, 산업기술연구회 경영평가 위원, 정부혁신관리 위원 및 평가위원, 민주평통 자문위원, 대법원 정보화 위원, 국무총리실 정보화 위원, 건설교통부 철도운영정보 위원 등
근정포장 친수, 사법·외무·5급 시험위원, 전자상거래관리사 시험위원, 정보시스템 감리인 등

주요 저서 및 논문
A Study on the Effects of BSC System Acceptance Factors on the Intention for Continuous Use, 2009.
유비쿼터스 시대의 경영정보학 개론, 2009.
The Classification of u-City Services: A Social Science Approach, 2008.
A Study on the Relationship between Business Ethics and CRM, 2008.
첨단물류정보망, 2007.
u-Government: Issues and Future Directions, 2007.
TAM과 유비쿼터스홈서비스 수용 영향요인, 2006.
Porter의 Diamond Model을 활용한 지역 IT산업 발전전략 수립, 2006.
지식경영 고려요소들과 지식이전의 인과관계에 대한 연구, 2005.
Services@Ubiquitous Space, 2004.
Mobile Business, 2004.
공공 SI 영업프로젝트 수주의 핵심성공요인: 한국형 포괄적 모형, 2004.
인터넷과 마케팅, 2003.
A Positioning Tool for Mobile Internet Ventures: The 2×2 Matrix, 2002.
ERP 시스템의 성공적 구현에 영향을 미치는 요인, 2002.
우리나라 CIO제도의 환경특성에 관한 연구, 2001.
업체간 협력형태에 따른 아웃소싱의 성과 차이, 1999.
정보시스템 개발프로젝트의 성공도에 영향을 미치는 요인, 1999.
전자민주주의 미디어의 효과 분석, 1999.
지리정보시스템의 전략적인 활용: ESRI 사례들을 중심으로, 1999.
정보기술의 평가모형 개발: K기업의 사례연구, 1996.
The Scientific Status of MIS, 1993.

도시와 유비쿼터스 융합

2010年 2月 23日 初版印刷
2010年 2月 28日 初版發行

著 者 오 재 인
發行人 安 鍾 萬
發行處 (株)博 英 社
서울特別市 鍾路區 平洞 13-31番地
電話 (733) 6771 FAX (736) 4818
登錄 1959. 3. 11. 제300-1959-1호(倫)

www.pakyoungsa.co.kr e-mail: pys@pakyoungsa.co.kr

定 價 19,000원 ISBN 978-89-6454-033-6